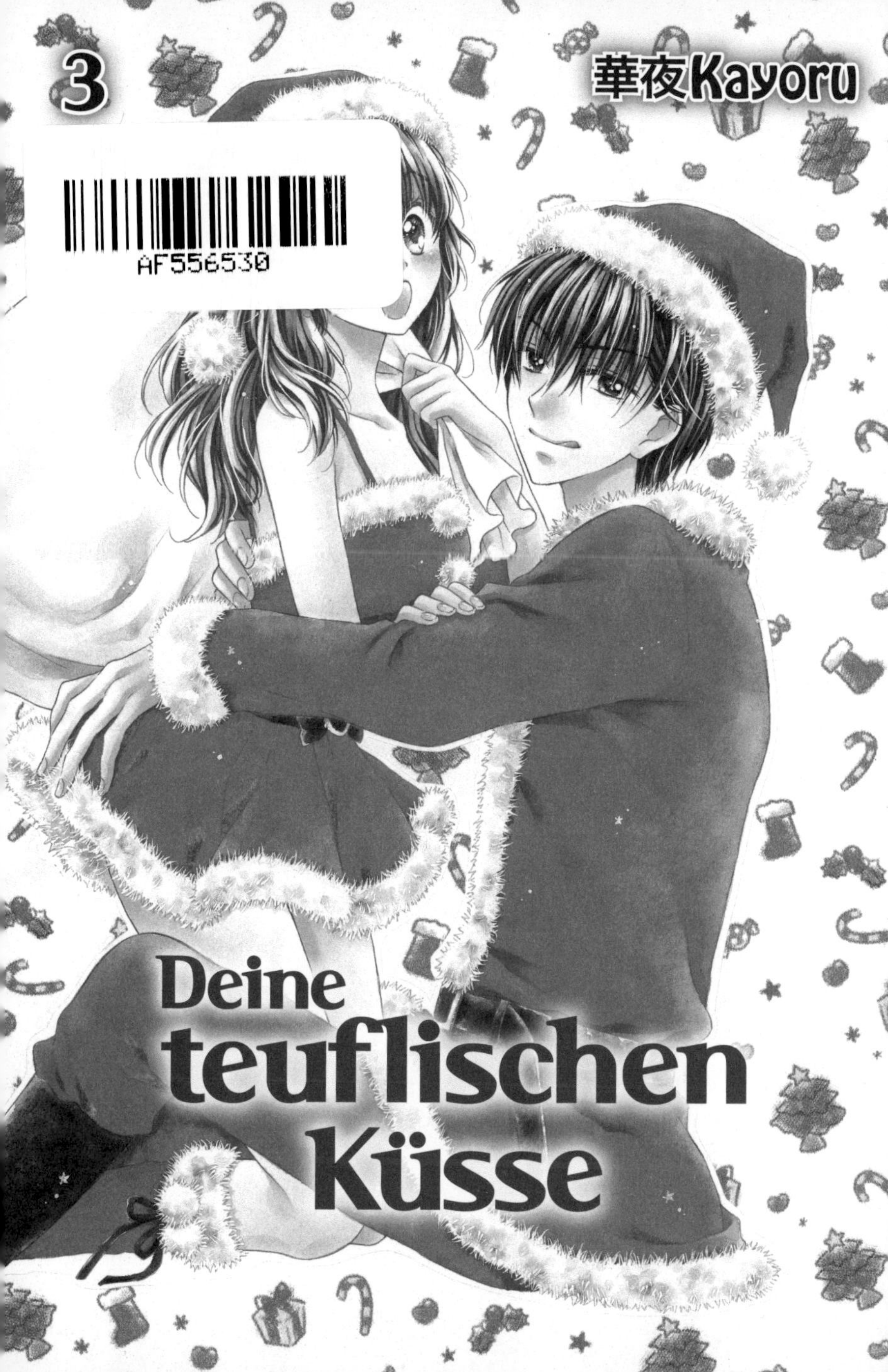
3
華夜Kayoru
Deine teuflischen Küsse

Deine teuflischen Küsse

INHALT

Deine teuflischen Küsse

華夜Kayoru

3

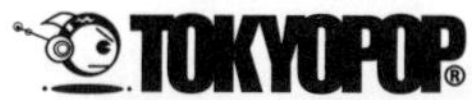

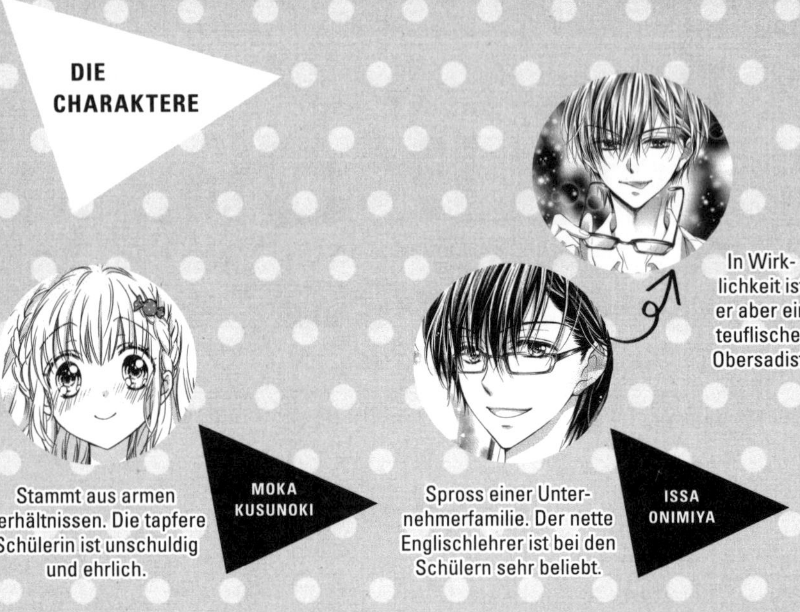

WAS BISHER GESCHAH

Als Moka durch die Arbeitslosigkeit ihres Vaters ihr Zuhause verliert, bekommt sie Hilfe von ihrem Lehrer Herrn Onimiya, der sie bei sich einziehen lässt. Schwer verliebt gesteht sie Herrn Onimiya ihre Gefühle. Obwohl der findet, dass sie immer noch schlecht küsst, macht er ihr leise Hoffnungen. Unterdessen stehen die wichtigen Halbjahrestests an, für die Moka richtig gepaukt hat. Als Belohnung gibt es ein Date mit ihrem Lehrer. Am Tag des Dates erfährt sie von Toma, dass Herr Onimiya die Nase voll von Moka hat. Da es heißt, wer sich auf dem höchsten Punkt des Riesenrades küsst, bleibt für immer zusammen, fasst sie sich ein Herz, küsst Herrn Onimiya und gesteht ihm erneut ihre Liebe. Und endlich werden die beiden ein Paar …

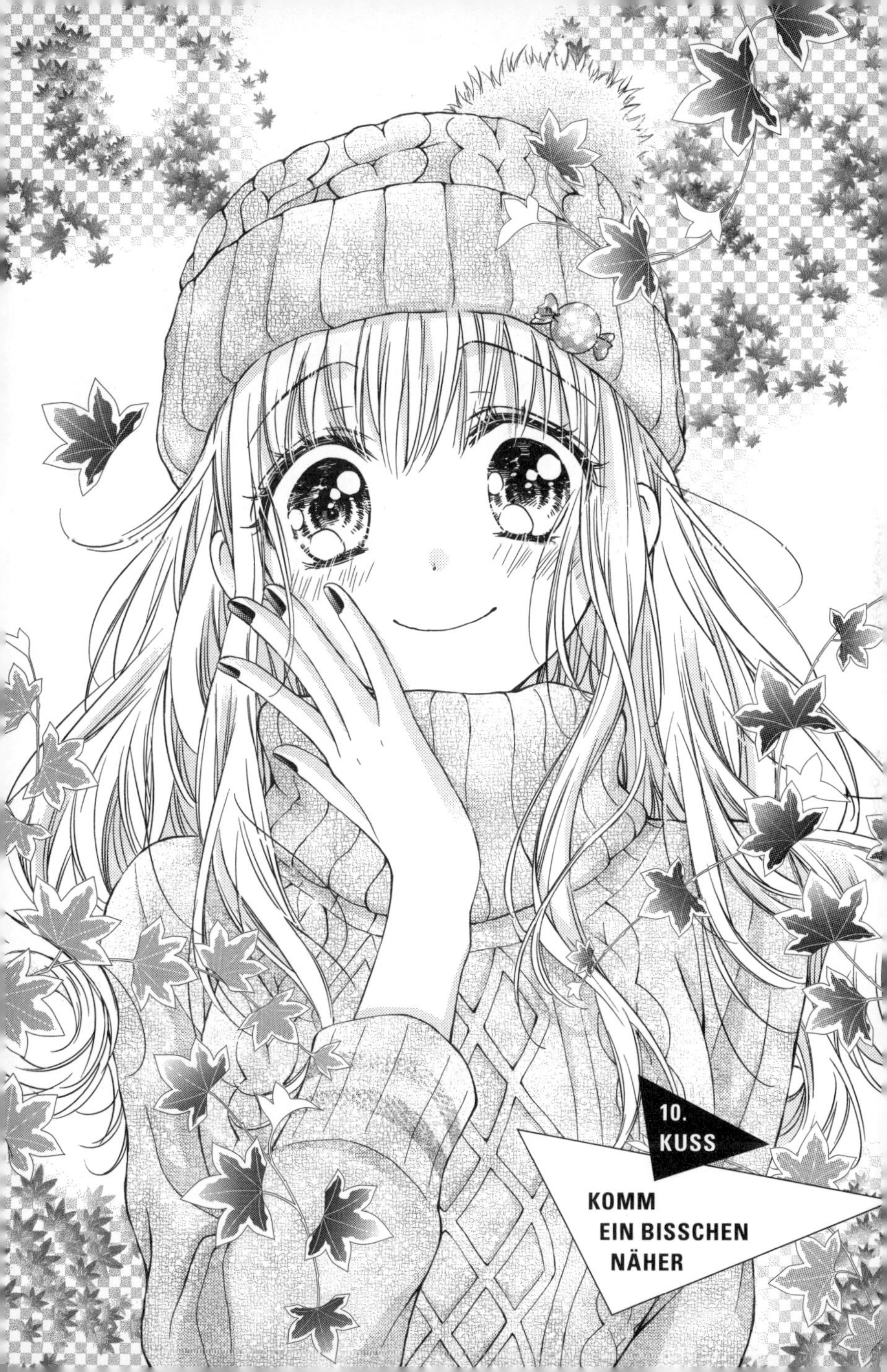
10. KUSS
KOMM EIN BISSCHEN NÄHER

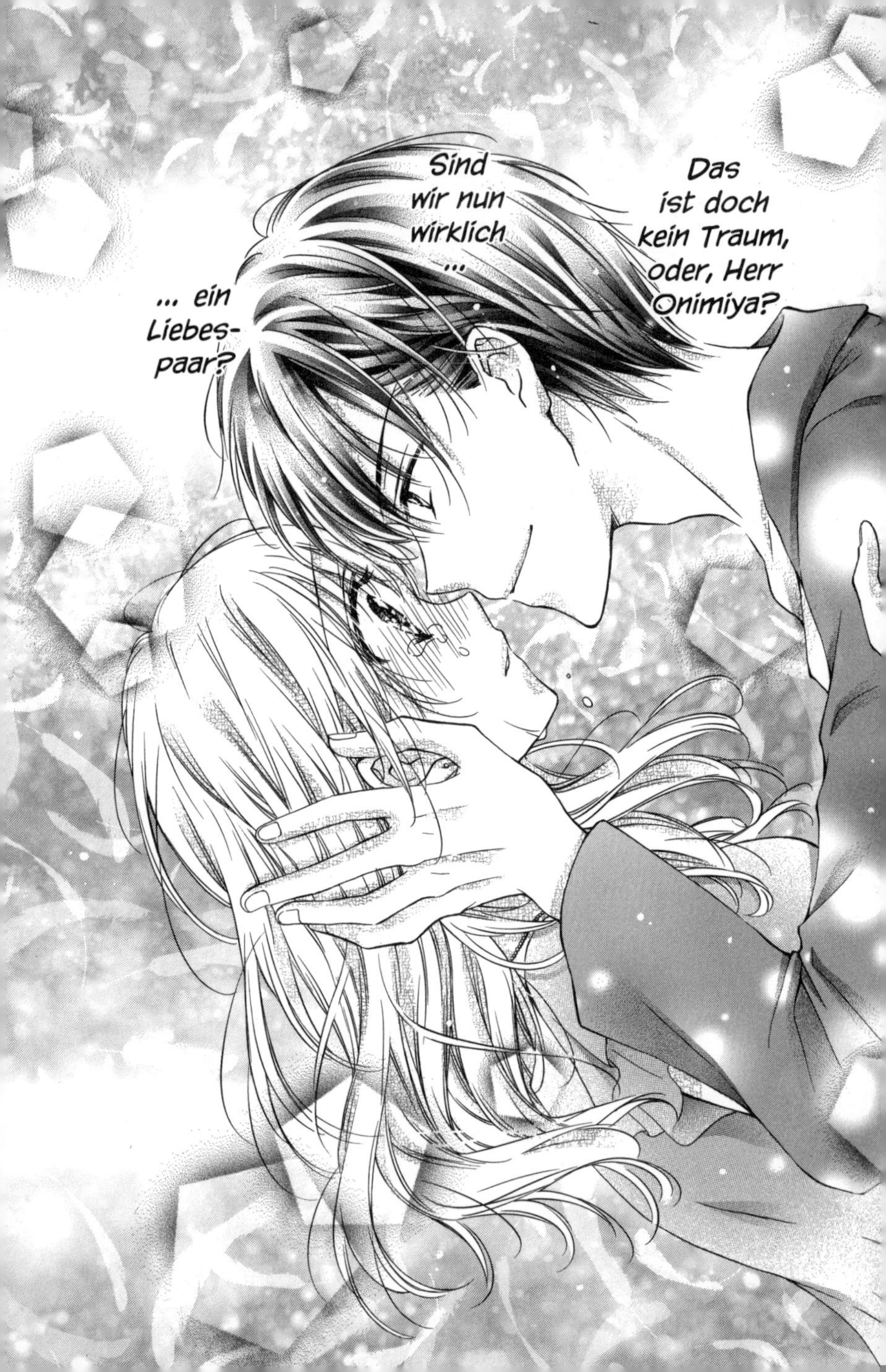
Das ist doch kein Traum, oder, Herr Onimiya?
Sind wir nun wirklich ...
... ein Liebespaar?

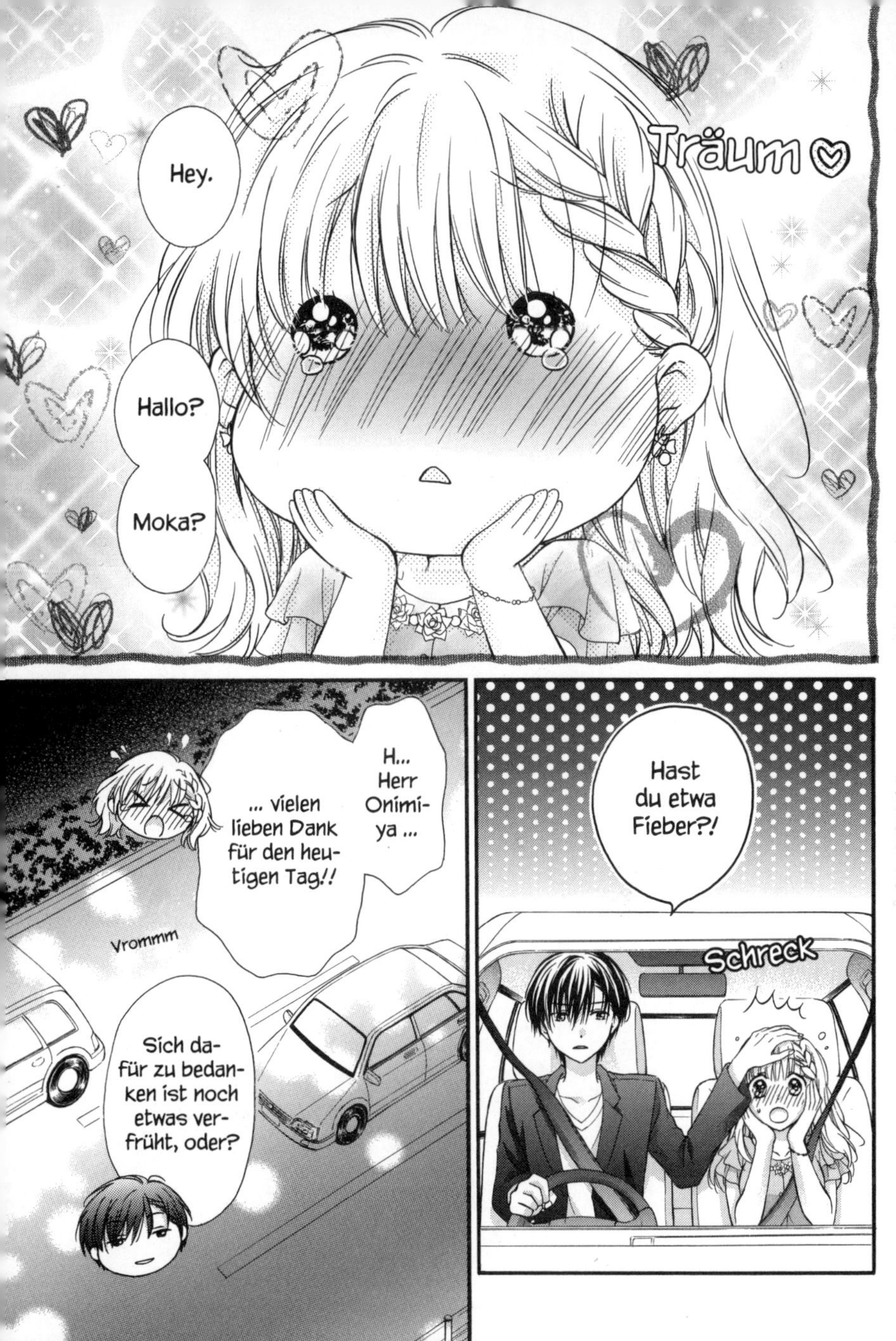
Träum
Hey.
Hallo?
Moka?
Hast du etwa Fieber?!
Schreck
H... Herr Onimiya ...
... vielen lieben Dank für den heutigen Tag!!
Vrommm
Sich dafür zu bedanken ist noch etwas verfrüht, oder?

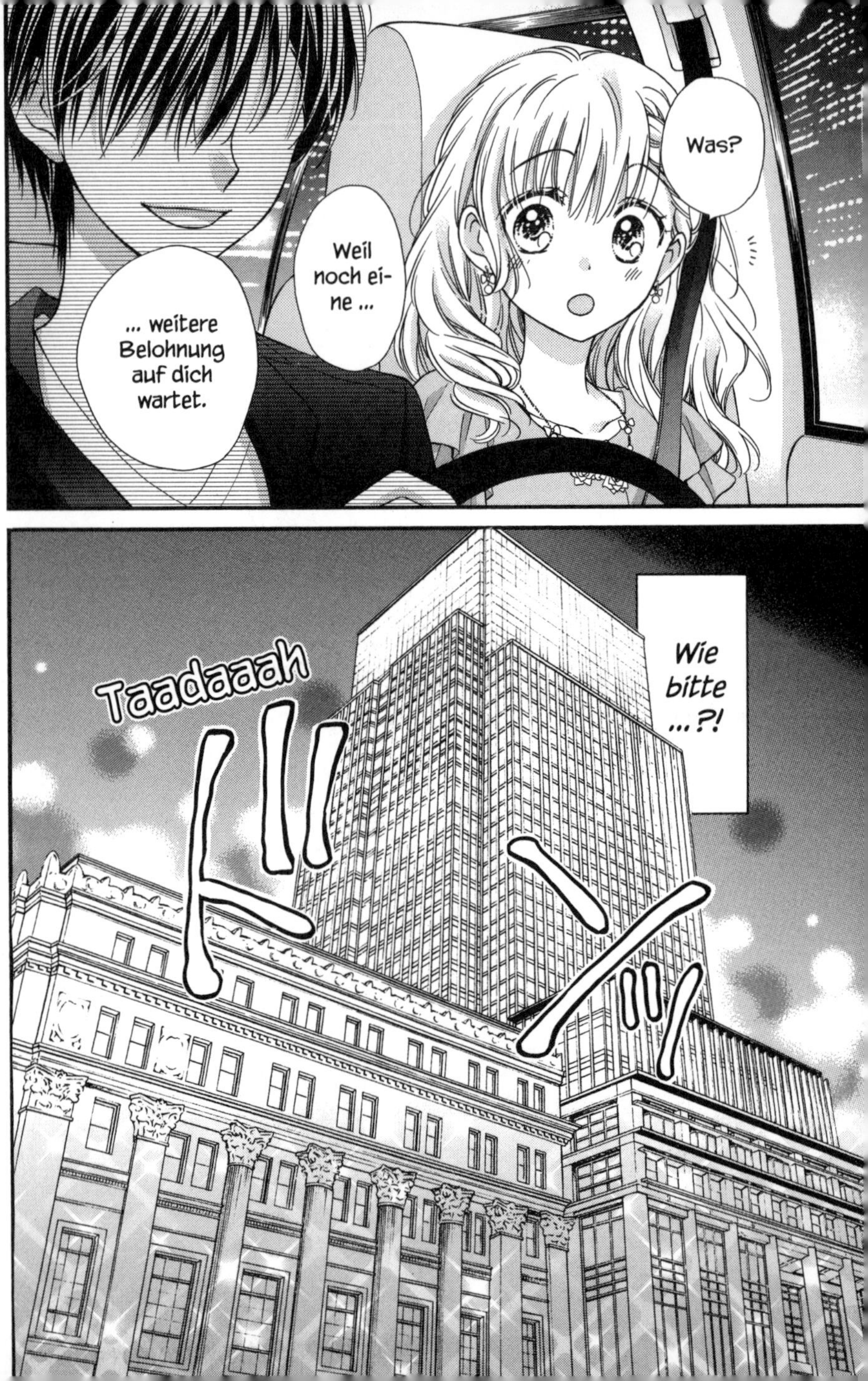

Was?

Weil noch ei-ne ...

... weitere Belohnung auf dich wartet.

Wie bitte ...?!

Taadaaah

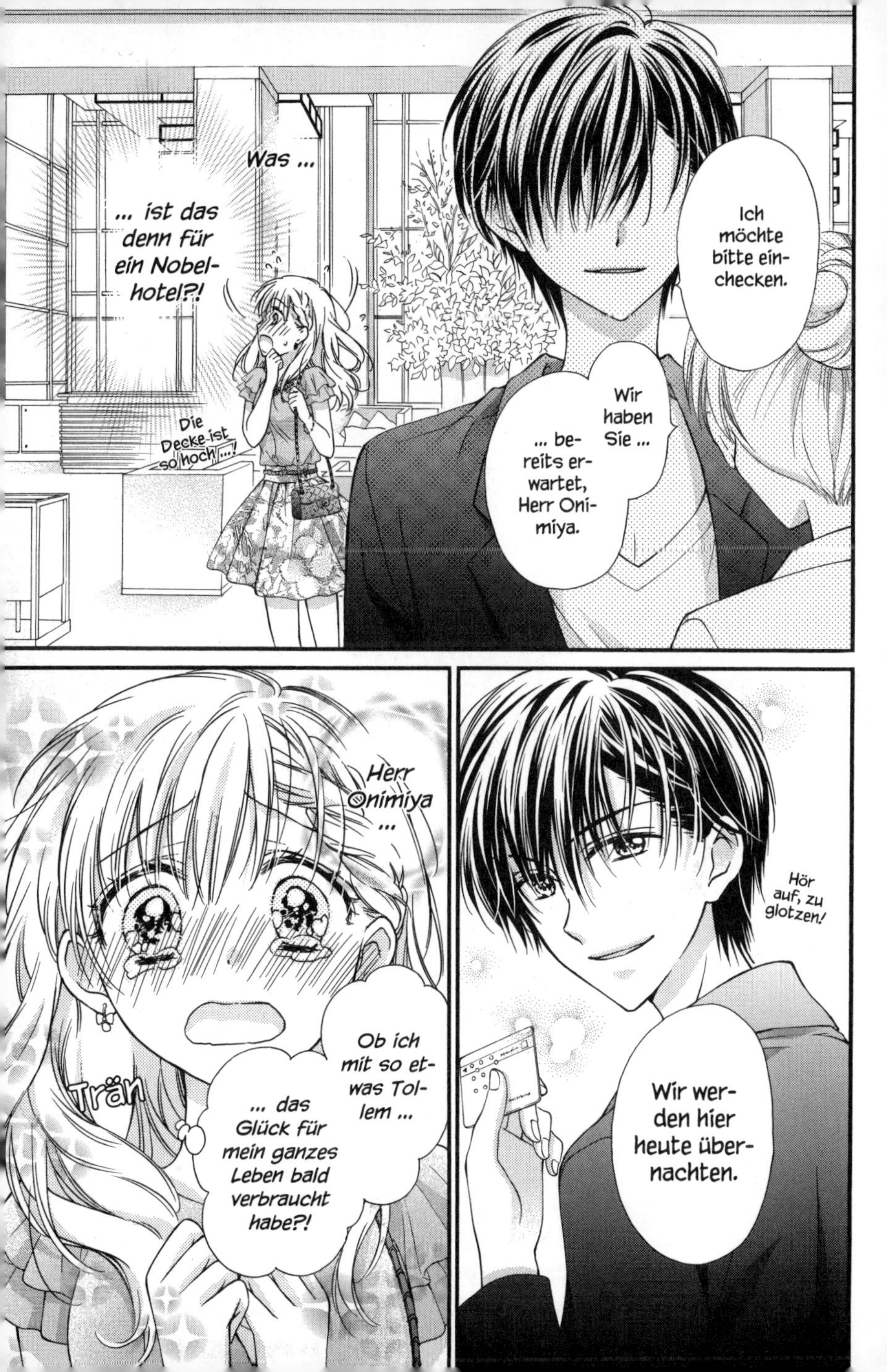

Ich möchte bitte einchecken.

Wir haben Sie ...

... bereits erwartet, Herr Onimiya.

Was ...

... ist das denn für ein Nobelhotel?!

Die Decke ist so hoch ...!

Hör auf, zu glotzen!

Wir werden hier heute übernachten.

Herr Onimiya ...

Trän

Ob ich mit so etwas Tollem ...

... das Glück für mein ganzes Leben bald verbraucht habe?!

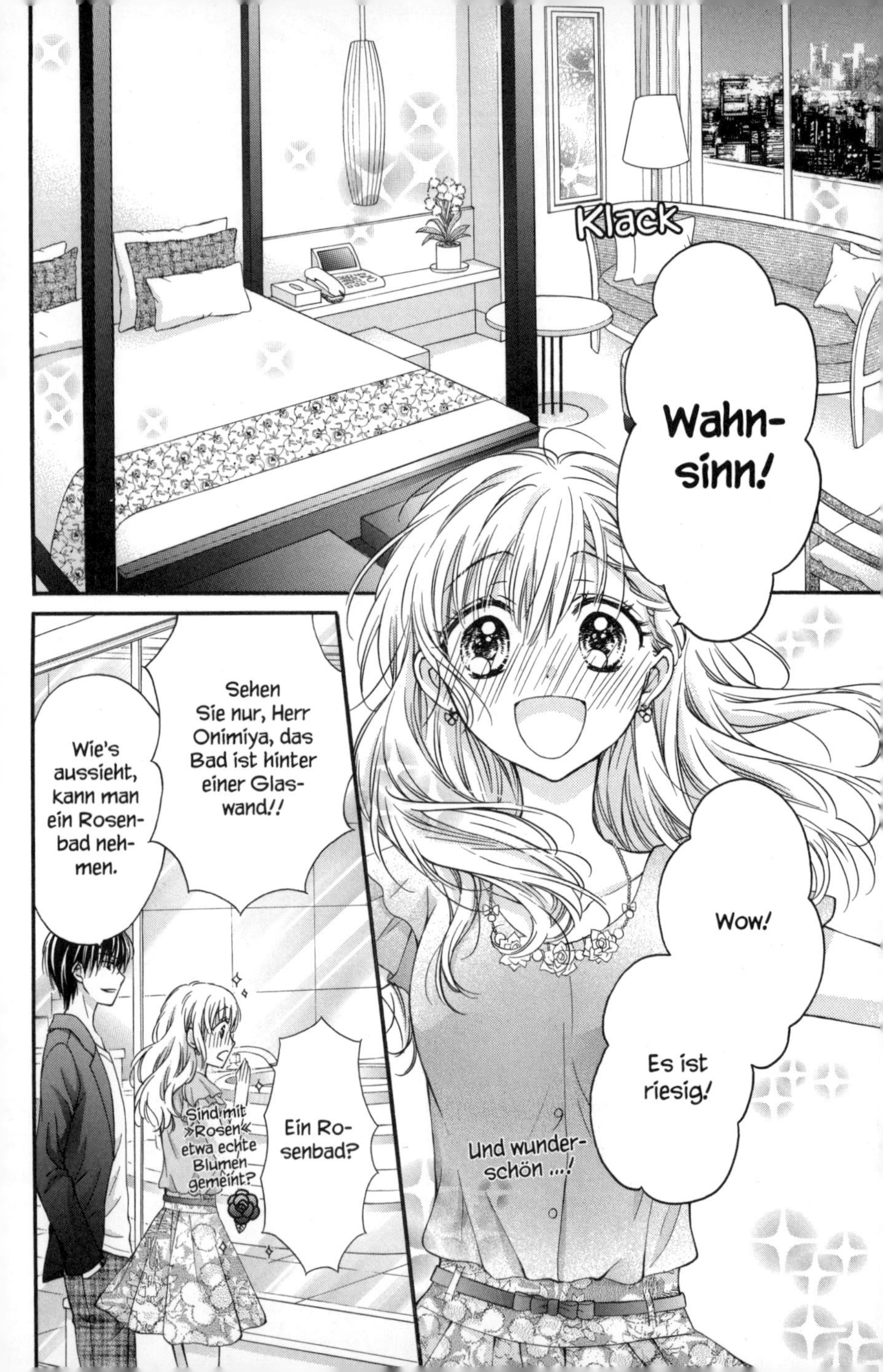
Klack
Wahnsinn!
Wow!
Es ist riesig!
Und wunderschön ...!
Sehen Sie nur, Herr Onimiya, das Bad ist hinter einer Glaswand!!
Wie's aussieht, kann man ein Rosenbad nehmen.
Ein Rosenbad?
Sind mit »Rosen« etwa echte Blumen gemeint?

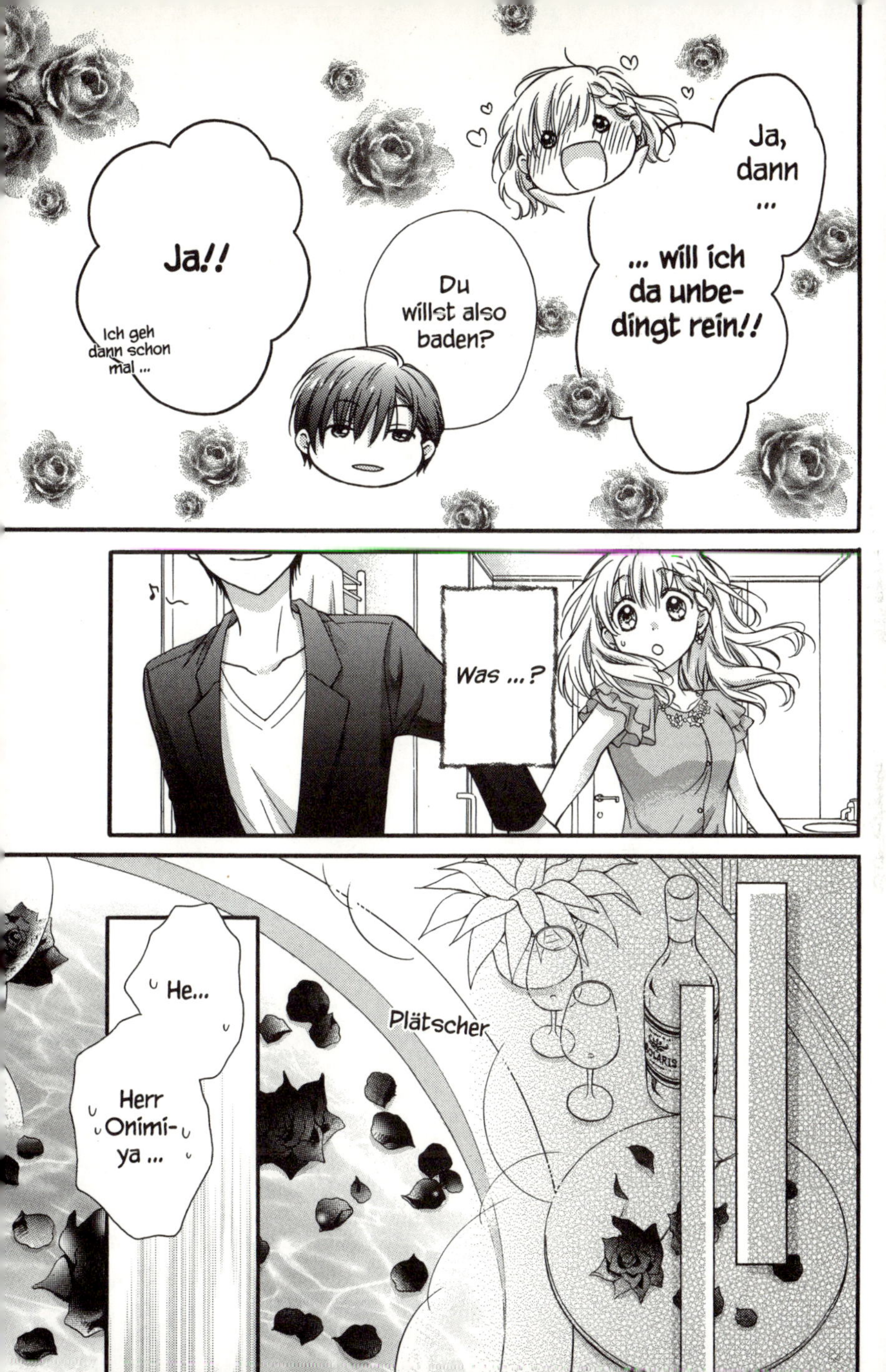
Ja, dann ...
... will ich da unbedingt rein!!
Du willst also baden?
Ja!!
Ich geh dann schon mal ...
Was ...?
He...
Herr Onimiya ...
Plätscher

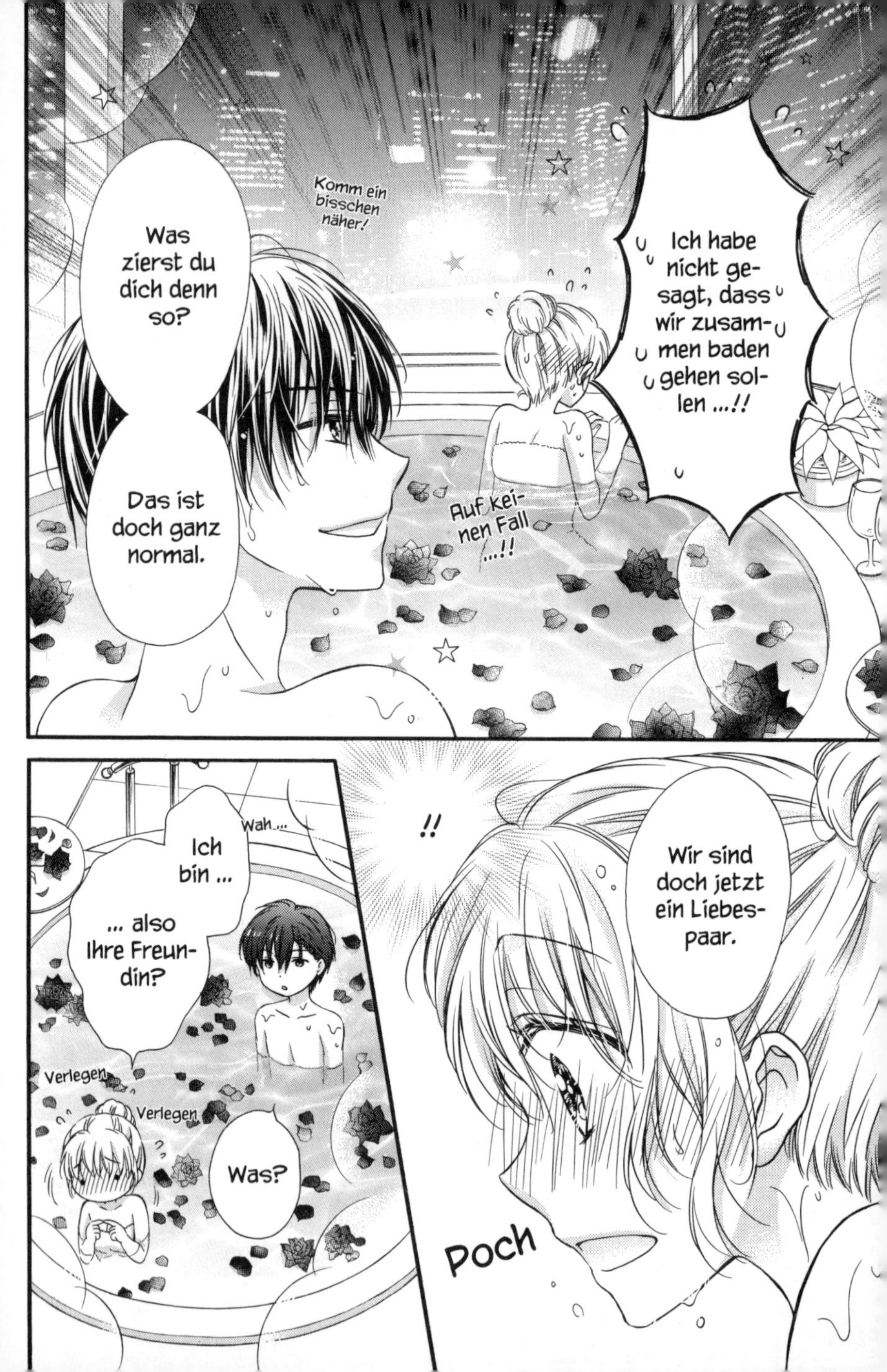
Ich habe nicht gesagt, dass wir zusammen baden gehen sollen ...!!
Komm ein bisschen näher!
Was zierst du dich denn so?
Auf keinen Fall ...!!
Das ist doch ganz normal.
!!
Wir sind doch jetzt ein Liebespaar.
Poch
Wah ...
Ich bin ...
... also Ihre Freundin?
Was?
Verlegen
Verlegen

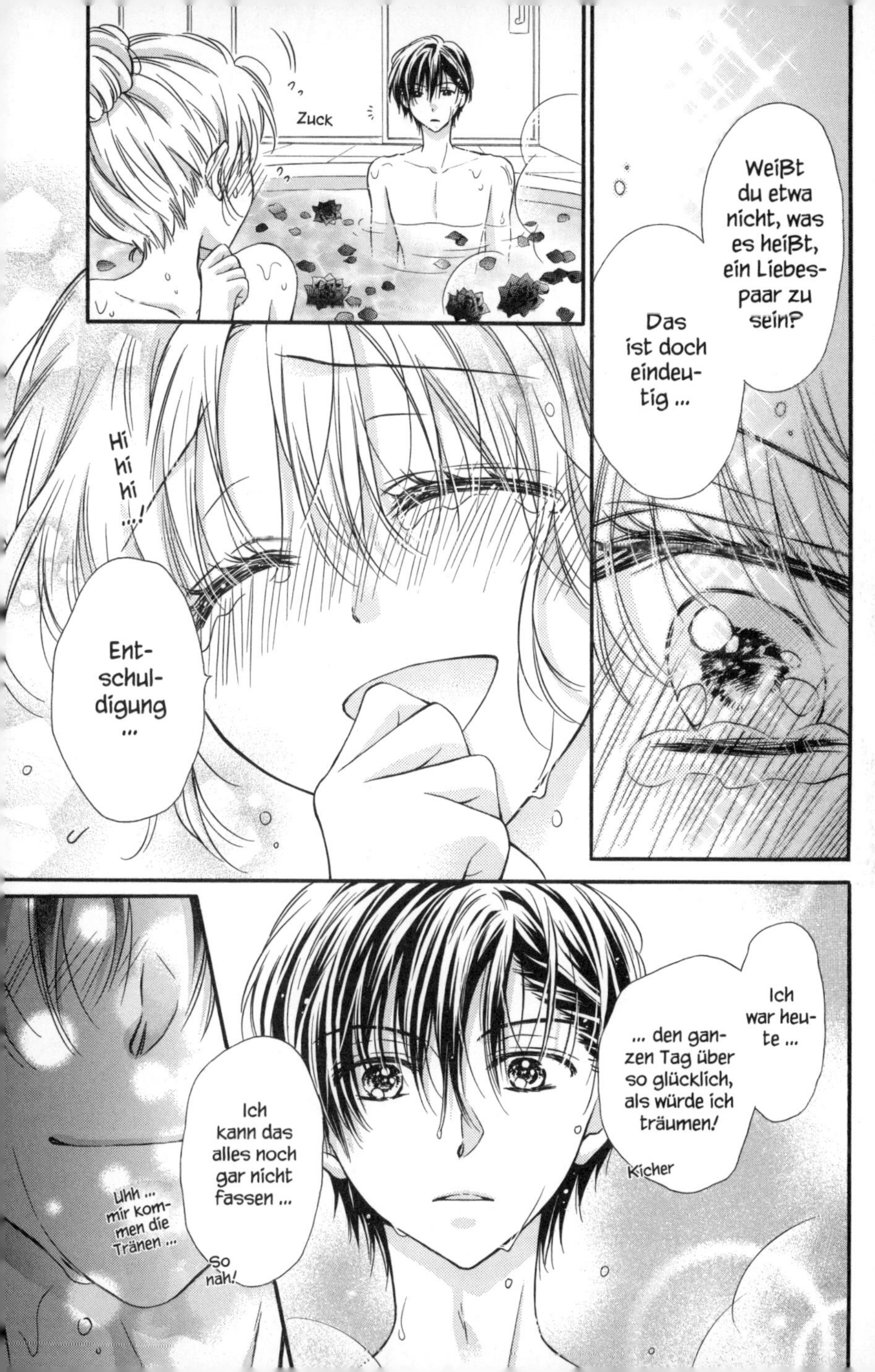
Zuck
Weißt du etwa nicht, was es heißt, ein Liebespaar zu sein?
Das ist doch eindeutig ...
Hi hi hi ...!
Entschuldigung ...
Ich war heute ...
... den ganzen Tag über so glücklich, als würde ich träumen!
Kicher
Ich kann das alles noch gar nicht fassen ...
Uhh ... mir kommen die Tränen ...
So näh!

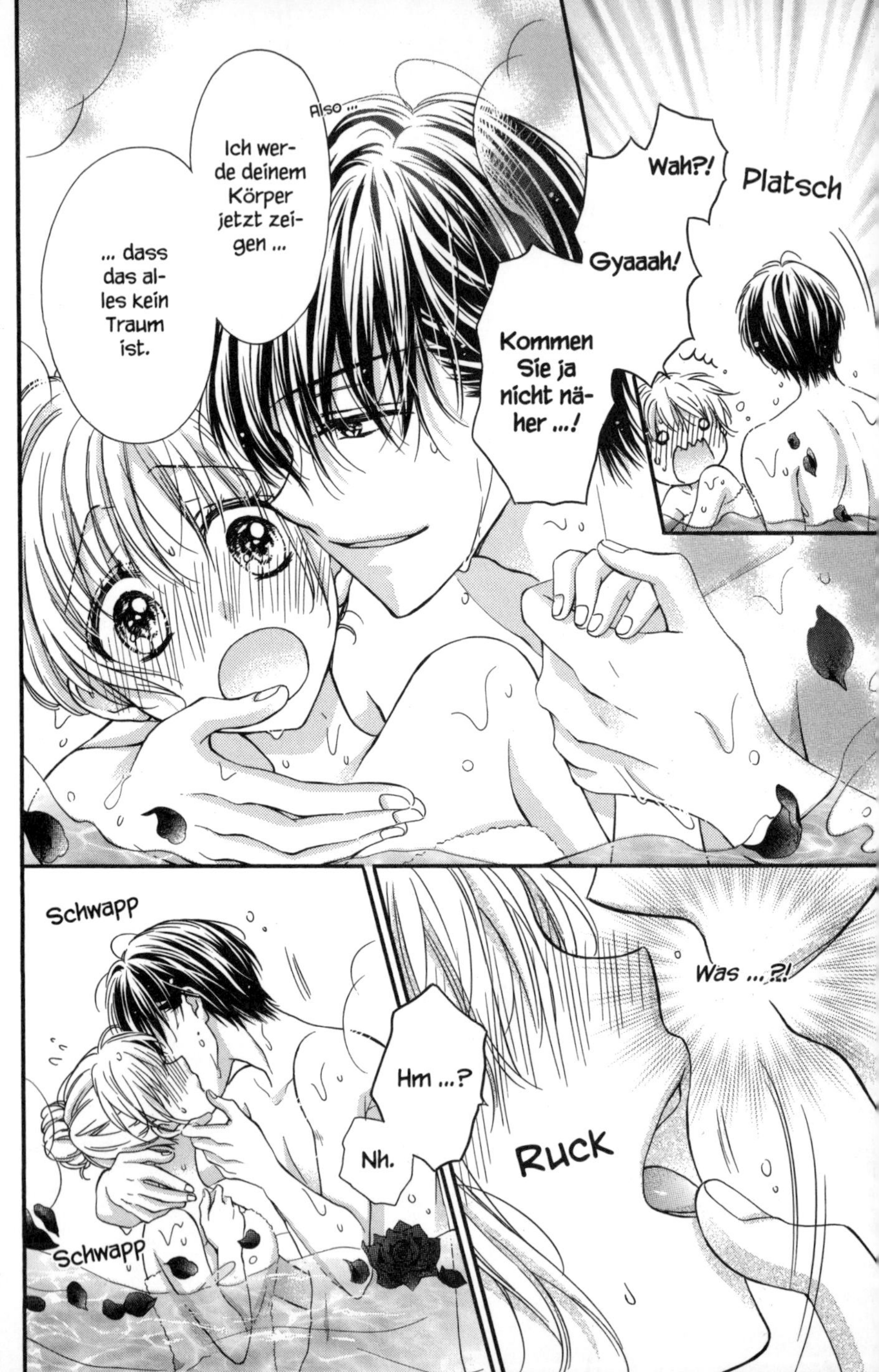
Wah?!
Platsch
Gyaaah!
Kommen Sie ja nicht näher ...!
Also ...
Ich werde deinem Körper jetzt zeigen ...
... dass das alles kein Traum ist.
Was ...?!
Ruck
Hm ...?
Nh.
Schwapp
Schwapp

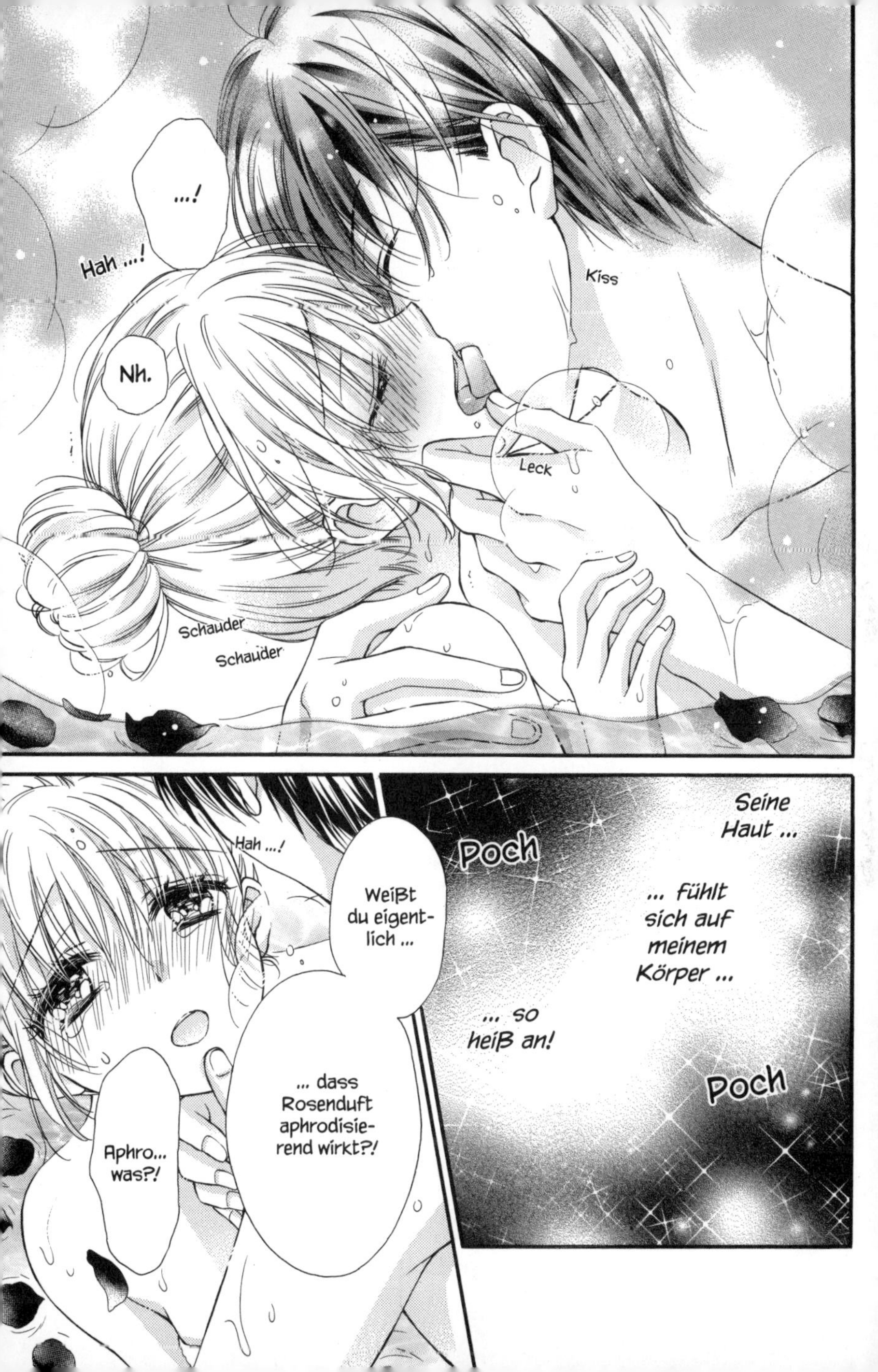

...!
Kiss
Hah ...!
Leck
Nh.
Schauder
Schauder

Seine Haut ...
Poch
... fühlt sich auf meinem Körper ...
... so heiß an!
Poch
Hah ...!
Weißt du eigent-lich ...
... dass Rosenduft aphrodisie-rend wirkt?!
Aphro... was?!

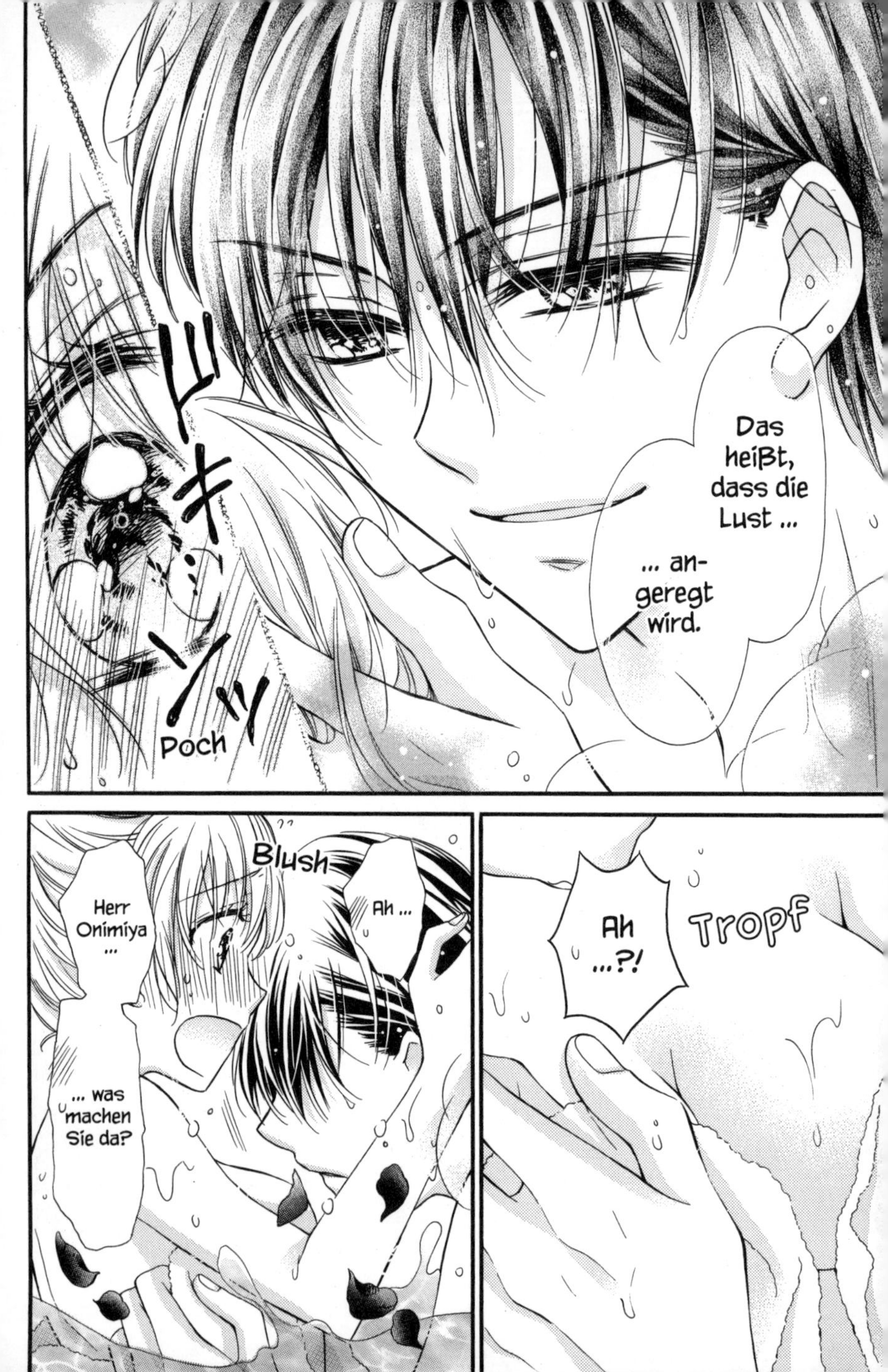
Das heißt, dass die Lust ...
... an-geregt wird.
Poch
Ah ...?!
Tropf
Blush
Ah ...
Herr Onimiya ...
... was machen Sie da?

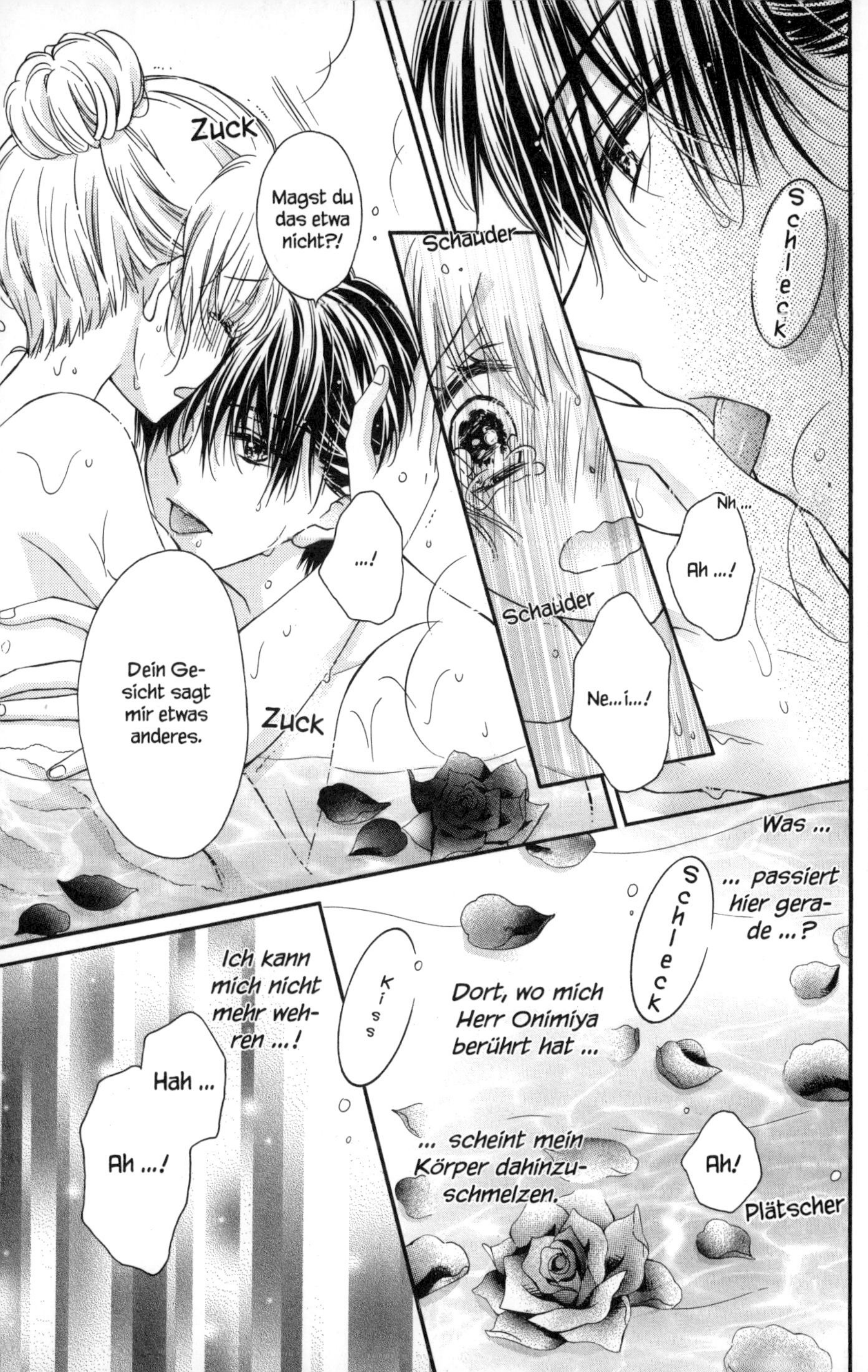
Schleck
Schauder
Magst du das etwa nicht?!
Zuck
Nh ...
Ah ...!
...!
Schauder
Ne...i...!
Dein Gesicht sagt mir etwas anderes.
Zuck
Was ...
... passiert hier gerade ...?
Schleck
Dort, wo mich Herr Onimiya berührt hat ...
kiss
Ich kann mich nicht mehr wehren ...!
Ah!
Plätscher
... scheint mein Körper dahinzuschmelzen.
Hah ...
Ah ...!

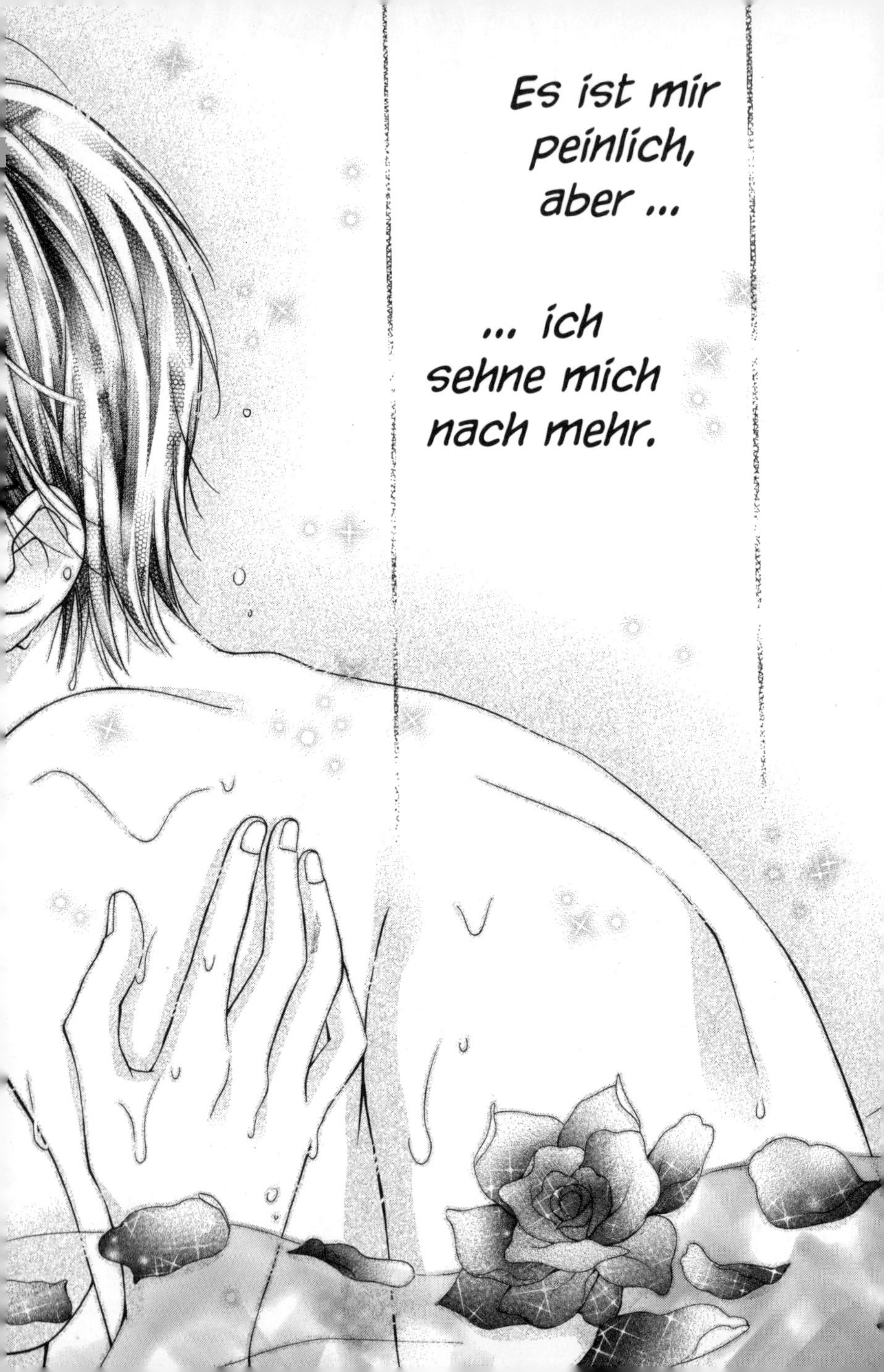
Es ist mir peinlich, aber ...
... ich sehne mich nach mehr.

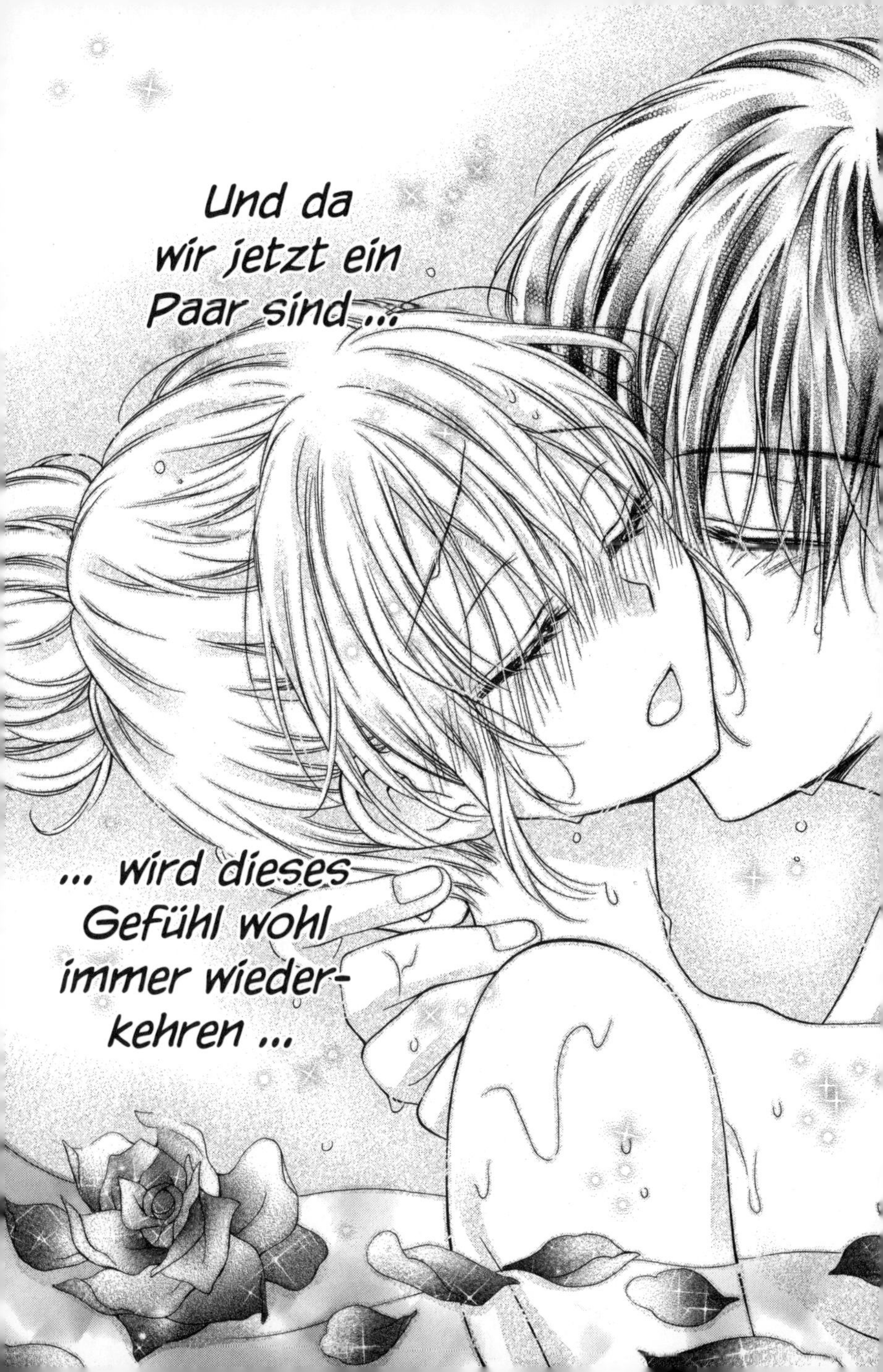
Und da wir jetzt ein Paar sind ...
... wird dieses Gefühl wohl immer wieder-kehren ...

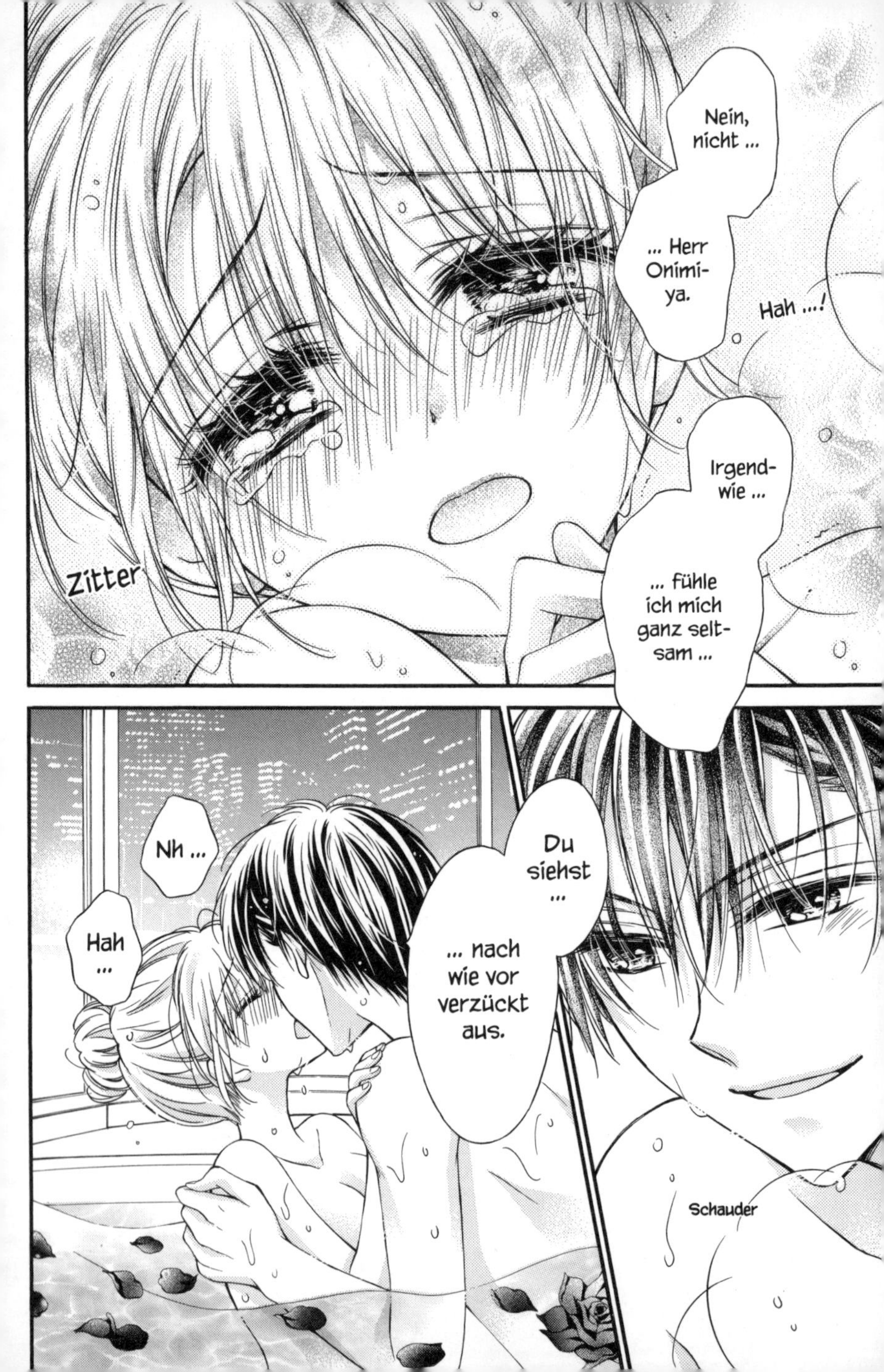
Nein, nicht ...
... Herr Onimi-ya.
Hah ...!
Irgend-wie ...
... fühle ich mich ganz selt-sam ...
Zitter
Du siehst ...
... nach wie vor verzückt aus.
Nh ...
Hah ...
Schauder

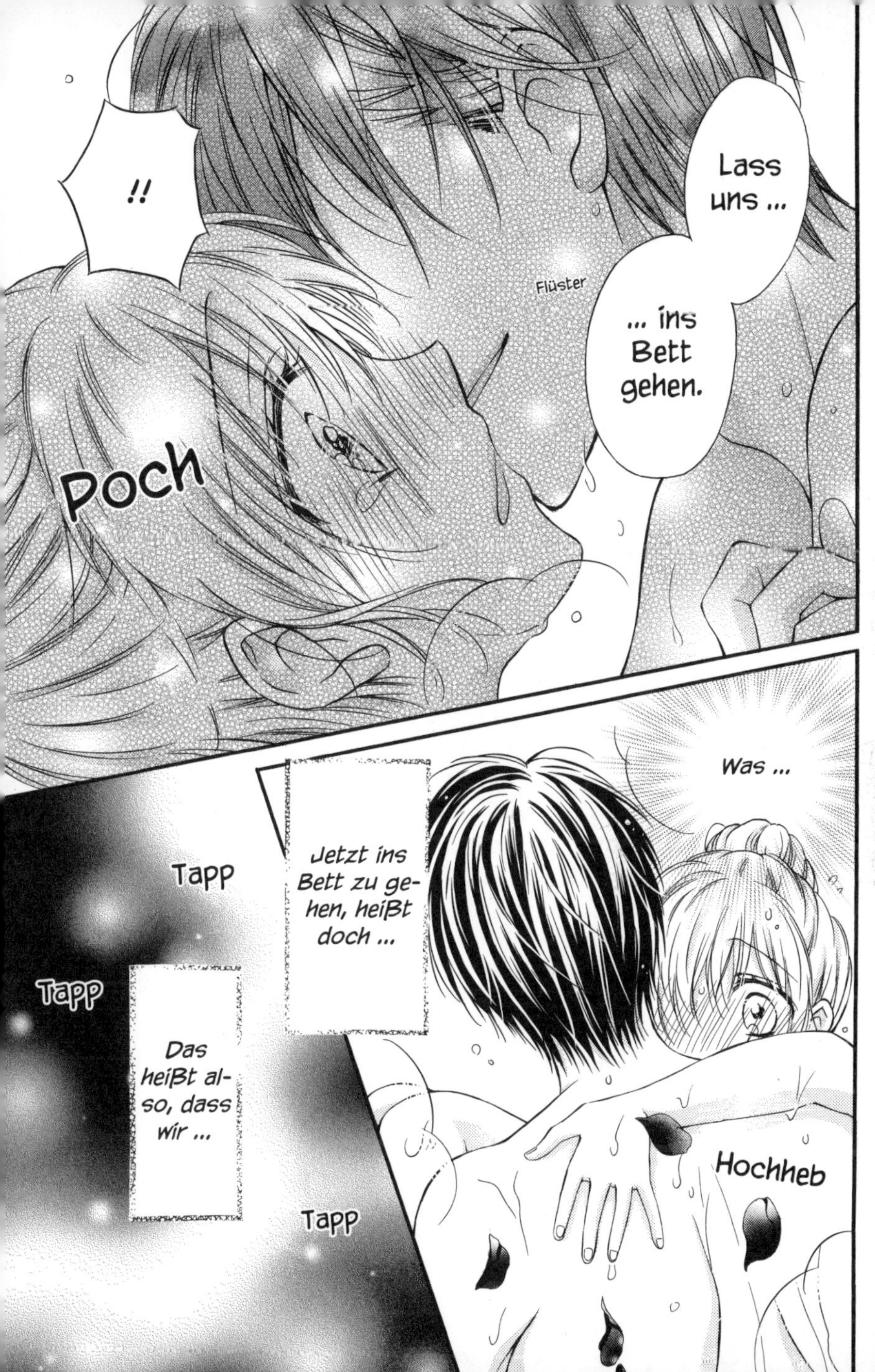
Lass uns ...
... ins Bett gehen.
Flüster
!!
Poch
Was ...
Jetzt ins Bett zu gehen, heißt doch ...
Tapp
Tapp
Das heißt also, dass wir ...
Tapp
Hochheb

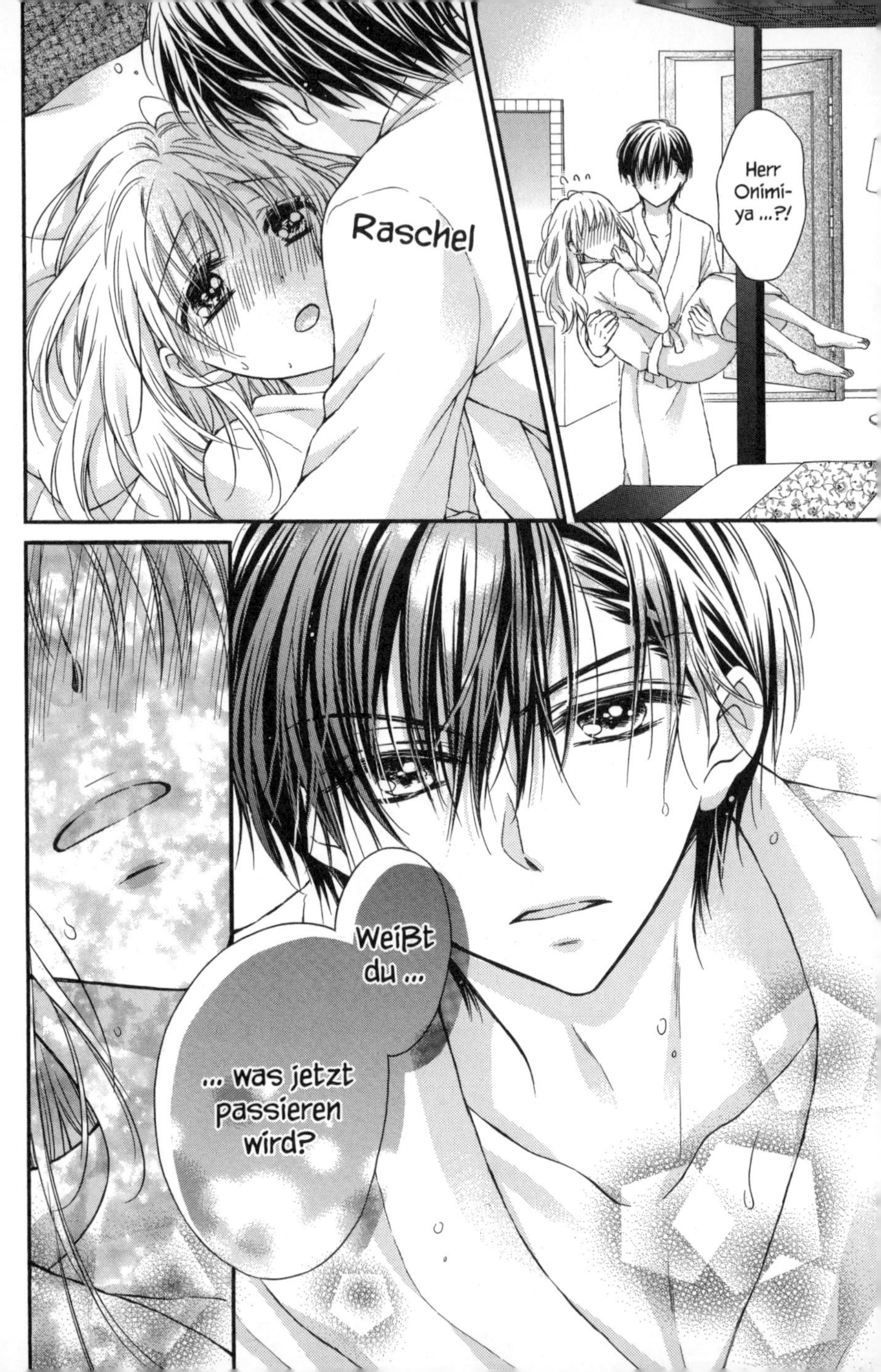
Herr Onimi-ya ...?!
Raschel
Weißt du ...
... was jetzt passieren wird?

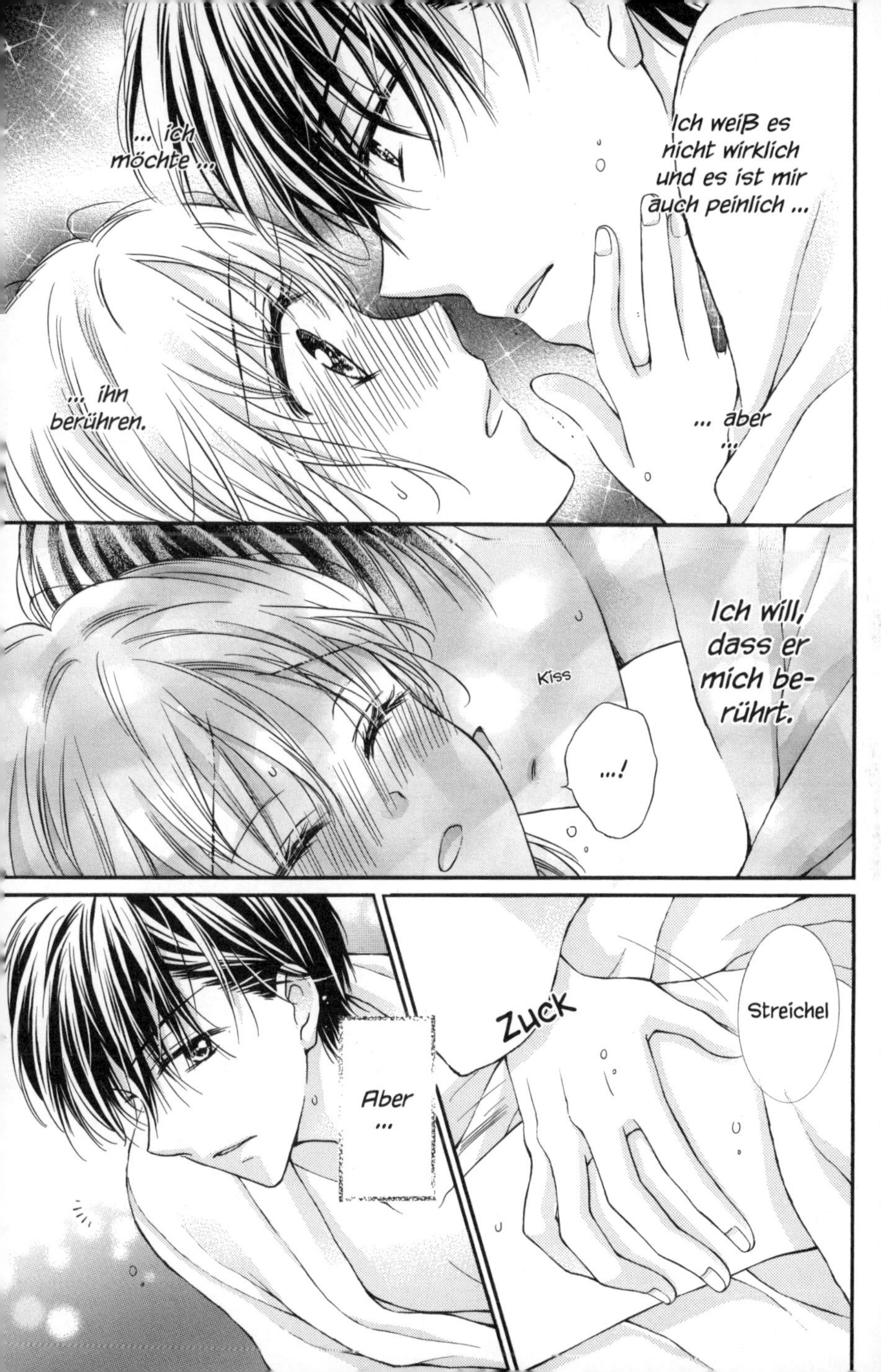
Ich weiß es nicht wirklich und es ist mir auch peinlich ...
... ich möchte ...
... ihn berühren.
... aber ...
Ich will, dass er mich be- rührt.
Kiss
...!
Streichel
Zuck
Aber ...

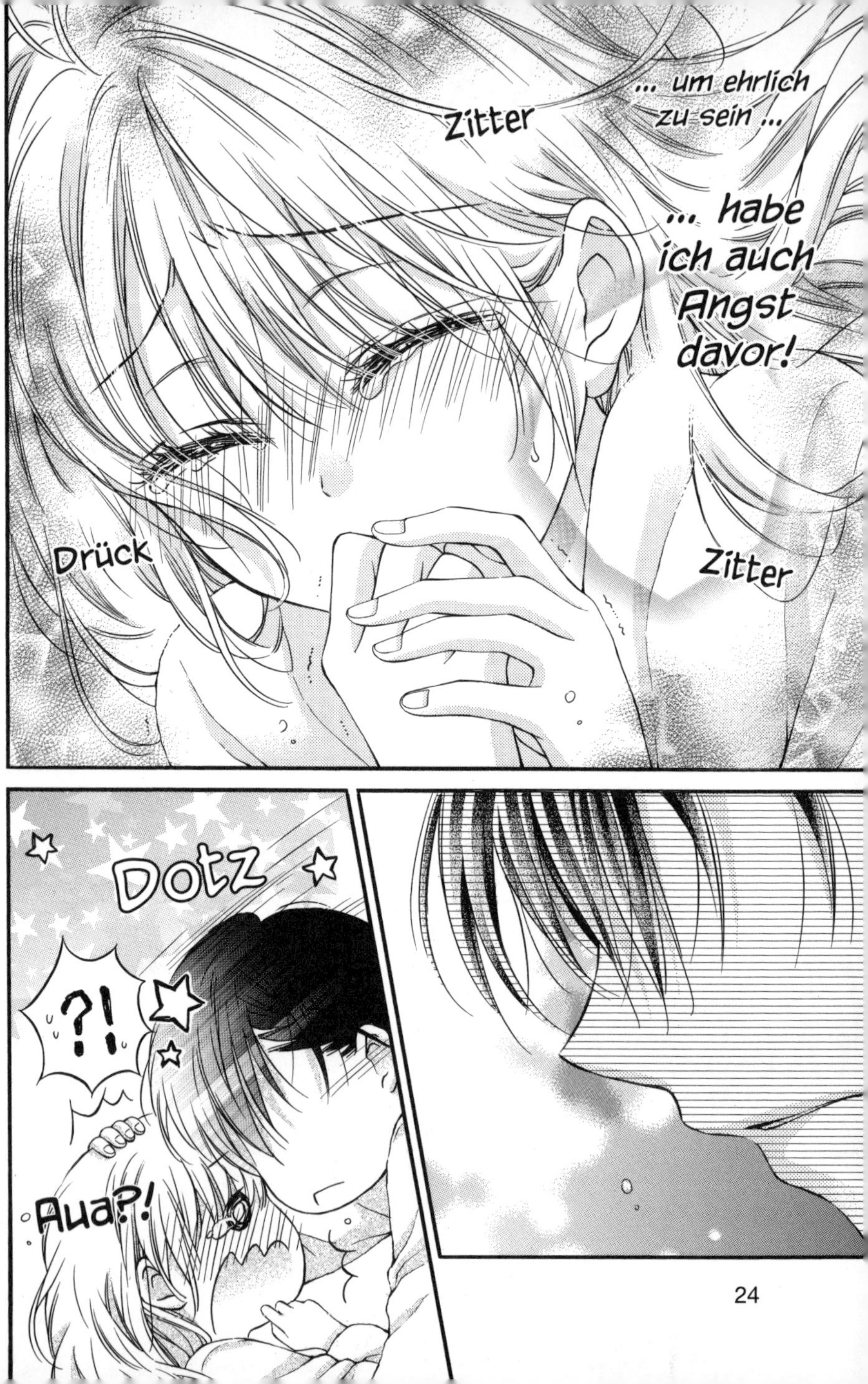

... um ehrlich zu sein ...
Zitter
... habe ich auch Angst davor!
Zitter
Drück
Dotz
?!
Aua?!

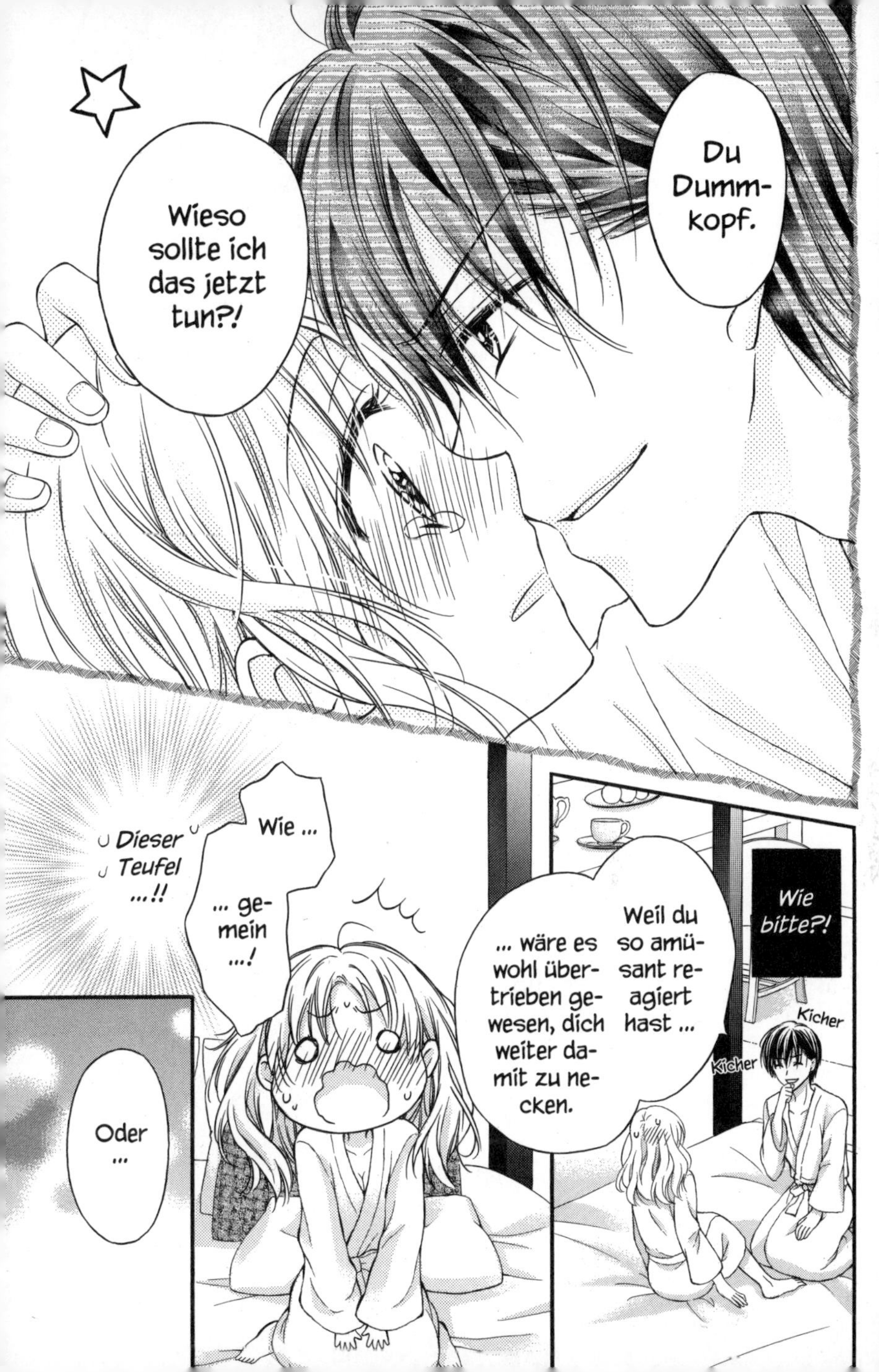
Du Dummkopf.
Wieso sollte ich das jetzt tun?!
Wie bitte?!
Kicher
Kicher
Weil du so amüsant reagiert hast ...
... wäre es wohl übertrieben gewesen, dich weiter damit zu necken.
Wie ...
... gemein ...!
Dieser Teufel ...!!
Oder ...

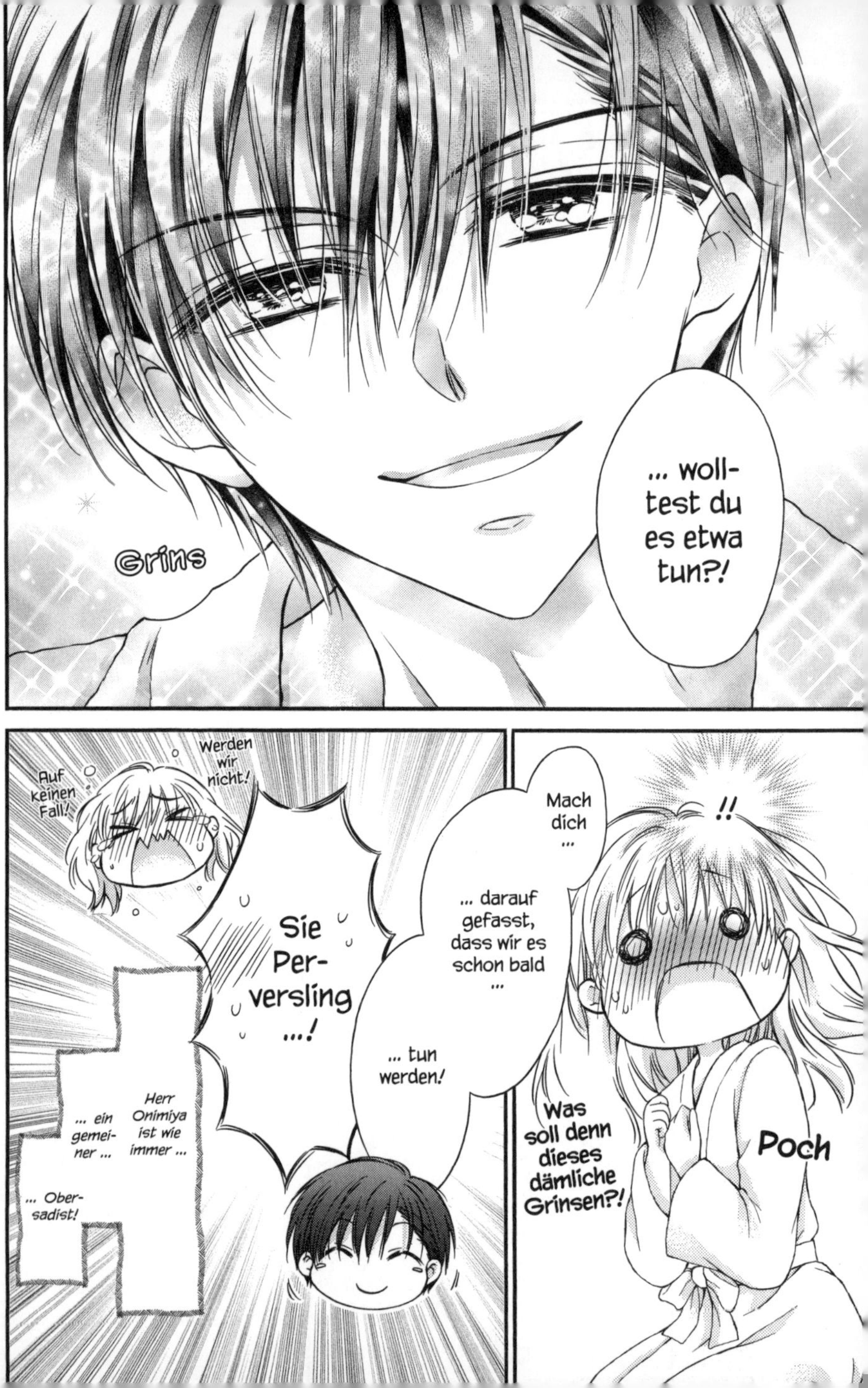

... woll-test du es etwa tun?!

Grins

Mach dich ...

!!

... darauf gefasst, dass wir es schon bald ...

... tun werden!

Poch

Was soll denn dieses dämliche Grinsen?!

Sie Per-versling ...!

Werden wir nicht!

Auf keinen Fall!

Herr Onimiya ist wie immer ...

... ein gemei-ner ...

... Ober-sadist!

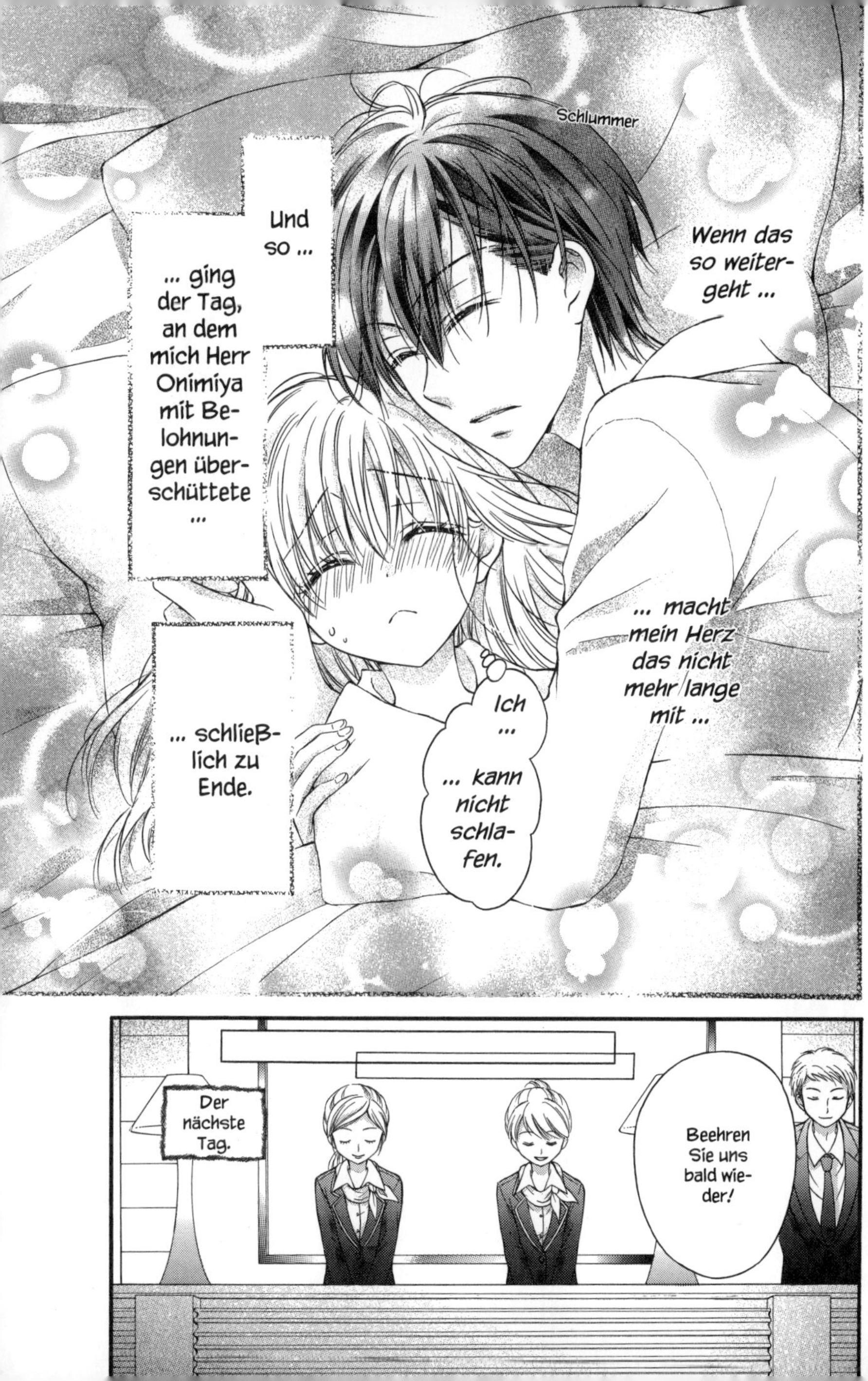

Schlummer

Wenn das so weitergeht ...

... macht mein Herz das nicht mehr lange mit ...

Ich ...

... kann nicht schlafen.

Und so ...

... ging der Tag, an dem mich Herr Onimiya mit Belohnungen überschüttete ...

... schließlich zu Ende.

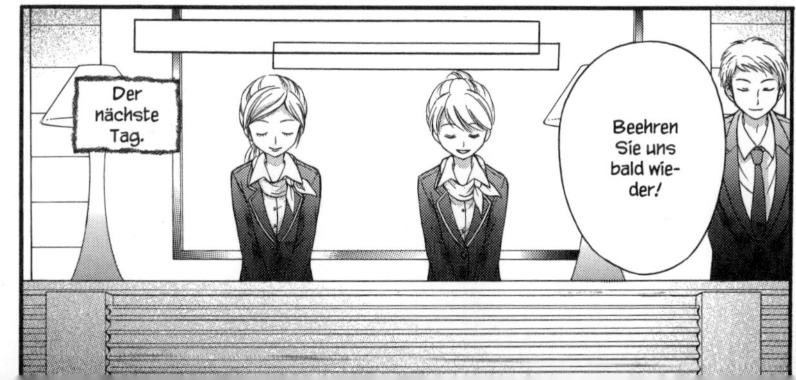

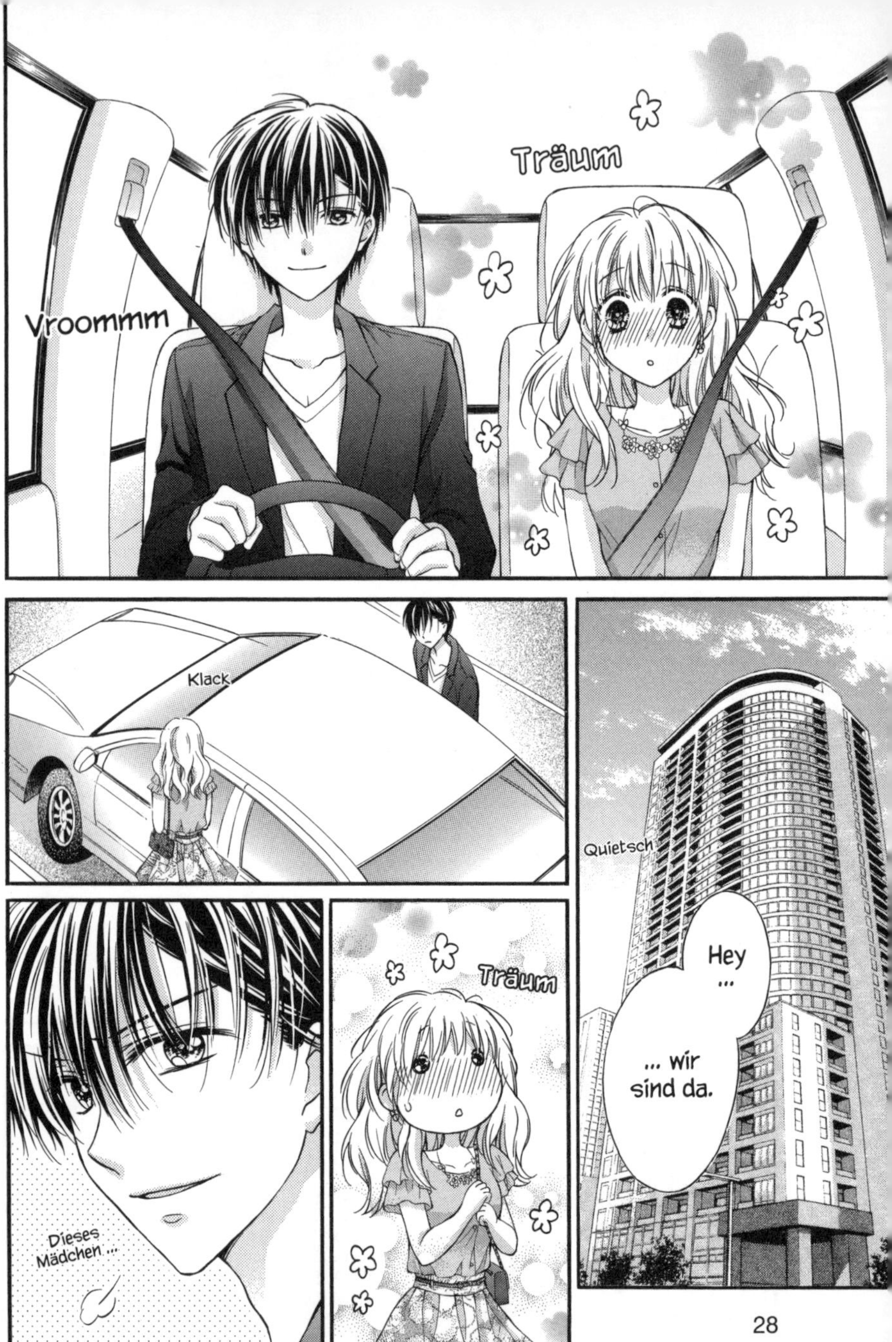

Träum

Vroommm

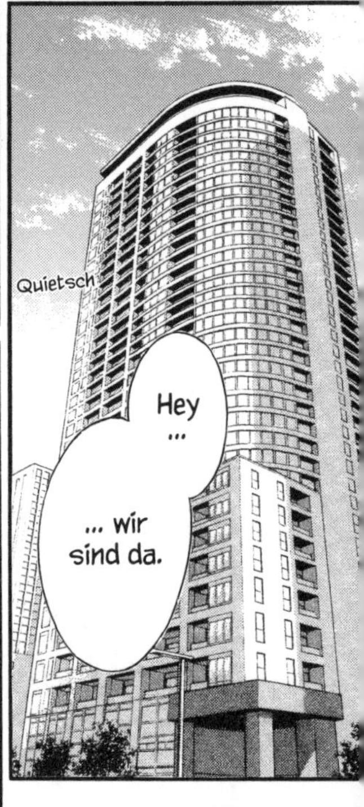

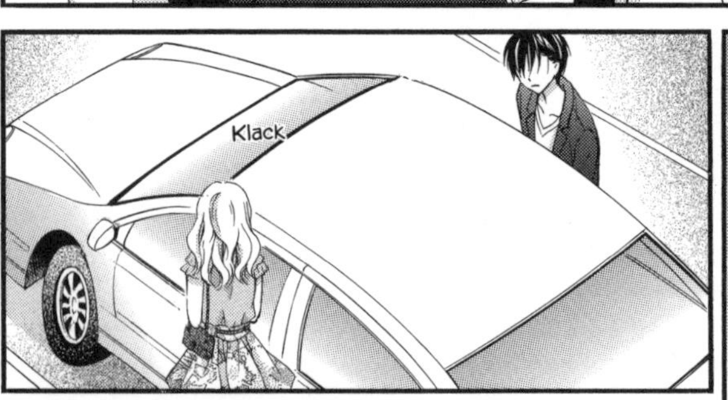

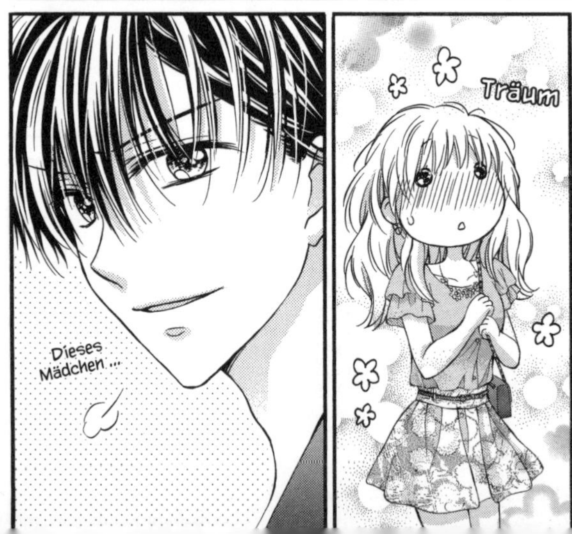

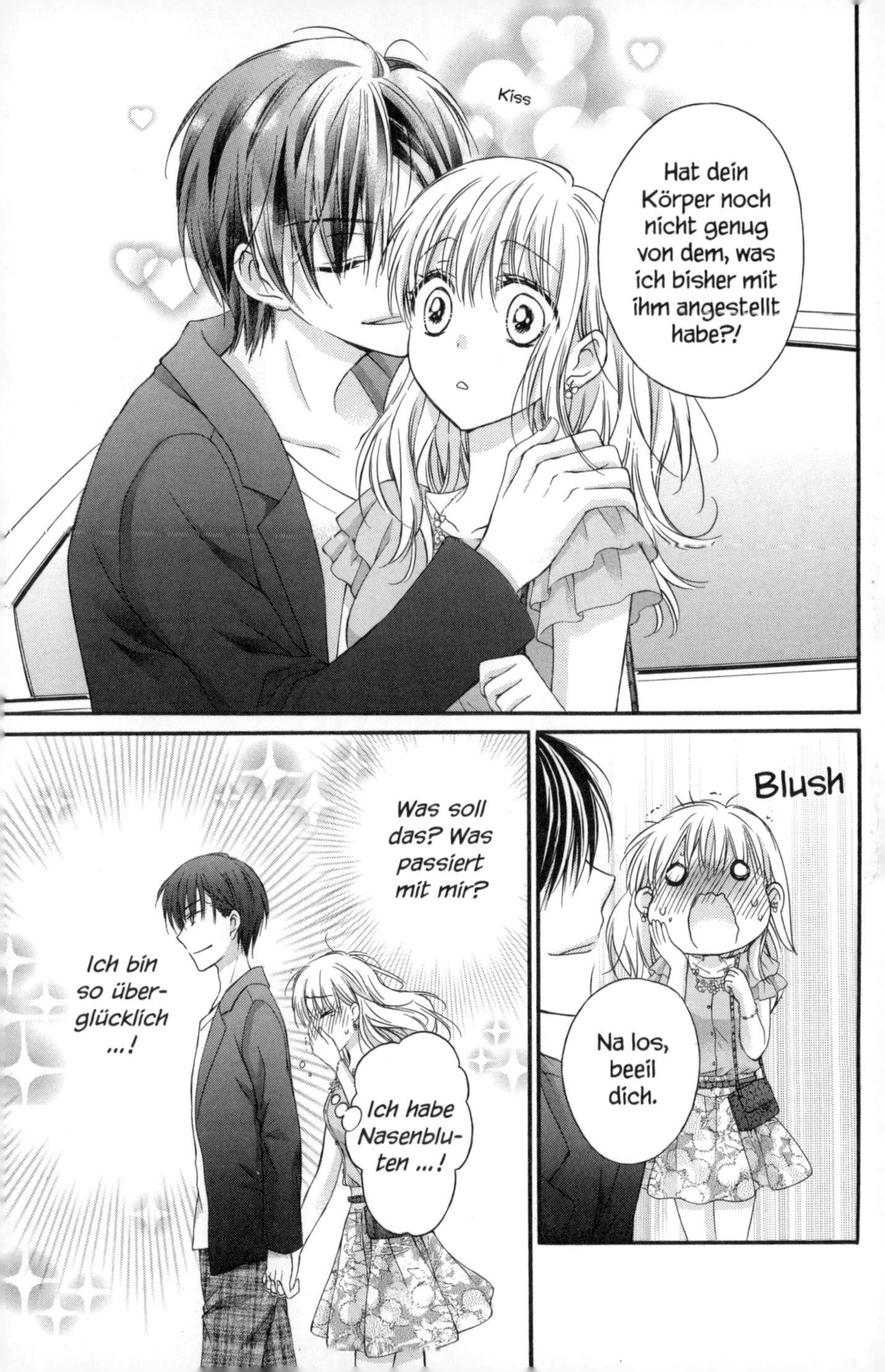

Kiss

Hat dein Körper noch nicht genug von dem, was ich bisher mit ihm angestellt habe?!

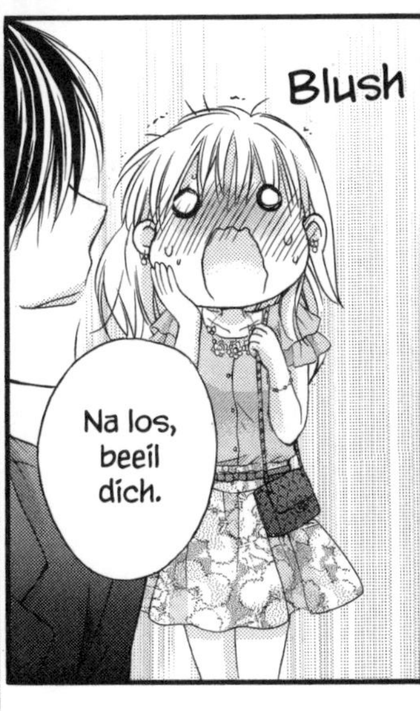

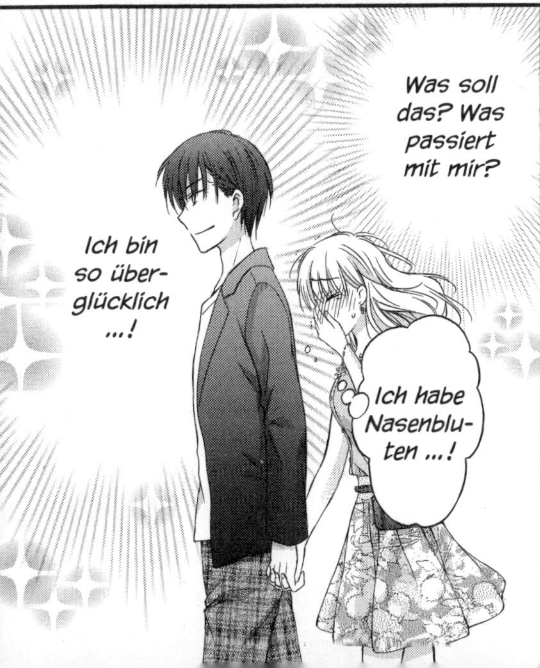

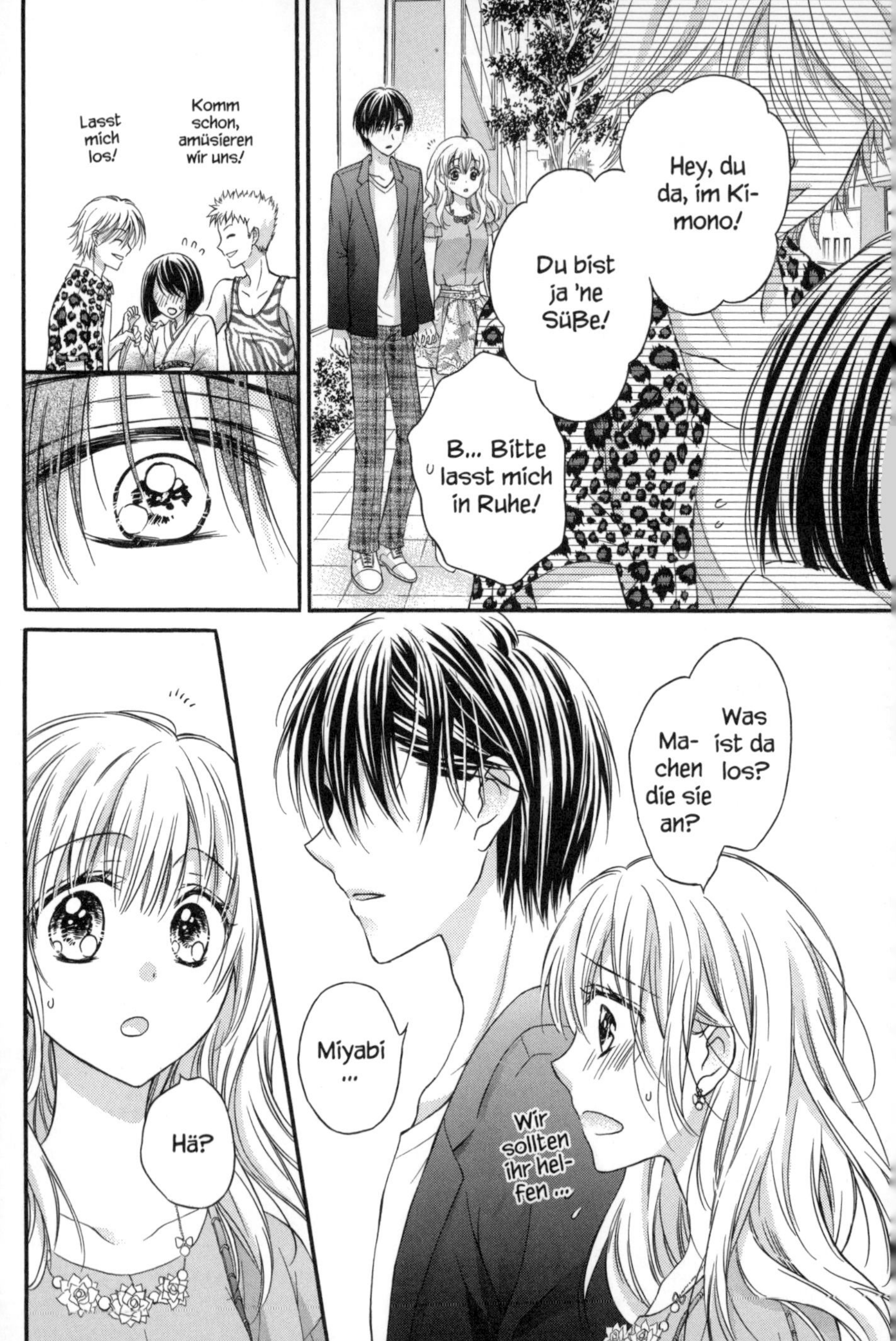
Hey, du da, im Ki-mono!
Du bist ja 'ne Süße!
B... Bitte lasst mich in Ruhe!
Komm schon, amüsieren wir uns!
Lasst mich los!
Was ist da los?
Ma-chen die sie an?
Miyabi ...
Hä?
Wir sollten ihr hel-fen ...

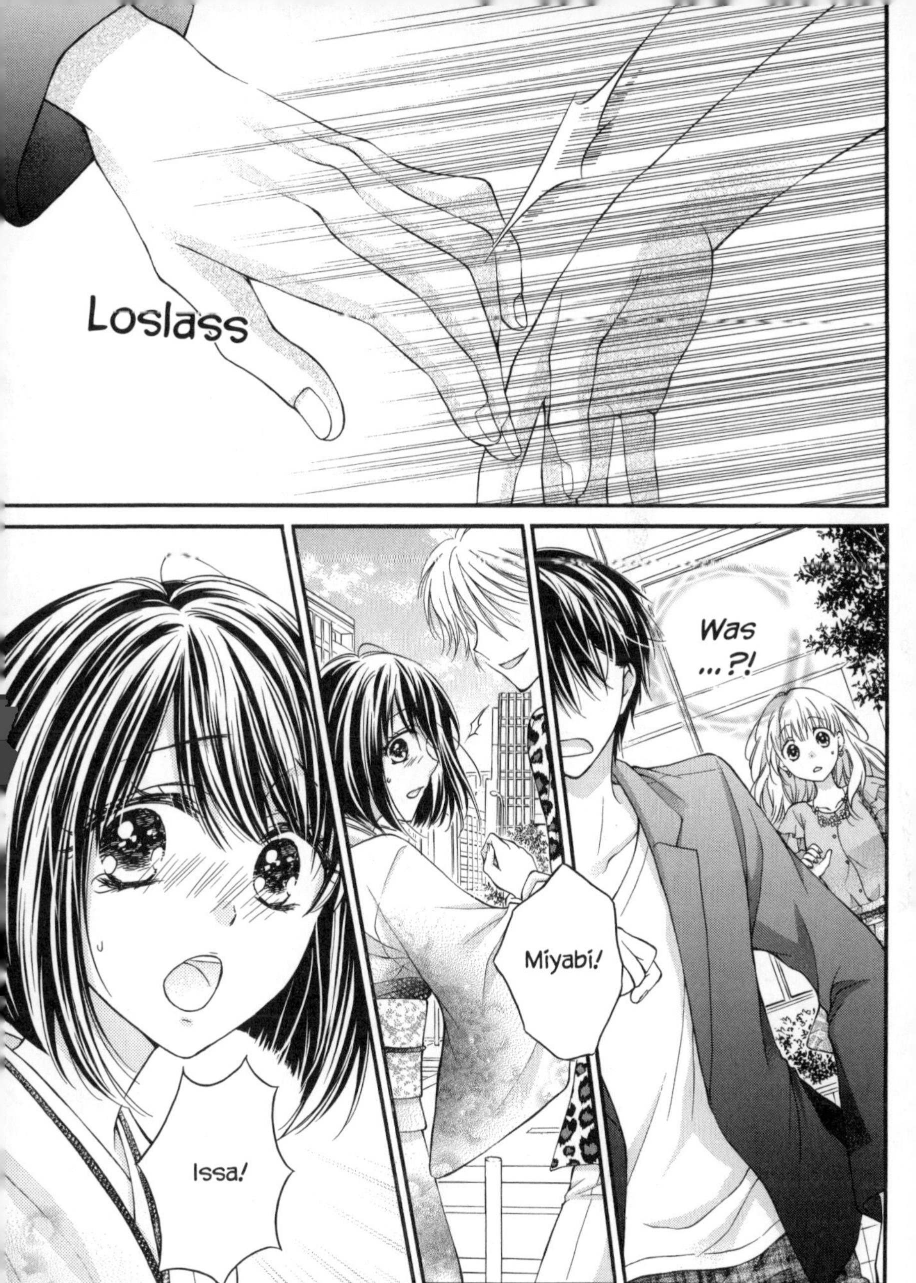
Loslass
Was ...?!
Miyabi!
Issa!

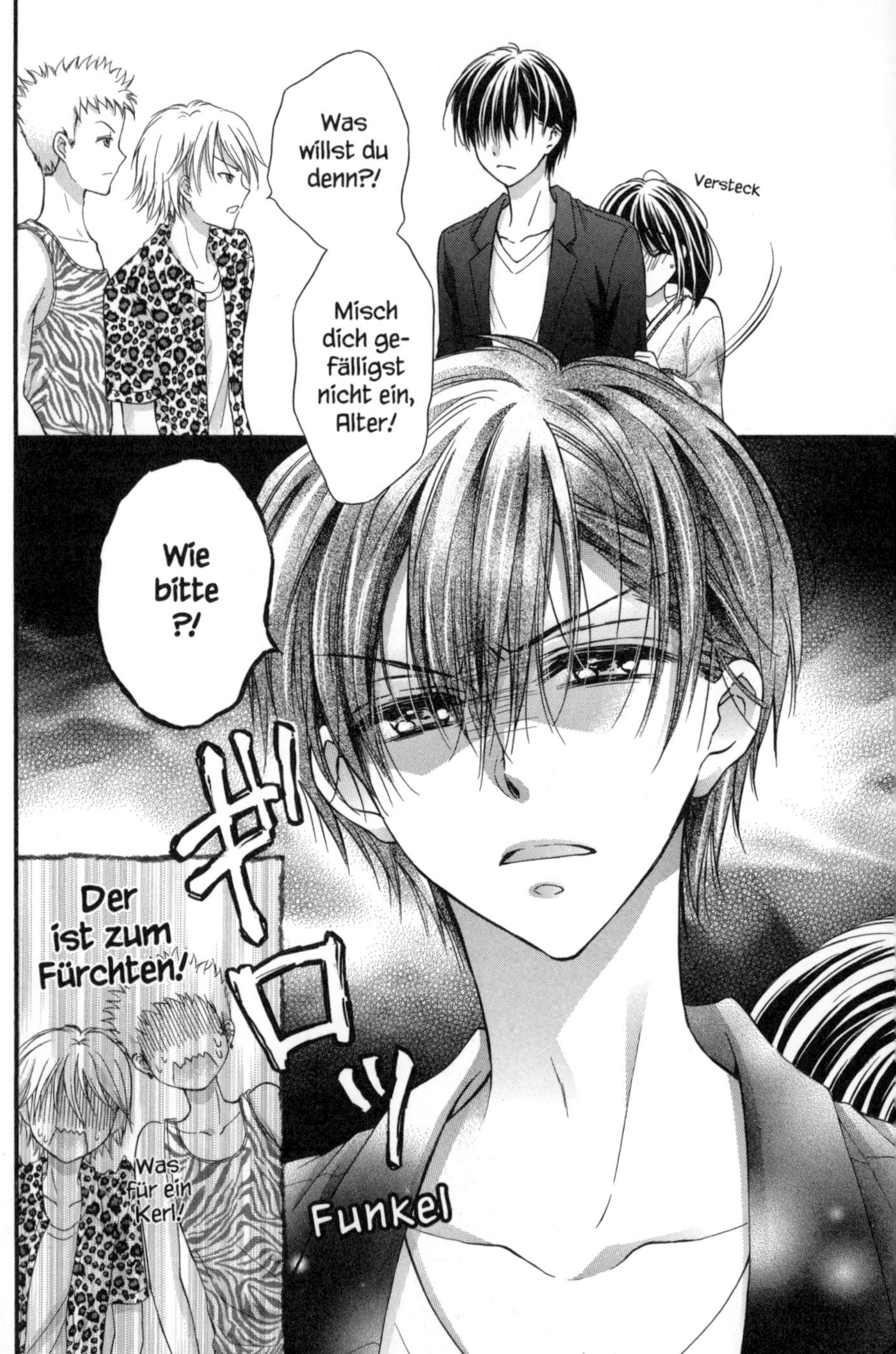
Versteck
Was willst du denn?!
Misch dich gefälligst nicht ein, Alter!
Wie bitte ?!
Funkel
Der ist zum Fürchten!
Was für ein Kerl!

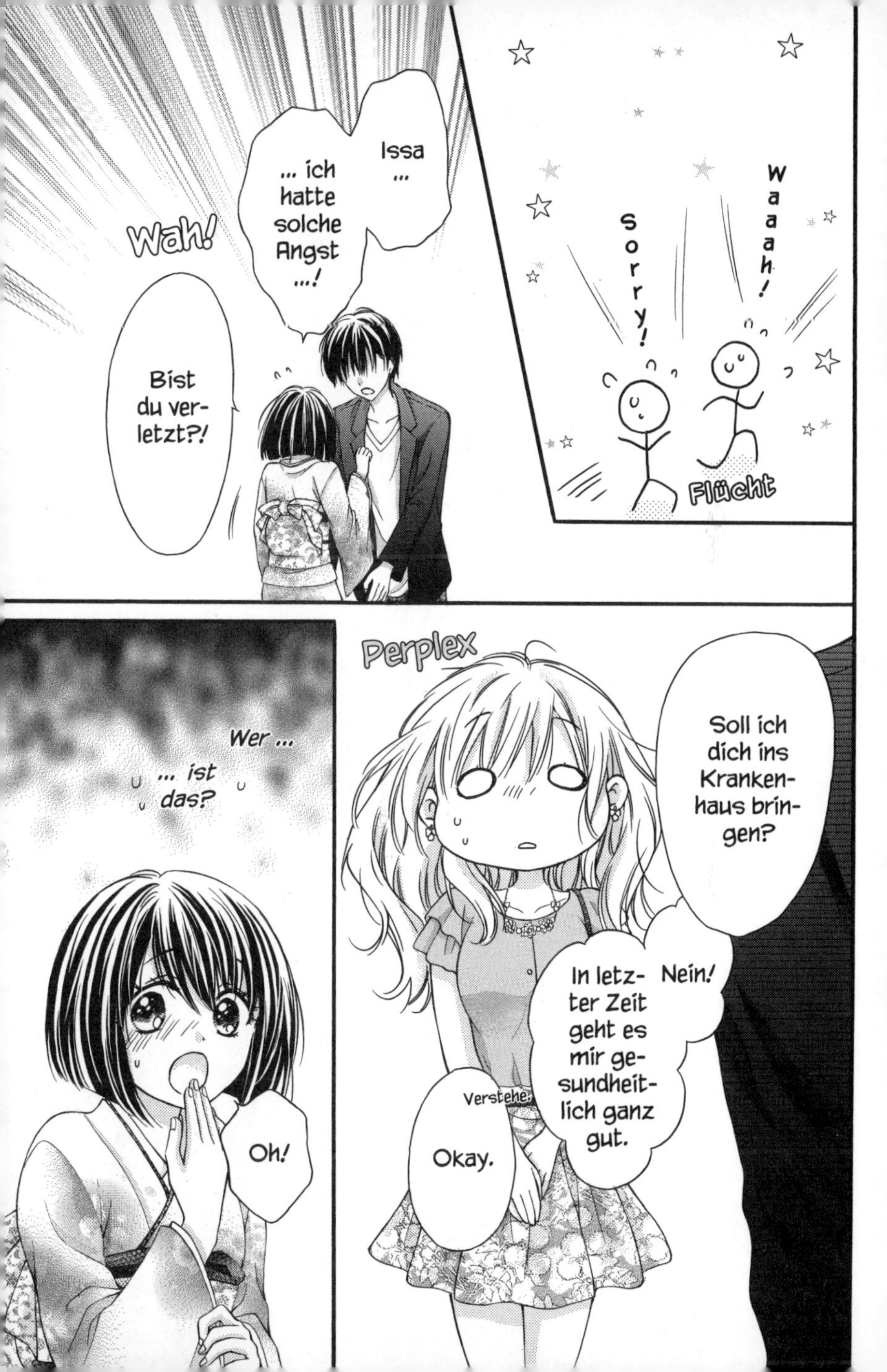

Waaah!
Sorry!
Flücht
Issa ...
... ich hatte solche Angst ...!
Wah!
Bist du verletzt?!
Perplex
Soll ich dich ins Krankenhaus bringen?
Nein!
In letzter Zeit geht es mir gesundheitlich ganz gut.
Verstehe.
Okay.
Wer ...
... ist das?
Oh!

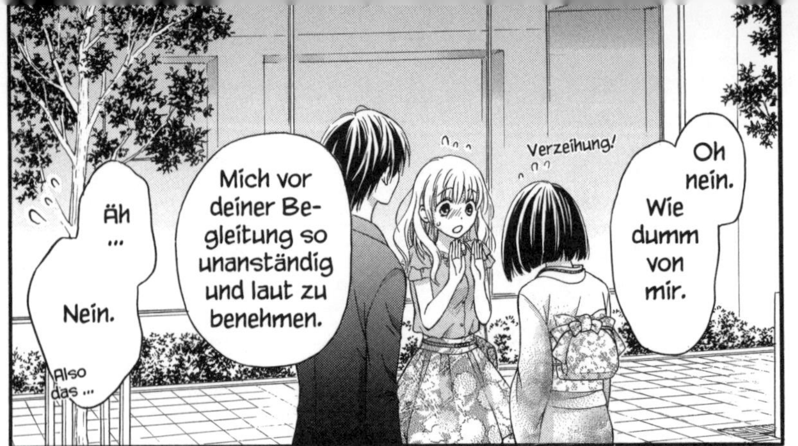

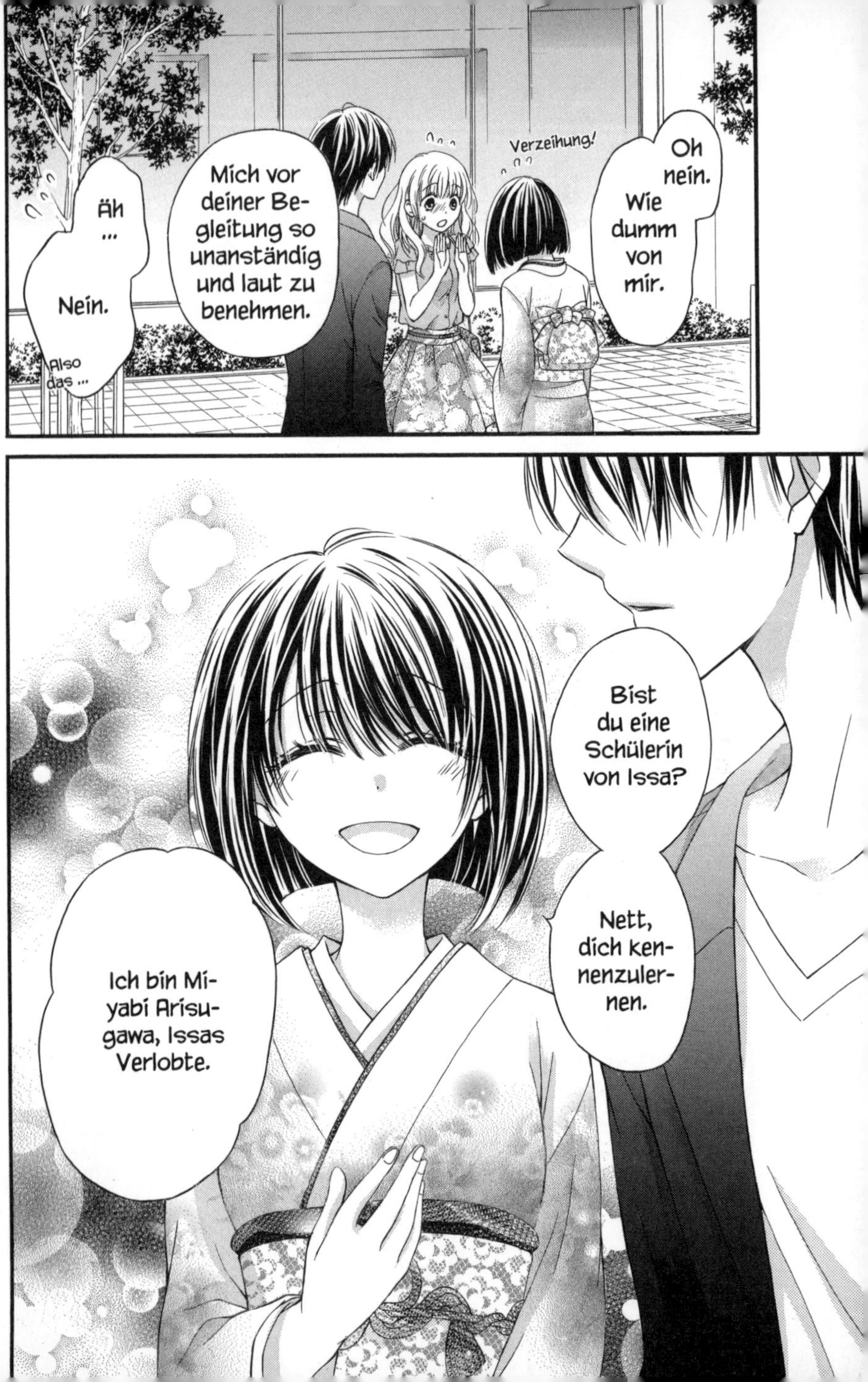

Bist du eine Schülerin von Issa?

Nett, dich kennenzulernen.

Ich bin Miyabi Arisugawa, Issas Verlobte.

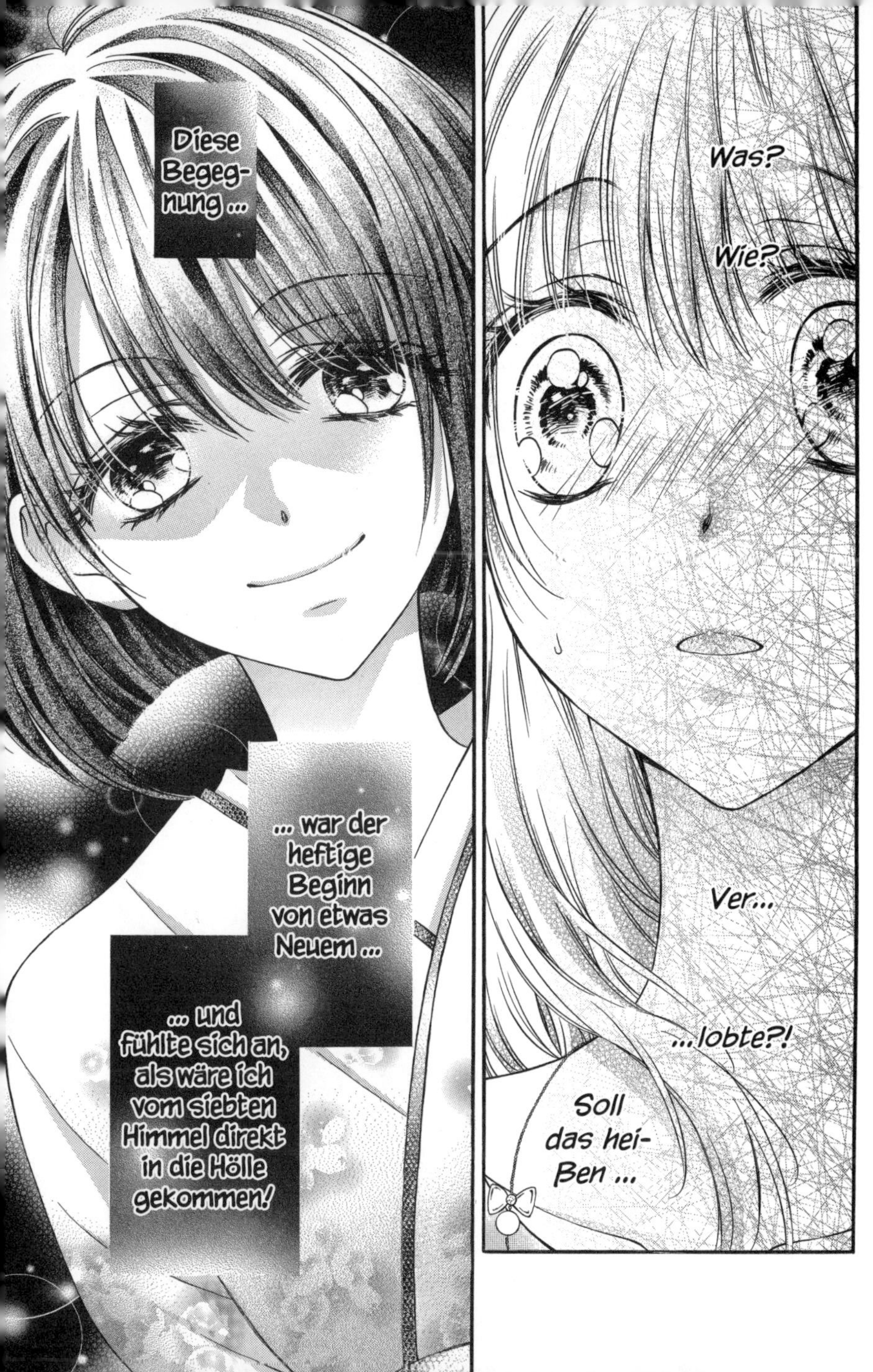
Was?
Wie?
Ver...
...lobte?!
Soll das hei-ßen ...
Diese Begeg-nung ...
... war der heftige Beginn von etwas Neuem ...
... und fühlte sich an, als wäre ich vom siebten Himmel direkt in die Hölle gekommen!

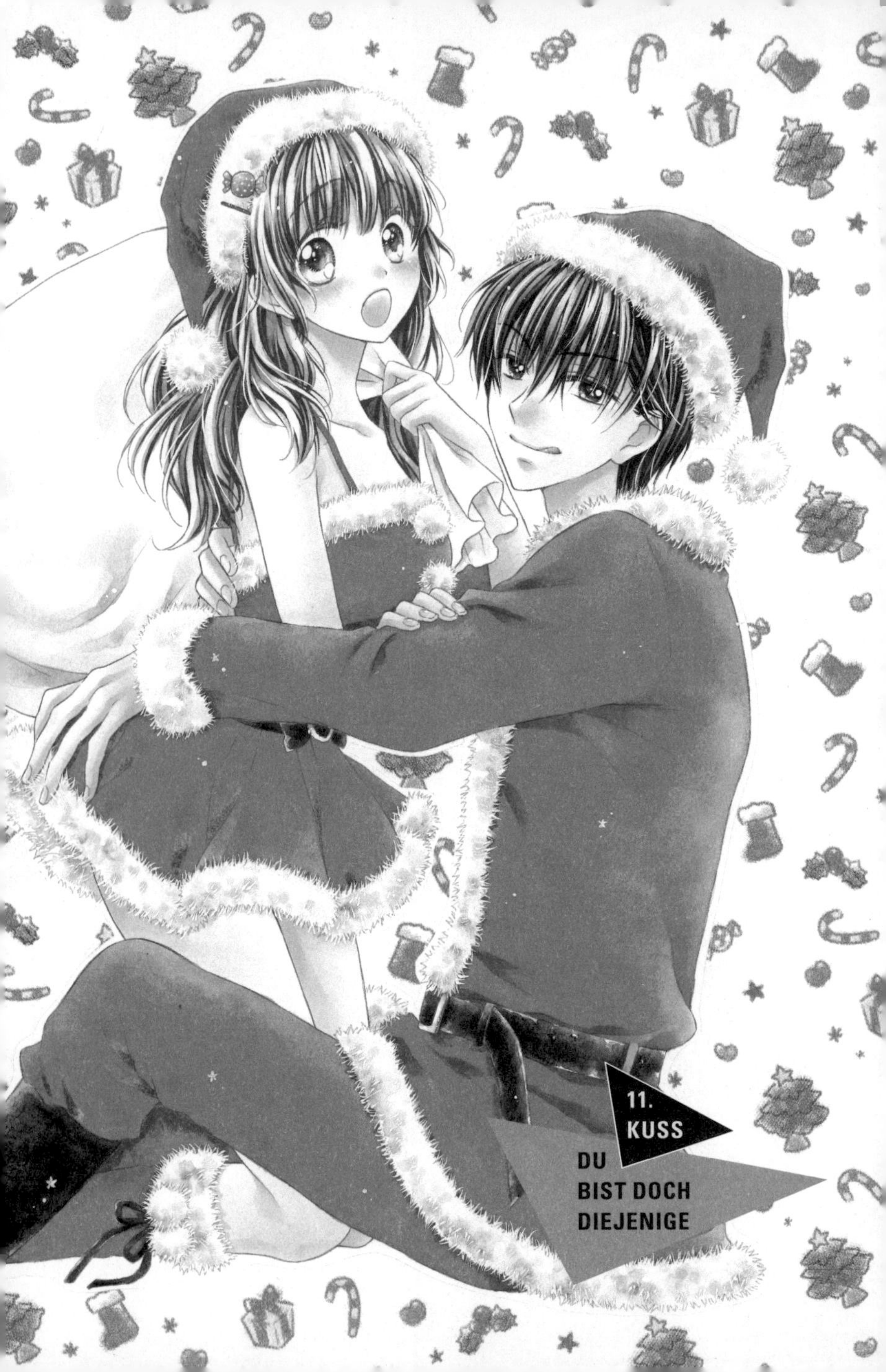
11. KUSS
DU BIST DOCH DIEJENIGE

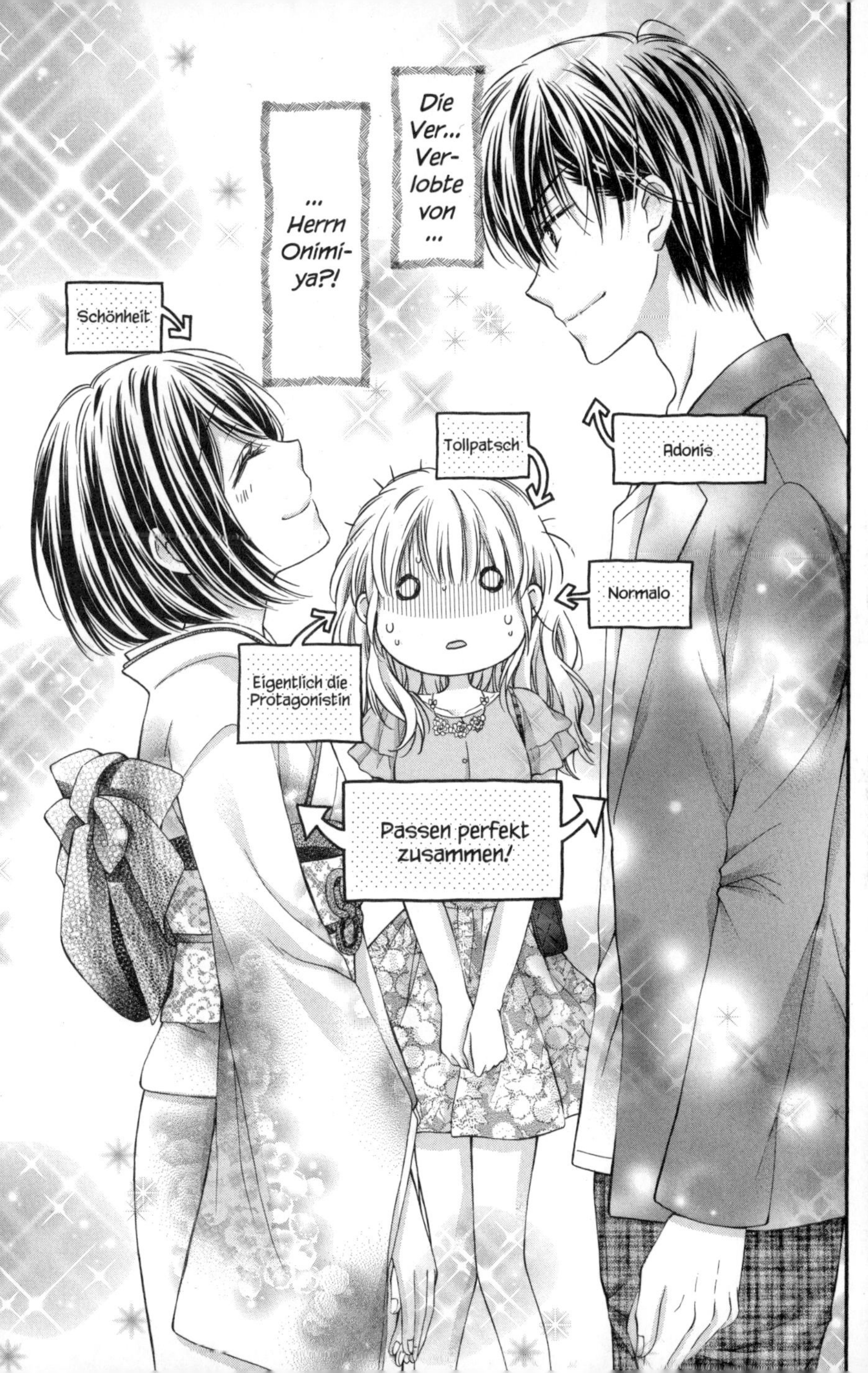

Die Ver... Ver-lobte von ...
... Herrn Onimi-ya?!
Schönheit
Adonis
Tollpatsch
Normalo
Eigentlich die Protagonistin
Passen perfekt zusammen!

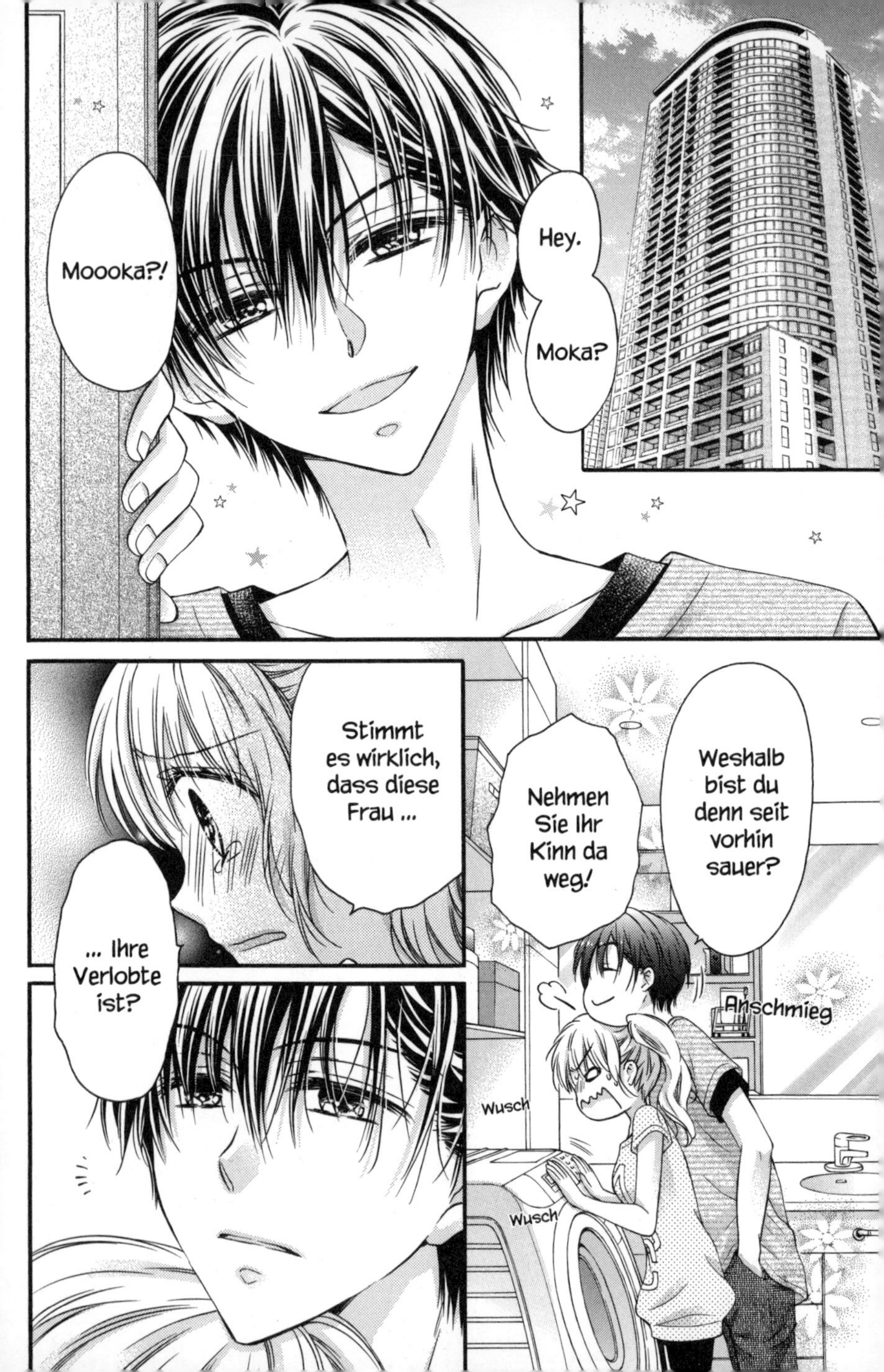
Hey.
Moka?
Moooka?!
Weshalb bist du denn seit vorhin sauer?
Nehmen Sie Ihr Kinn da weg!
Anschmieg
Wusch
Wusch
Stimmt es wirklich, dass diese Frau …
… Ihre Verlobte ist?

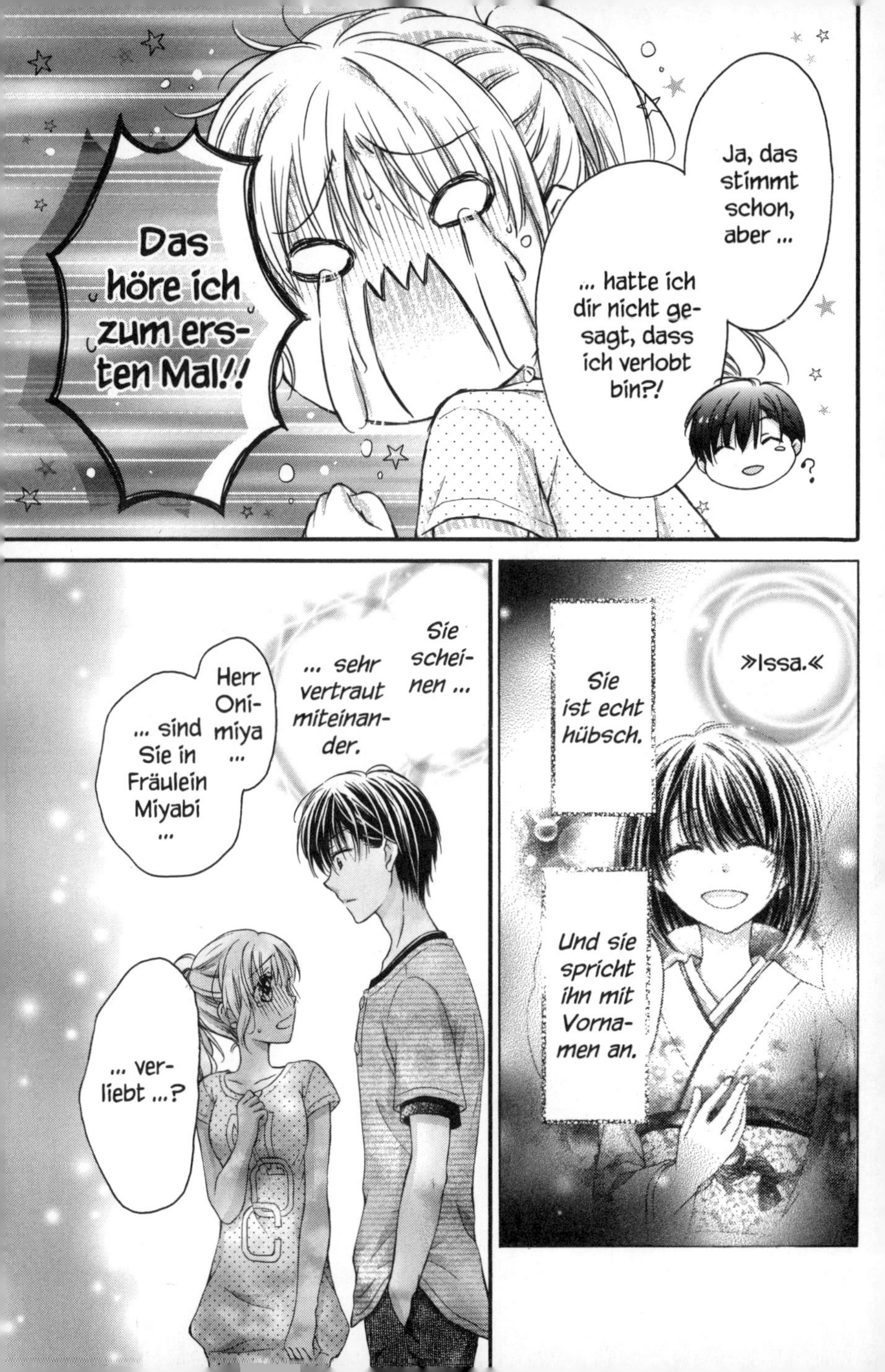

Ja, das stimmt schon, aber ...

... hatte ich dir nicht gesagt, dass ich verlobt bin?!

Das höre ich zum ersten Mal!!

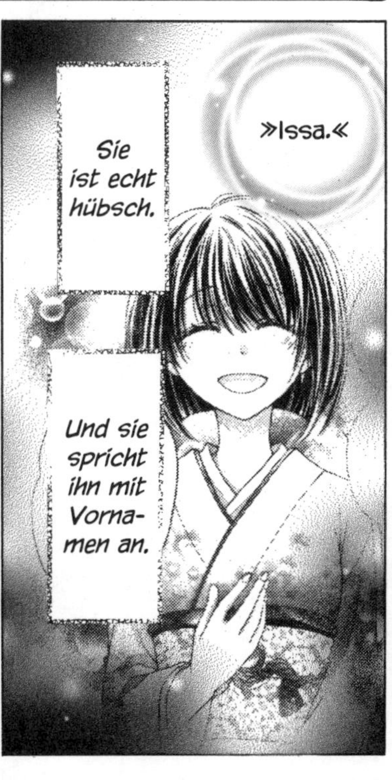

Sie scheinen ...

... sehr vertraut miteinander.

Herr Onimiya ...

... sind Sie in Fräulein Miyabi ...

... verliebt ...?

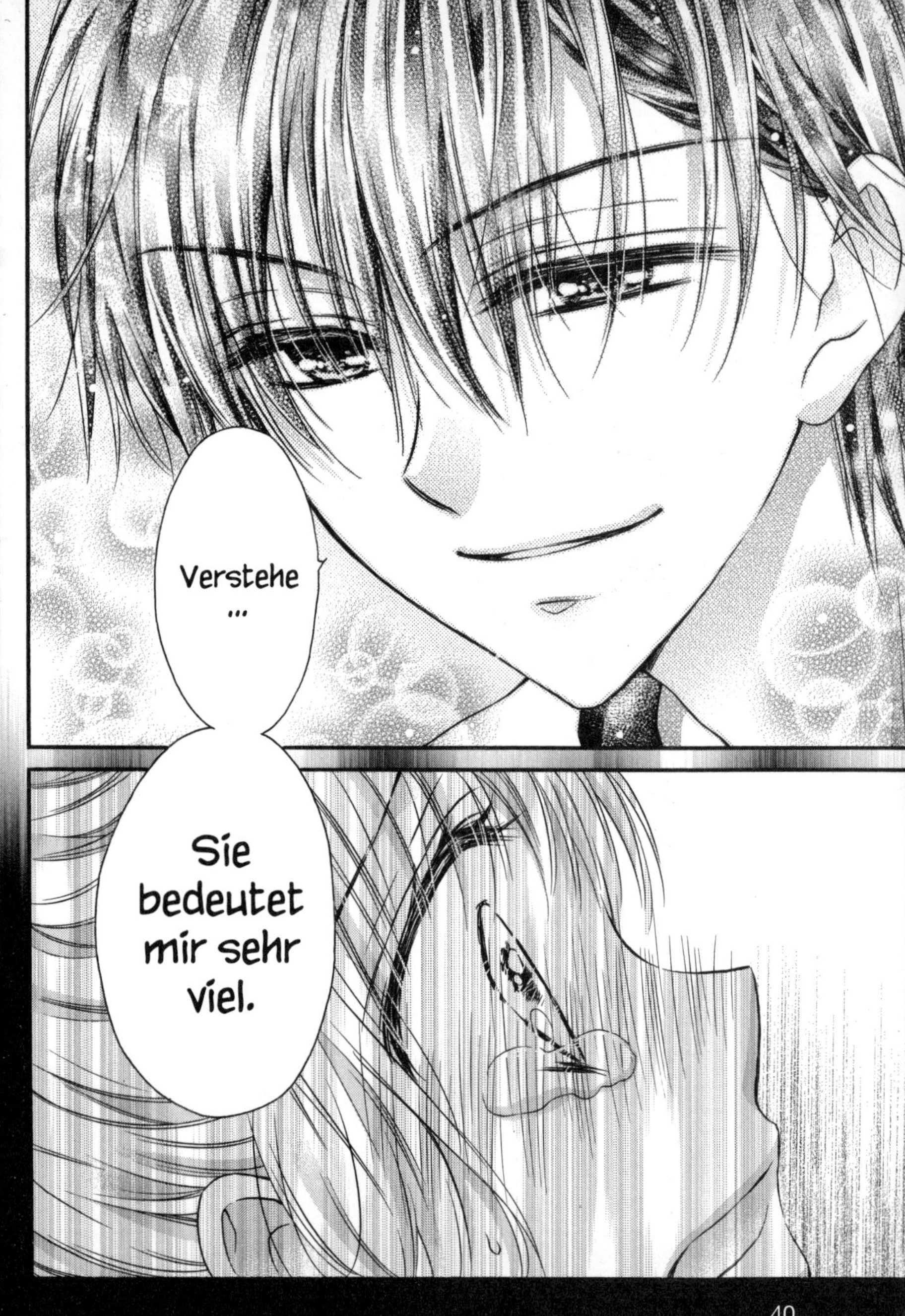
Verstehe
...
Sie bedeutet mir sehr viel.

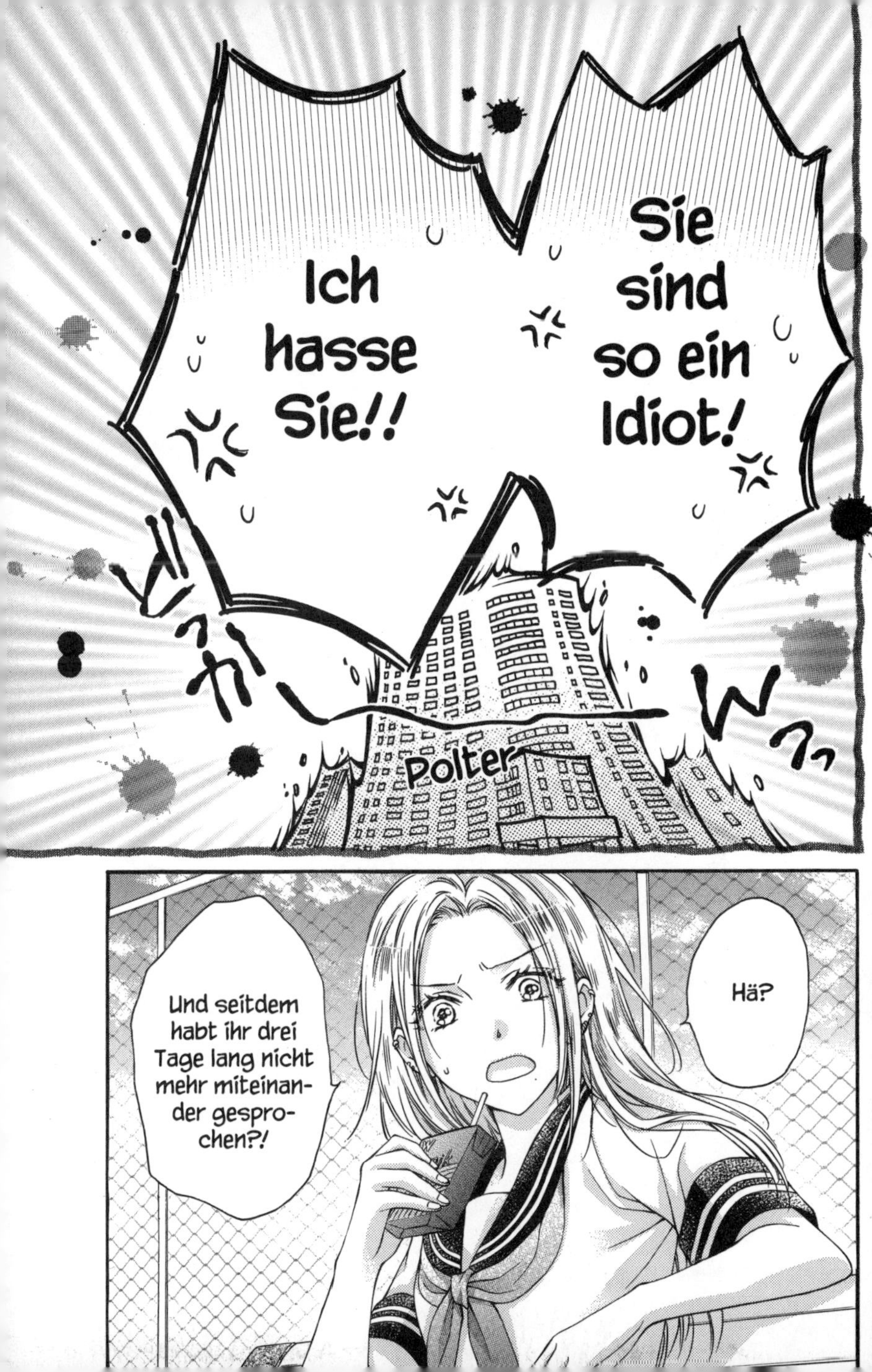

Sie sind so ein Idiot!

Ich hasse Sie!!

Polter

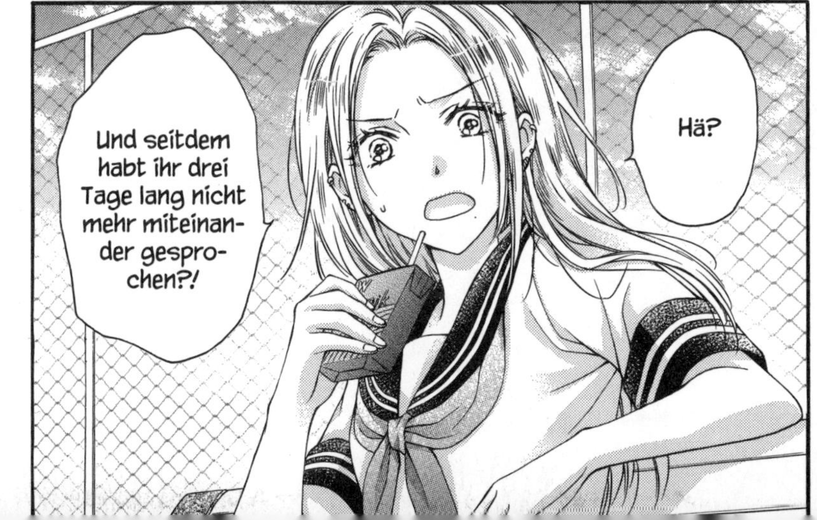

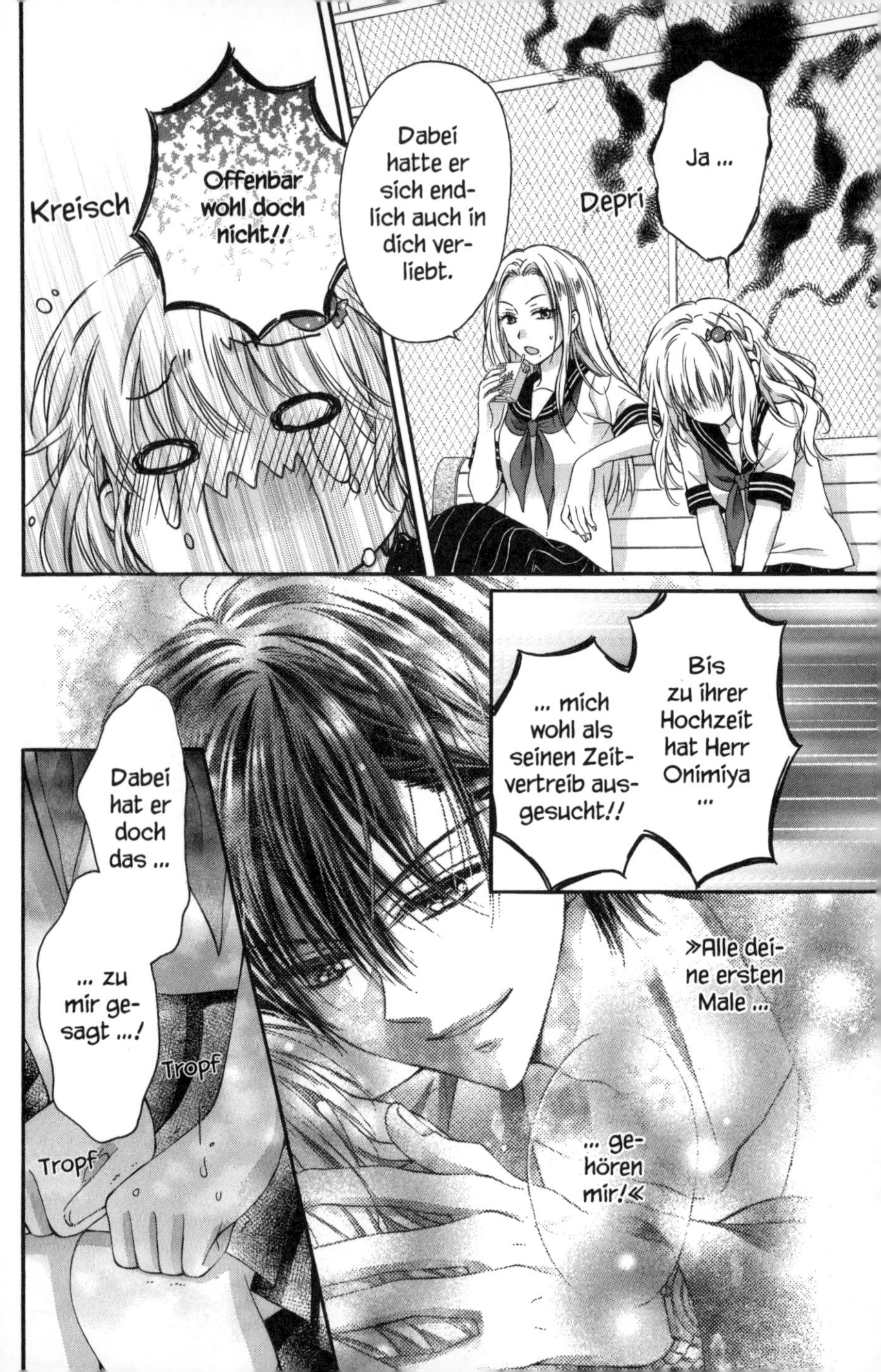
Ja ...
Depri
Dabei hatte er sich endlich auch in dich verliebt.
Offenbar wohl doch nicht!!
Kreisch
Bis zu ihrer Hochzeit hat Herr Onimiya ...
... mich wohl als seinen Zeitvertreib ausgesucht!!
Dabei hat er doch das ...
... zu mir gesagt ...!
Tropf
Tropf
»Alle deine ersten Male ...
... gehören mir!«

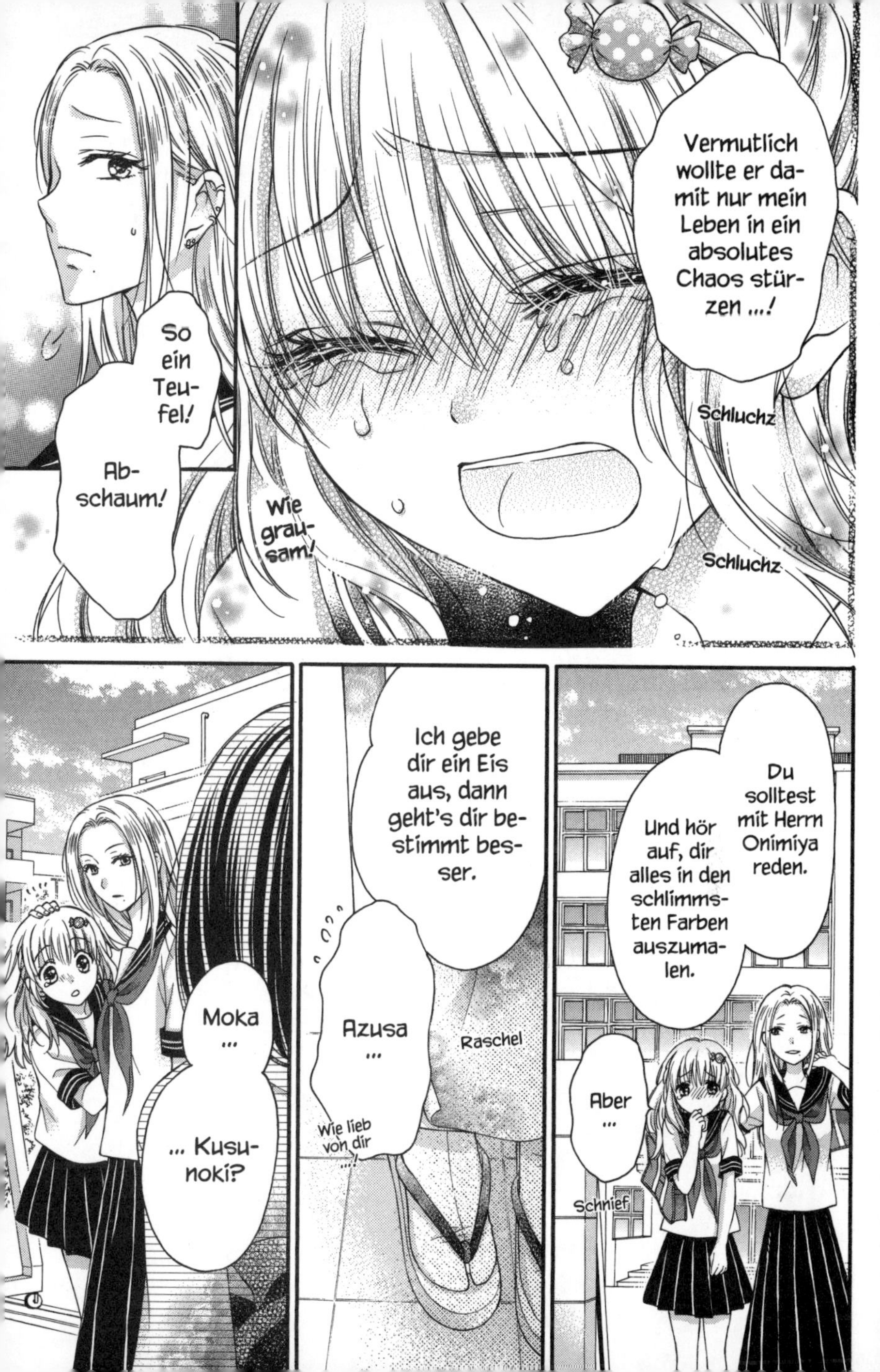
Vermutlich wollte er damit nur mein Leben in ein absolutes Chaos stürzen ...!
Schluchz
Schluchz
Wie grausam!
So ein Teufel!
Abschaum!
Du solltest mit Herrn Onimiya reden.
Und hör auf, dir alles in den schlimmsten Farben auszumalen.
Aber ...
Schnief
Ich gebe dir ein Eis aus, dann geht's dir bestimmt besser.
Azusa ...
Raschel
Wie lieb von dir ...!
Moka ...
... Kusunoki?

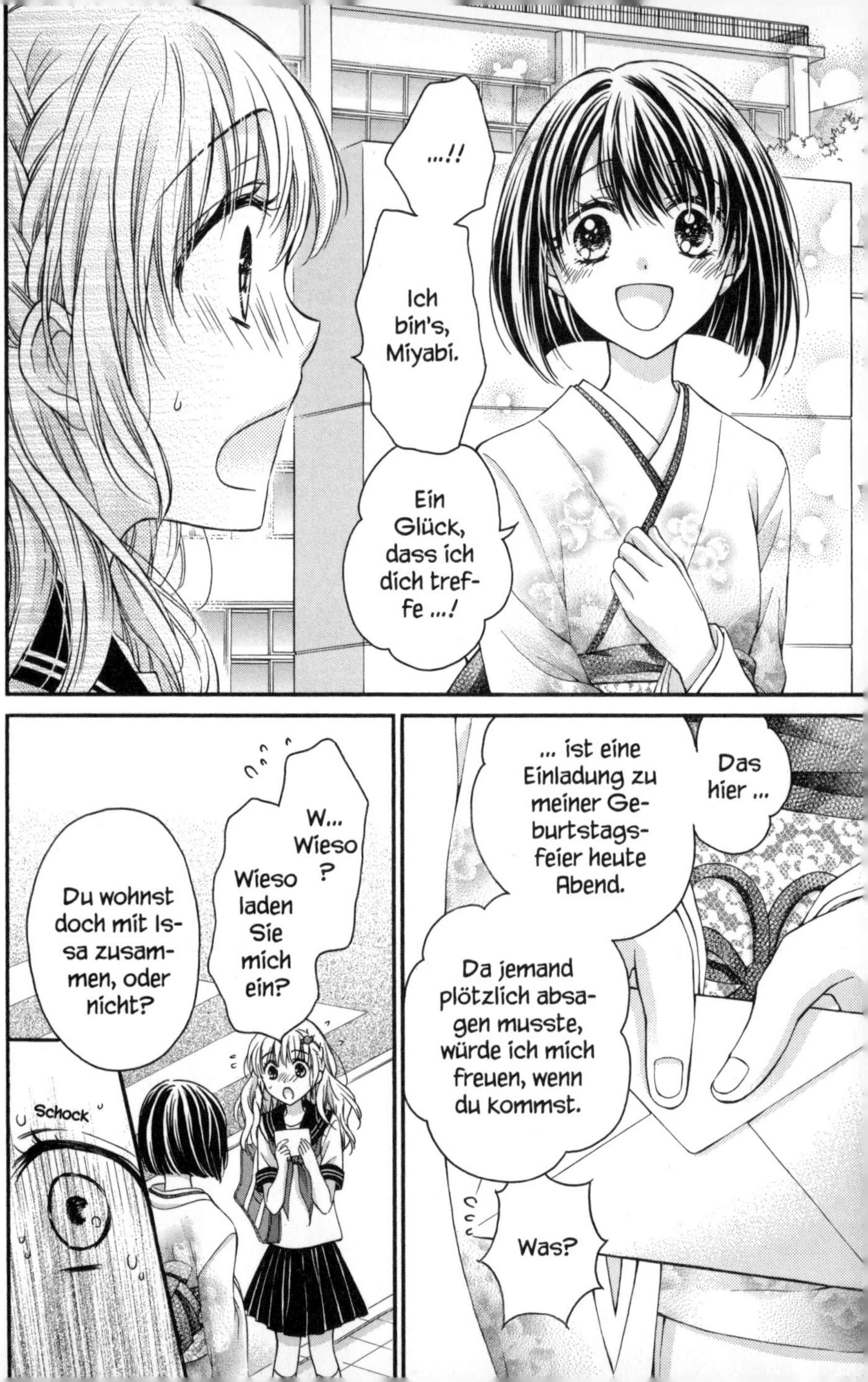

...!!

Ich bin's, Miyabi.

Ein Glück, dass ich dich treffe ...!

Das hier ...

... ist eine Einladung zu meiner Geburtstagsfeier heute Abend.

Da jemand plötzlich absagen musste, würde ich mich freuen, wenn du kommst.

Was?

W... Wieso?

Wieso laden Sie mich ein?

Du wohnst doch mit Issa zusammen, oder nicht?

Schock

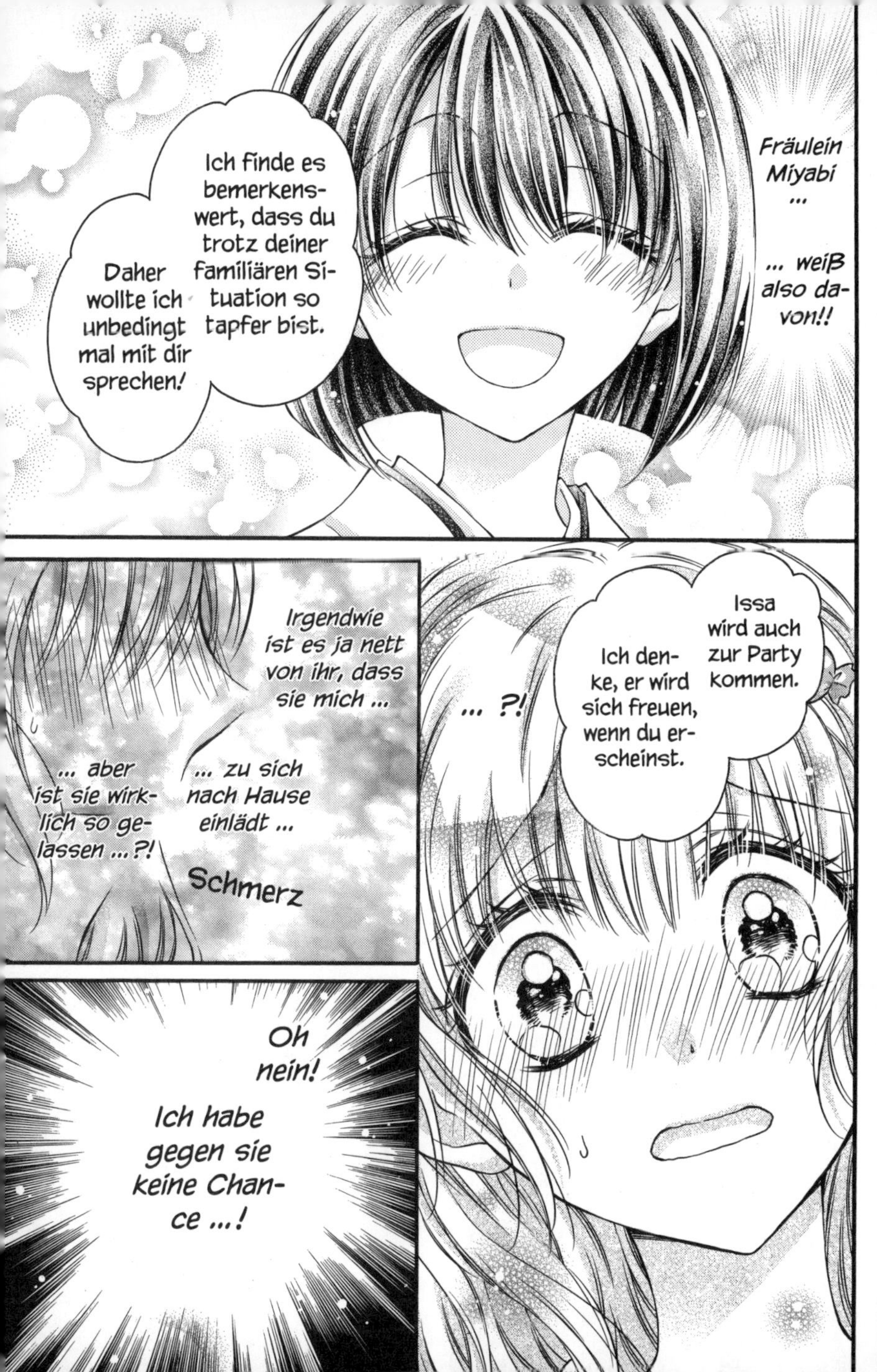
Fräulein Miyabi ...
... weiß also davon!!
Ich finde es bemerkenswert, dass du trotz deiner familiären Situation so tapfer bist.
Daher wollte ich unbedingt mal mit dir sprechen!
Issa wird auch zur Party kommen.
Ich denke, er wird sich freuen, wenn du erscheinst.
... ?!
Irgendwie ist es ja nett von ihr, dass sie mich ...
... zu sich nach Hause einlädt ...
... aber ist sie wirklich so gelassen ...?!
Schmerz
Oh nein!
Ich habe gegen sie keine Chance ...!

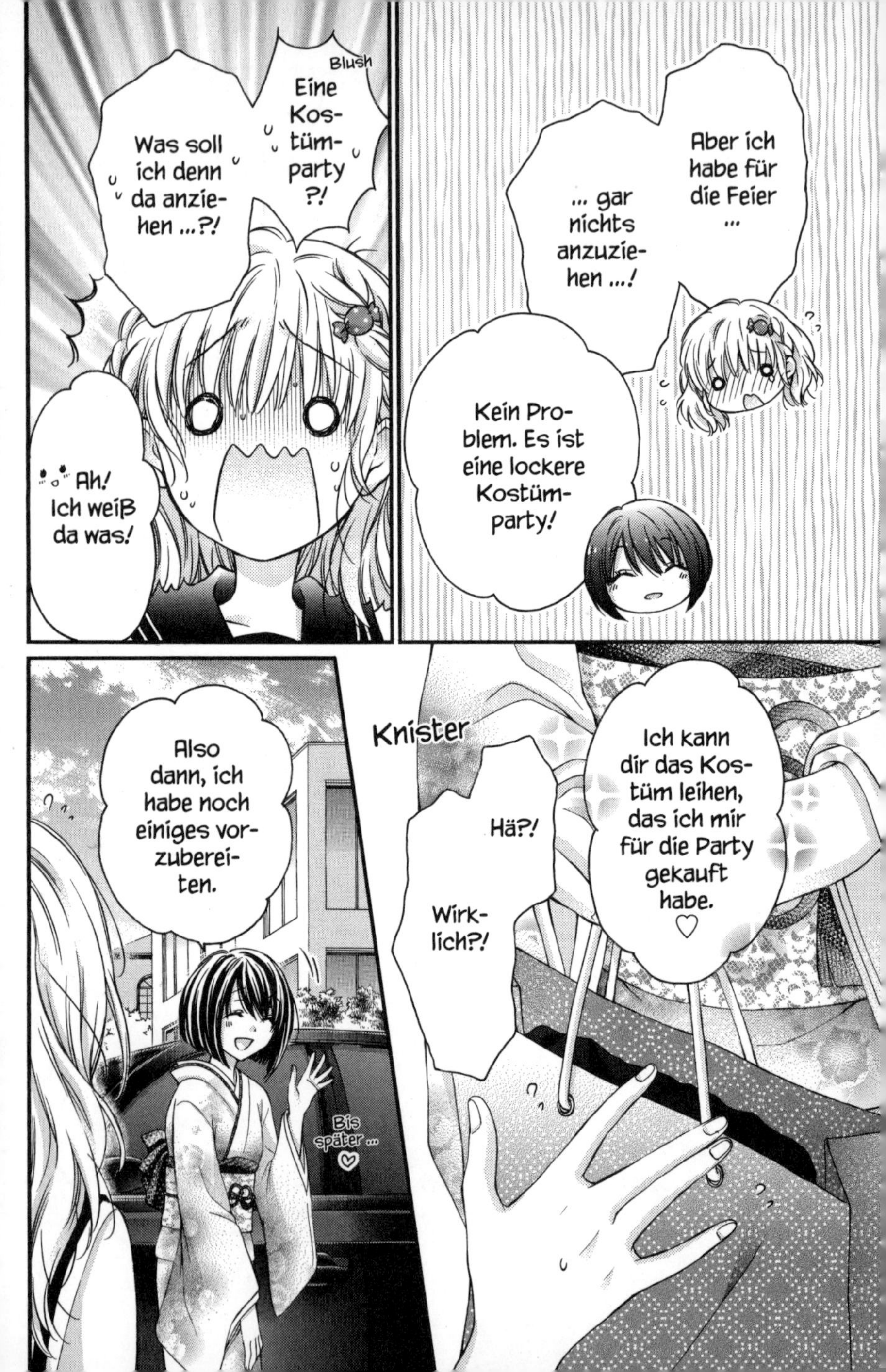
Aber ich habe für die Feier ...
... gar nichts anzuziehen ...!
Kein Problem. Es ist eine lockere Kostümparty!
Blush
Eine Kostümparty?!
Was soll ich denn da anziehen ...?!
Ah! Ich weiß da was!
Knister
Ich kann dir das Kostüm leihen, das ich mir für die Party gekauft habe. ♡
Hä?!
Wirklich?!
Also dann, ich habe noch einiges vorzubereiten.
Bis später ... ♡

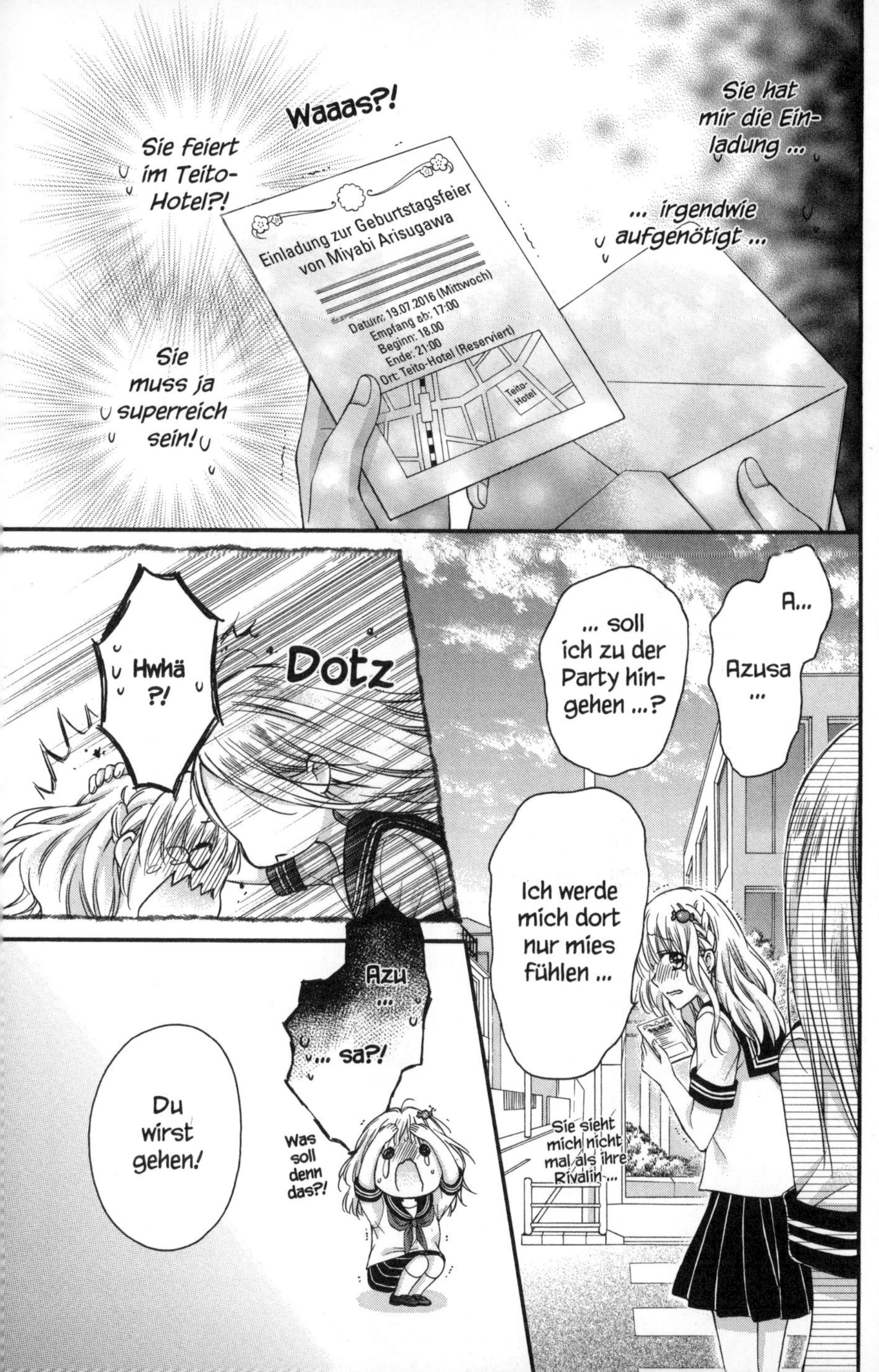
Sie hat mir die Einladung ...
... irgendwie aufgenötigt ...
Waaas?!
Sie feiert im Teito-Hotel?!
Sie muss ja superreich sein!
Einladung zur Geburtstagsfeier von Miyabi Arisugawa
Datum: 19.07.2016 (Mittwoch)
Empfang ab: 17:00
Beginn: 18.00
Ende: 21:00
Ort: Teito-Hotel (Reserviert)
Teito-Hotel
A... Azusa ...
... soll ich zu der Party hingehen ...?
Ich werde mich dort nur mies fühlen ...
Sie sieht mich nicht mal als ihre Rivalin ...
Dotz
Hwhä ?!
Azu ... ... sa?!
Was soll denn das?!
Du wirst gehen!

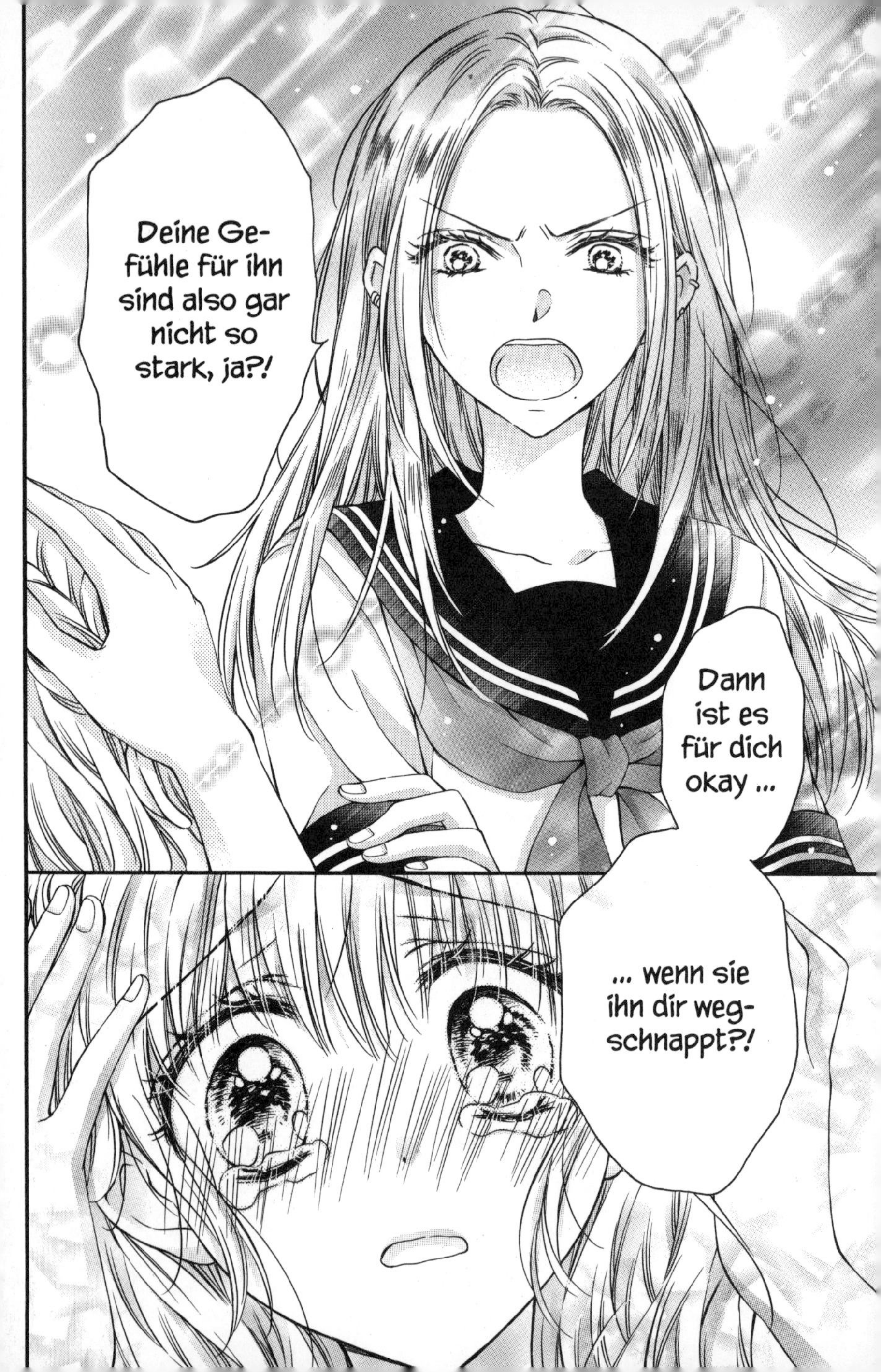
Deine Gefühle für ihn sind also gar nicht so stark, ja?!
Dann ist es für dich okay ...
... wenn sie ihn dir wegschnappt?!

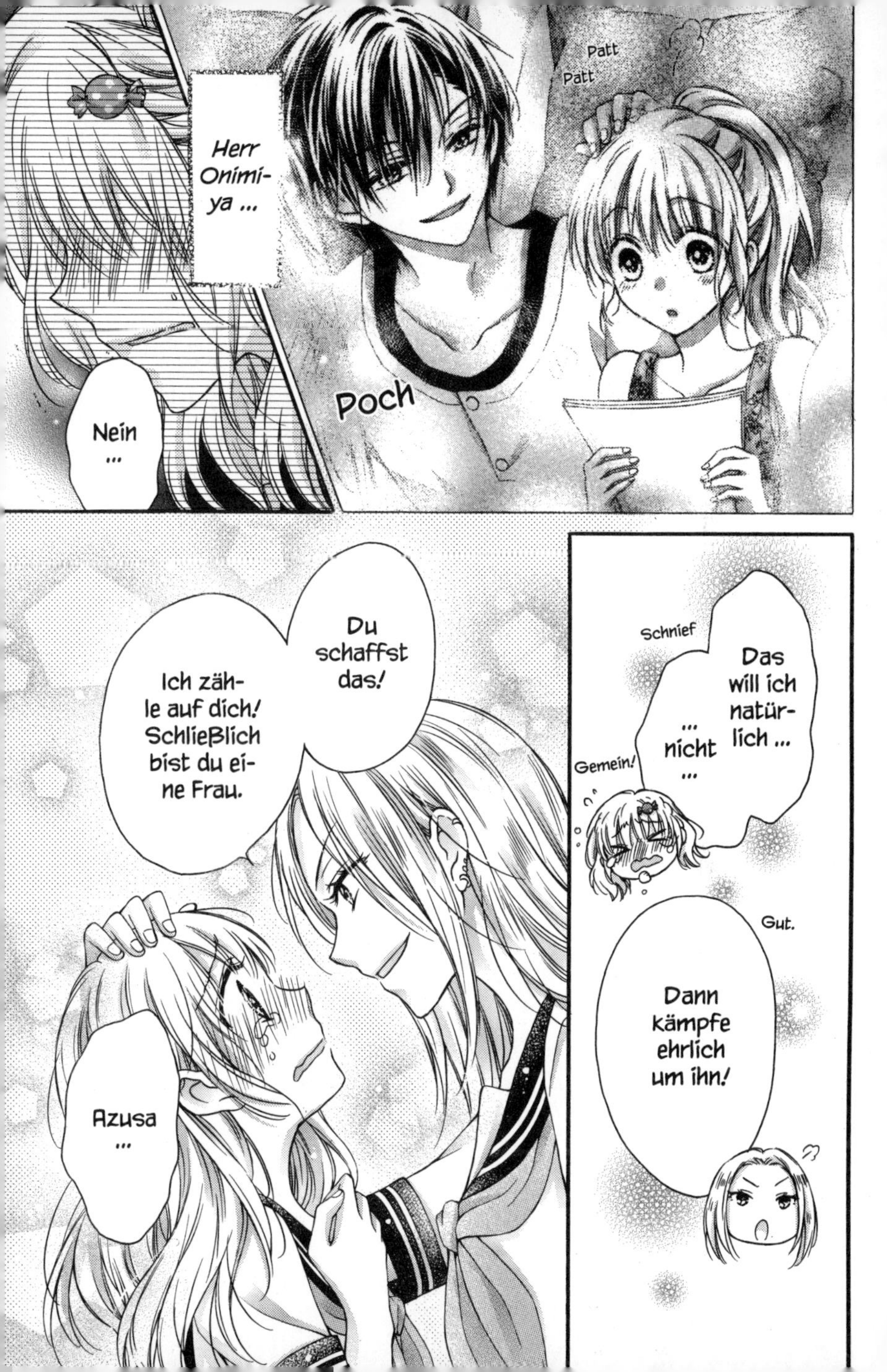

Patt
Patt
Herr Onimiya ...
Poch
Nein ...
Schnief
Das will ich natürlich ...
... nicht ...
Gemein!
Gut.
Dann kämpfe ehrlich um ihn!
Du schaffst das!
Ich zähle auf dich! Schließlich bist du eine Frau.
Azusa ...

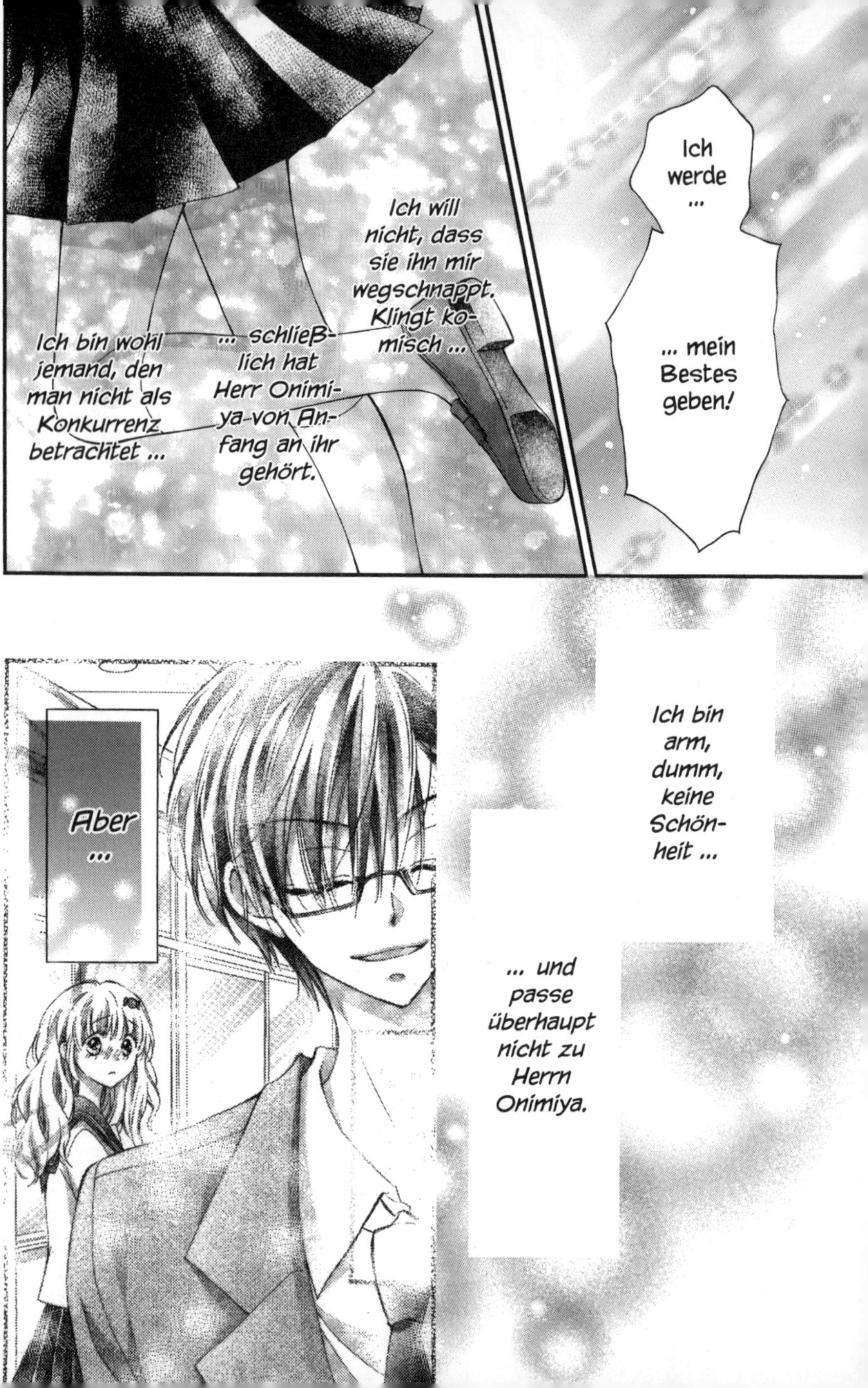

Ich werde ...

... mein Bestes geben!

Ich will nicht, dass sie ihn mir wegschnappt. Klingt komisch ...

... schließlich hat Herr Onimiya von Anfang an ihr gehört.

Ich bin wohl jemand, den man nicht als Konkurrenz betrachtet ...

Ich bin arm, dumm, keine Schönheit ...

... und passe überhaupt nicht zu Herrn Onimiya.

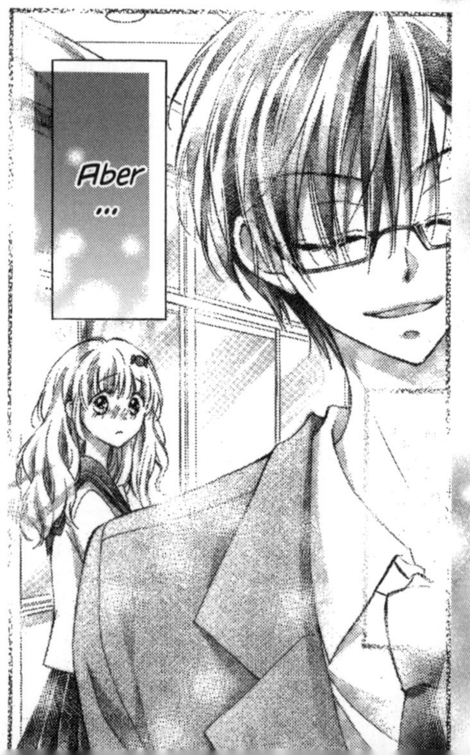

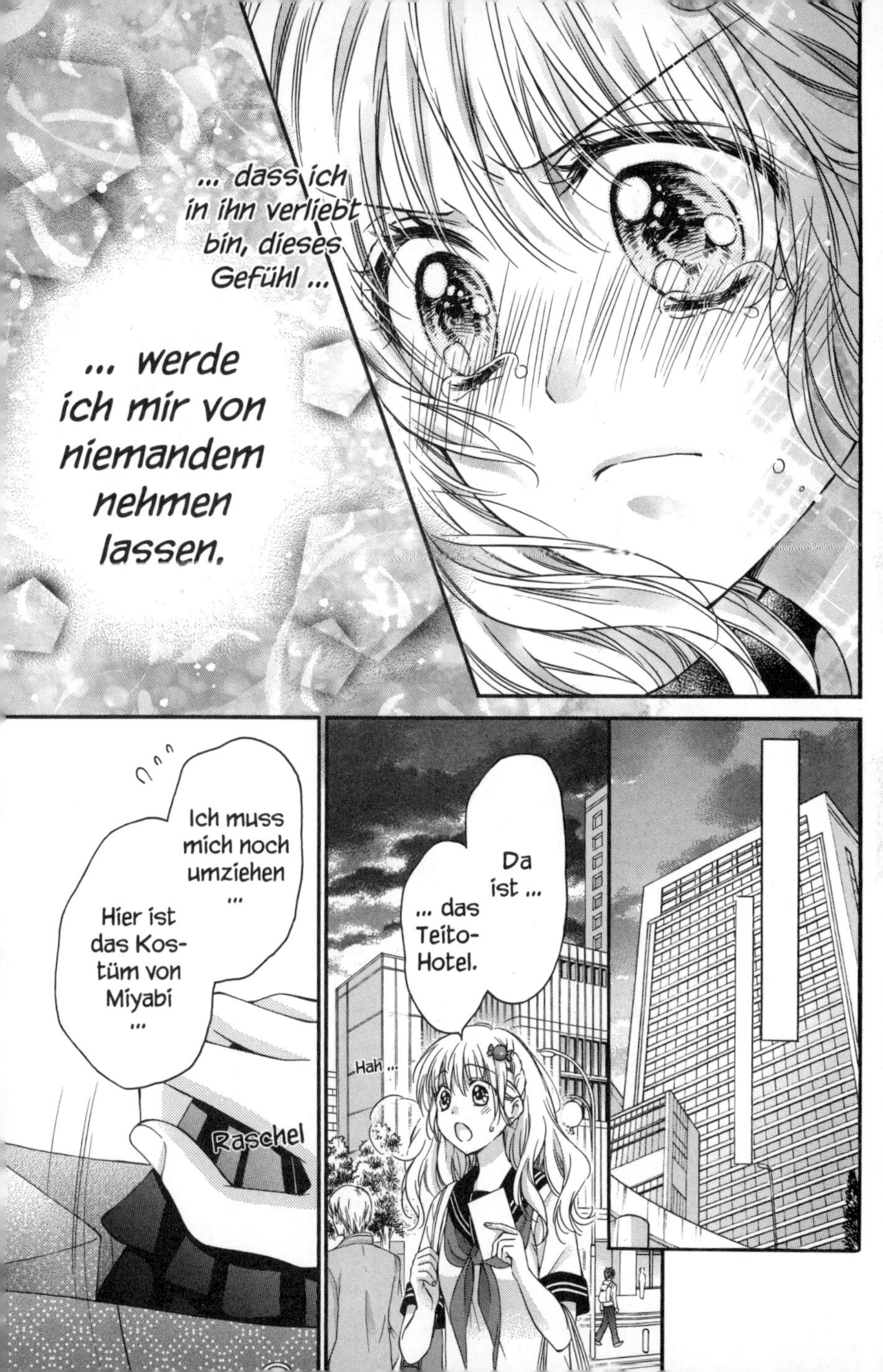
... dass ich in ihn verliebt bin, dieses Gefühl ...
... werde ich mir von niemandem nehmen lassen.
Da ist ...
... das Teito-Hotel.
Hah ...
Ich muss mich noch umziehen ...
Hier ist das Kostüm von Miyabi ...
Raschel

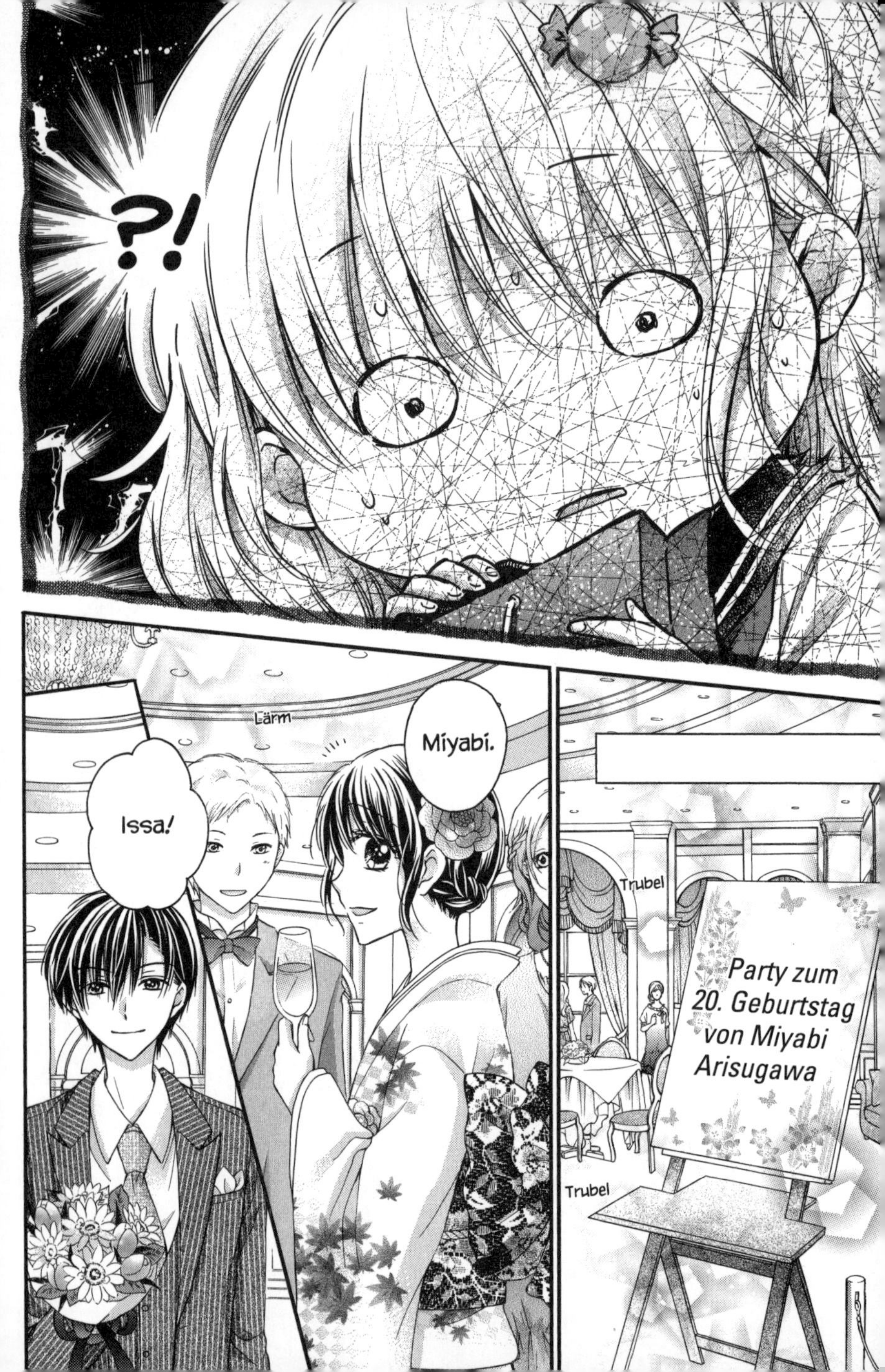
?!
Trubel
Trubel
Party zum
20. Geburtstag
von Miyabi
Arisugawa
Lärm
Miyabi.
Issa!

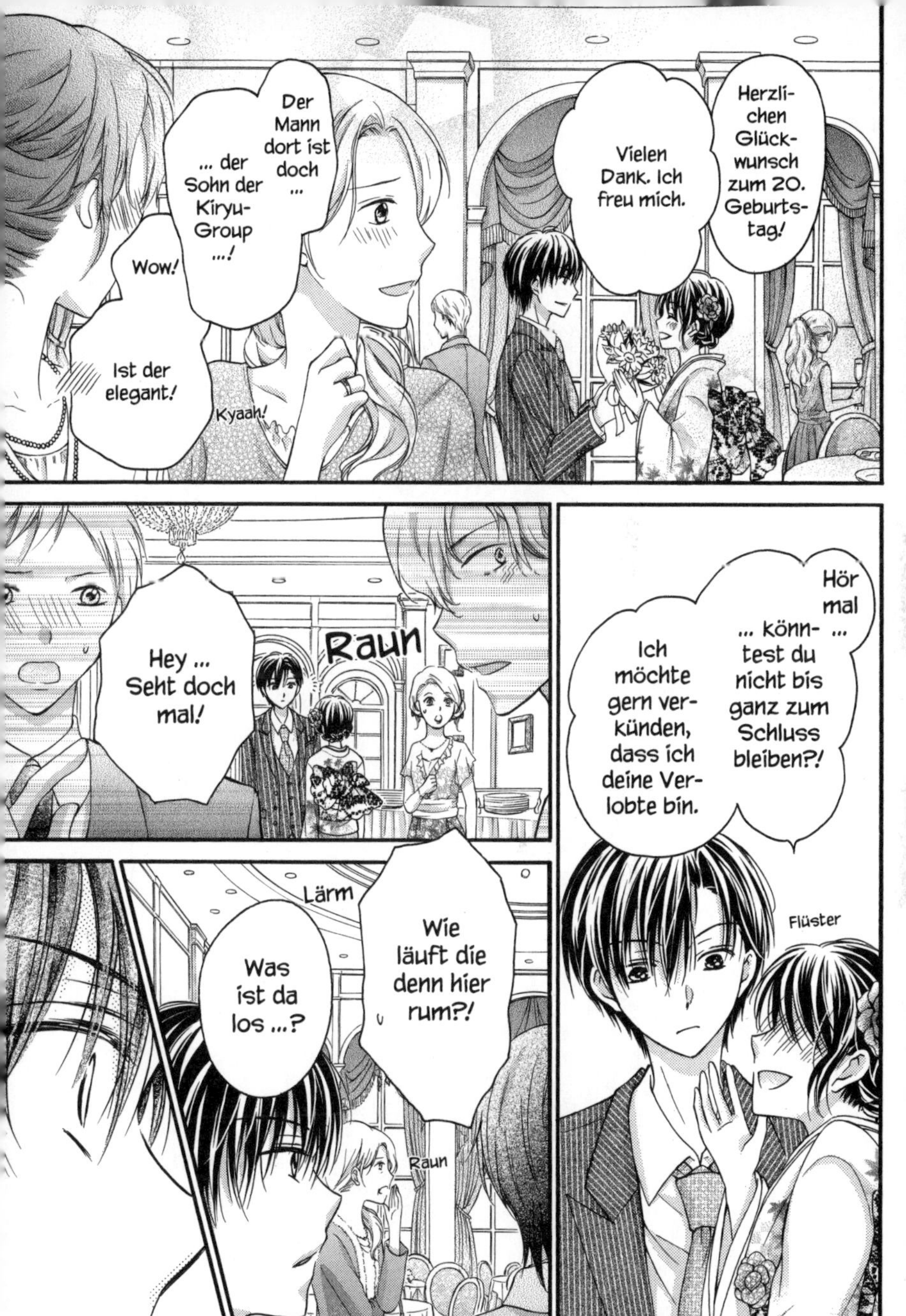

Herzlichen Glückwunsch zum 20. Geburtstag!
Vielen Dank. Ich freu mich.
Der Mann dort ist doch ...
... der Sohn der Kiryu-Group ...!
Wow!
Ist der elegant!
Kyaah!
Hör mal ... könntest du nicht bis ganz zum Schluss bleiben?!
Ich möchte gern verkünden, dass ich deine Verlobte bin.
Flüster
Raun
Hey ... Seht doch mal!
Wie läuft die denn hier rum?!
Lärm
Was ist da los ...?
Raun

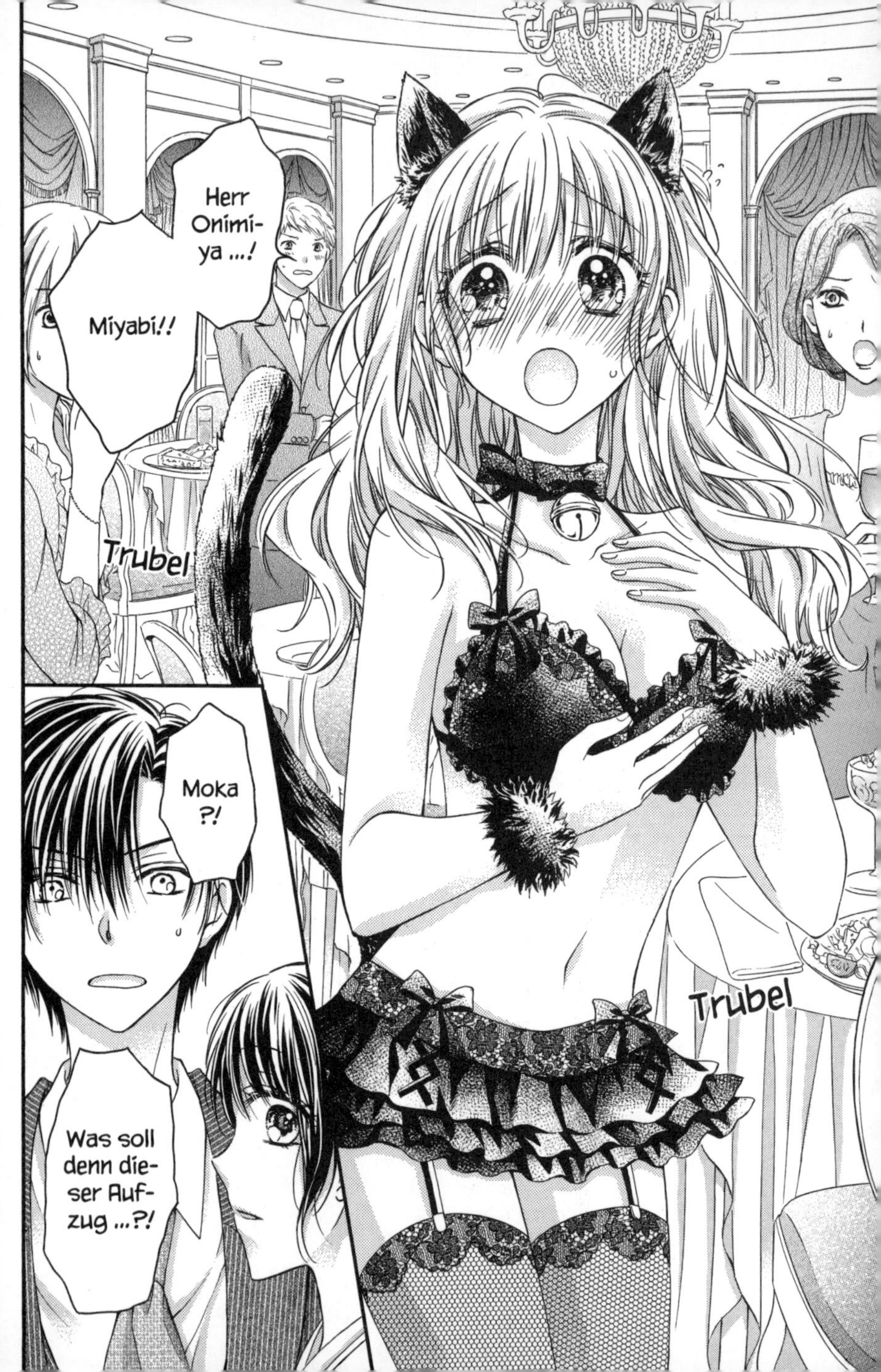
Herr Onimiya ...!
Miyabi!!
Trubel
Moka ?!
Was soll denn dieser Aufzug ...?!
Trubel

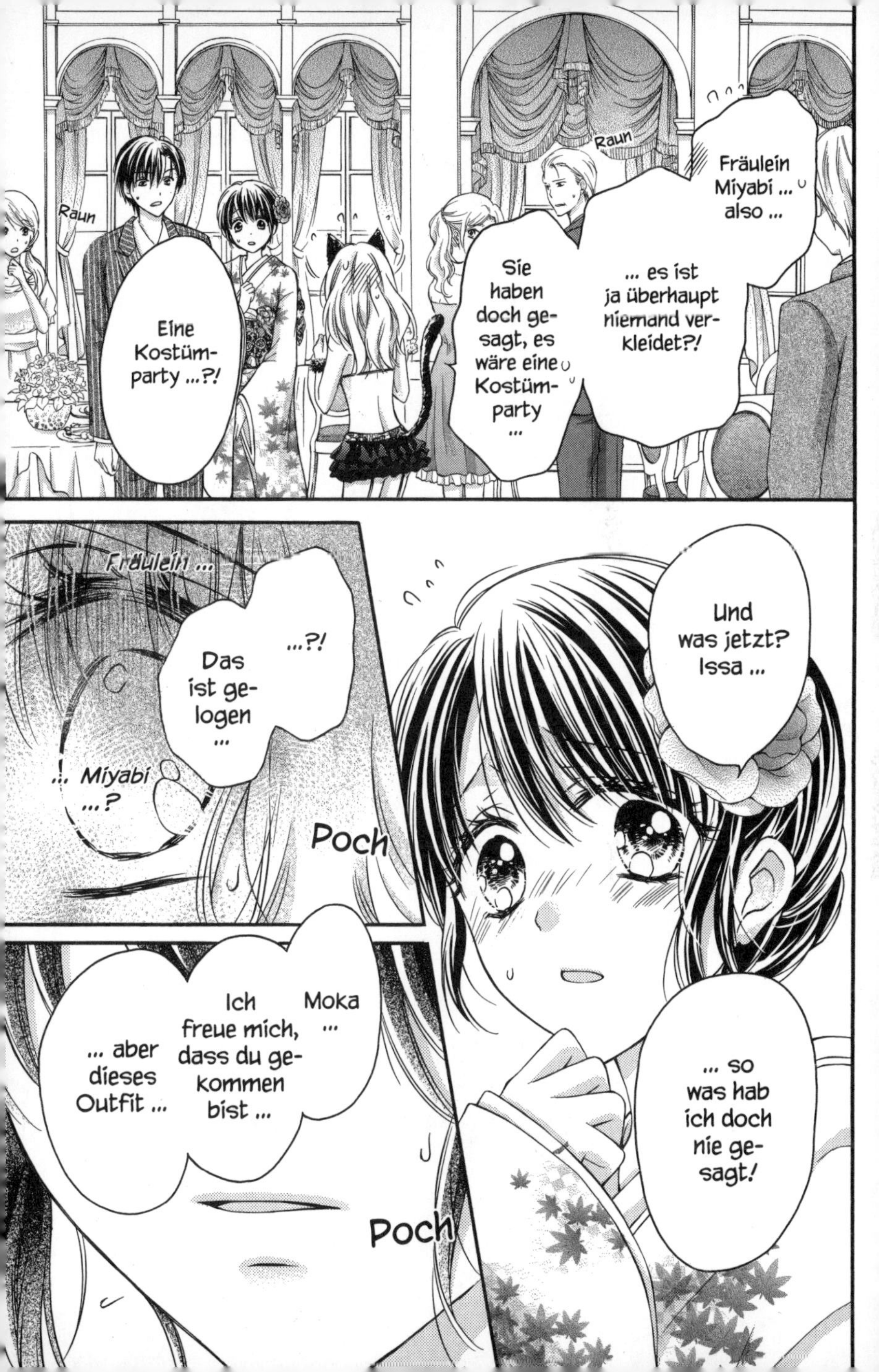

Raun
Fräulein Miyabi ... also ...
... es ist ja überhaupt niemand verkleidet?!
Sie haben doch gesagt, es wäre eine Kostümparty ...
Raun
Eine Kostümparty ...?!
Und was jetzt? Issa ...
...?!
Das ist gelogen ...
Fräulein ...
... Miyabi ...?
Poch
... so was hab ich doch nie gesagt!
Moka ...
Ich freue mich, dass du gekommen bist ...
... aber dieses Outfit ...
Poch

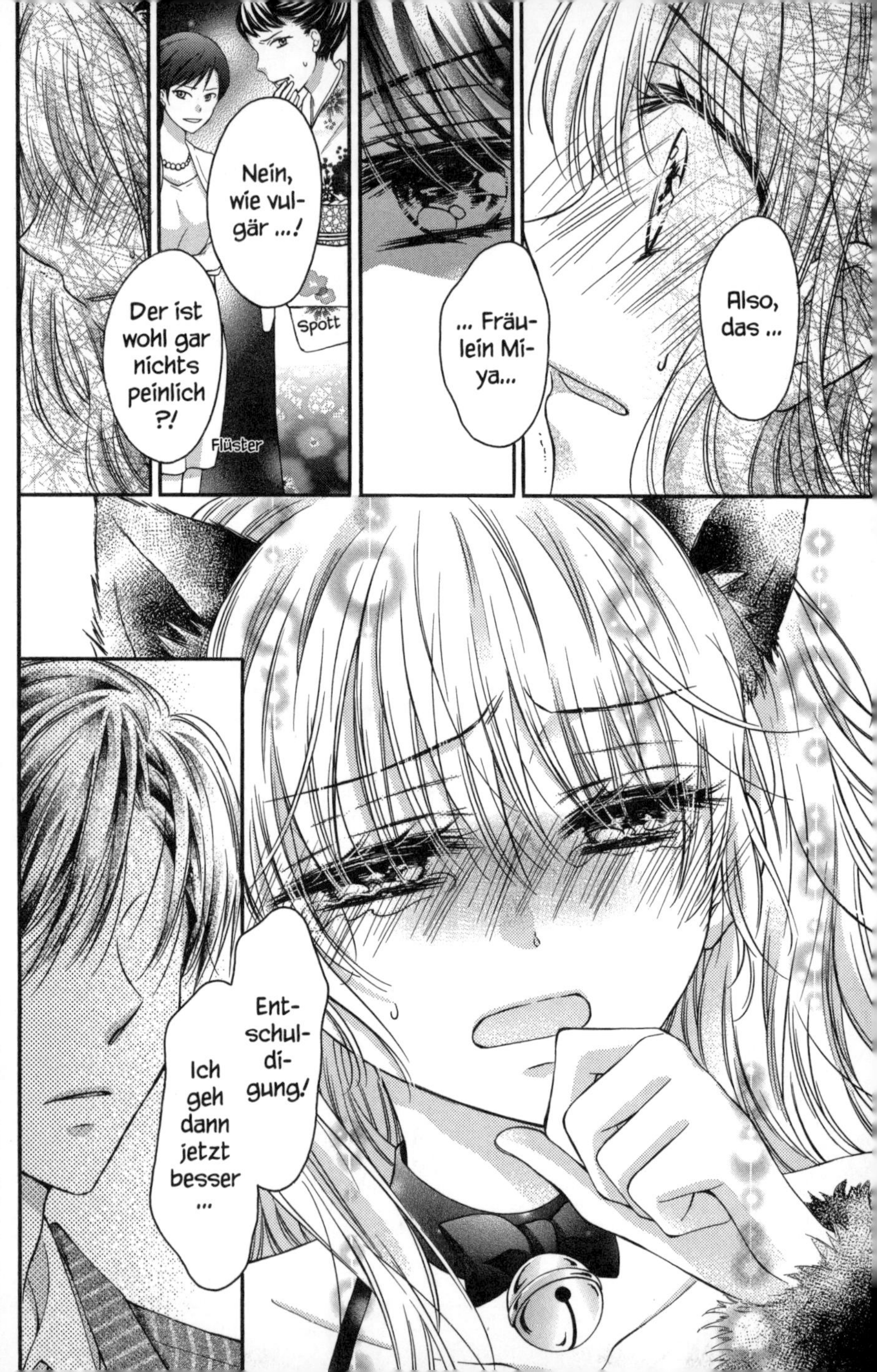
Also, das ...
... Fräulein Miya...
Nein, wie vulgär ...!
Spott
Der ist wohl gar nichts peinlich ?!
Flüster
Entschuldigung!
Ich geh dann jetzt besser ...

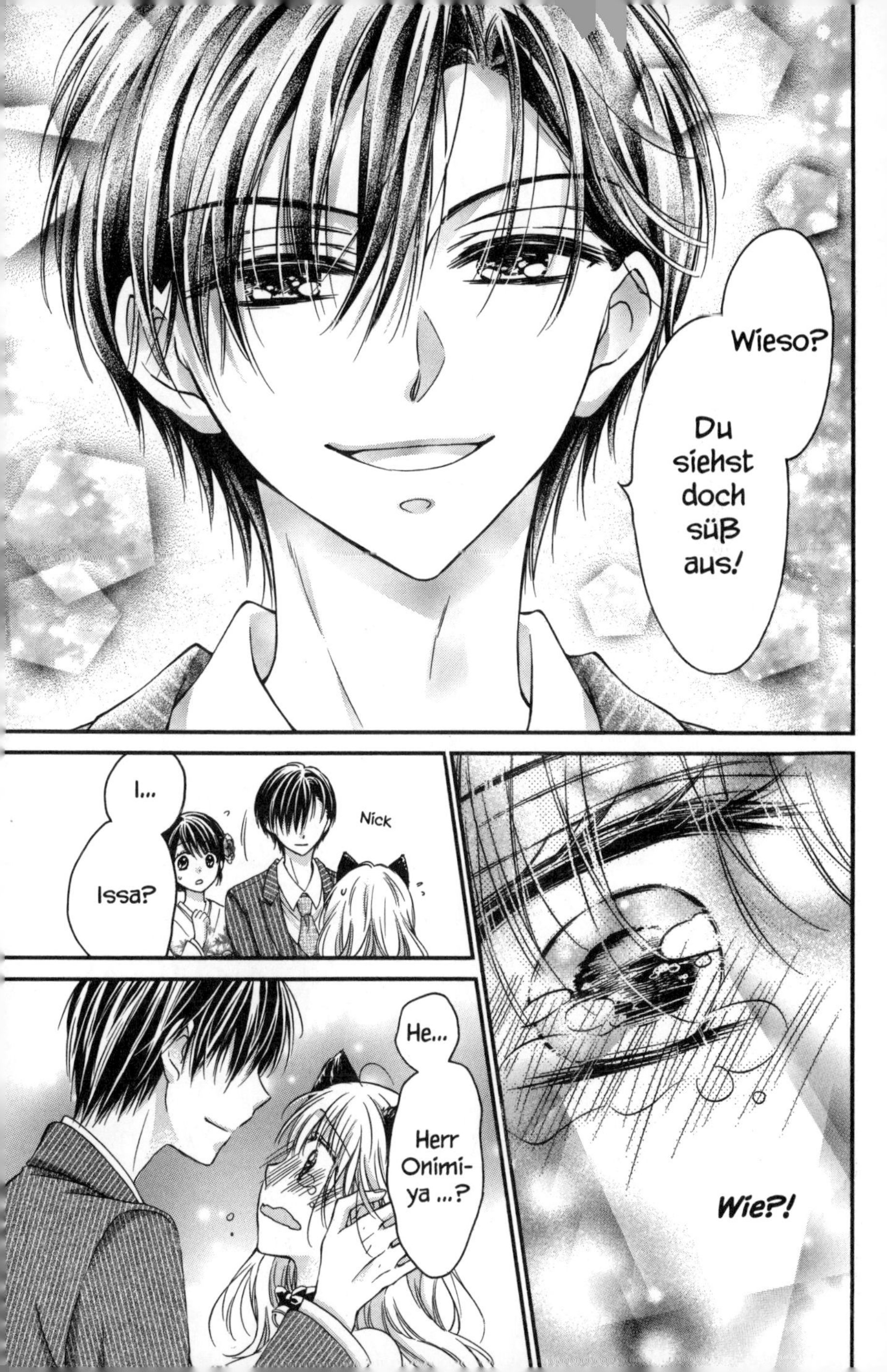

Wieso?

Du siehst doch süß aus!

Wie?!

I... Issa?

Nick

He... Herr Onimi-ya ...?

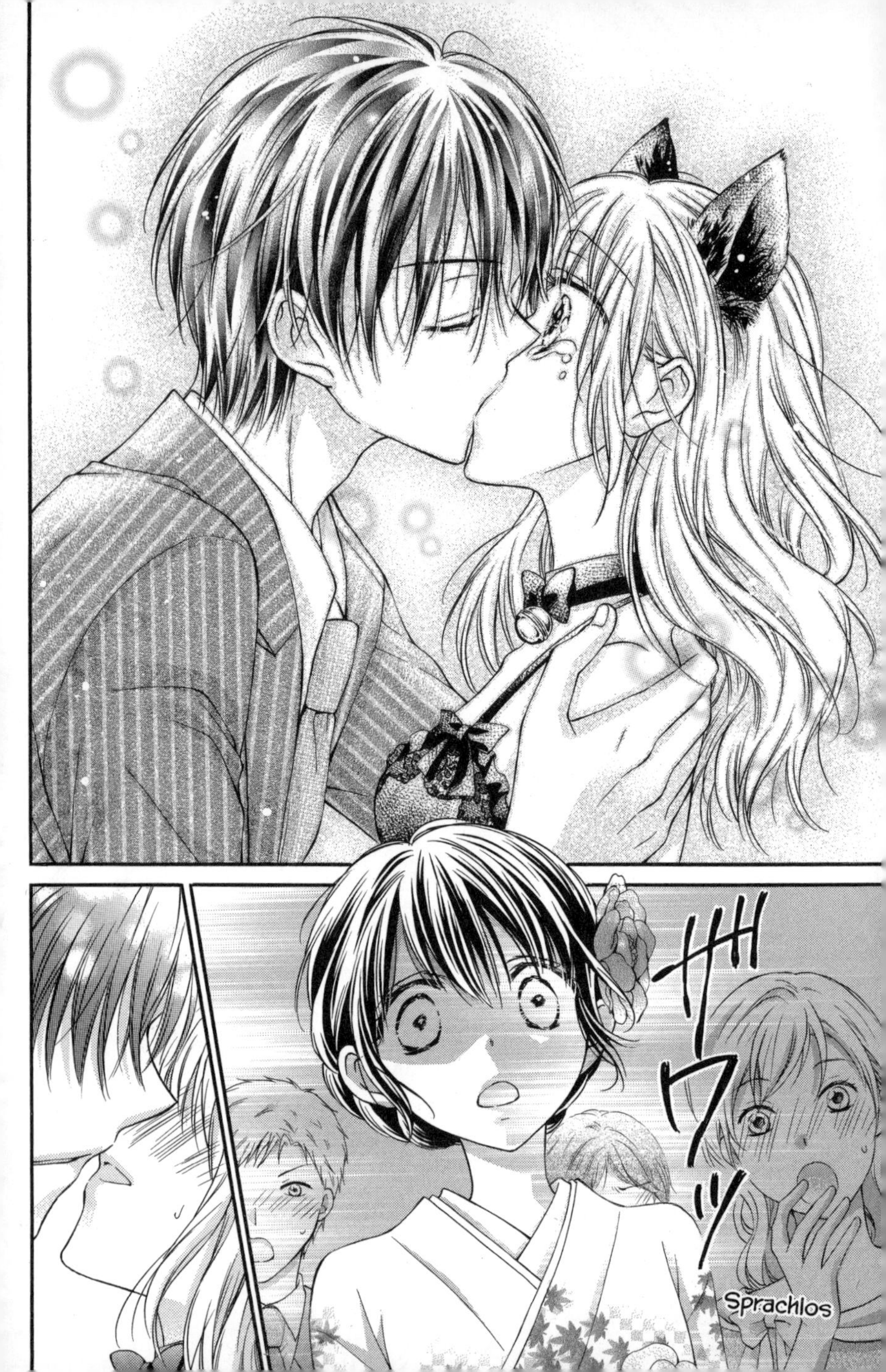
ザワッ
Sprachlos

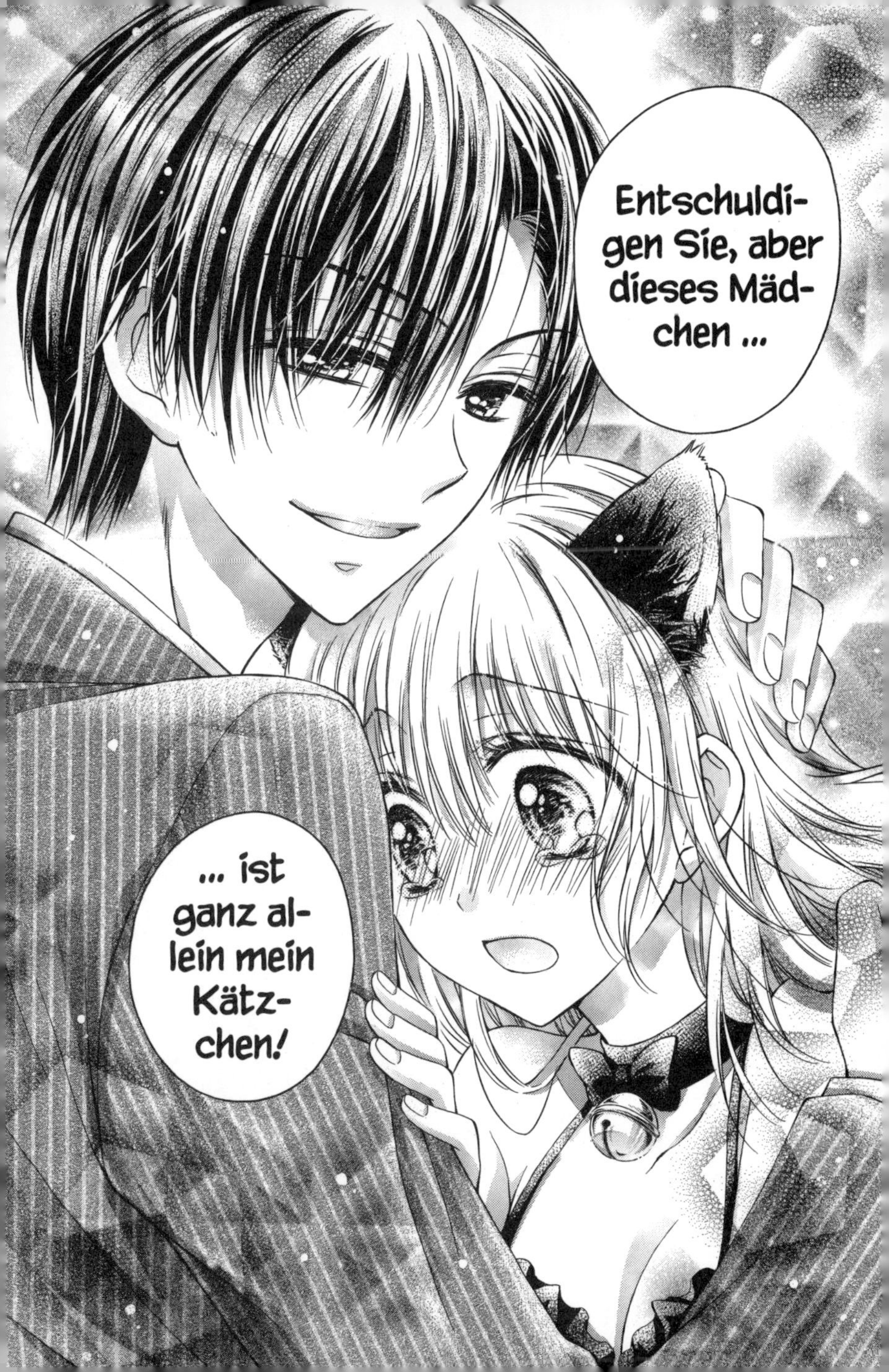
Entschuldigen Sie, aber dieses Mädchen ...
... ist ganz allein mein Kätzchen!

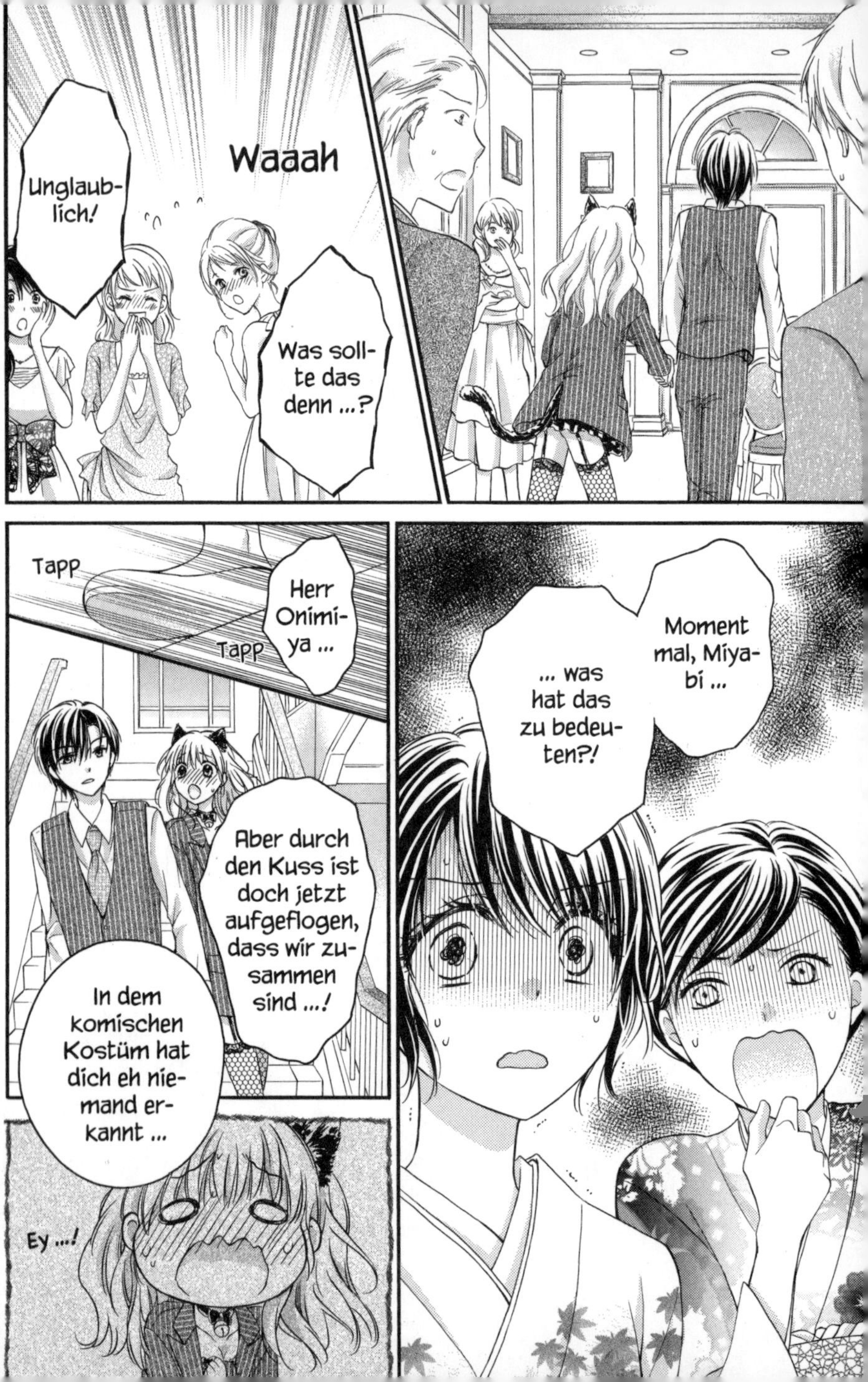

Waaah
Was sollte das denn ...?
Unglaublich!
Moment mal, Miyabi ...
... was hat das zu bedeuten?!
Tapp
Tapp
Herr Onimiya ...
Aber durch den Kuss ist doch jetzt aufgeflogen, dass wir zusammen sind ...!
In dem komischen Kostüm hat dich eh niemand erkannt ...
Ey ...!

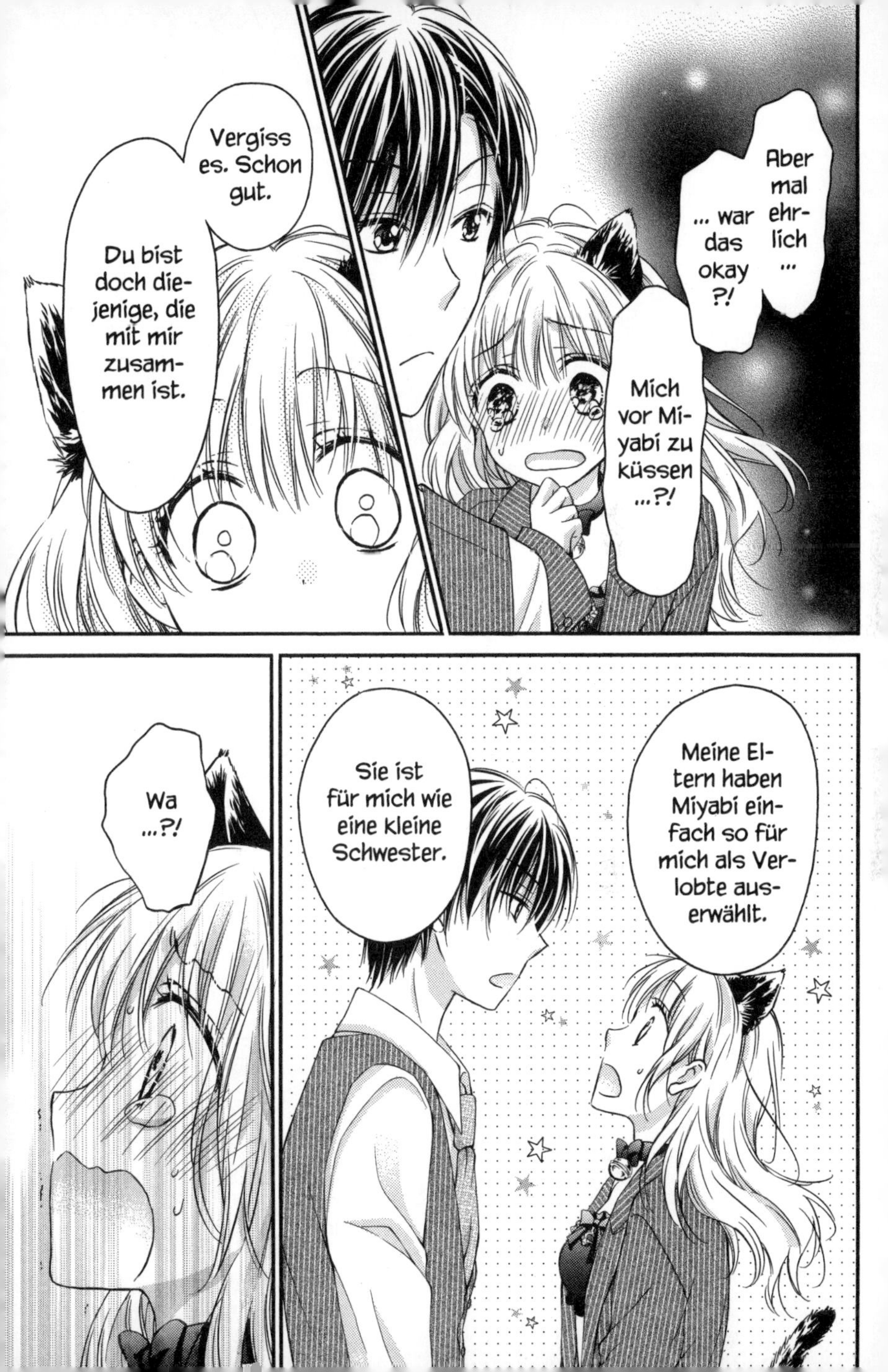

Aber mal ehrlich ...
... war das okay ?!
Mich vor Miyabi zu küssen ...?!
Vergiss es. Schon gut.
Du bist doch diejenige, die mit mir zusammen ist.
Meine Eltern haben Miyabi einfach so für mich als Verlobte auserwählt.
Sie ist für mich wie eine kleine Schwester.
Wa ...?!

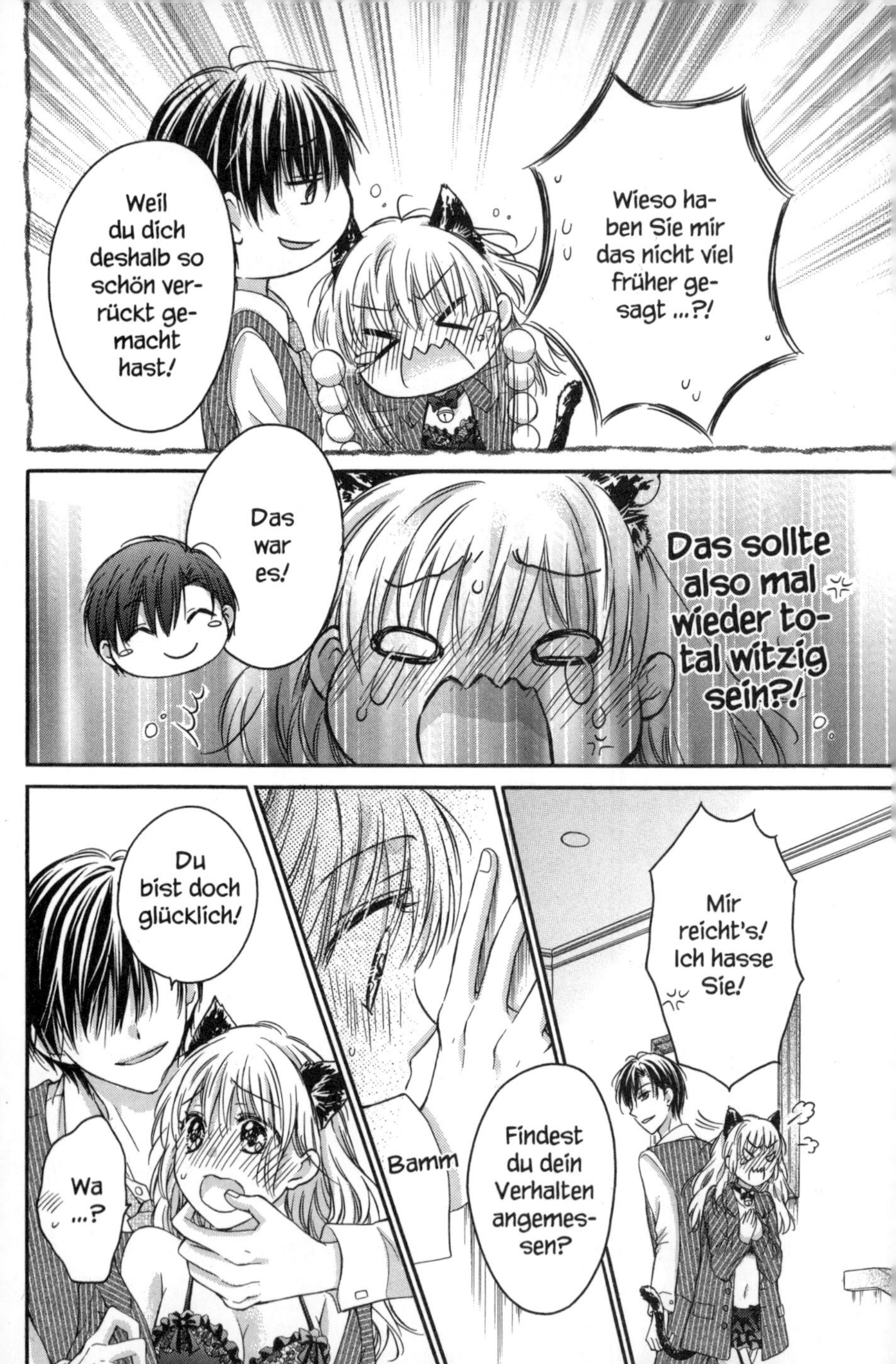
Wieso haben Sie mir das nicht viel früher gesagt ...?!
Weil du dich deshalb so schön verrückt gemacht hast!
Das sollte also mal wieder total witzig sein?!
Das war es!
Mir reicht's! Ich hasse Sie!
Findest du dein Verhalten angemessen?
Bamm
Du bist doch glücklich!
Wa ...?

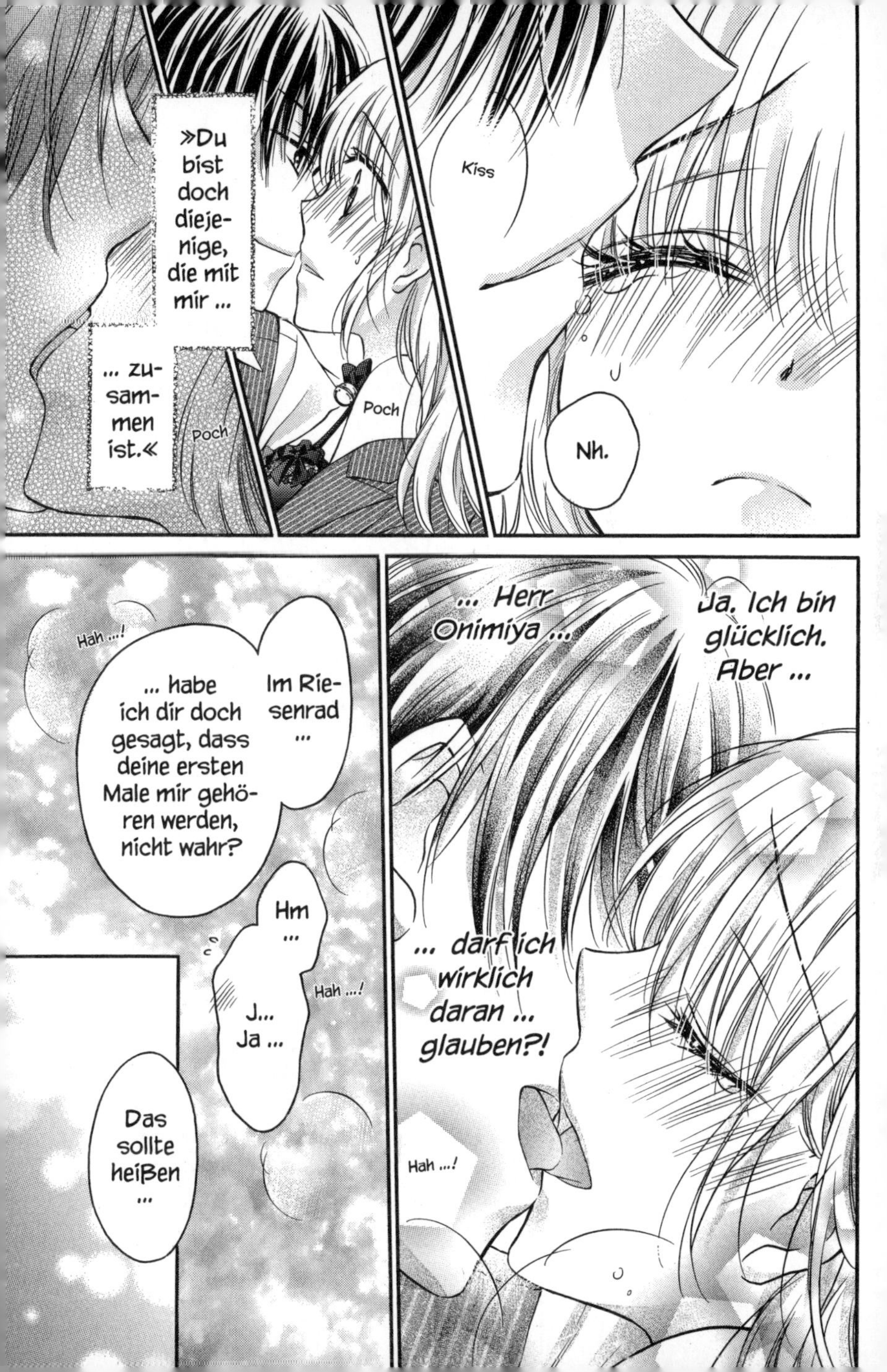

Kiss
Nh.
»Du bist doch diejenige, die mit mir ...
Poch
Poch
... zusammen ist.«
Ja. Ich bin glücklich. Aber ...
... Herr Onimiya ...
... darf ich wirklich daran ... glauben?!
Hah ...!
Hah ...!
Im Riesenrad ...
... habe ich dir doch gesagt, dass deine ersten Male mir gehören werden, nicht wahr?
Hm ...
Hah ...!
J... Ja ...
Das sollte heißen ...

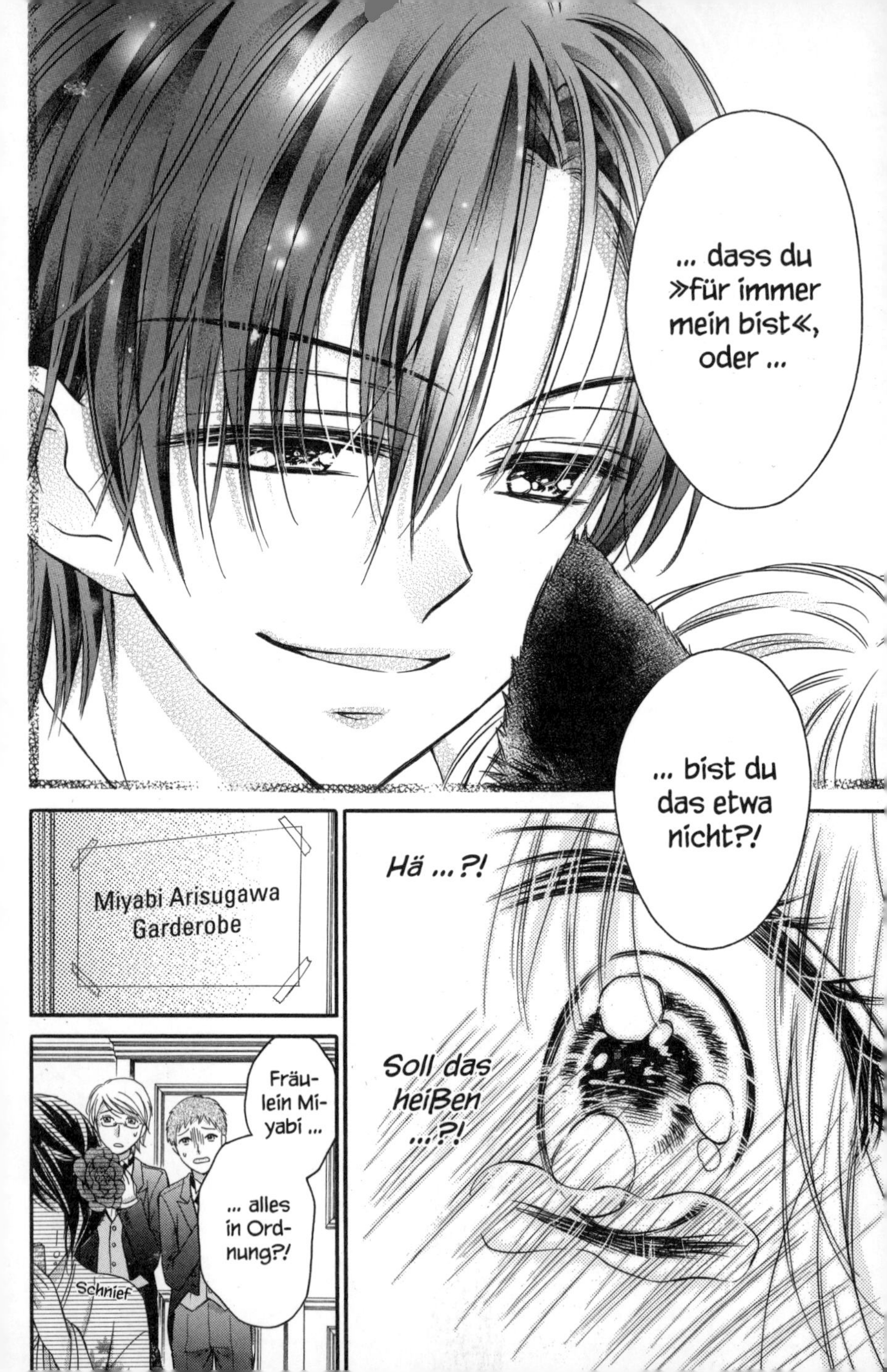
... dass du »für immer mein bist«, oder ...
... bist du das etwa nicht?!
Hä ...?!
Soll das heißen ...?!
Miyabi Arisugawa Garderobe
Fräulein Miyabi ...
... alles in Ordnung?!
Schnief

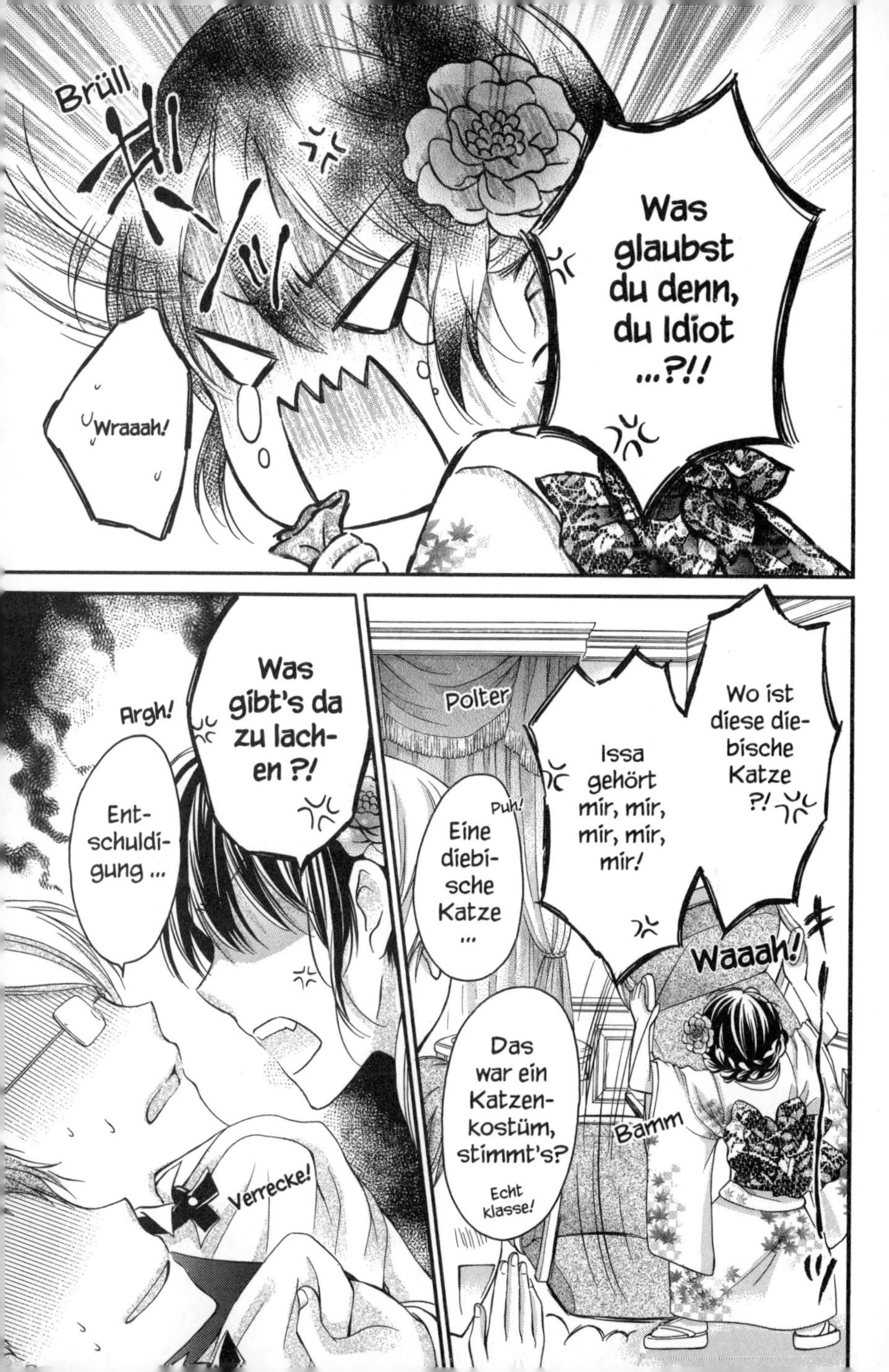

Brüll

Was glaubst du denn, du Idiot ...?!!

Wraaah!

Wo ist diese diebische Katze ?!

Issa gehört mir, mir, mir, mir, mir!

Polter

Waaah!

Puh!

Eine diebische Katze ...

Das war ein Katzenkostüm, stimmt's?

Bamm

Echt klasse!

Was gibt's da zu lachen ?!

Argh!

Entschuldigung ...

Verrecke!

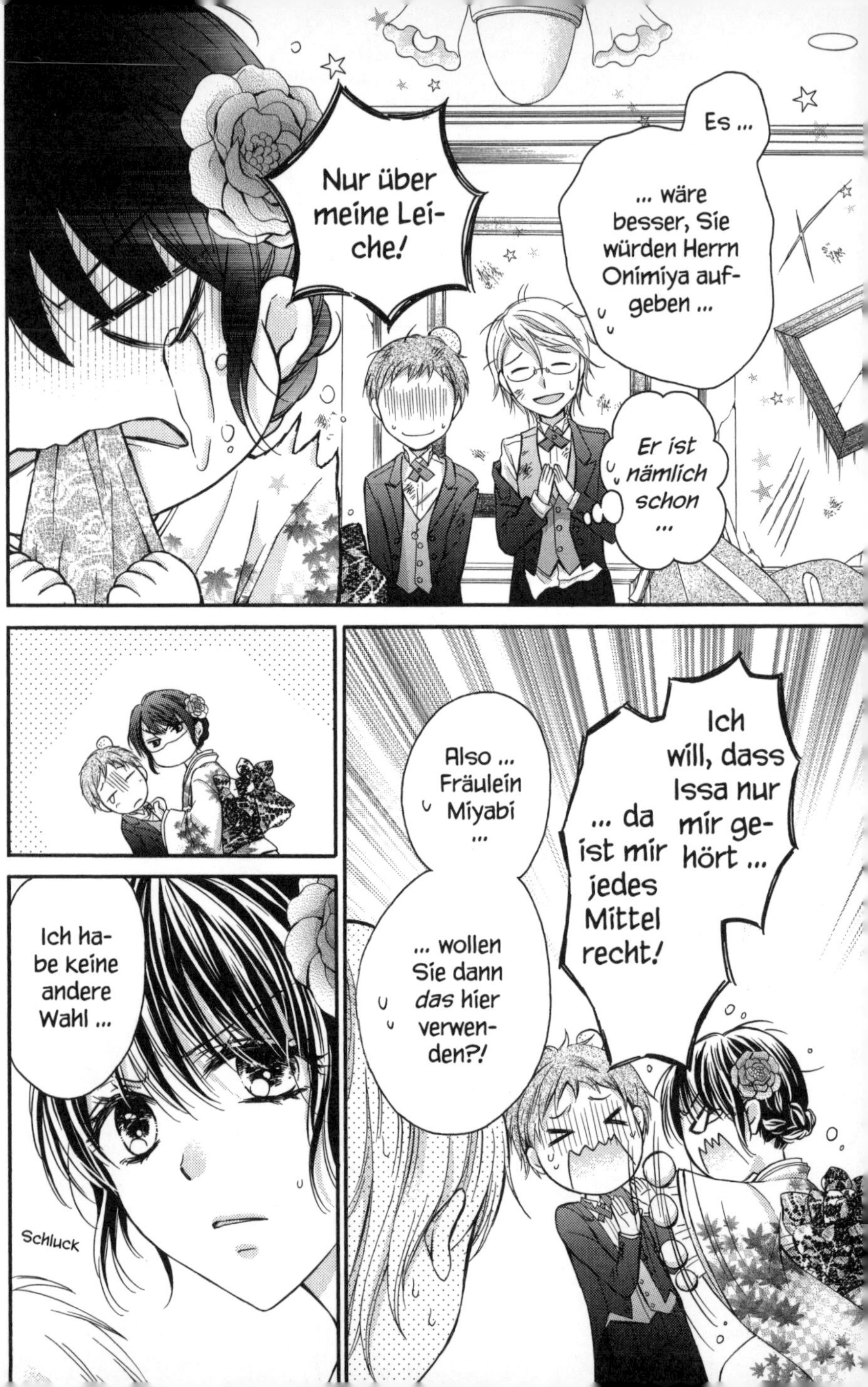

Es ...
... wäre besser, Sie würden Herrn Onimiya aufgeben ...
Nur über meine Leiche!
Er ist nämlich schon ...
Ich will, dass Issa nur mir gehört ...
... da ist mir jedes Mittel recht!
Also ... Fräulein Miyabi ...
... wollen Sie dann *das* hier verwenden?!
Ich habe keine andere Wahl ...
Schluck

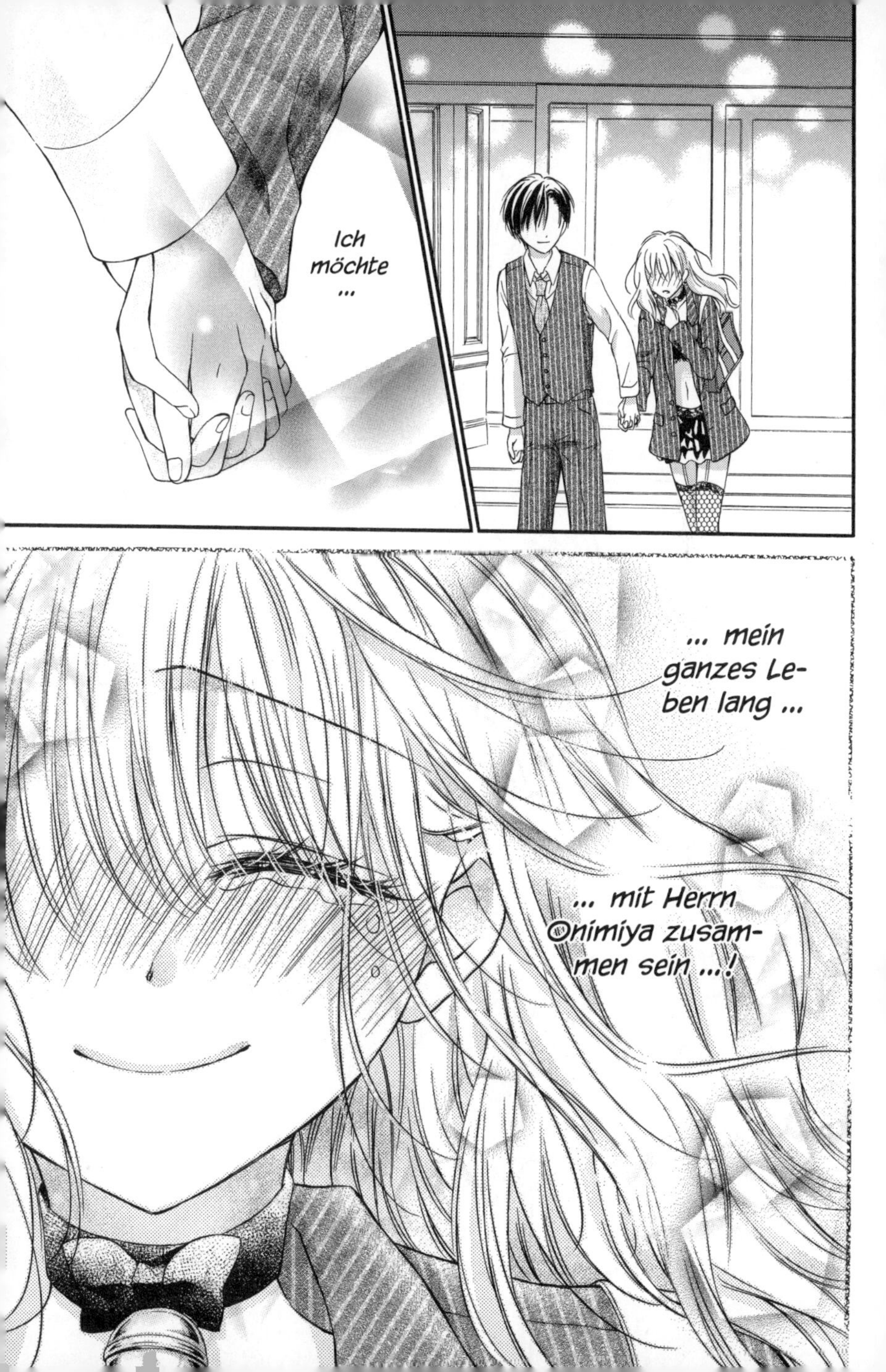

Ich möchte ...
... mein ganzes Leben lang ...
... mit Herrn Onimiya zusammen sein ...!

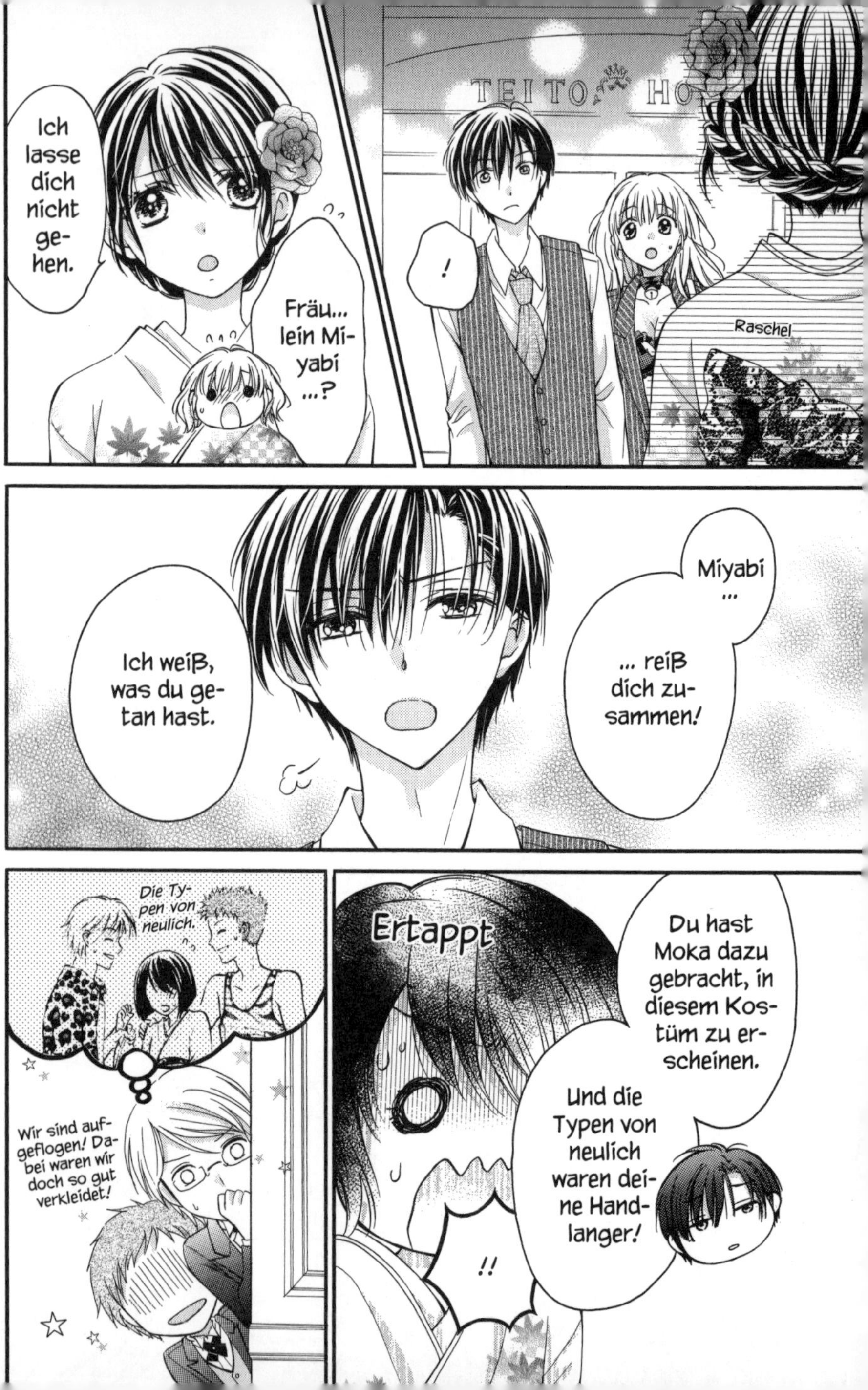

!

Raschel

Ich lasse dich nicht gehen.

Fräu... lein Miyabi ...?

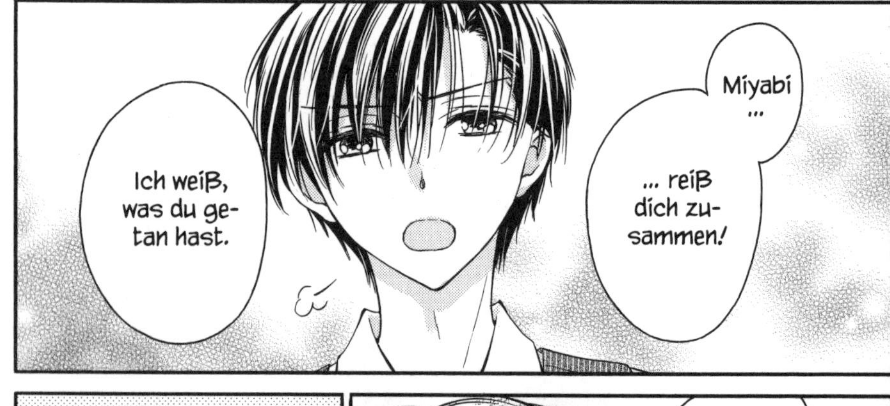

Du hast Moka dazu gebracht, in diesem Kostüm zu erscheinen.

Ertappt

Und die Typen von neulich waren deine Handlanger!

!!

Die Typen von neulich.

Wir sind aufgeflogen! Dabei waren wir doch so gut verkleidet!

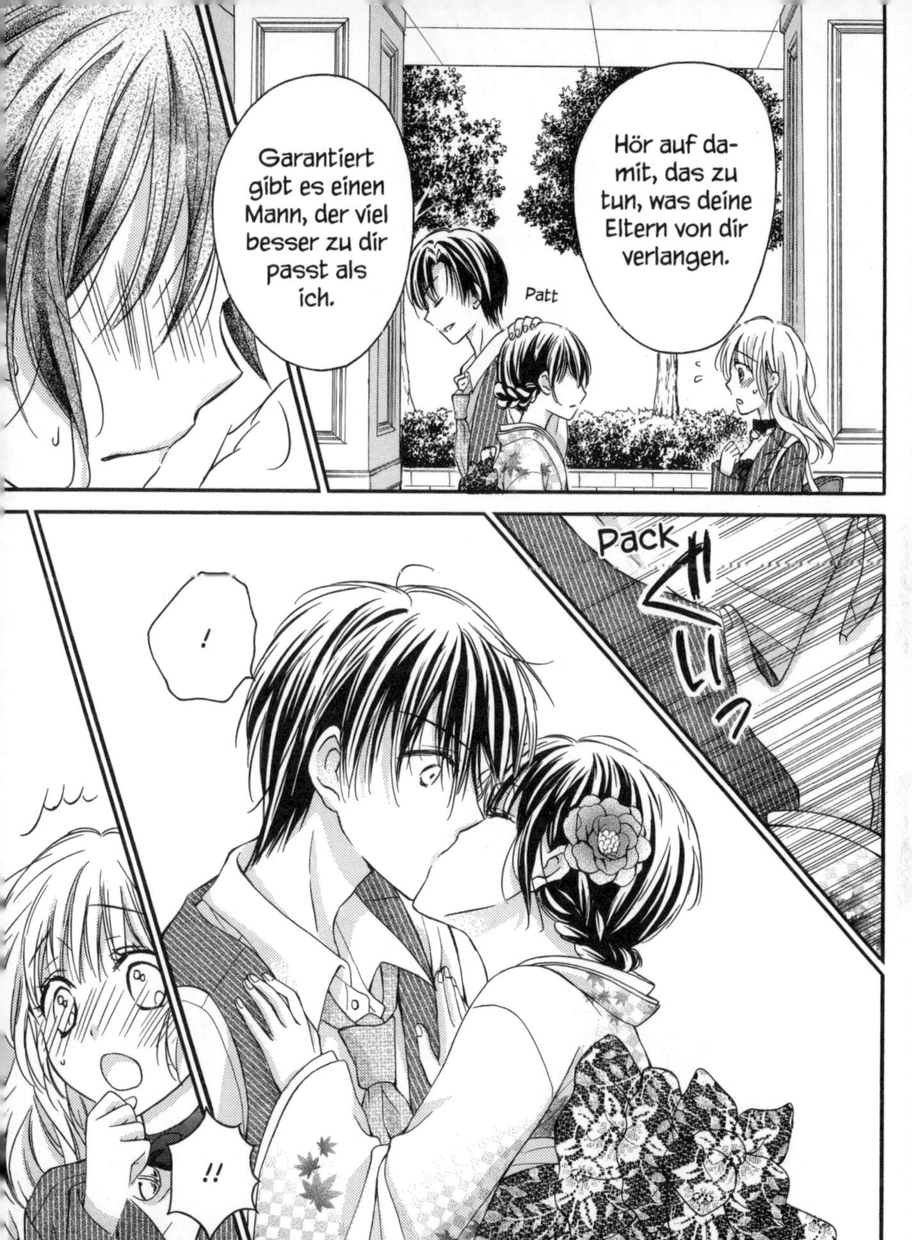
Hör auf damit, das zu tun, was deine Eltern von dir verlangen.
Patt
Garantiert gibt es einen Mann, der viel besser zu dir passt als ich.
Pack
!
!!

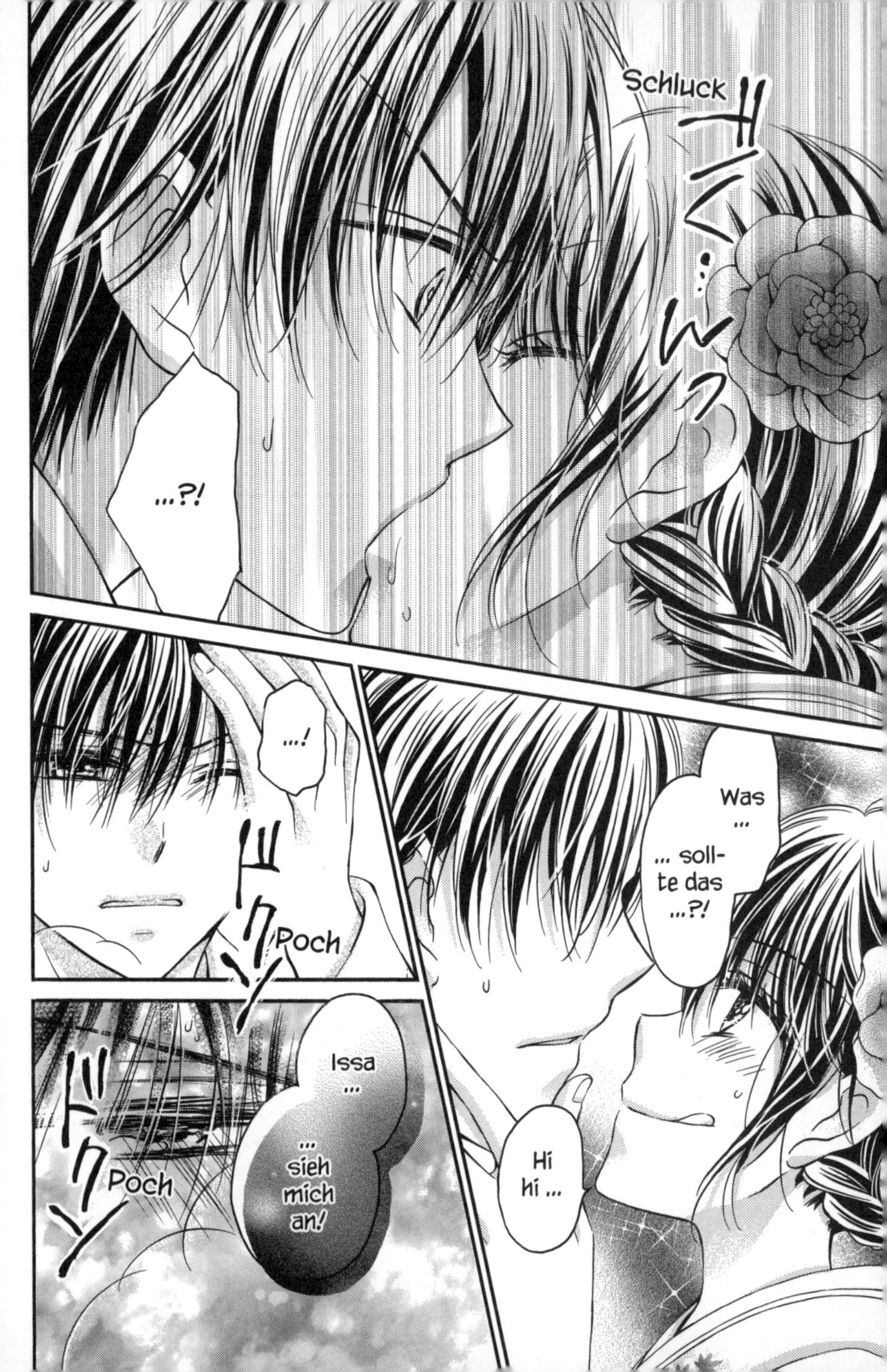
Schluck
...?!
...!
Was ...
... sollte das ...?!
Poch
Hi hi ...
Issa ...
... sieh mich an!
Poch

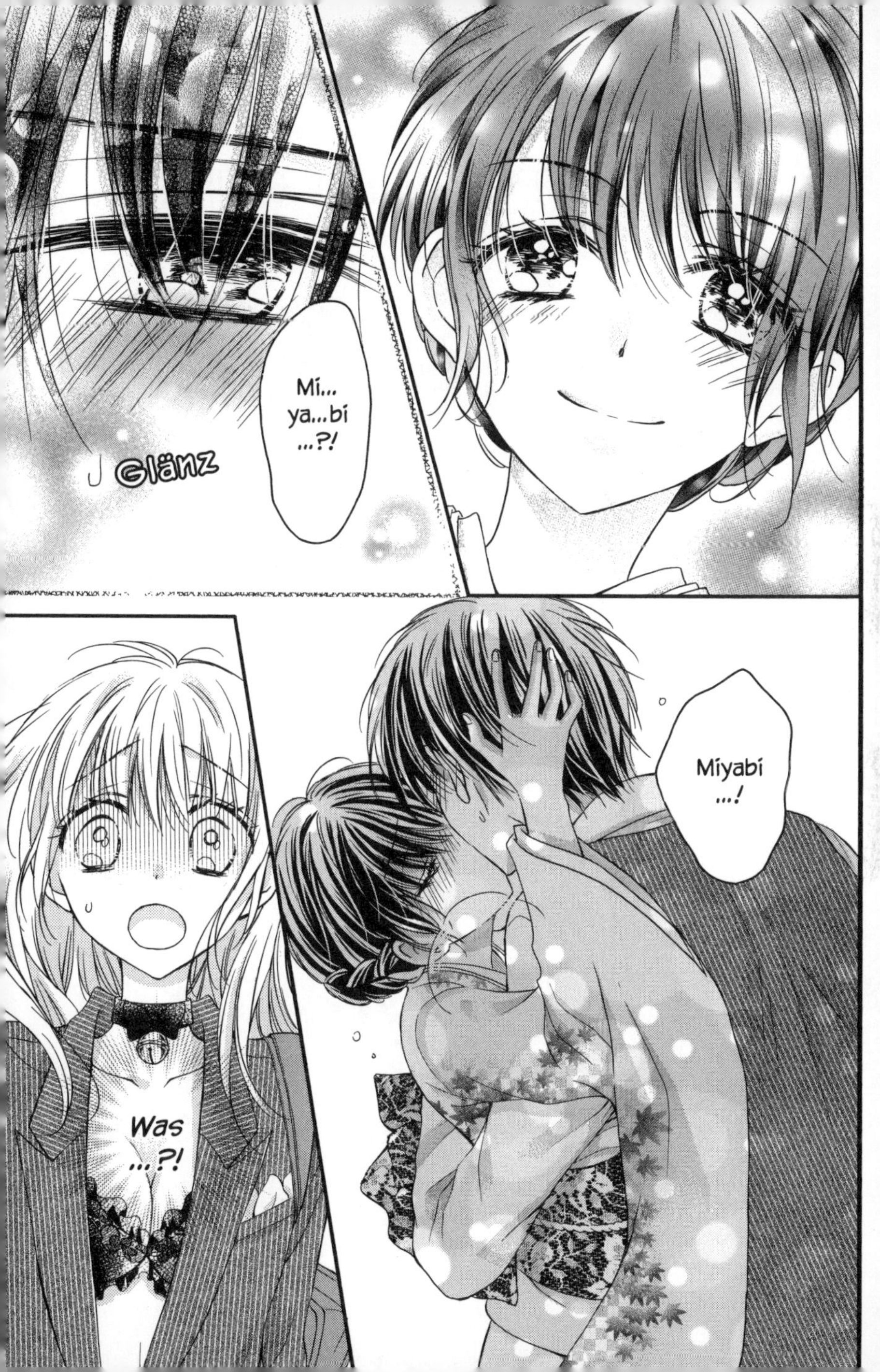
Mi...
ya...bi
...?!
Glänz
Miyabi
...!
Was
...?!

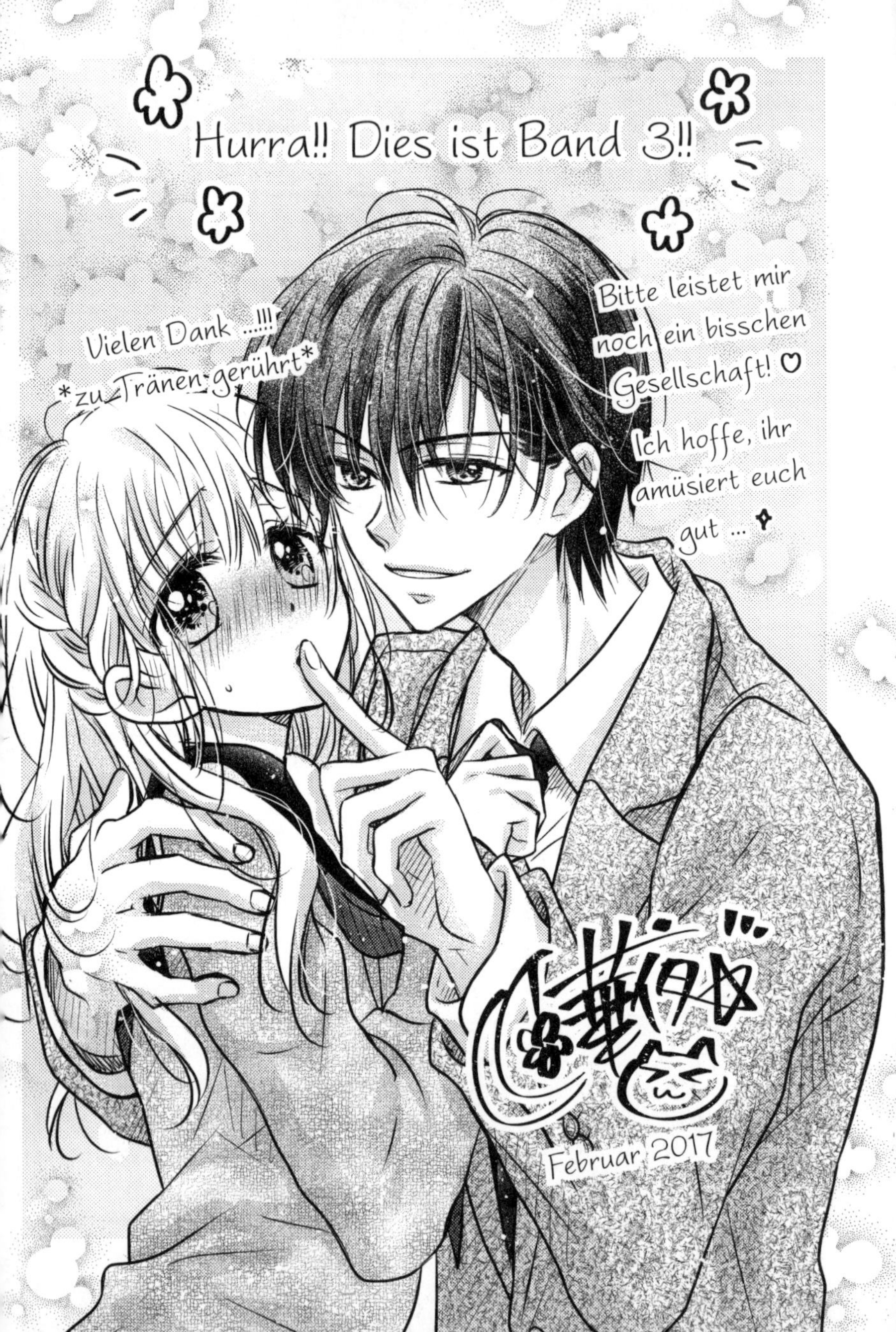
Hurra!! Dies ist Band 3!!
Vielen Dank ...!!!
zu Tränen gerührt
Bitte leistet mir noch ein bisschen Gesellschaft! ♡
Ich hoffe, ihr amüsiert euch gut ...
Februar 2017

Was ...?!
12. KUSS
WAS, WENN JEMAND KOMMT?

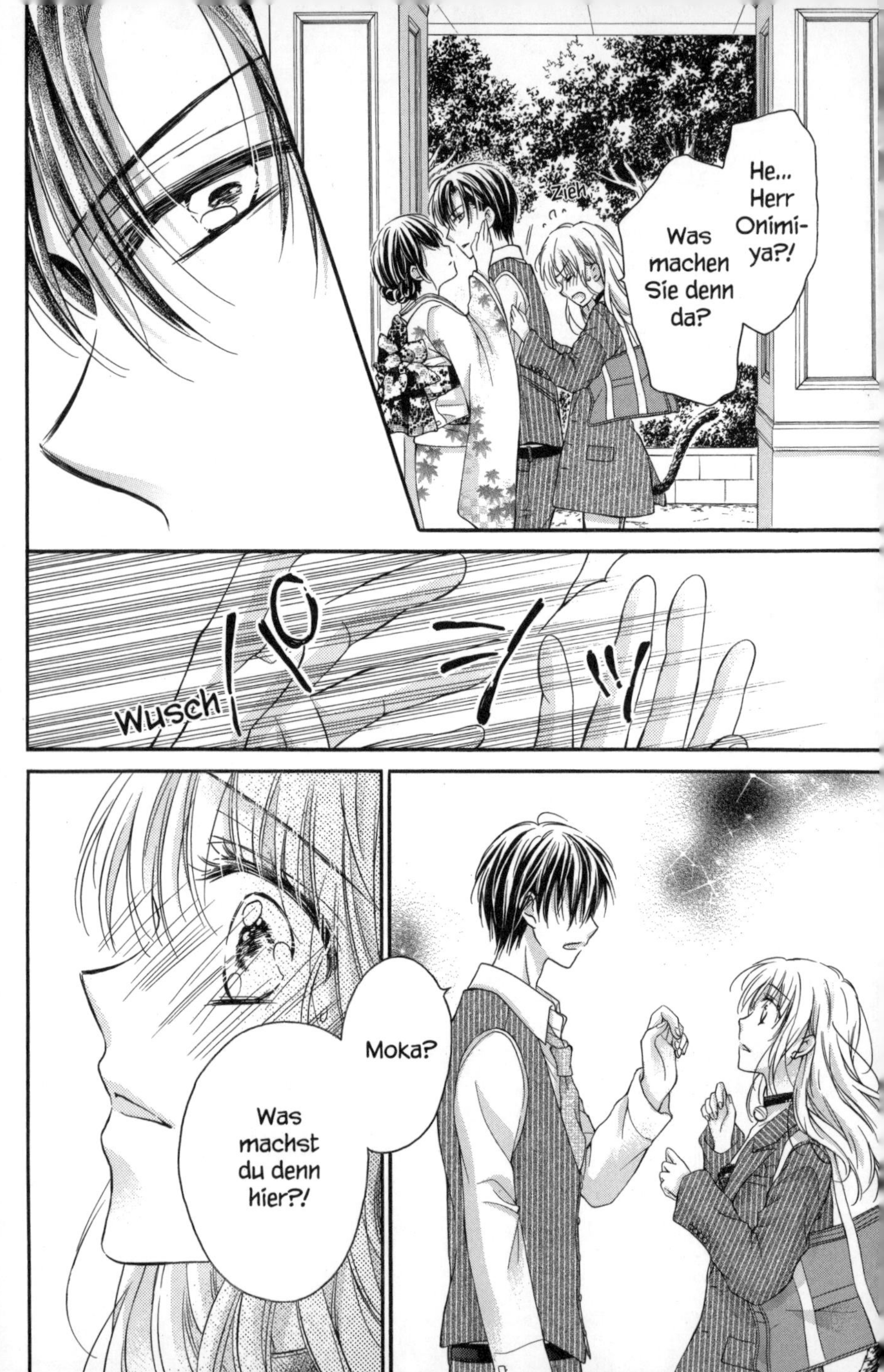

He... Herr Onimi-ya?!
Was machen Sie denn da?
Zieh
Wusch
Moka?
Was machst du denn hier?!

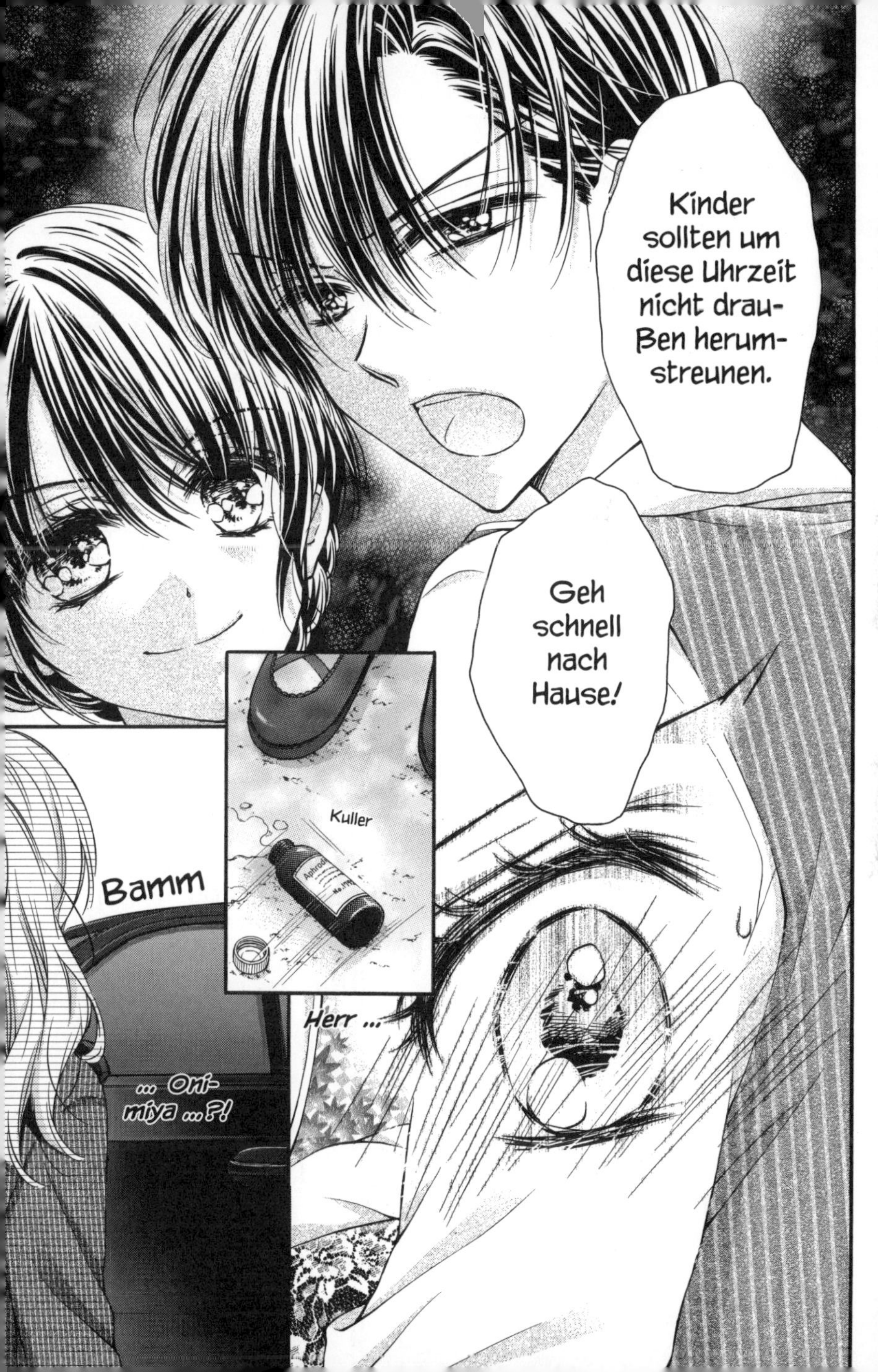
Kinder sollten um diese Uhrzeit nicht drau-ßen herum-streunen.
Geh schnell nach Hause!
Kuller
Bamm
Herr ...
... Oni-miya ...?!

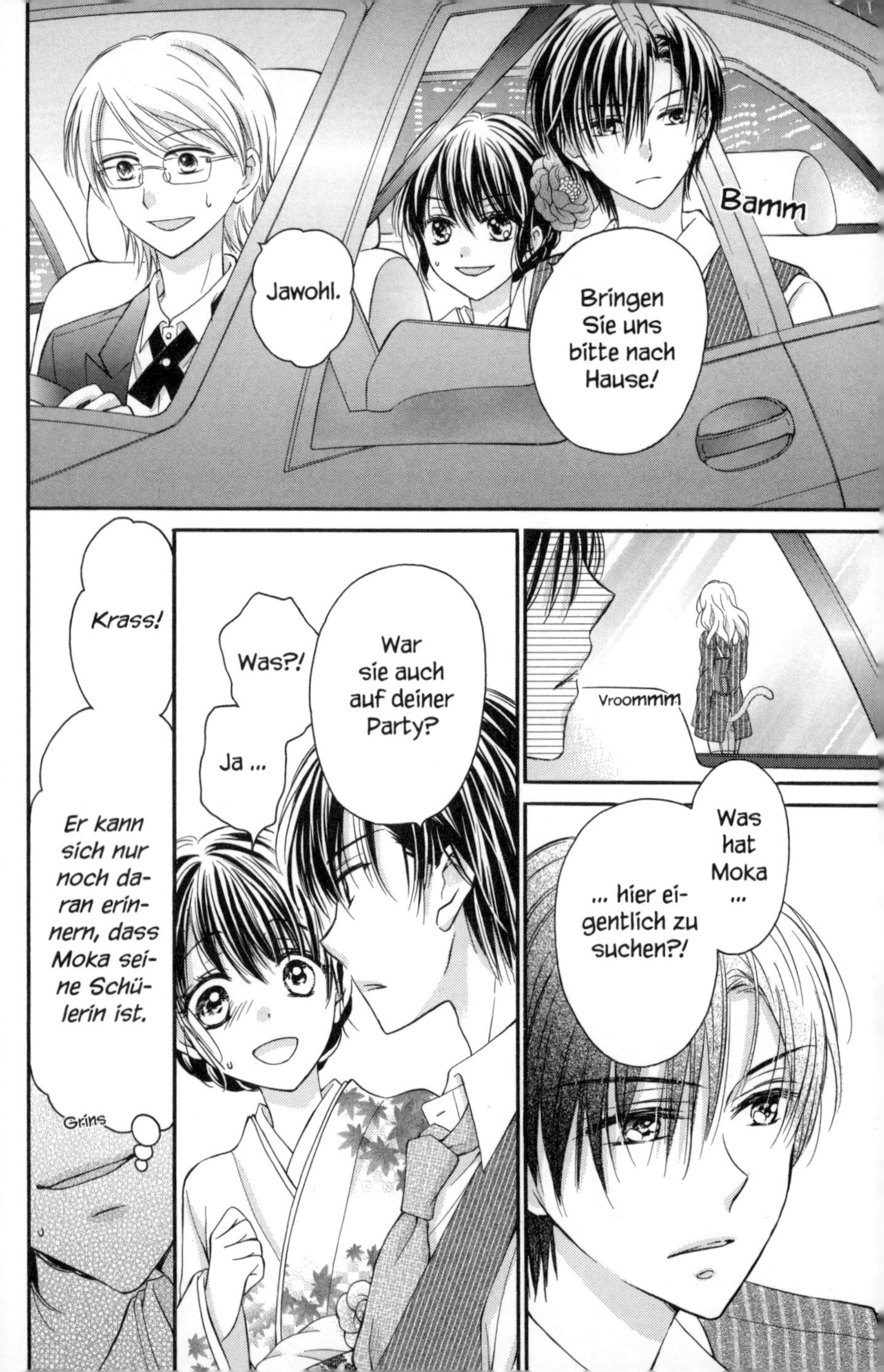
Bamm
Bringen Sie uns bitte nach Hause!
Jawohl.
Vroommm
War sie auch auf deiner Party?
Was?!
Ja ...
Krass!
Er kann sich nur noch daran erinnern, dass Moka seine Schülerin ist.
Grins
Was hat Moka ...
... hier eigentlich zu suchen?!

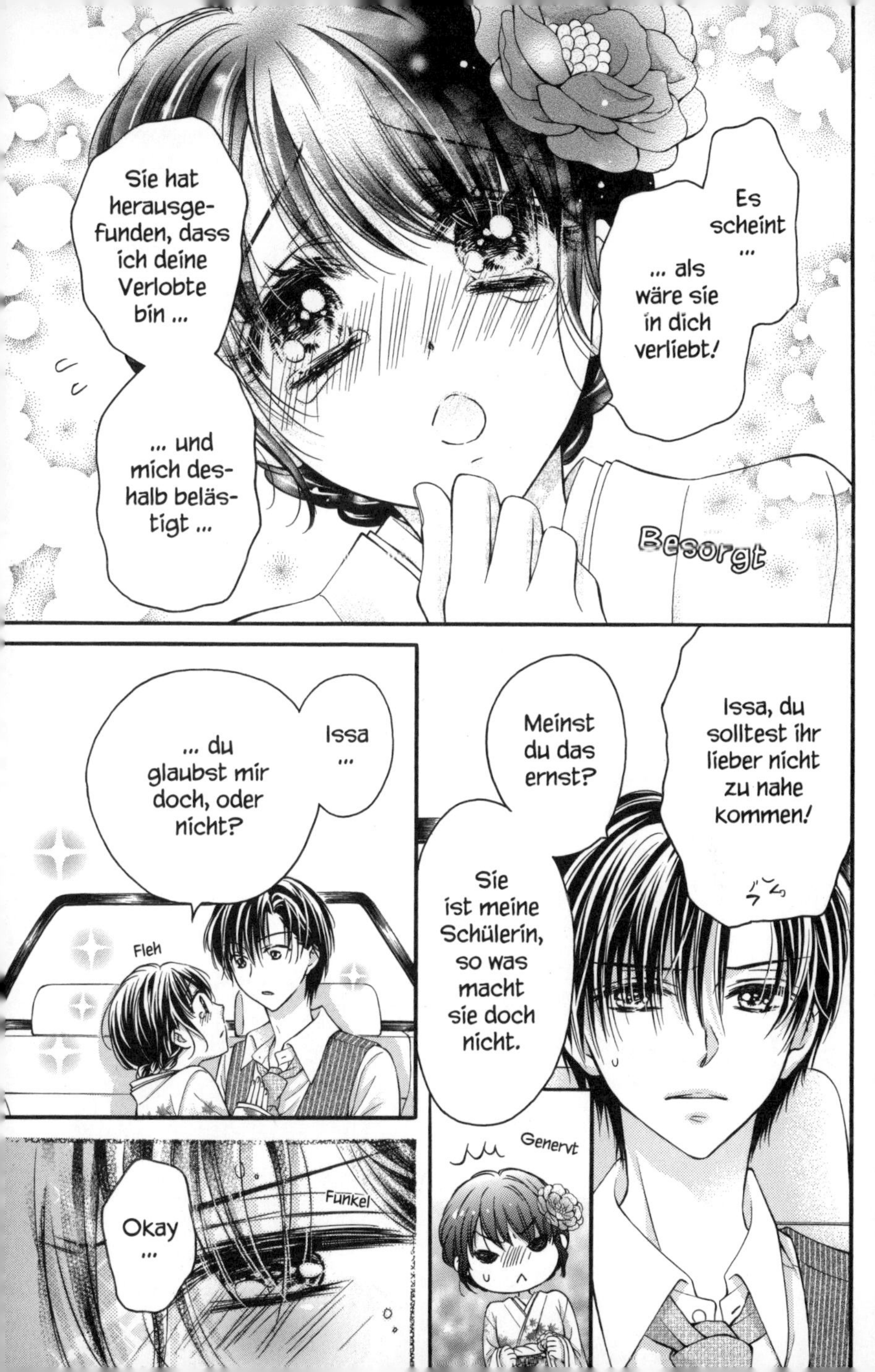
Es scheint ...
... als wäre sie in dich verliebt!
Sie hat herausgefunden, dass ich deine Verlobte bin ...
... und mich deshalb belästigt ...
Besorgt
Issa, du solltest ihr lieber nicht zu nahe kommen!
Meinst du das ernst?
Sie ist meine Schülerin, so was macht sie doch nicht.
Issa ...
... du glaubst mir doch, oder nicht?
Fleh
Genervt
Funkel
Okay ...

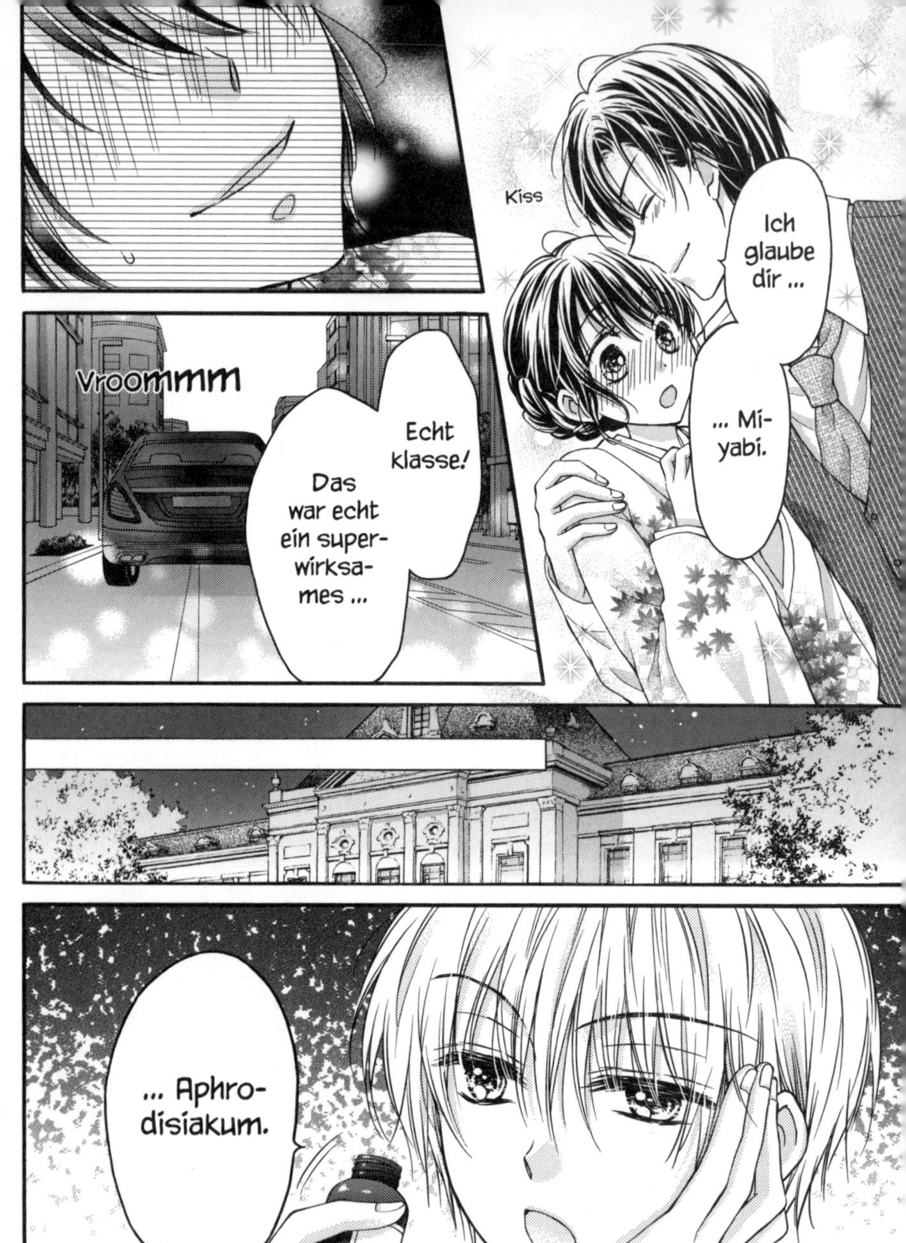
Kiss
Ich glaube dir ...
... Miyabi.
Vroommm
Echt klasse!
Das war echt ein superwirksames ...
... Aphrodisiakum.

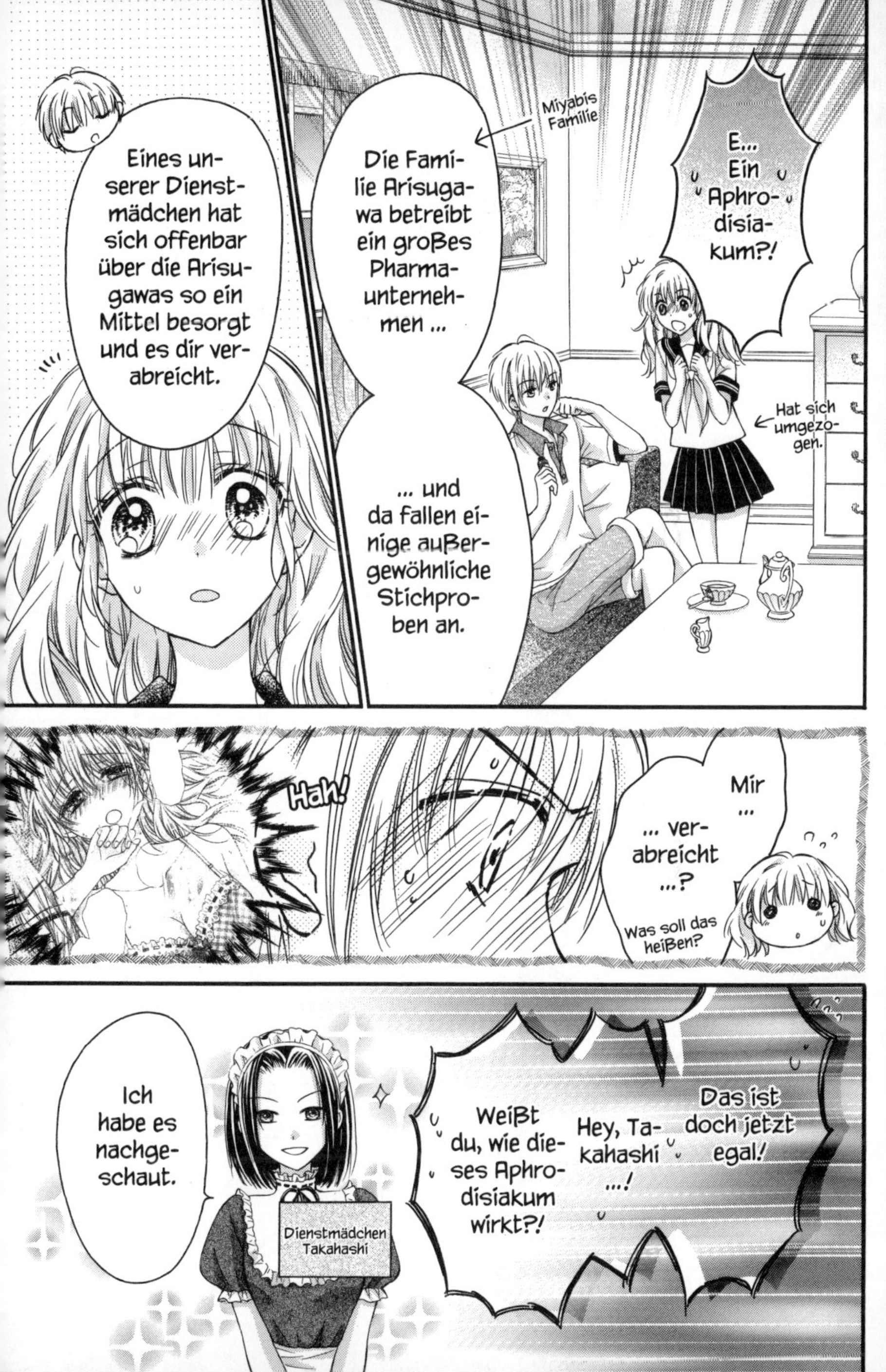
E... Ein Aphrodisiakum?!
Hat sich umgezogen.
Miyabis Familie
Die Familie Arisugawa betreibt ein großes Pharmaunternehmen ...
... und da fallen einige außergewöhnliche Stichproben an.
Eines unserer Dienstmädchen hat sich offenbar über die Arisugawas so ein Mittel besorgt und es dir verabreicht.
Mir ...
... verabreicht ...?
Was soll das heißen?
Hah!
Das ist doch jetzt egal!
Hey, Takahashi ...!
Weißt du, wie dieses Aphrodisiakum wirkt?!
Ich habe es nachgeschaut.
Dienstmädchen Takahashi

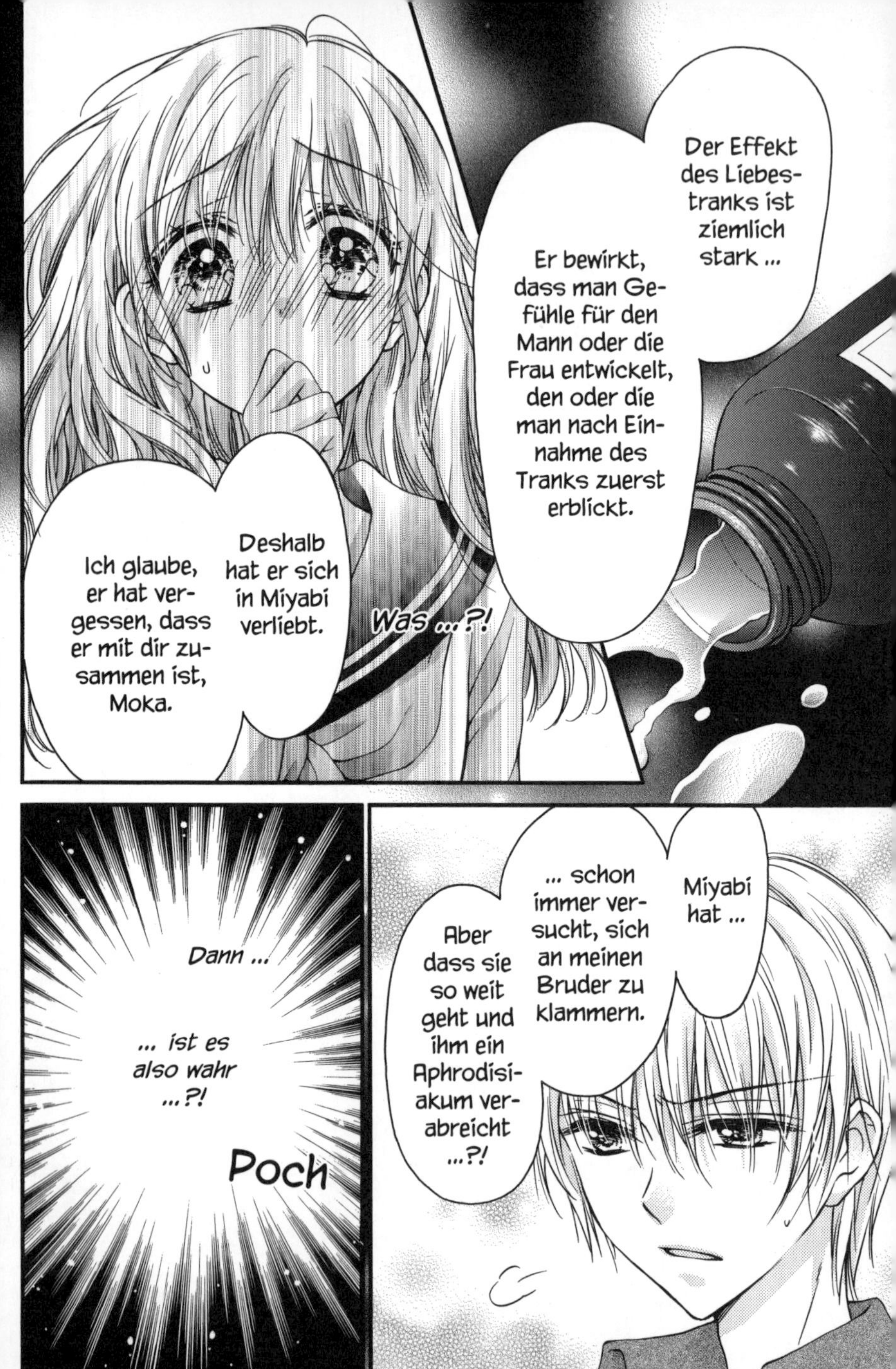

Der Effekt des Liebestranks ist ziemlich stark ...
Er bewirkt, dass man Gefühle für den Mann oder die Frau entwickelt, den oder die man nach Einnahme des Tranks zuerst erblickt.
Was ...?!
Deshalb hat er sich in Miyabi verliebt.
Ich glaube, er hat vergessen, dass er mit dir zusammen ist, Moka.
Miyabi hat ...
... schon immer versucht, sich an meinen Bruder zu klammern.
Aber dass sie so weit geht und ihm ein Aphrodisiakum verabreicht ...?!
Dann ...
... ist es also wahr ...?!
Poch

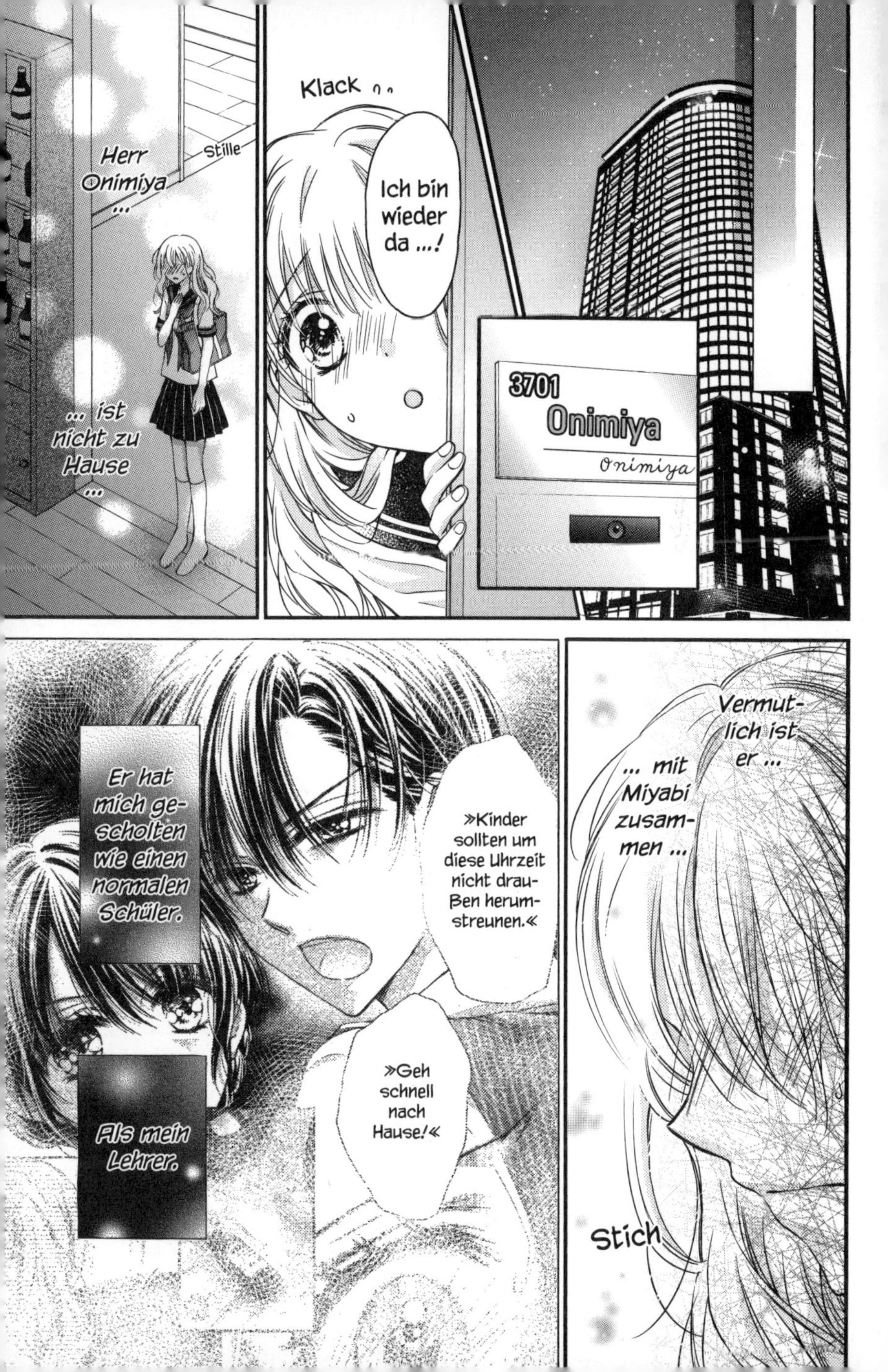

3701
Onimiya
Onimiya

Klack

Ich bin wieder da ...!

Stille

Herr Onimiya ...

... ist nicht zu Hause ...

Vermutlich ist er ...

... mit Miyabi zusammen ...

Stich

Er hat mich gescholten wie einen normalen Schüler.

»Kinder sollten um diese Uhrzeit nicht draußen herumstreunen.«

»Geh schnell nach Hause!«

Als mein Lehrer.

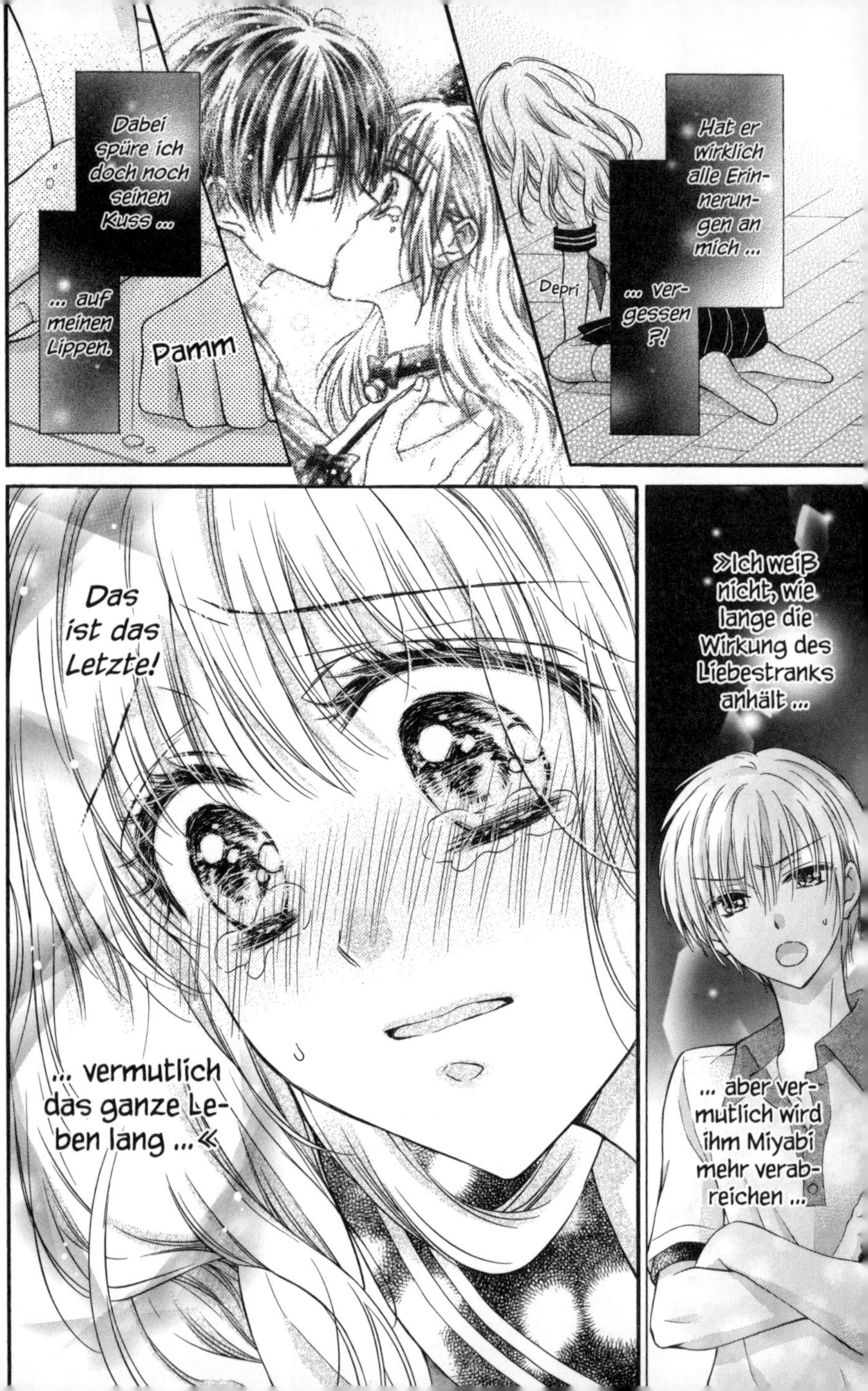

Hat er wirklich alle Erinnerungen an mich ...

... vergessen?!

Depri

Dabei spüre ich doch noch seinen Kuss ...

... auf meinen Lippen.

Pamm

»Ich weiß nicht, wie lange die Wirkung des Liebestranks anhält ...

... aber vermutlich wird ihm Miyabi mehr verabreichen ...

Das ist das Letzte!

... vermutlich das ganze Leben lang ...«

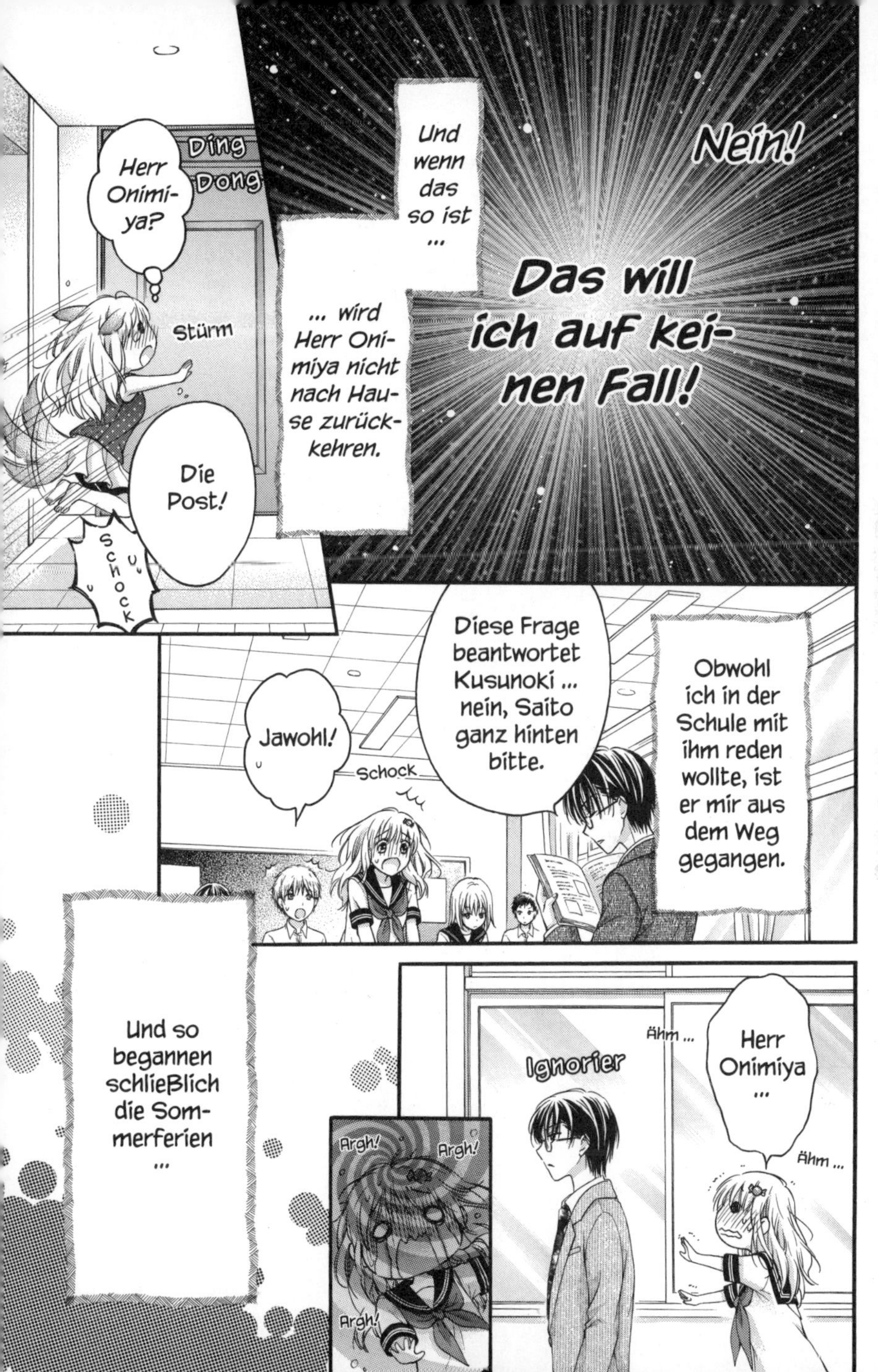

Nein!
Das will ich auf keinen Fall!
Und wenn das so ist …
… wird Herr Onimiya nicht nach Hause zurückkehren.
Herr Onimiya?
Ding Dong
Stürm
Die Post!
Schock
Obwohl ich in der Schule mit ihm reden wollte, ist er mir aus dem Weg gegangen.
Diese Frage beantwortet Kusunoki … nein, Saito ganz hinten bitte.
Jawohl!
Schock
Herr Onimiya …
Ähm …
Ähm …
Ignorier
Argh!
Argh!
Argh!
Und so begannen schließlich die Sommerferien …

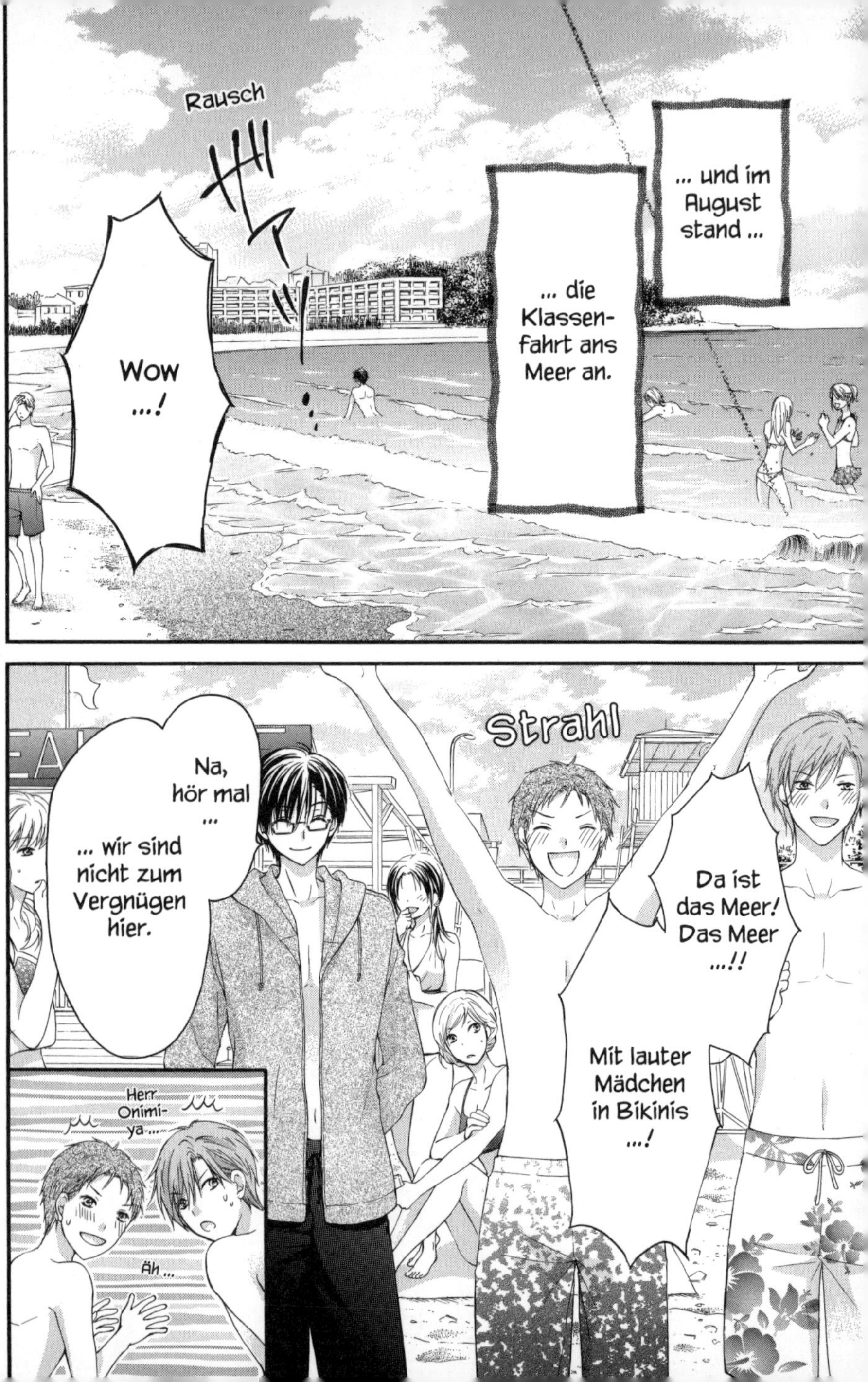

... und im August stand ...

... die Klassenfahrt ans Meer an.

Rausch

Wow ...!

Strahl

Da ist das Meer! Das Meer ...!!

Mit lauter Mädchen in Bikinis ...!

Na, hör mal ...

... wir sind nicht zum Vergnügen hier.

Herr Onimiya ...

Äh ...

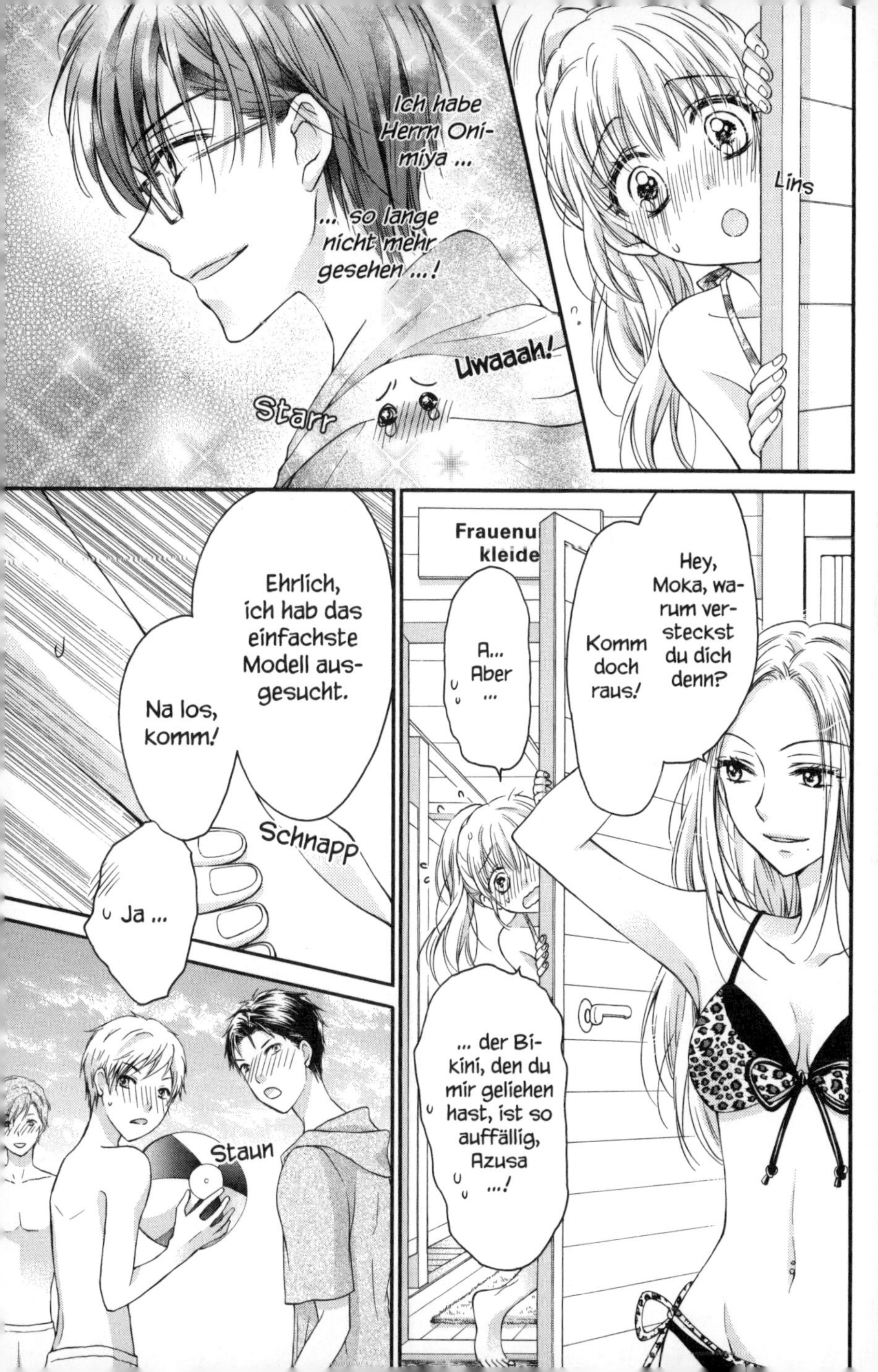
Lins
Ich habe Herrn Oni-miya ...
... so lange nicht mehr gesehen ...!
Uwaaah!
Starr
Hey, Moka, warum versteckst du dich denn?
Komm doch raus!
Frauenu kleide
A... Aber ...
... der Bikini, den du mir geliehen hast, ist so auffällig, Azusa ...!
Ehrlich, ich hab das einfachste Modell ausgesucht.
Na los, komm!
Schnapp
Ja ...
Staun

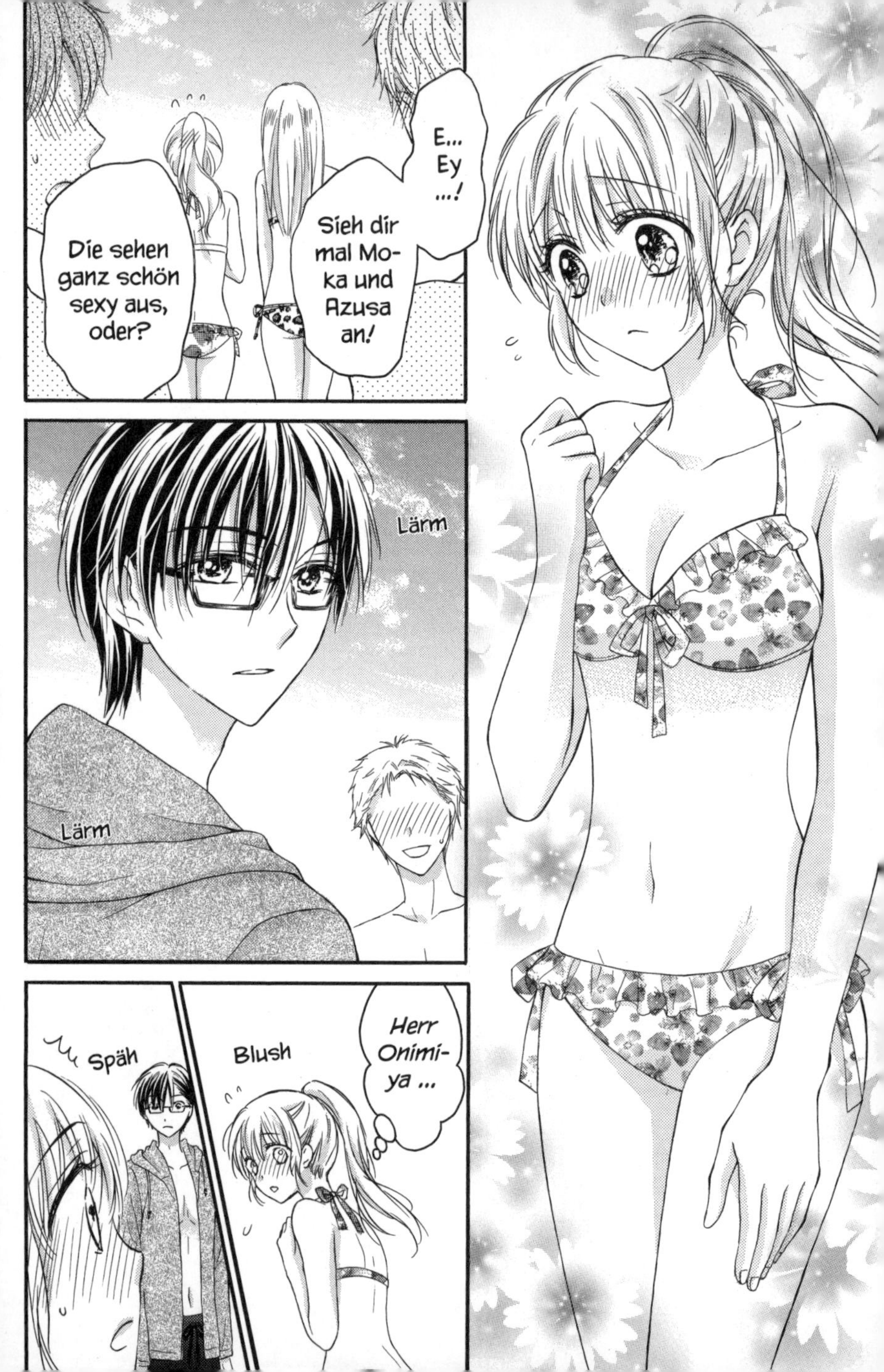
E... Ey ...!
Sieh dir mal Moka und Azusa an!
Die sehen ganz schön sexy aus, oder?
Lärm
Lärm
Herr Onimiya ...
Blush
Späh

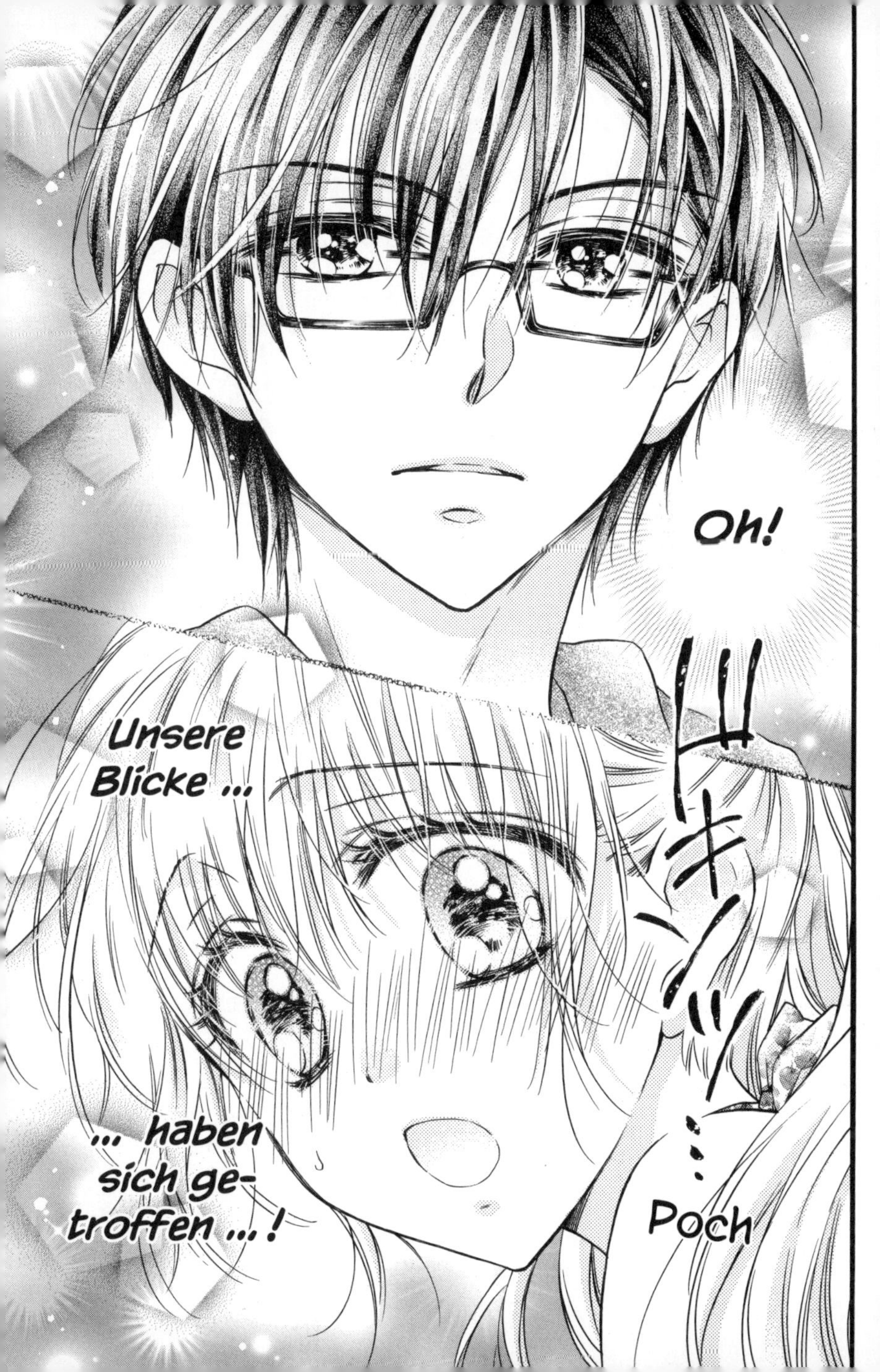
Oh!
Unsere Blicke ...
... haben sich ge-troffen ... !
Poch

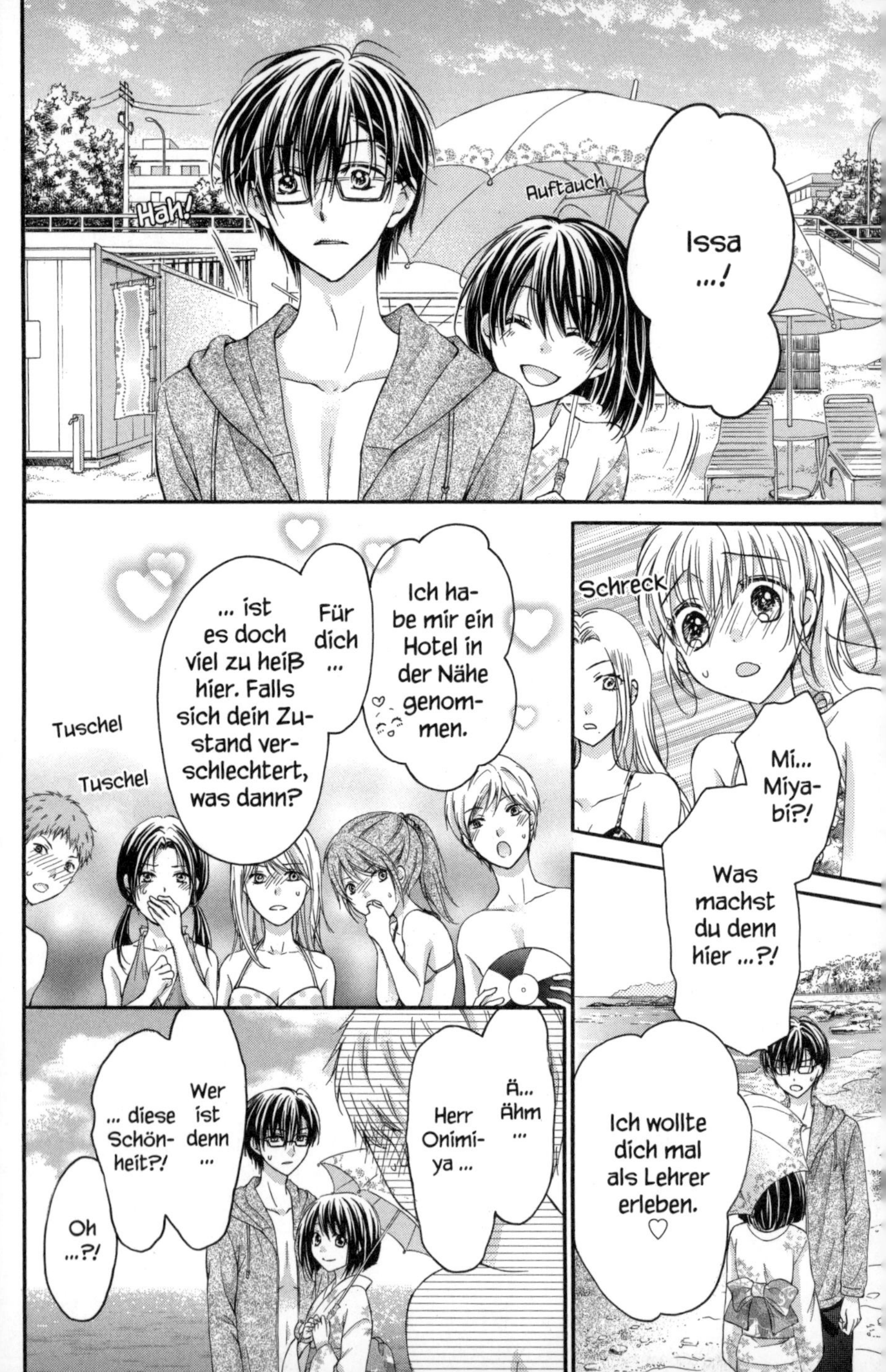
Issa ...!
Auftauch
Hah!
Schreck
Mi... Miyabi?!
Was machst du denn hier ...?!
Ich habe mir ein Hotel in der Nähe genommen.
Für dich ...
... ist es doch viel zu heiß hier. Falls sich dein Zustand verschlechtert, was dann?
Tuschel
Tuschel
Ich wollte dich mal als Lehrer erleben. ♡
Ä... Ähm ...
Herr Onimiya ...
Wer ist denn ...
... diese Schönheit?!
Oh ...?!

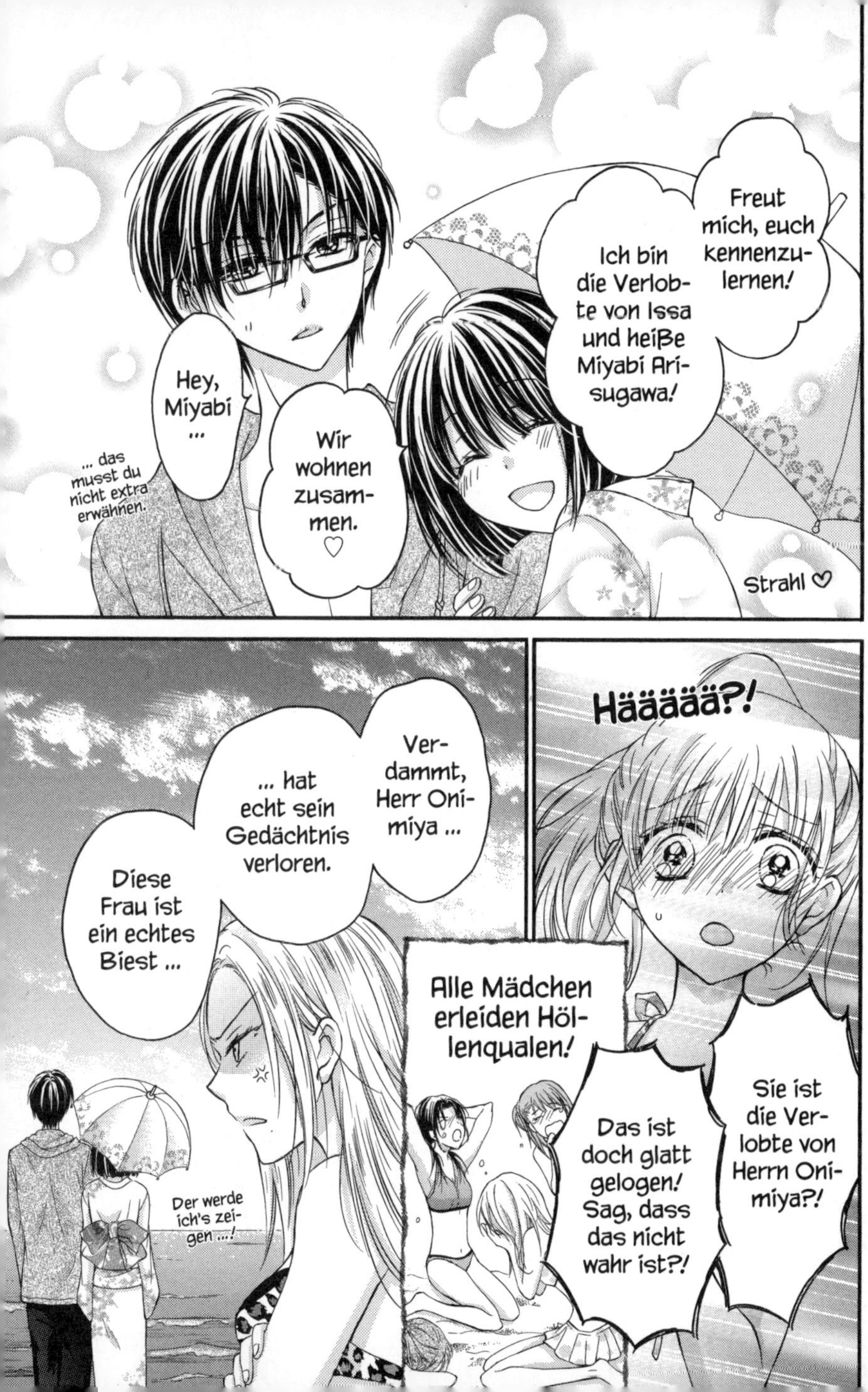

Freut mich, euch kennenzulernen!
Ich bin die Verlobte von Issa und heiße Miyabi Arisugawa!
Strahl ♡
Wir wohnen zusammen. ♡
Hey, Miyabi ...
... das musst du nicht extra erwähnen.
Häääää?!
Sie ist die Verlobte von Herrn Onimiya?!
Das ist doch glatt gelogen! Sag, dass das nicht wahr ist?!
Alle Mädchen erleiden Höllenqualen!
Verdammt, Herr Onimiya ...
... hat echt sein Gedächtnis verloren.
Diese Frau ist ein echtes Biest ...
Der werde ich's zeigen ...!

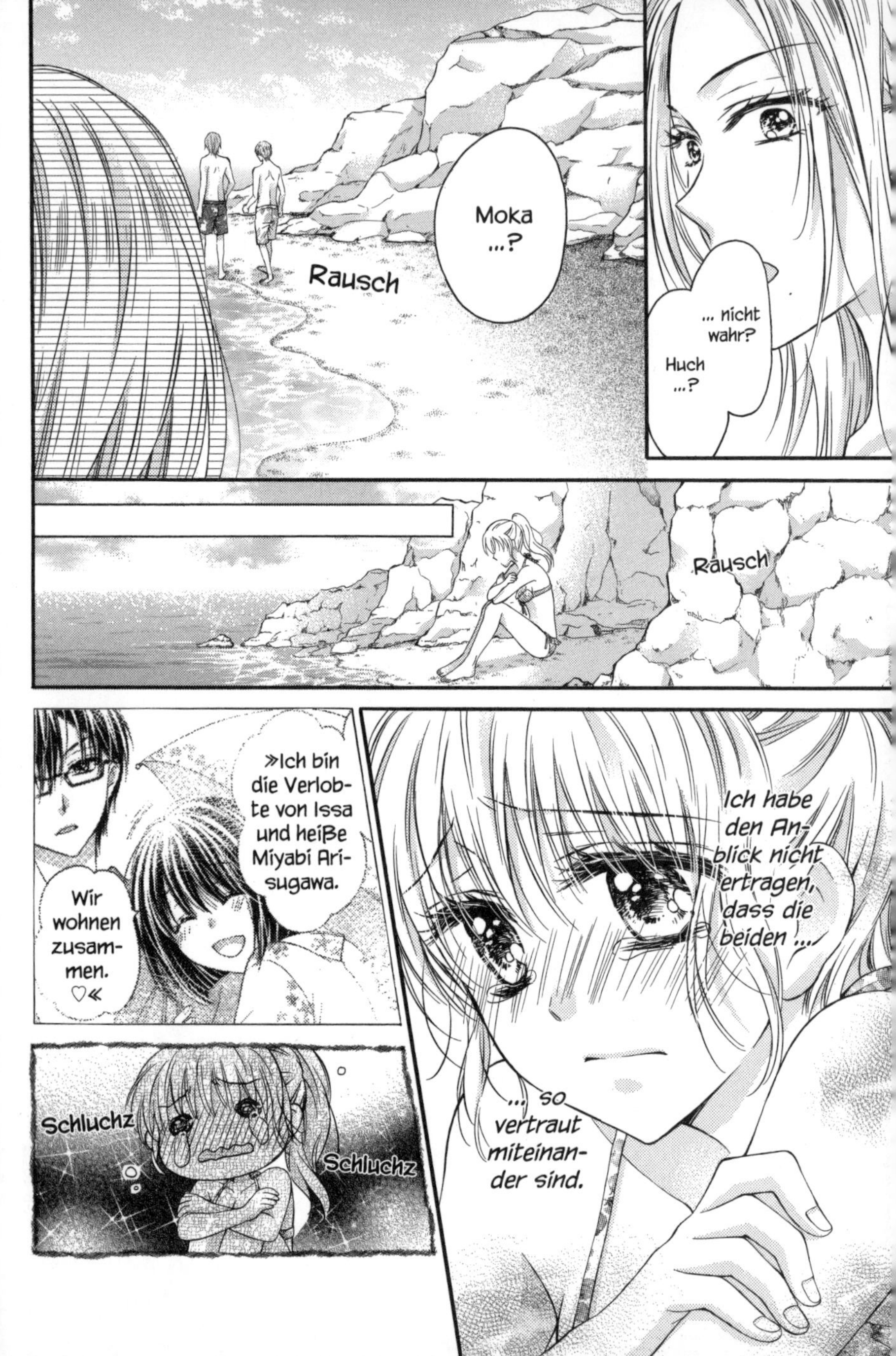

... nicht wahr?
Huch ...?
Moka ...?
Rausch
Rausch
»Ich bin die Verlobte von Issa und heiße Miyabi Arisugawa.
Wir wohnen zusammen. ♡«
Ich habe den Anblick nicht ertragen, dass die beiden ...
... so vertraut miteinander sind.
Schluchz
Schluchz

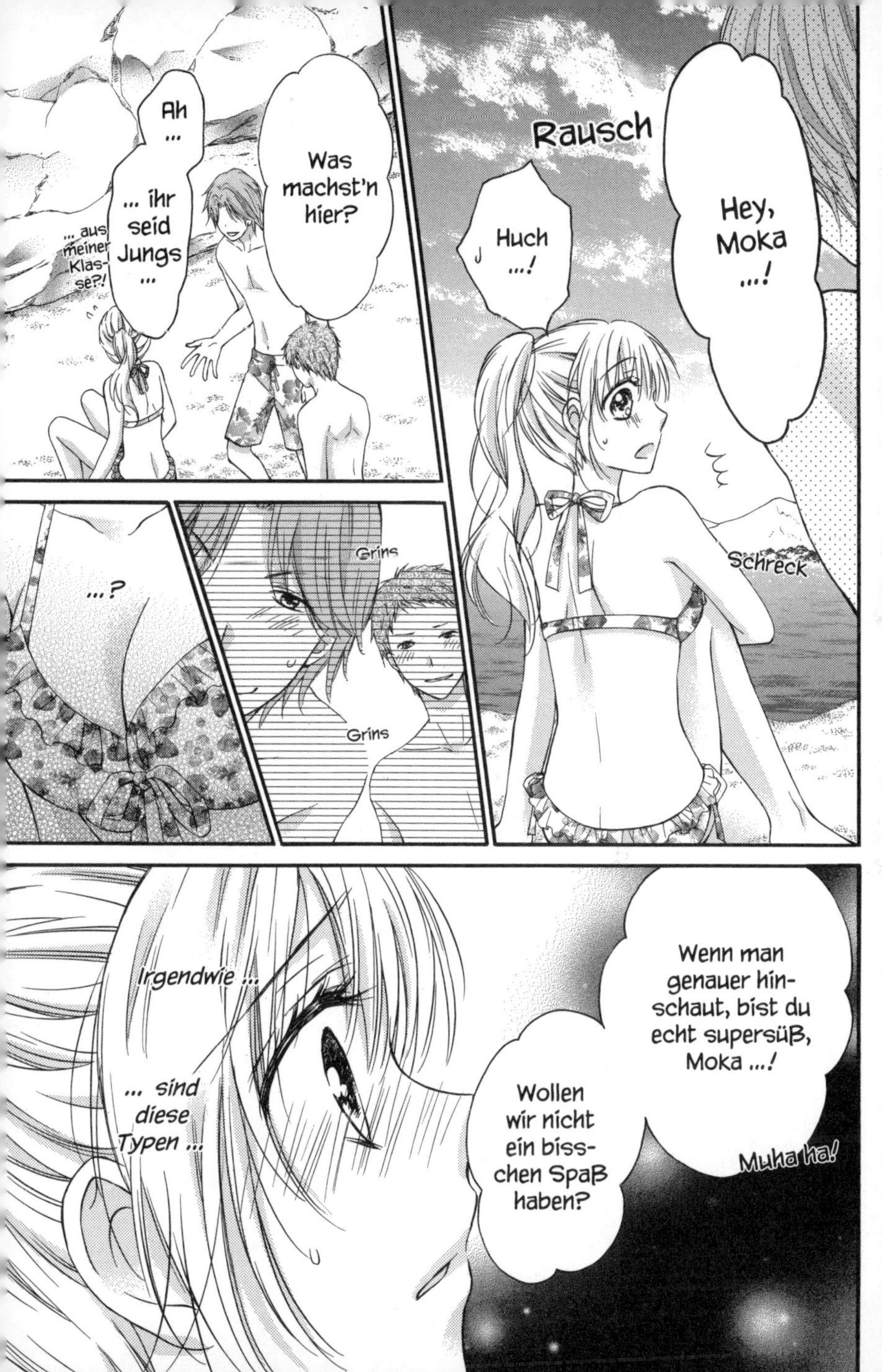

Hey, Moka ...!
Rausch
Huch ...!
Schreck
Was machst'n hier?
Ah ...
... ihr seid Jungs ...
... aus meiner Klas-se?!
Grins
Grins
...?
Wenn man genauer hin-schaut, bist du echt supersüß, Moka ...!
Wollen wir nicht ein biss-chen Spaß haben?
Muha ha!
Irgendwie ...
... sind diese Typen ...

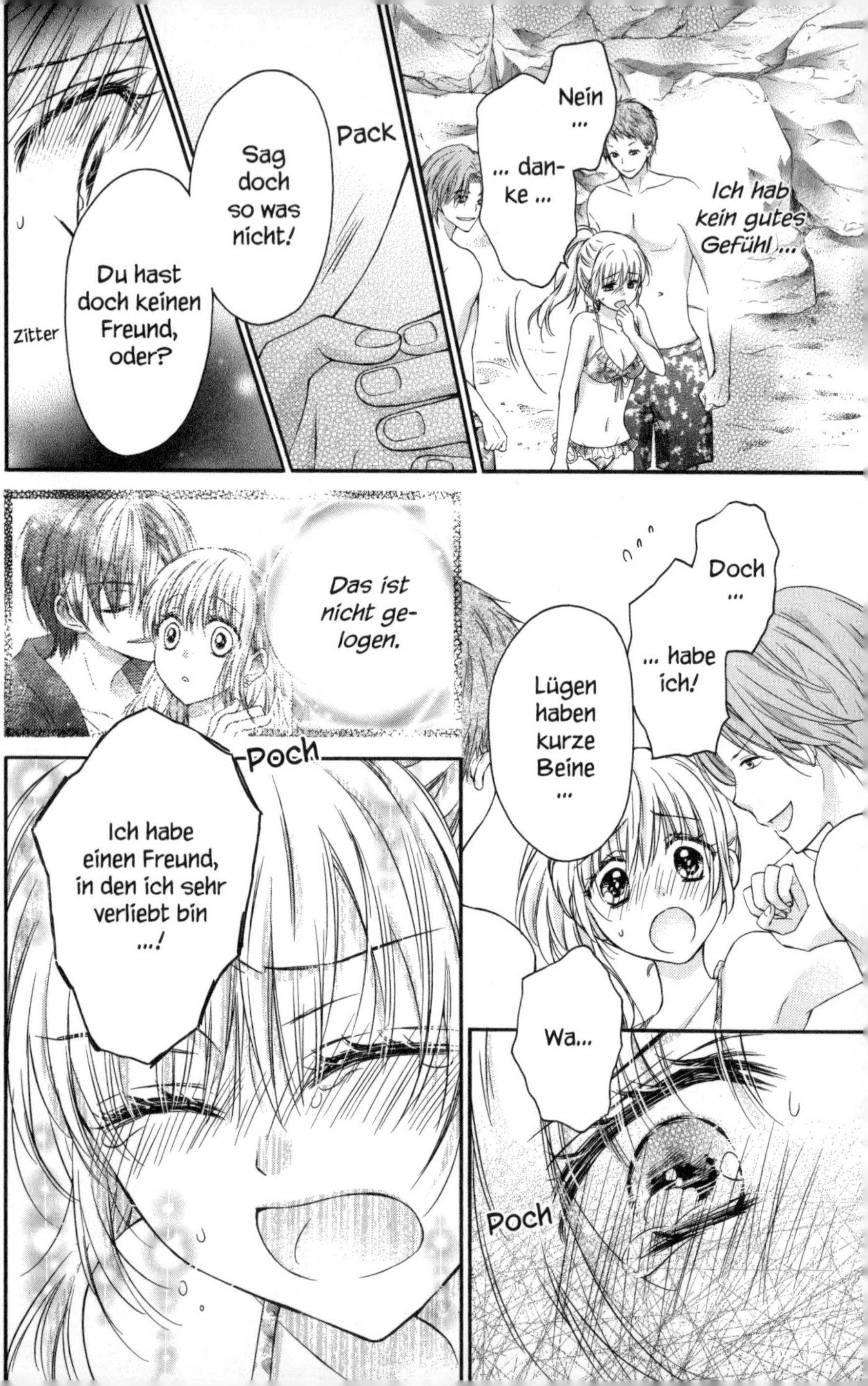

Ich hab kein gutes Gefühl ...

Nein ... ... dan-ke ...

Pack

Sag doch so was nicht!

Du hast doch keinen Freund, oder?

Zitter

Doch ... ... habe ich!

Lügen haben kurze Beine ...

Das ist nicht gelogen.

Poch

Ich habe einen Freund, in den ich sehr verliebt bin ...!

Wa...

Poch

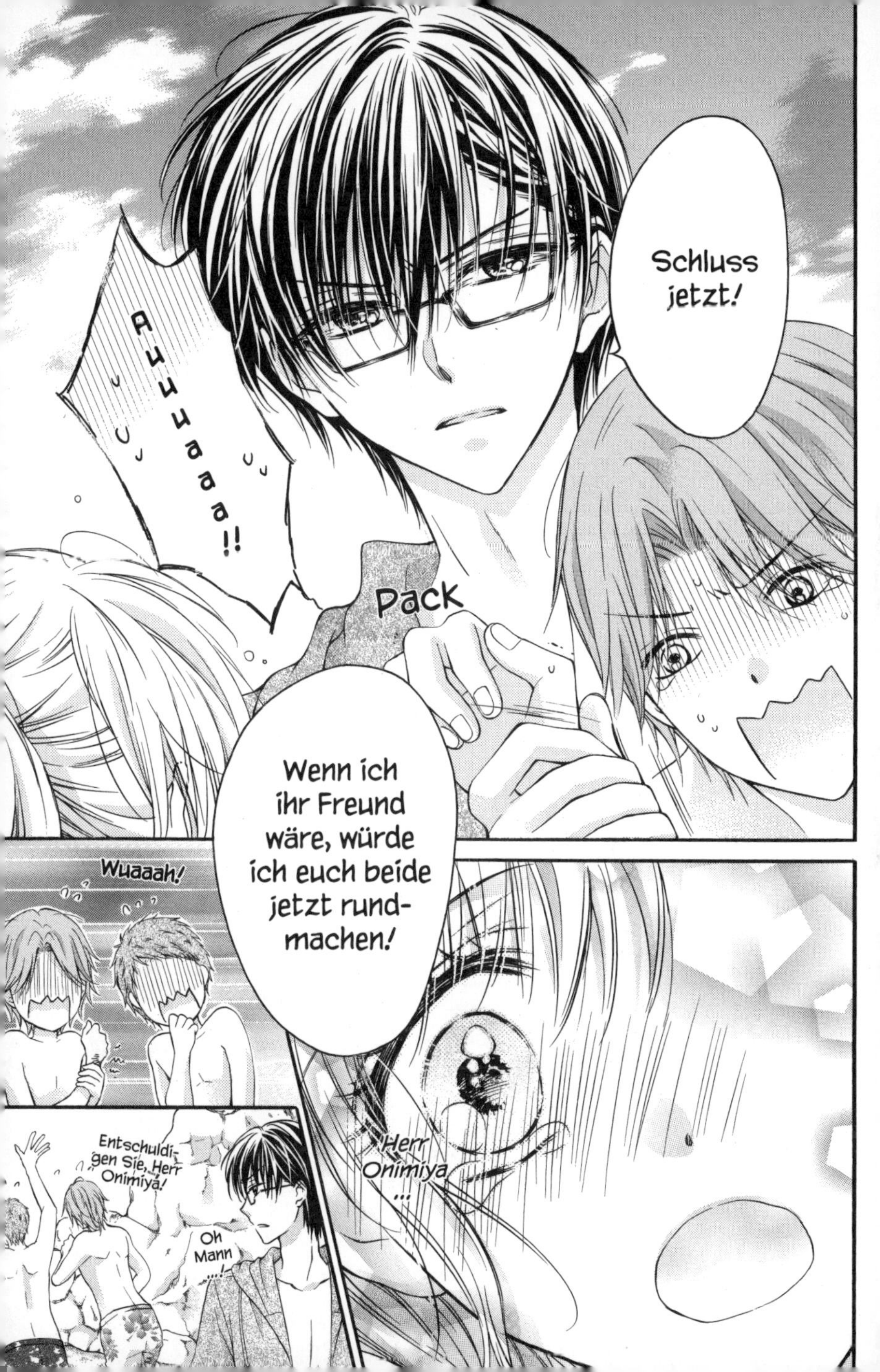
Schluss jetzt!
Auuuaaa!!
Pack
Wenn ich ihr Freund wäre, würde ich euch beide jetzt rund-machen!
Wuaaah!
Herr Onimiya ...
Entschuldi-gen Sie, Herr Onimiya!
Oh Mann ...!

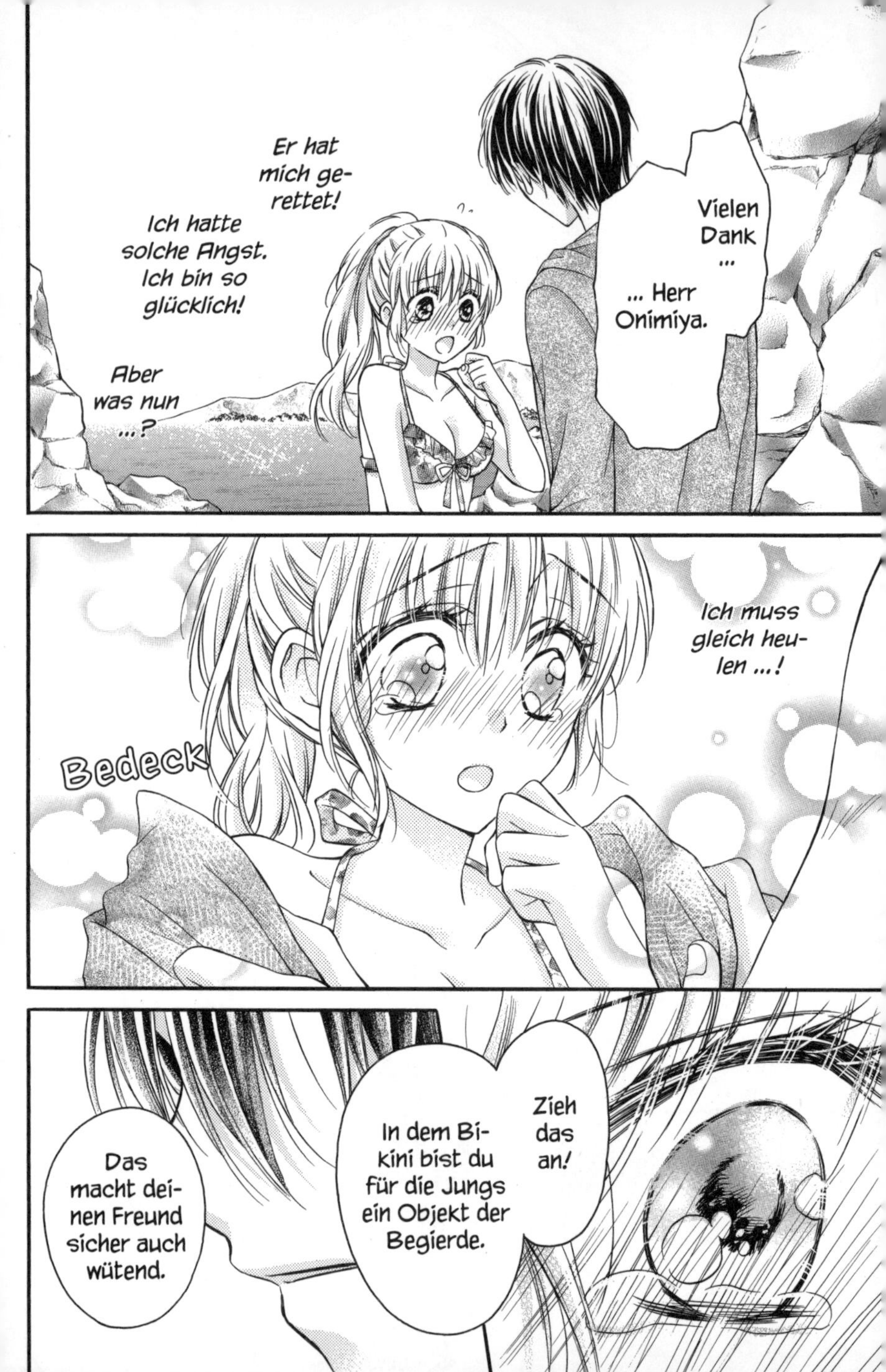

Vielen Dank ...
... Herr Onimiya.
Er hat mich gerettet!
Ich hatte solche Angst. Ich bin so glücklich!
Aber was nun ...?
Ich muss gleich heulen ...!
Bedeck
Zieh das an!
In dem Bikini bist du für die Jungs ein Objekt der Begierde.
Das macht deinen Freund sicher auch wütend.

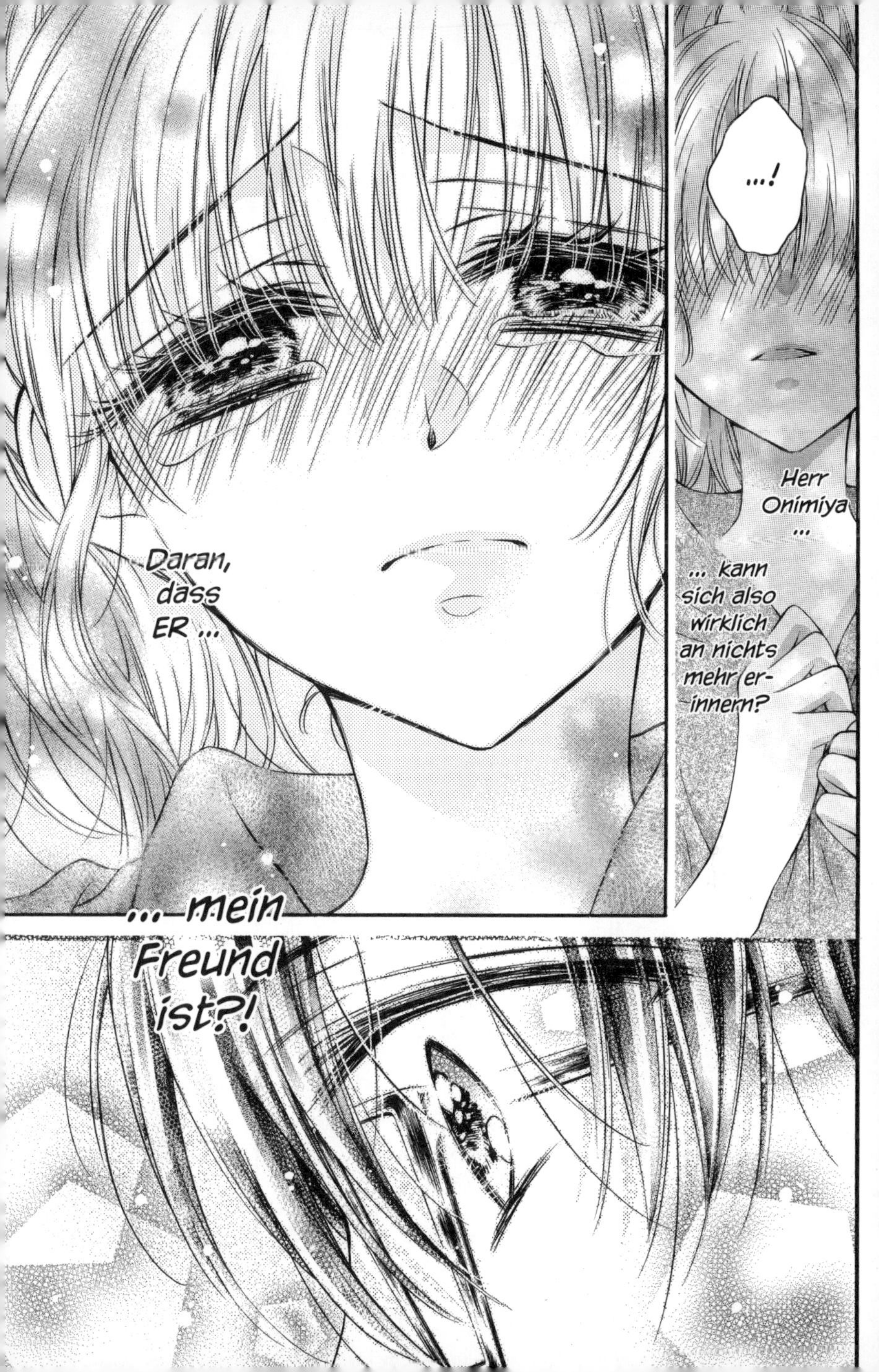
...!
Herr Onimiya ...
... kann sich also wirklich an nichts mehr erinnern?
Daran, dass ER ...
... mein Freund ist?!

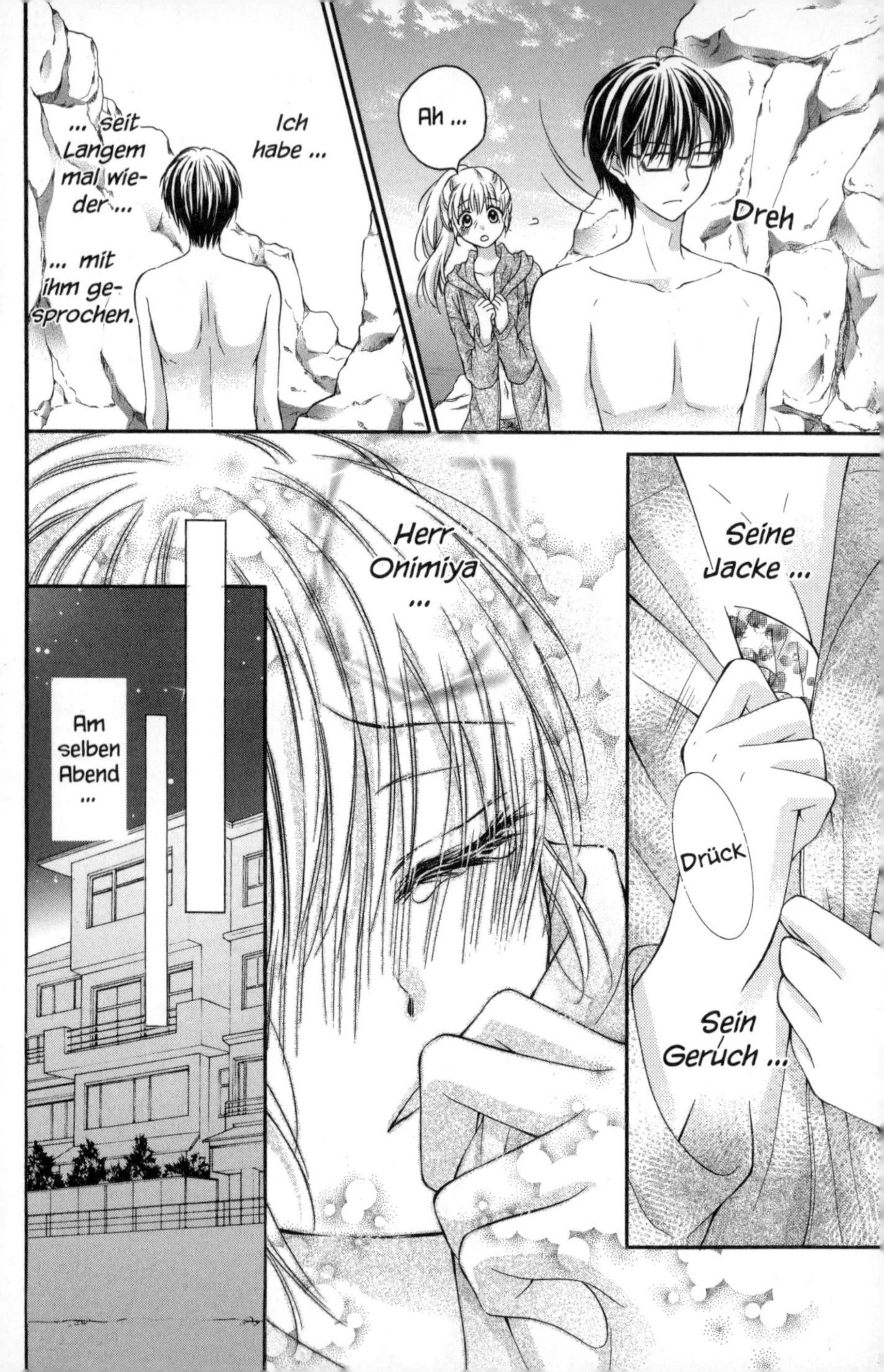
Dreh
Ah ...
Ich habe ...
... seit Langem mal wieder ...
... mit ihm gesprochen.
Seine Jacke ...
Drück
Sein Geruch ...
Herr Onimiya ...
Am selben Abend ...

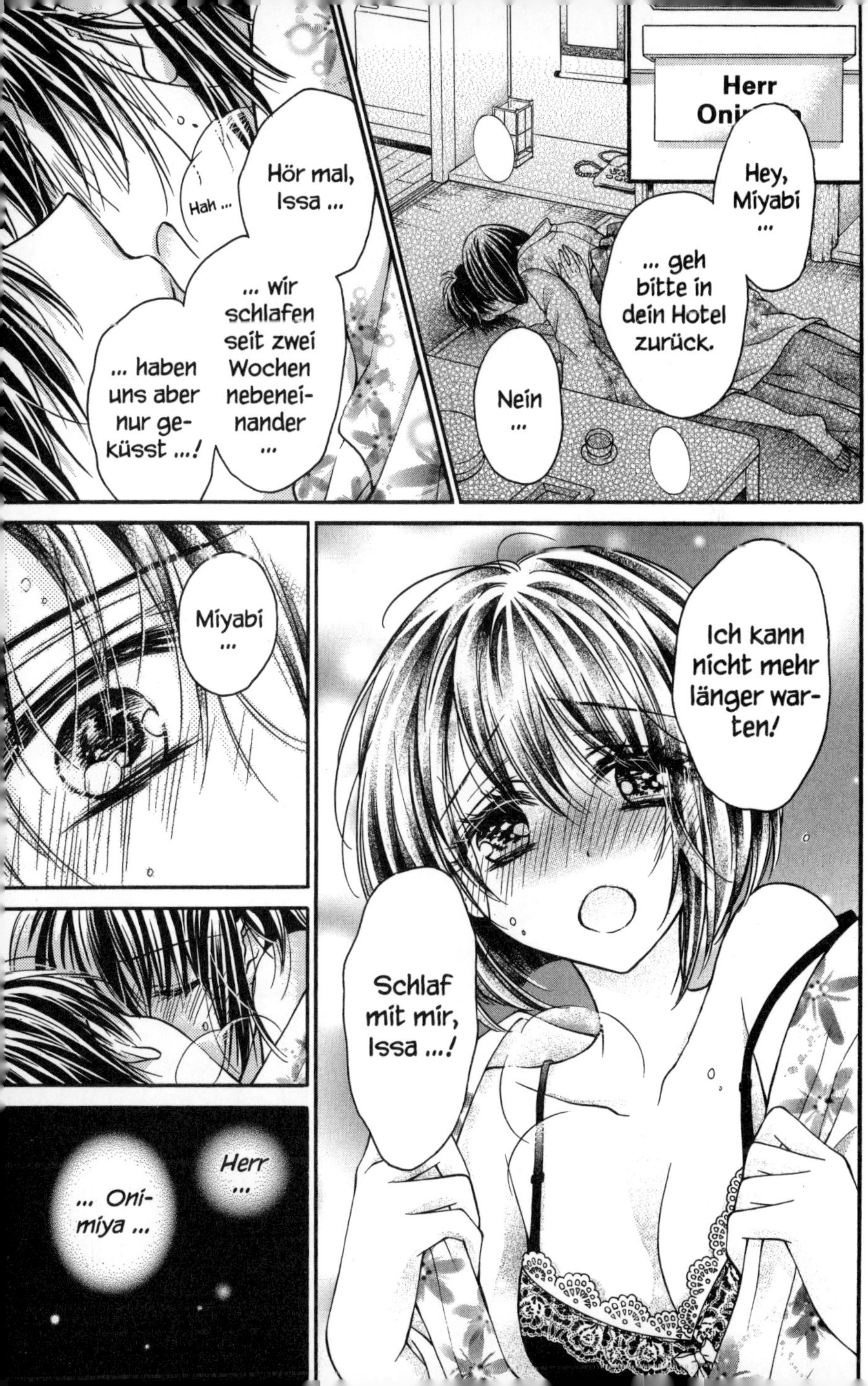

Hey, Miyabi ...
... geh bitte in dein Hotel zurück.
Nein ...
Hör mal, Issa ...
Hah ...
... wir schlafen seit zwei Wochen nebeneinander ...
... haben uns aber nur geküsst ...!
Ich kann nicht mehr länger warten!
Schlaf mit mir, Issa ...!

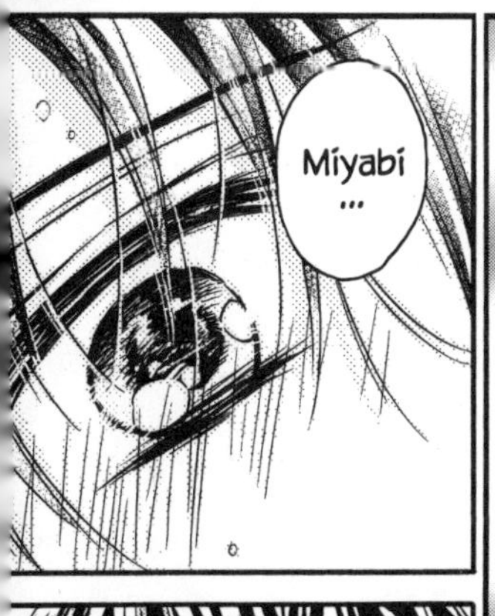

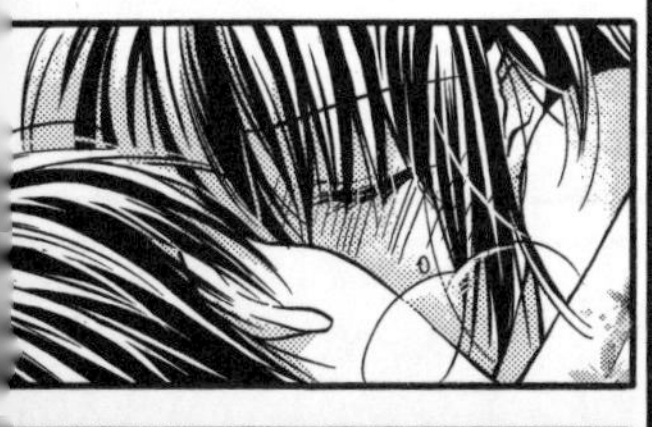

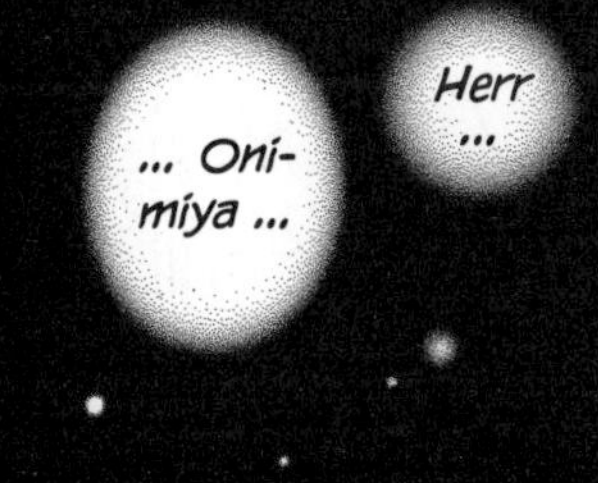

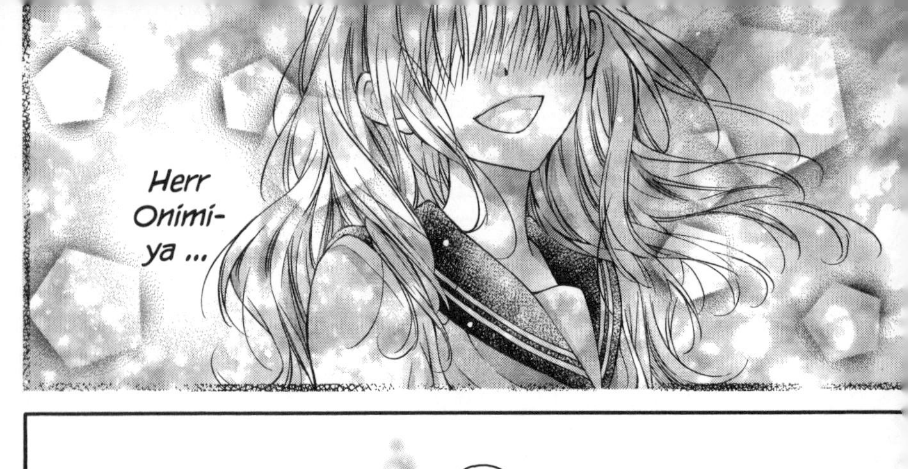

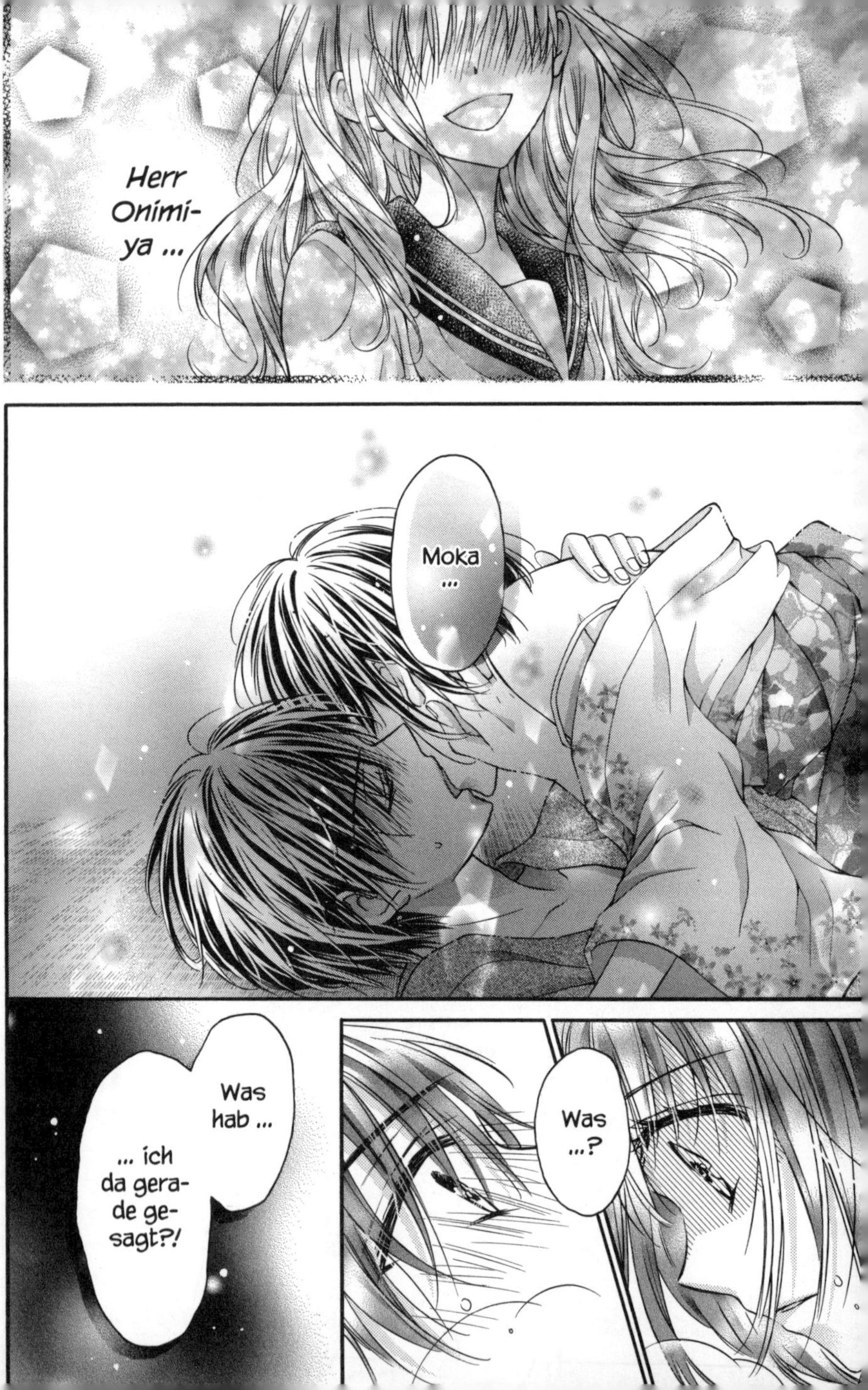

Moka ...

Was ...?

Was hab ...

... ich da gerade gesagt?!

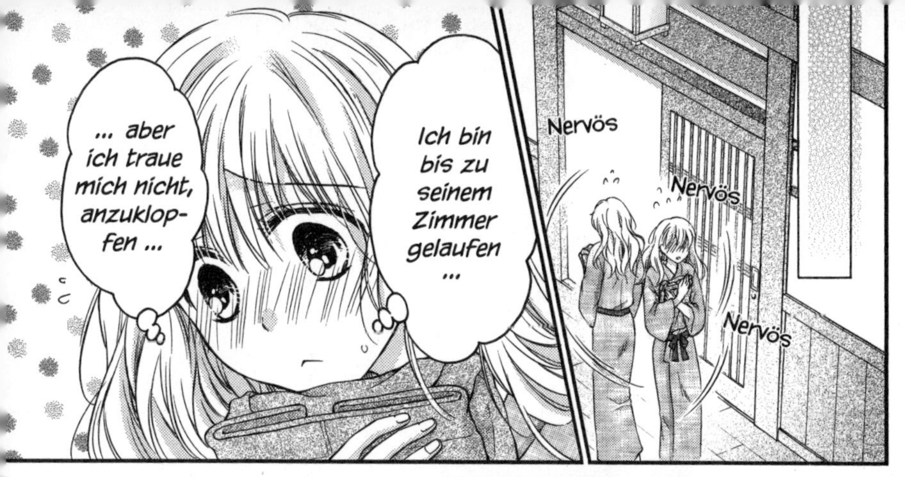

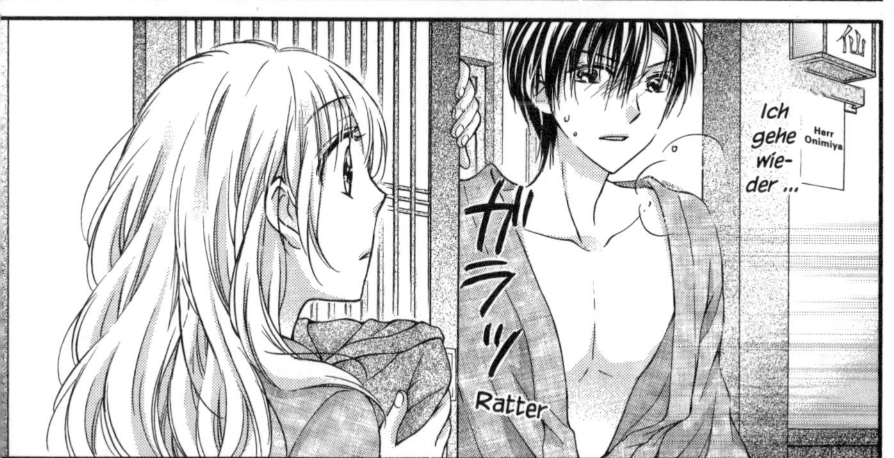

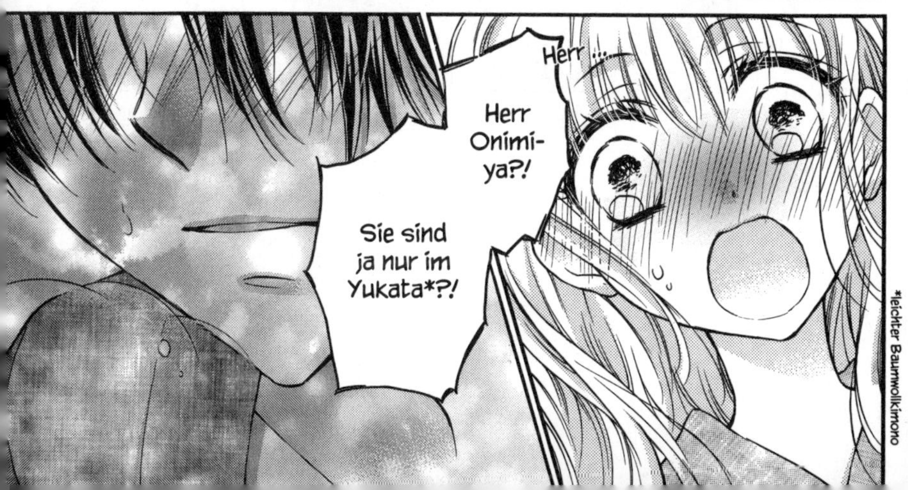

*leichter Baumwollkimono

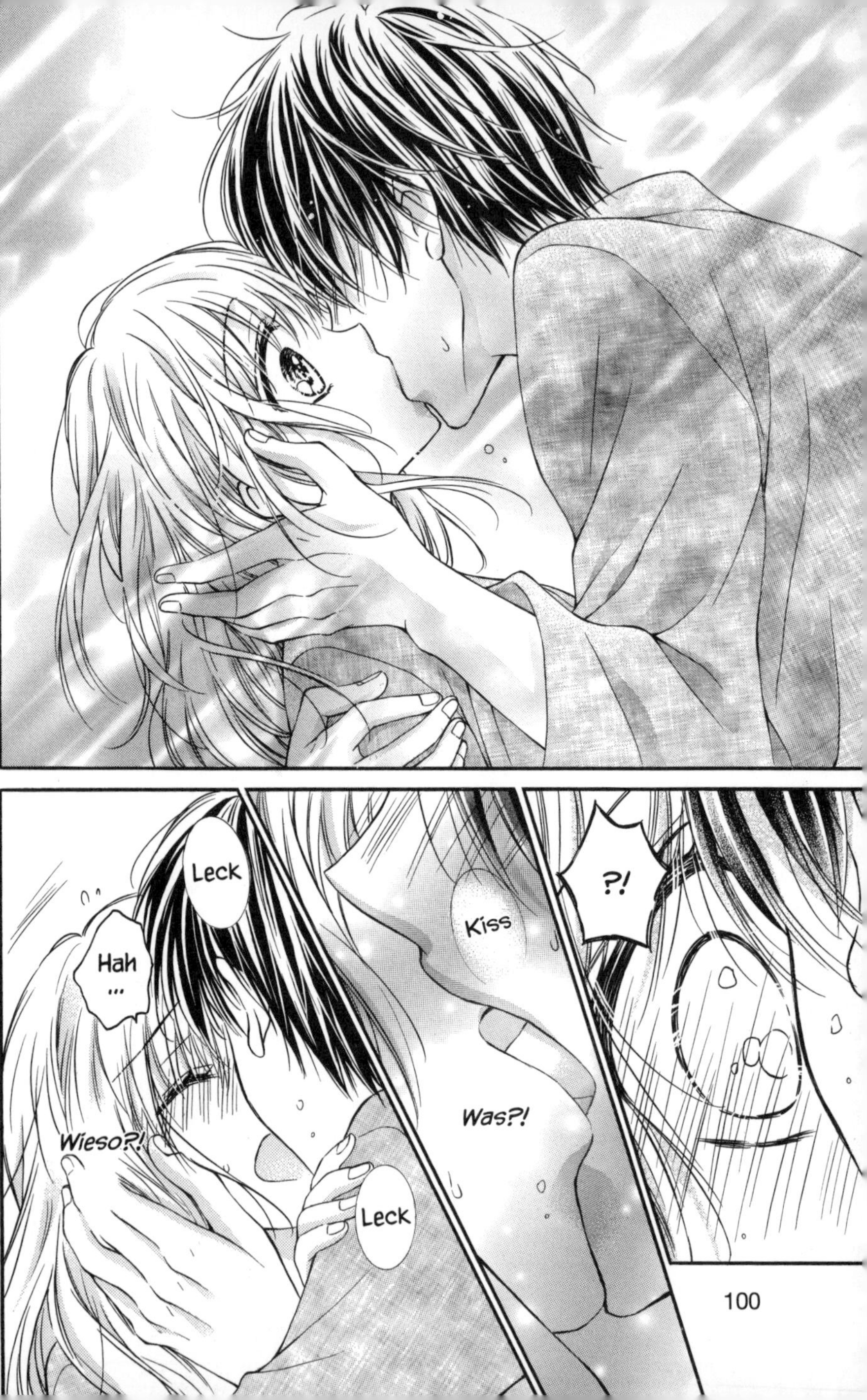

?!
Kiss
Was?!
Leck
Hah ...
Wieso?!
Leck

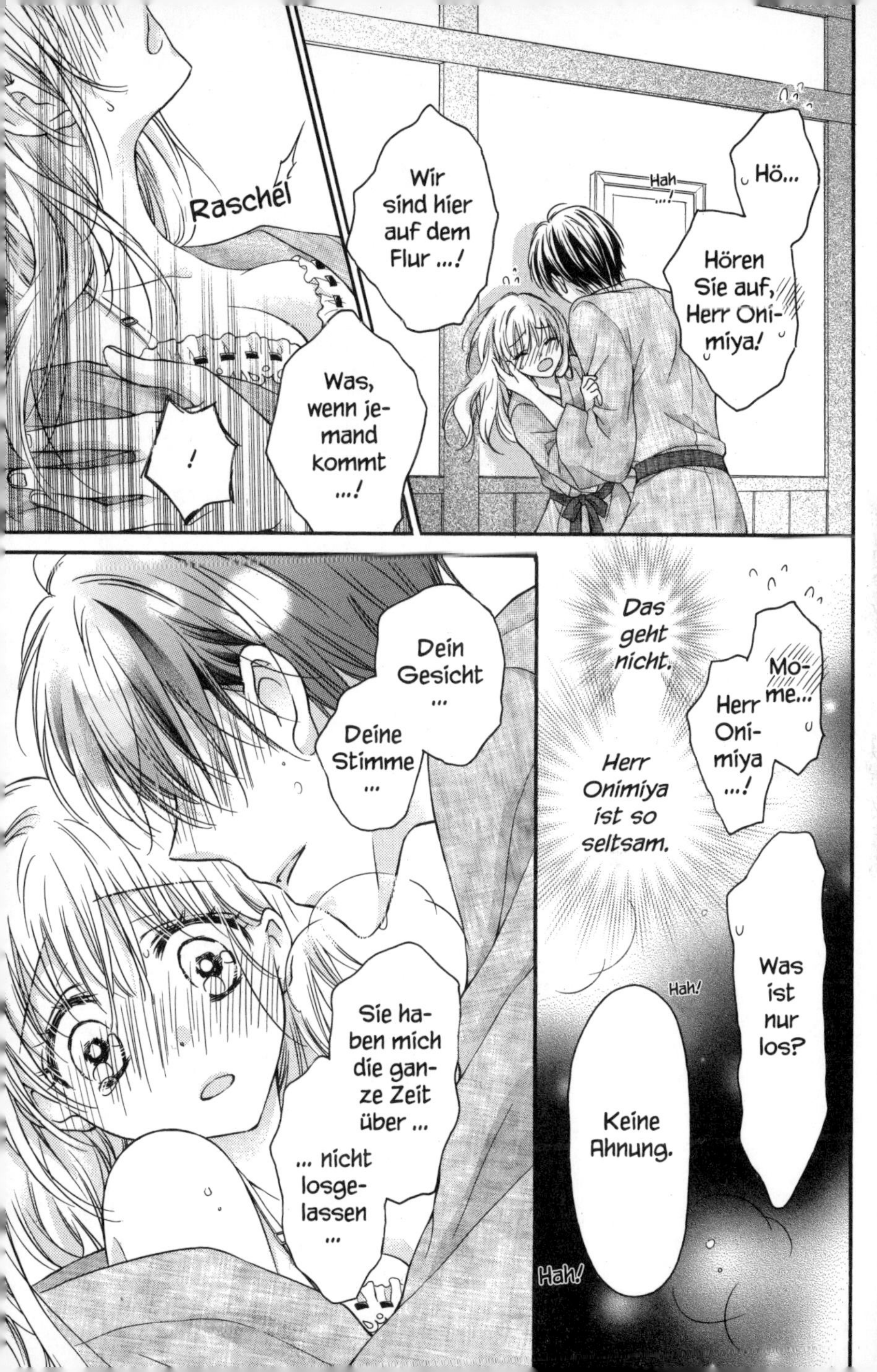
Hö...
Hören Sie auf, Herr Onimiya!
Hah ...!
Wir sind hier auf dem Flur ...!
Was, wenn jemand kommt ...!
Raschel
!
Mome...
Herr Onimiya ...!
Das geht nicht.
Herr Onimiya ist so seltsam.
Was ist nur los?
Hah!
Keine Ahnung.
Hah!
Dein Gesicht ...
Deine Stimme ...
Sie haben mich die ganze Zeit über ...
... nicht losgelassen ...

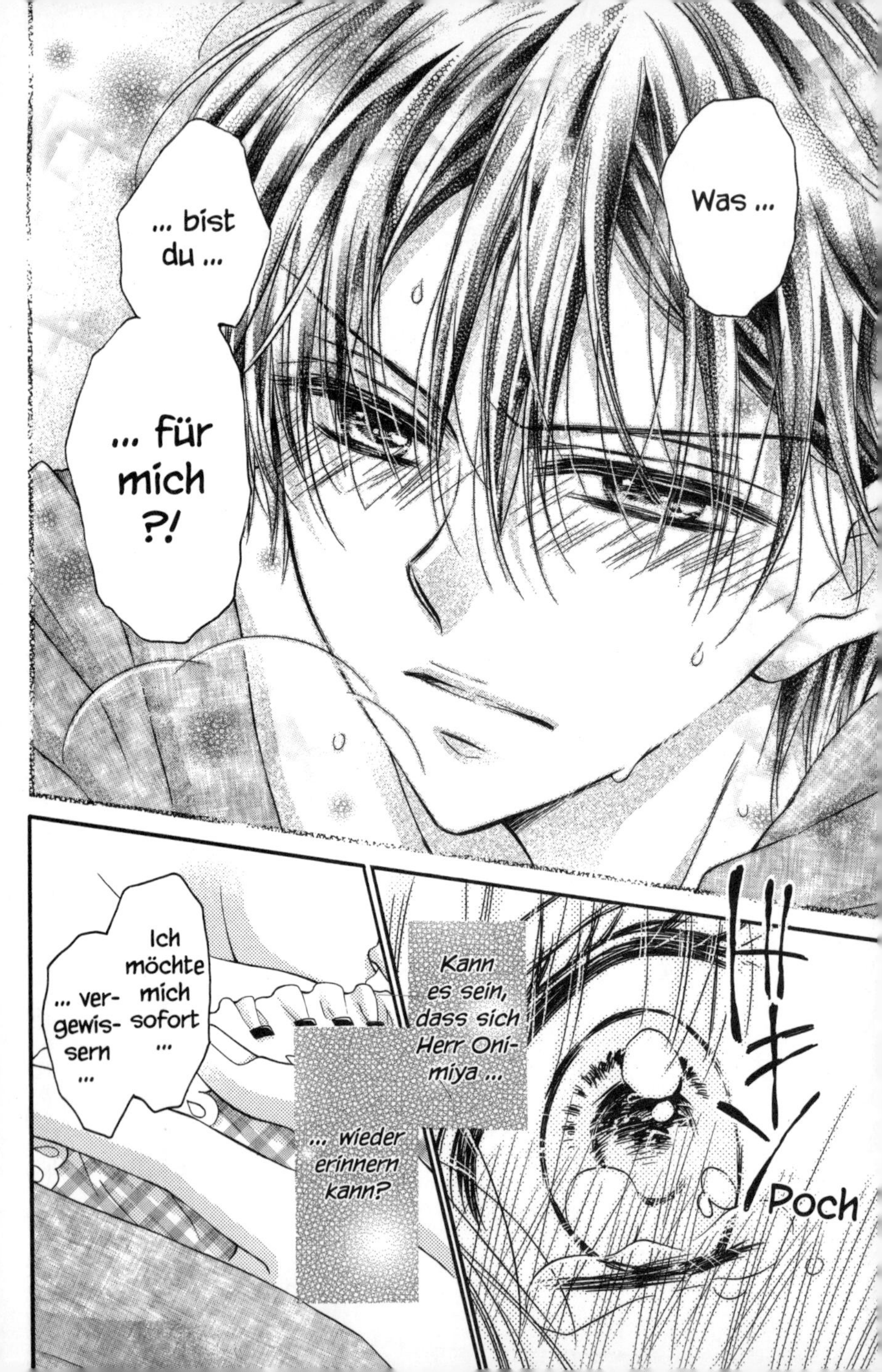
Was ...
... bist du ...
... für mich ?!
Poch
Kann es sein, dass sich Herr Oni-miya ...
... wieder erinnern kann?
Ich möchte mich sofort ...
... ver-gewis-sern ...

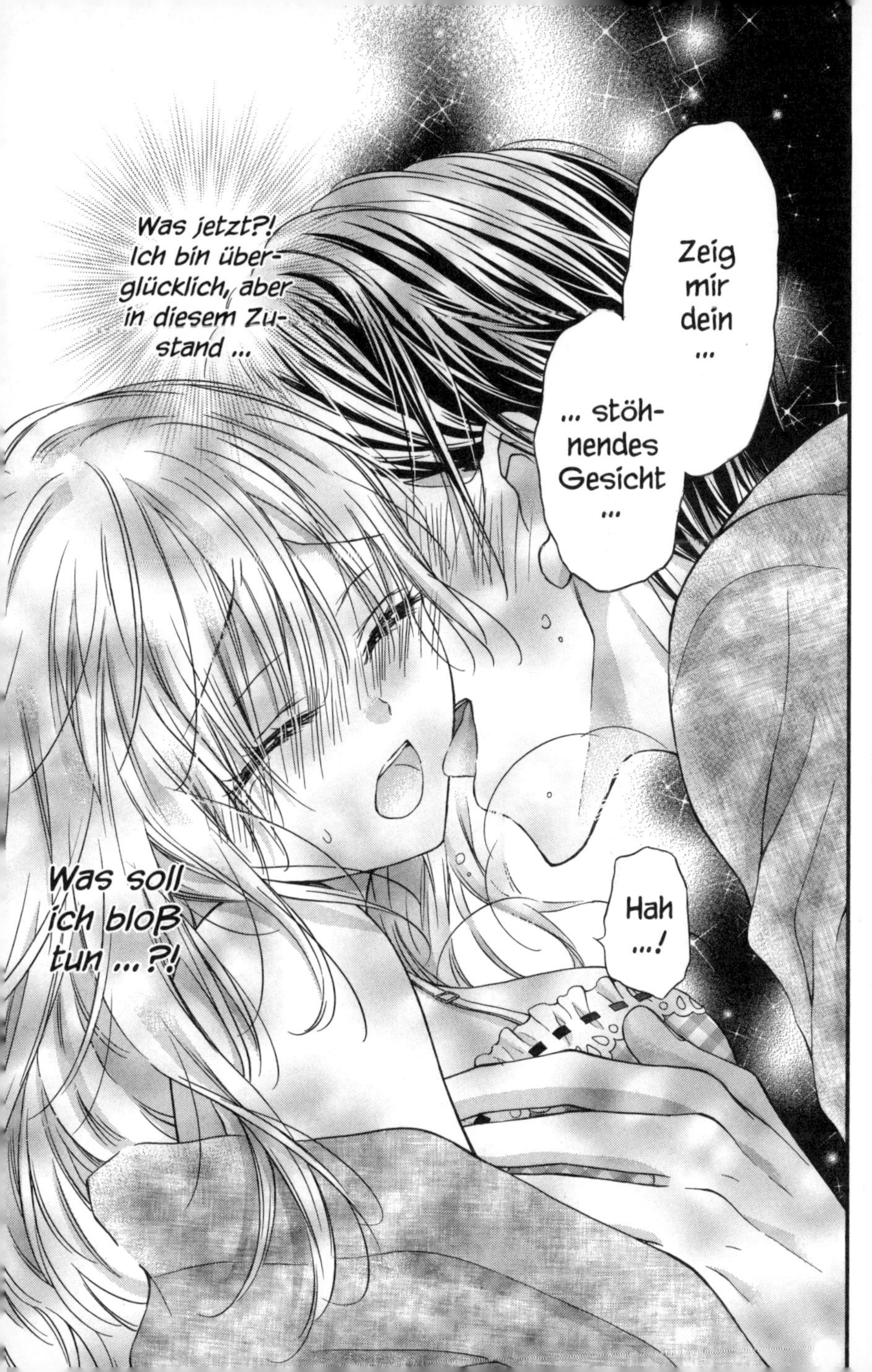
Zeig mir dein ...
... stöhnendes Gesicht ...
Was jetzt?! Ich bin überglücklich, aber in diesem Zustand ...
Hah ...!
Was soll ich bloß tun ...?!

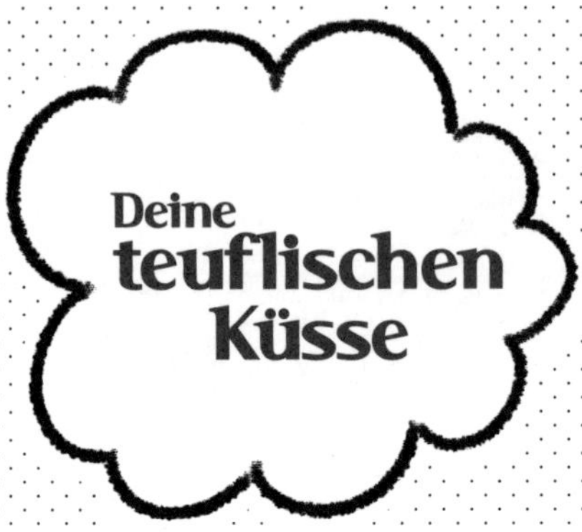

● Miyabi Arisugawa ● (20)

Sie ist Issas Verlobte, seine Freundin aus Kindertagen und reich.
Sie sieht elegant und bescheiden aus, doch in Wahrheit ...

Ich mag diesen Charakter. (*lach*)

Auch wenn das Muster des Kimonos nur aufgeklebt ist, so war es für meine Assistentinnen doch eine Fleißarbeit.
Tut mir echt leid!

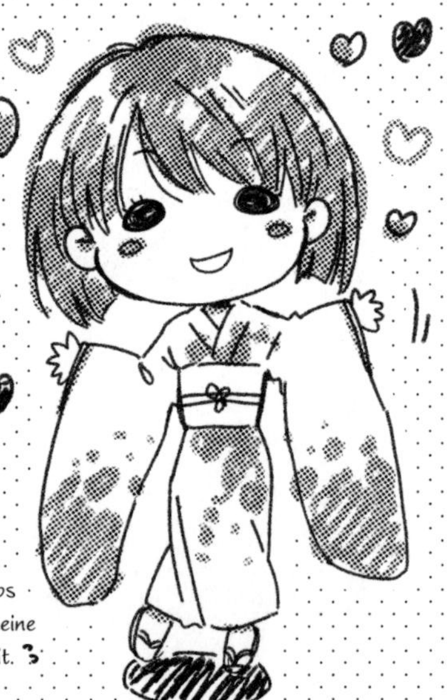

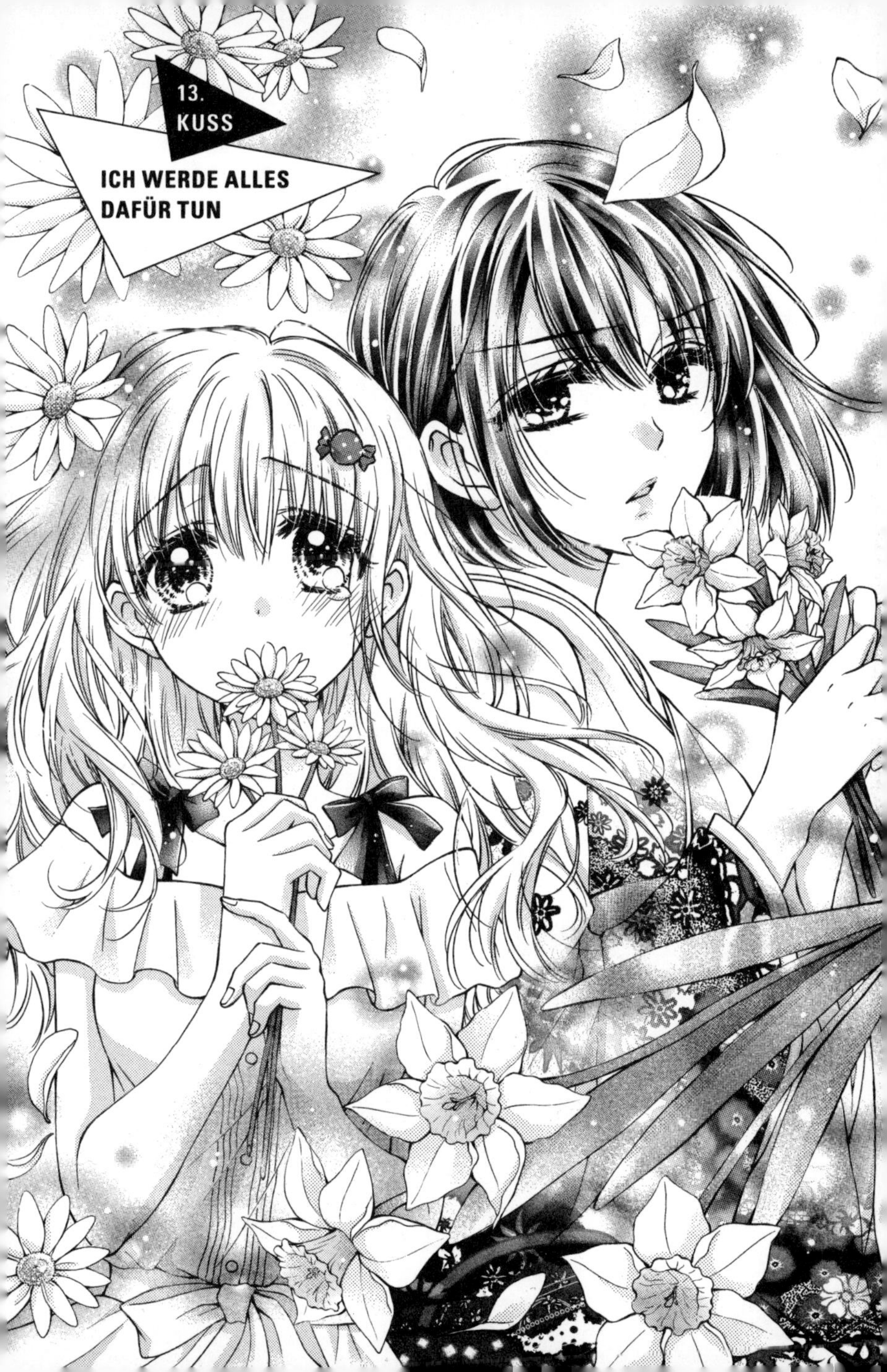
13.
KUSS
ICH WERDE ALLES
DAFÜR TUN

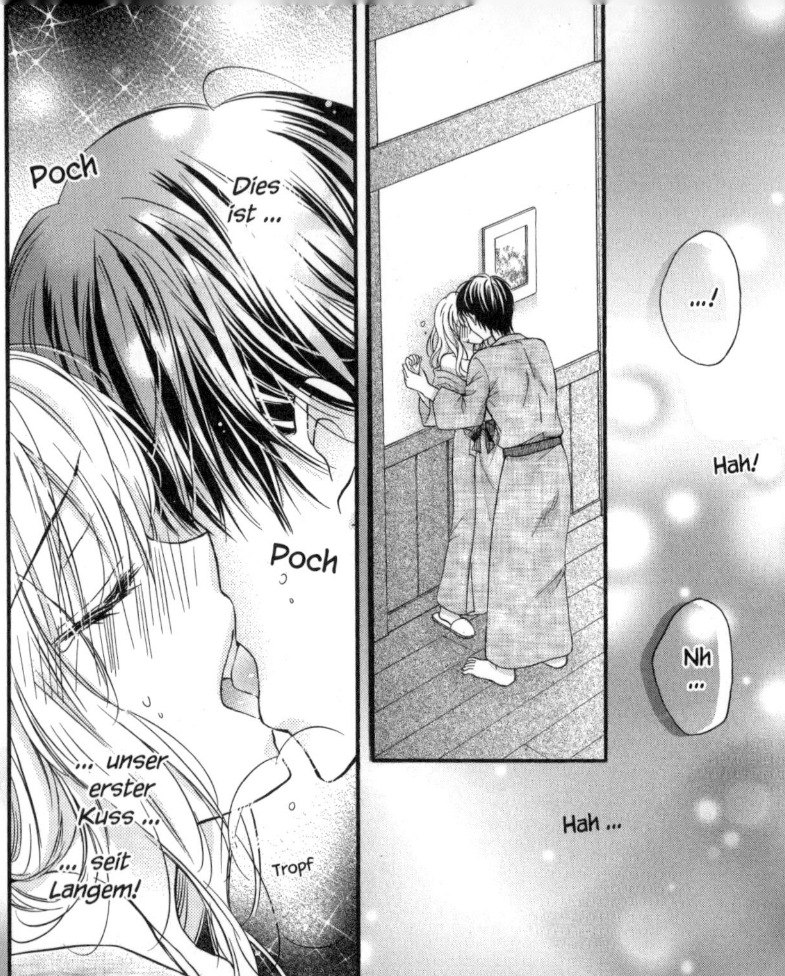

Deine teuflischen Küsse

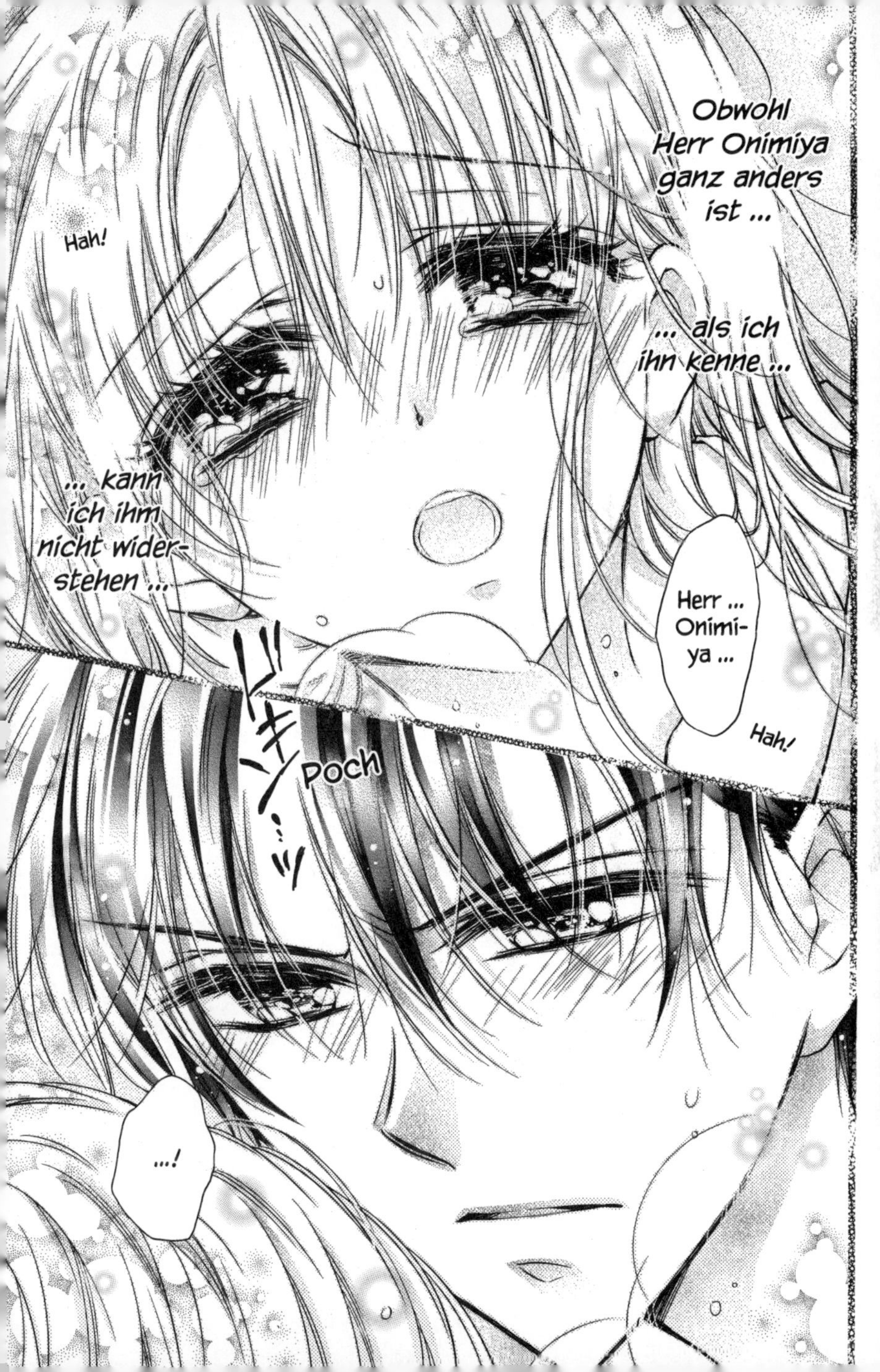
Obwohl Herr Onimiya ganz anders ist ...
... als ich ihn kenne ...
Hah!
... kann ich ihm nicht wider-stehen ...
Herr ... Onimi-ya ...
Hah!
Poch
...!

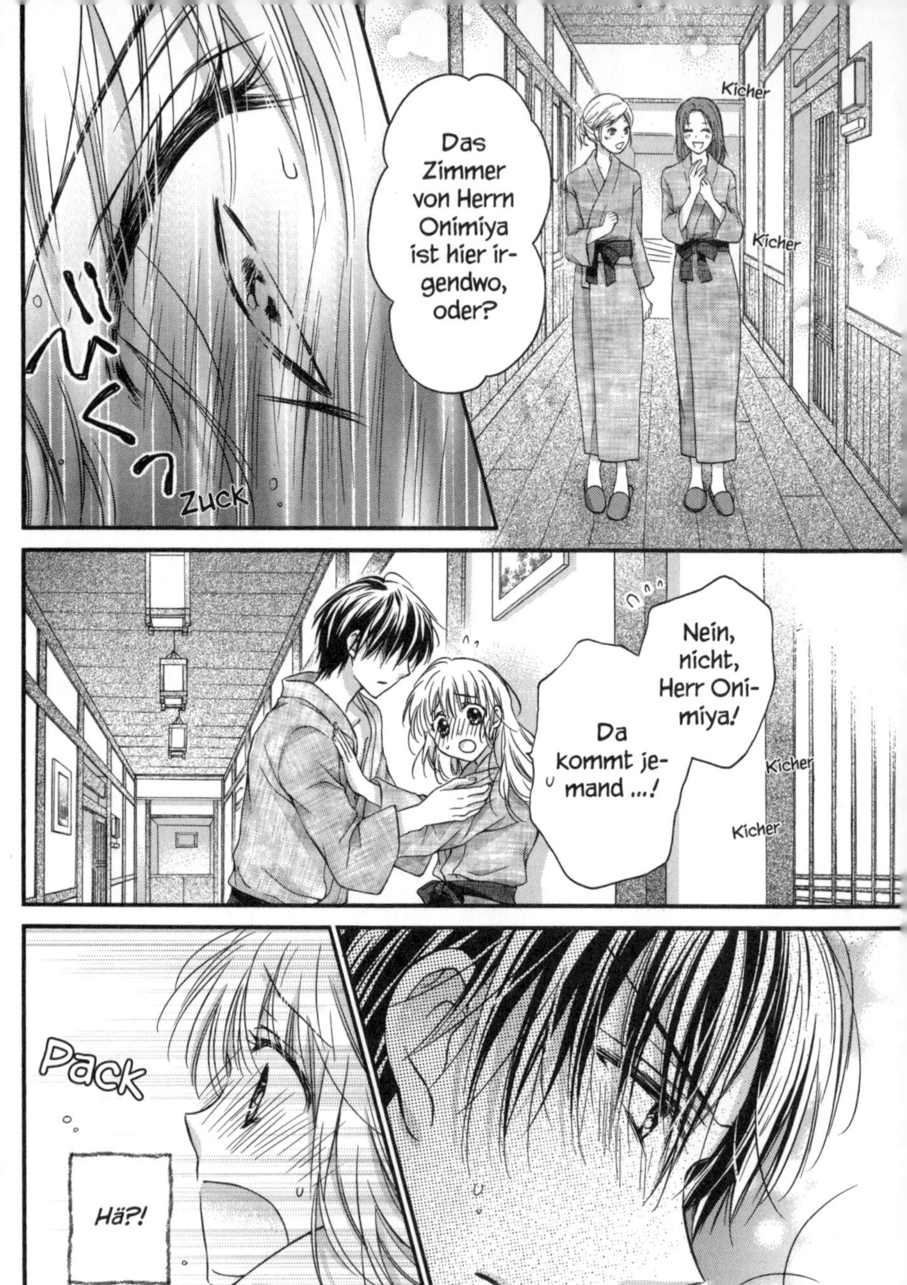
Zuck
Kicher
Kicher
Das Zimmer von Herrn Onimiya ist hier irgendwo, oder?
Nein, nicht, Herr Onimiya!
Da kommt jemand ...!
Kicher
Kicher
Pack
Hä?!

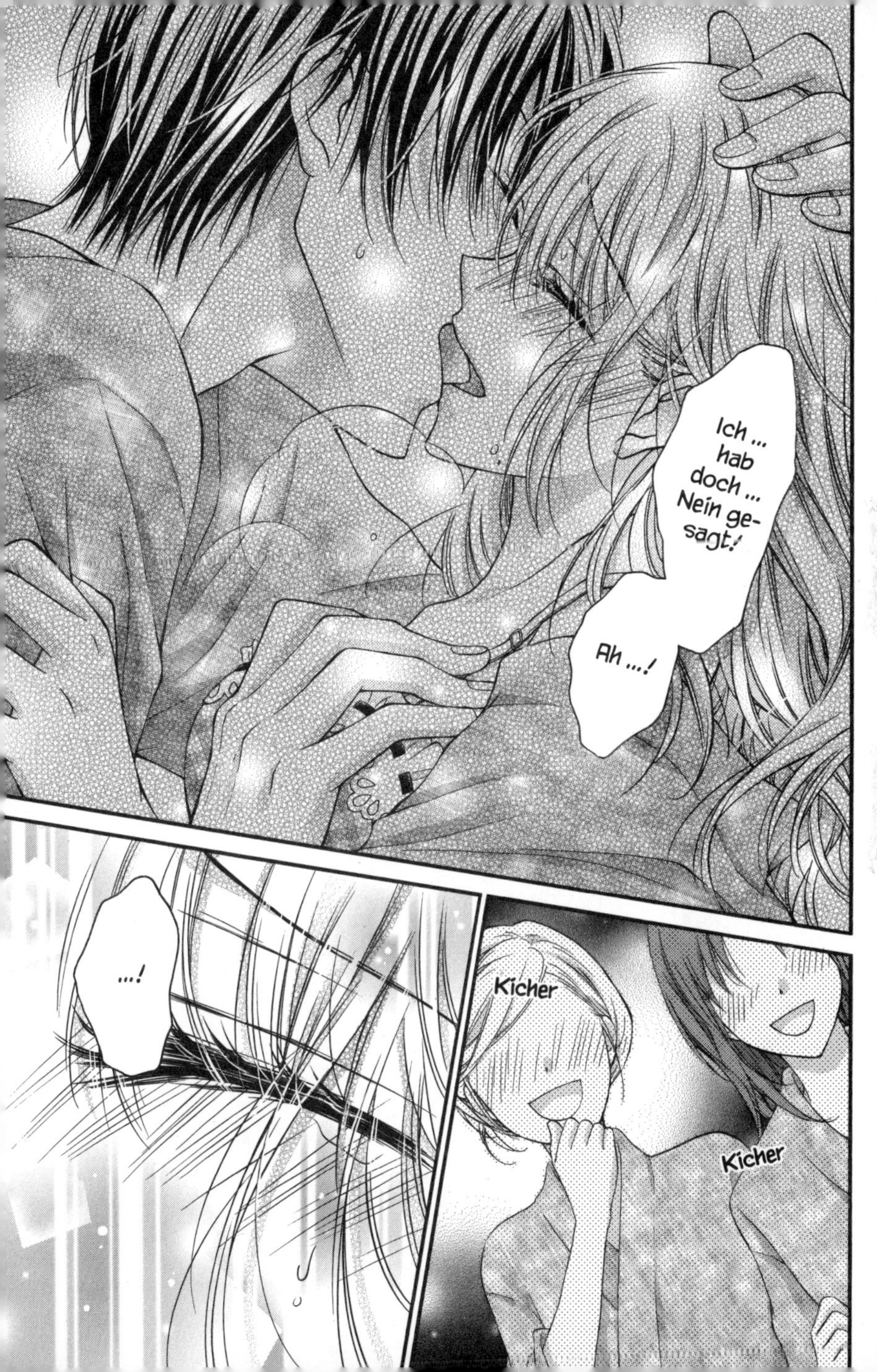
Ich ... hab doch ... Nein gesagt!
Ah ...!
...!
Kicher
Kicher

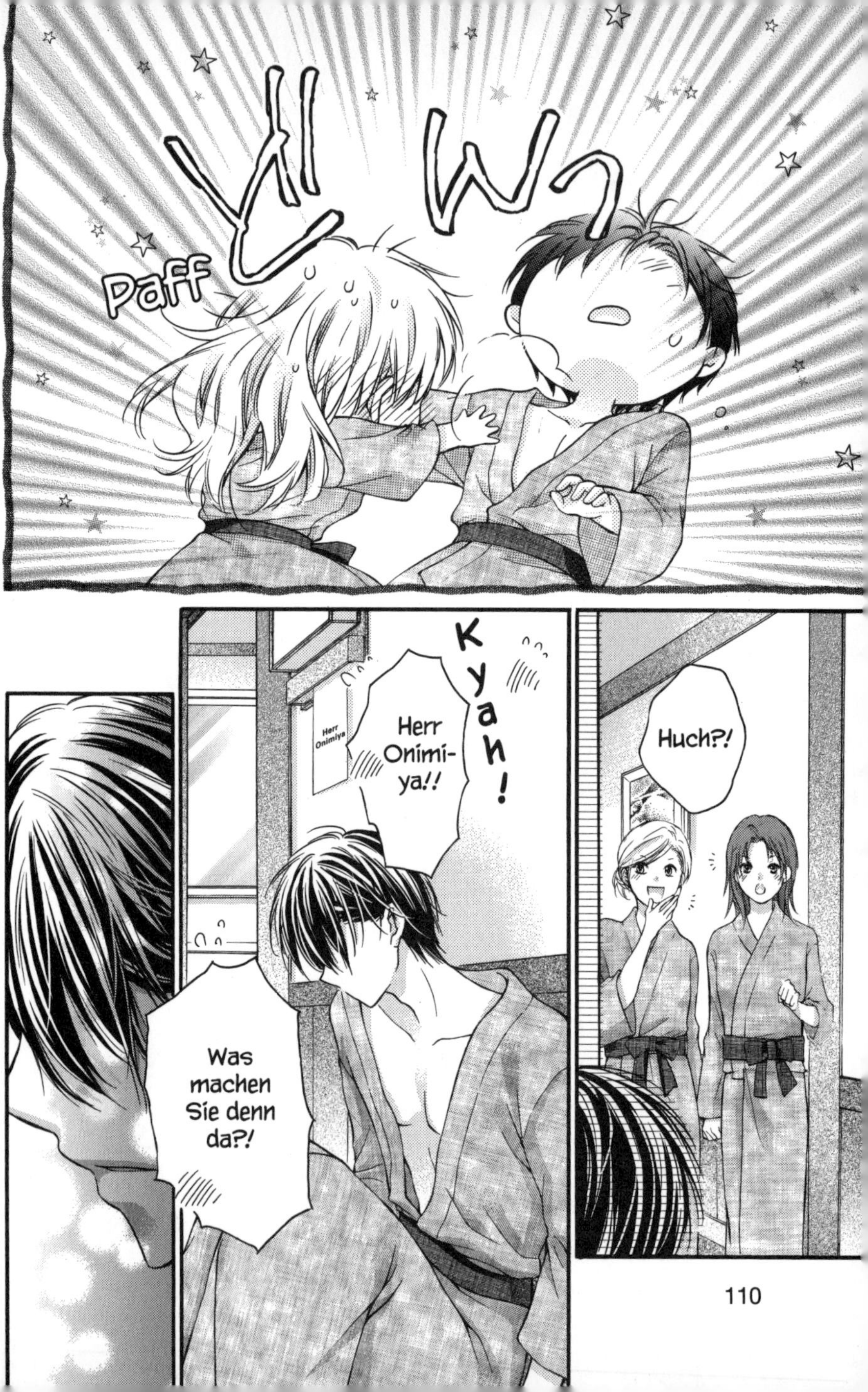

Paff

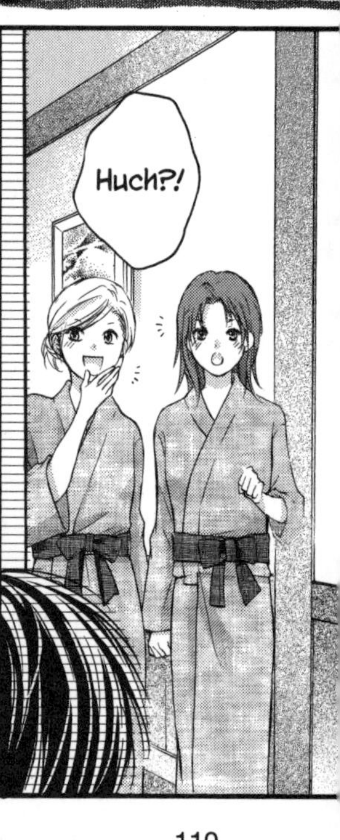

Kyah!

Herr Onimiya

Herr Onimi-ya!!

Was machen Sie denn da?!

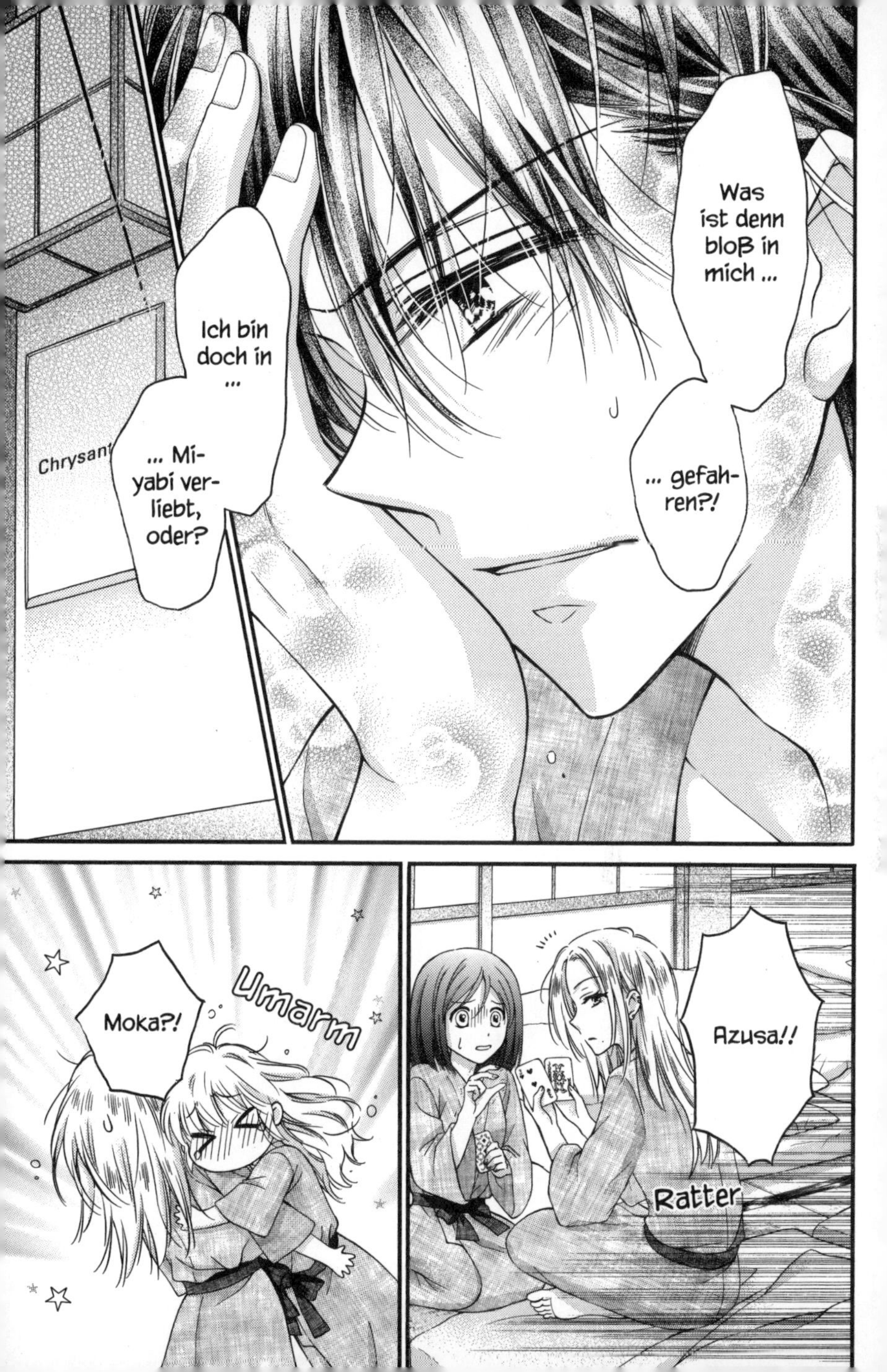

Was ist denn bloß in mich ...
... gefahren?!
Ich bin doch in ...
... Miyabi verliebt, oder?
Chrysant

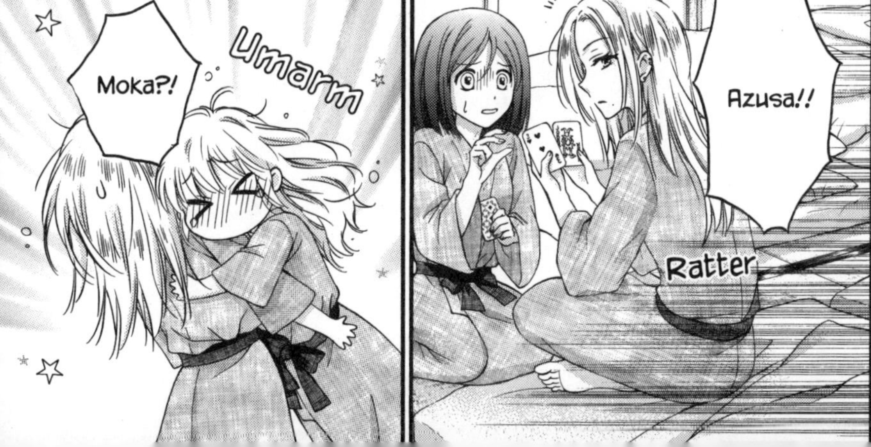

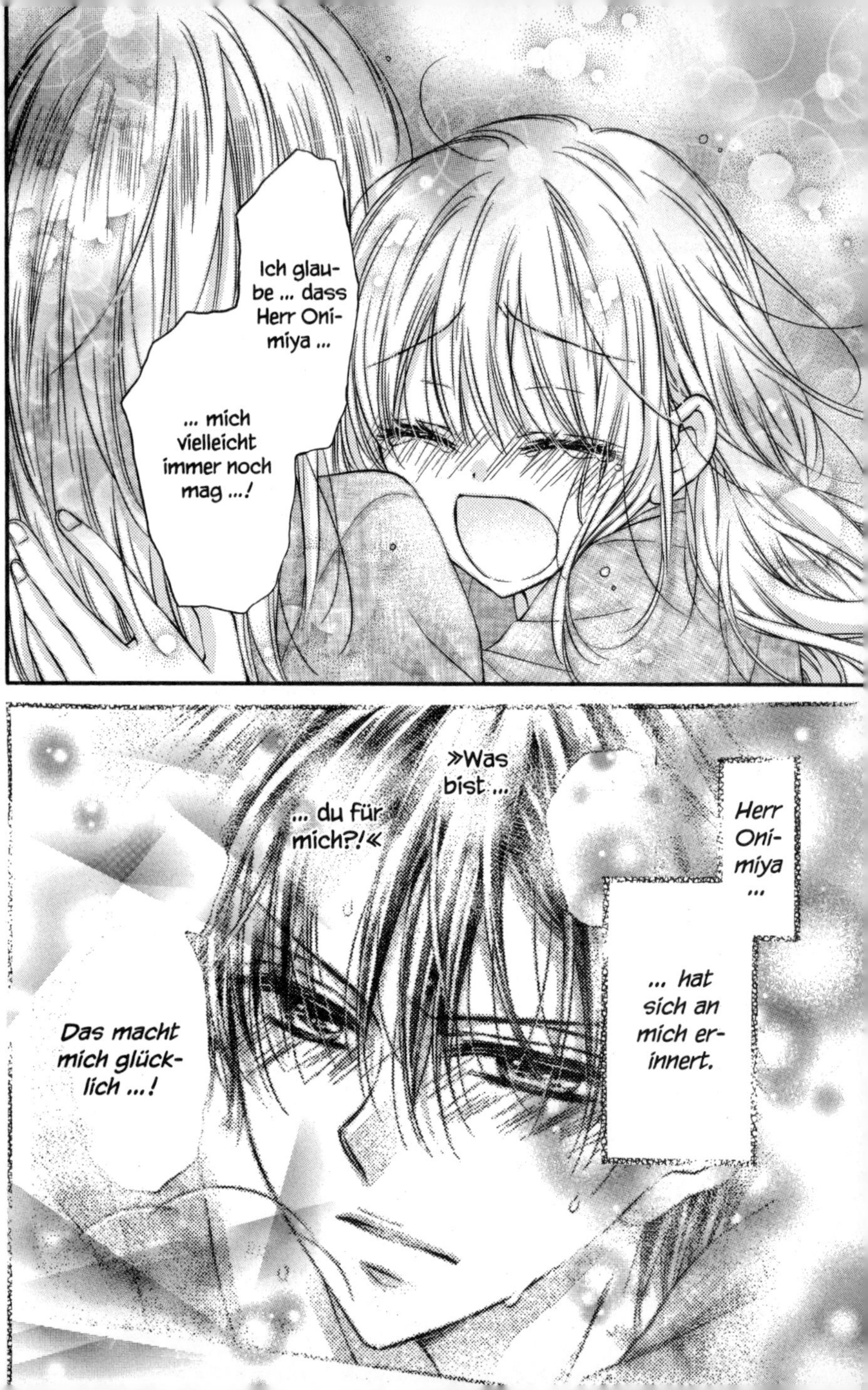

Ich glaube ... dass Herr Onimiya ... ... mich vielleicht immer noch mag ...!

Herr Onimiya ...

... hat sich an mich erinnert.

»Was bist ...

... du für mich?!«

Das macht mich glücklich ...!

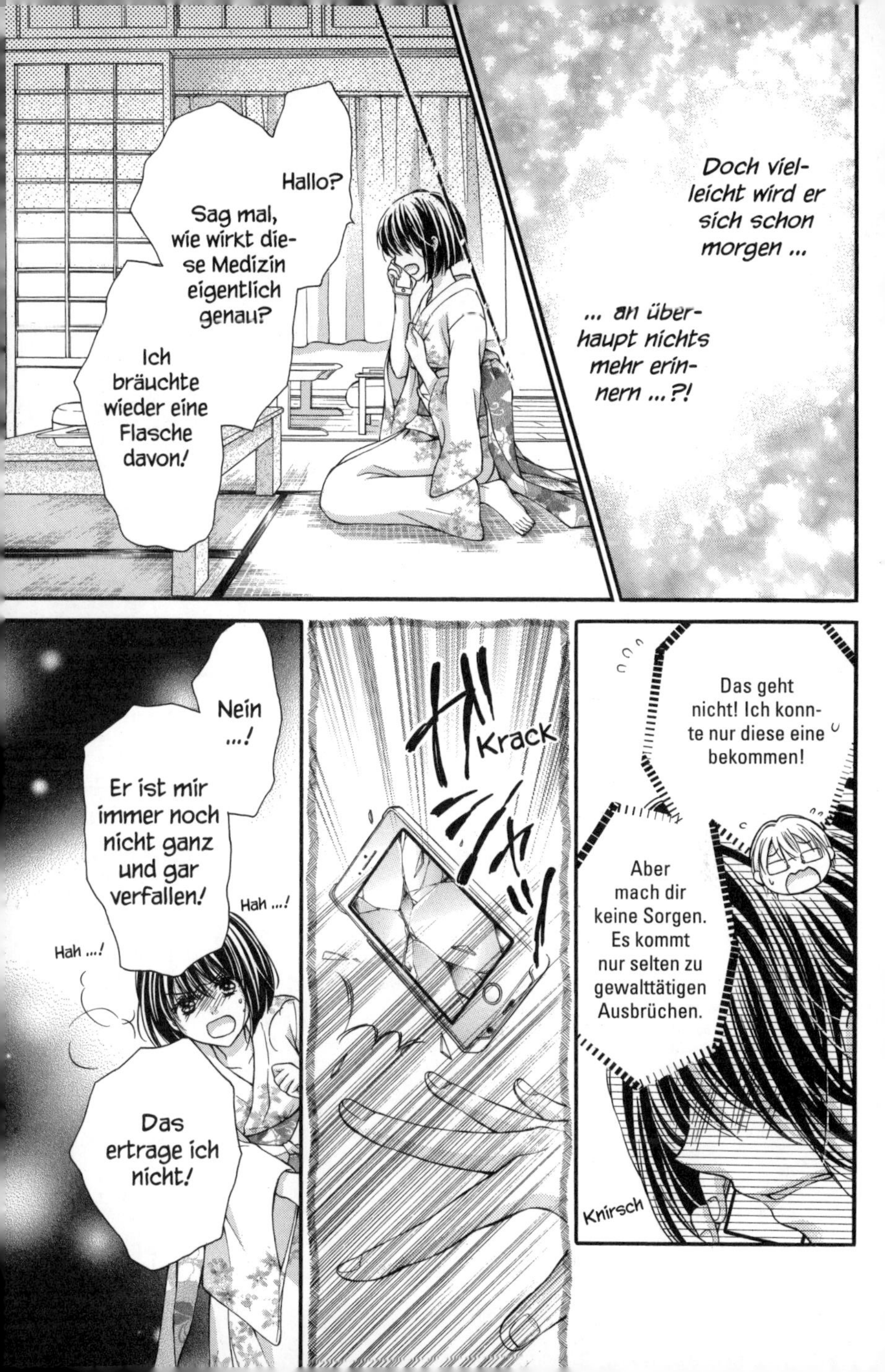

Doch vielleicht wird er sich schon morgen ...

... an überhaupt nichts mehr erinnern ...?!

Hallo?

Sag mal, wie wirkt diese Medizin eigentlich genau?

Ich bräuchte wieder eine Flasche davon!

Das geht nicht! Ich konnte nur diese eine bekommen!

Aber mach dir keine Sorgen. Es kommt nur selten zu gewalttätigen Ausbrüchen.

Knirsch

Krack

Nein ...!

Er ist mir immer noch nicht ganz und gar verfallen!

Hah ...!

Hah ...!

Das ertrage ich nicht!

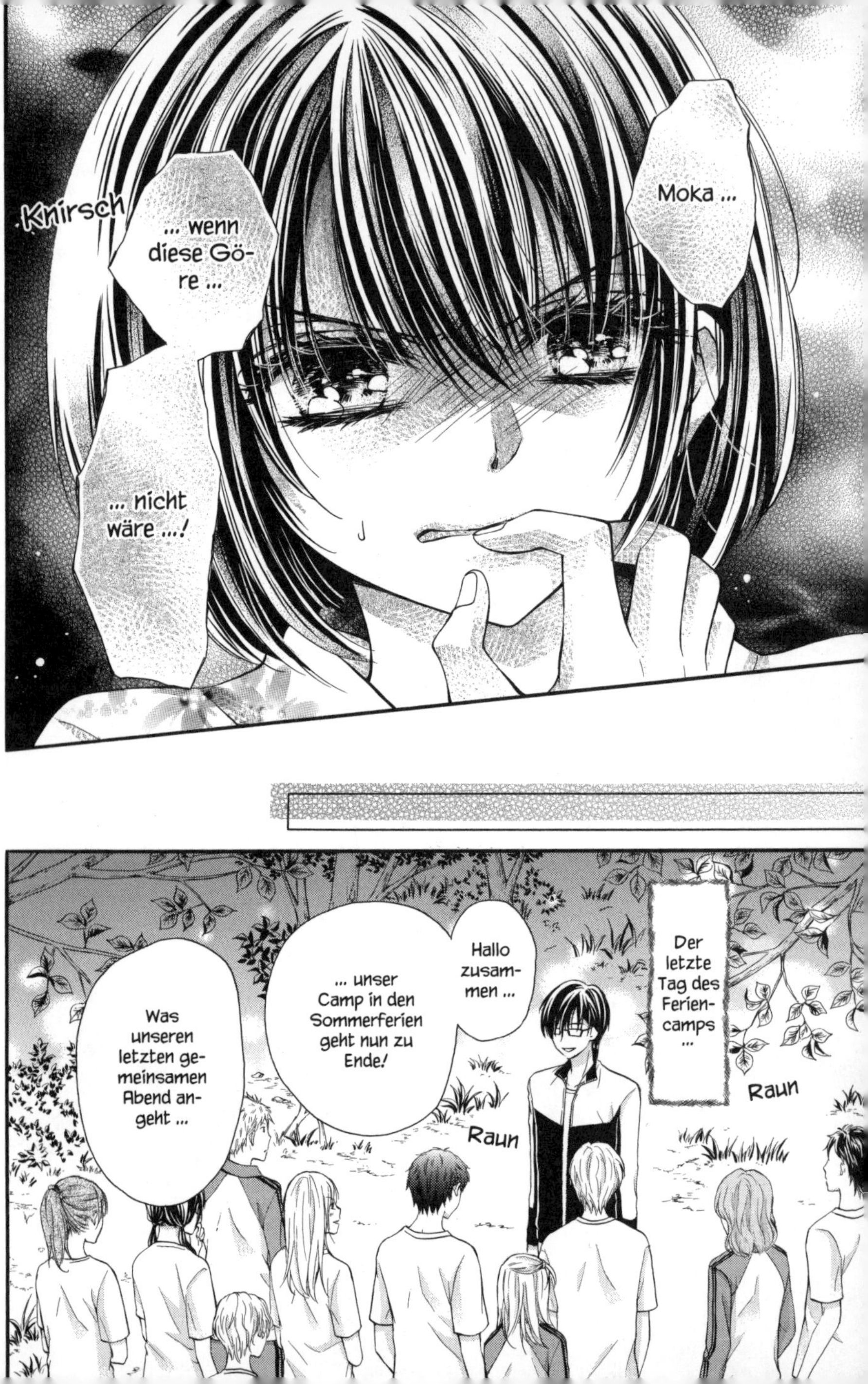

Moka ...
Knirsch
... wenn diese Göre ...
... nicht wäre ...!
Der letzte Tag des Ferien-camps ...
Hallo zusammen ...
... unser Camp in den Sommerferien geht nun zu Ende!
Raun
Raun
Was unseren letzten gemeinsamen Abend angeht ...

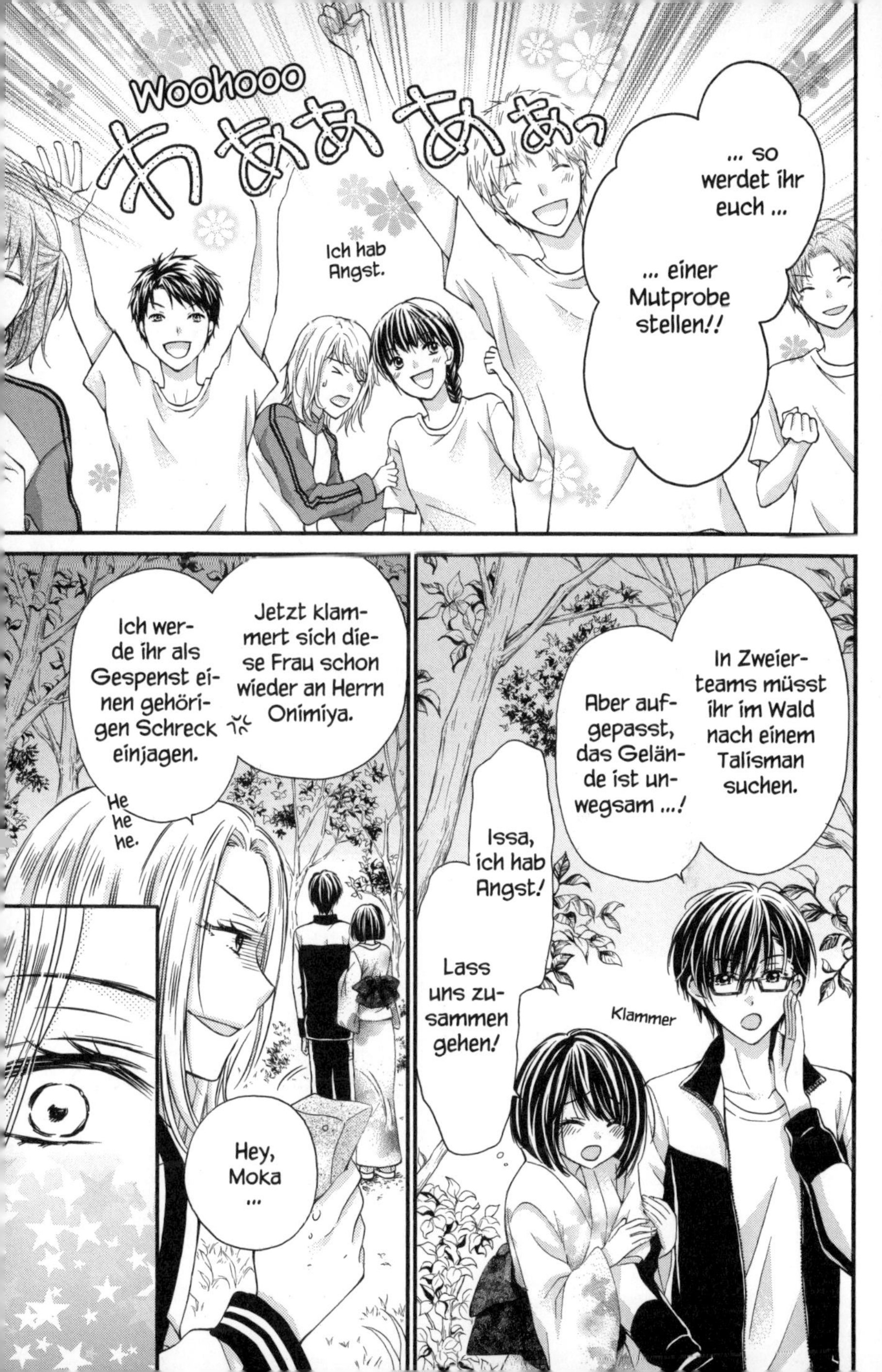
... so werdet ihr euch ...
... einer Mutprobe stellen!!
Woohooo
わぁぁぁぁぁっ
Ich hab Angst.
In Zweierteams müsst ihr im Wald nach einem Talisman suchen.
Aber aufgepasst, das Gelände ist unwegsam ...!
Issa, ich hab Angst!
Lass uns zusammen gehen!
Klammer
Jetzt klammert sich diese Frau schon wieder an Herrn Onimiya.
Ich werde ihr als Gespenst einen gehörigen Schreck einjagen.
He he he.
Hey, Moka ...

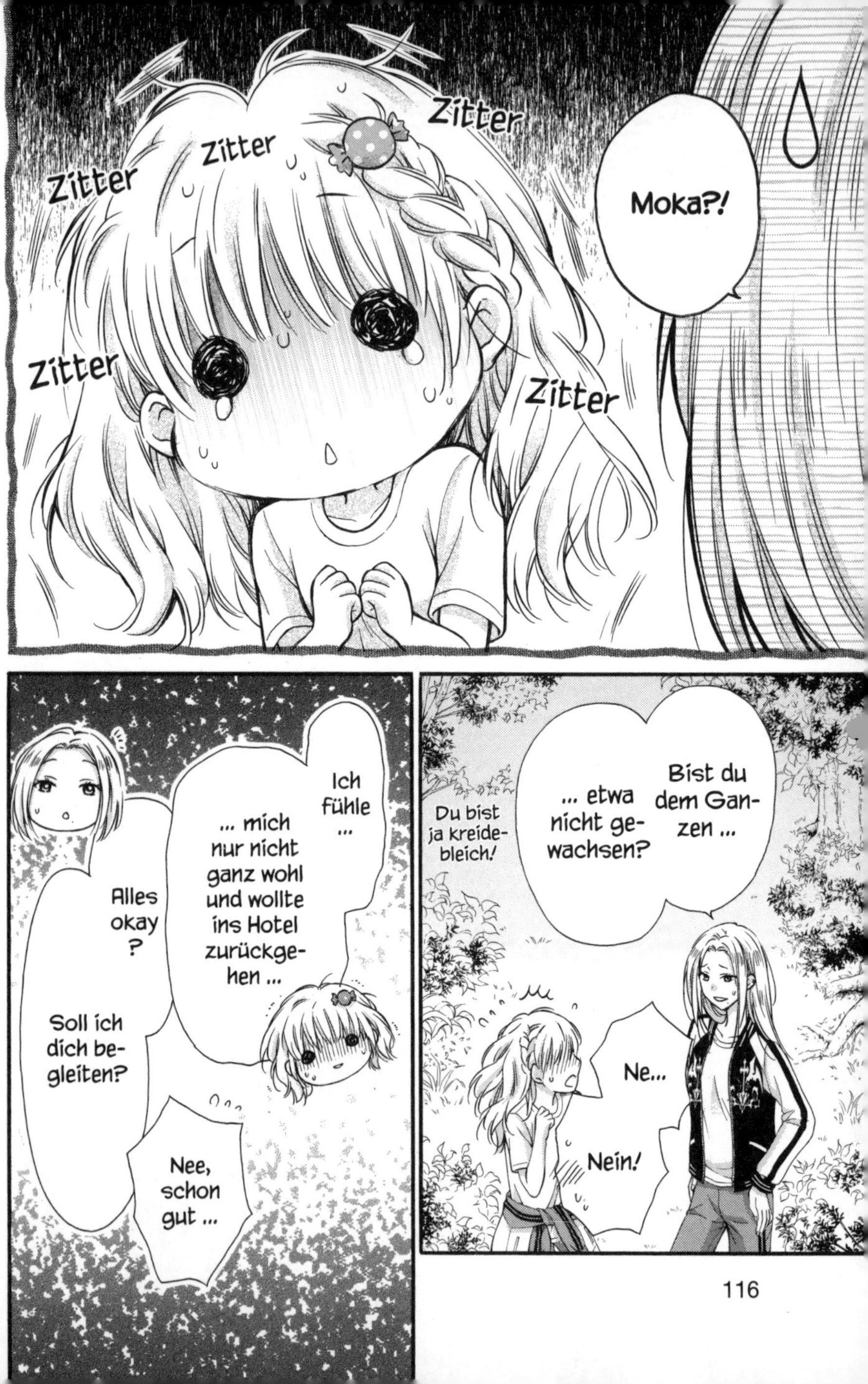

Zitter
Zitter
Zitter
Zitter
Zitter
Moka?!

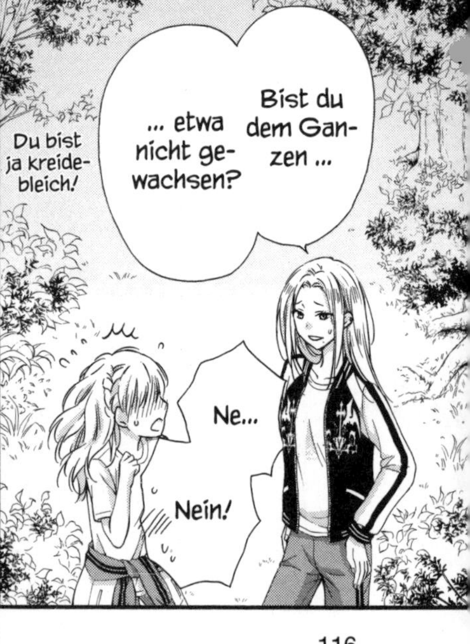

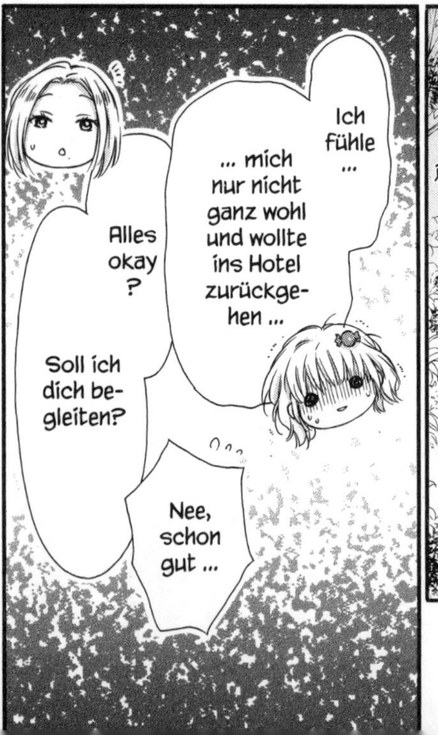

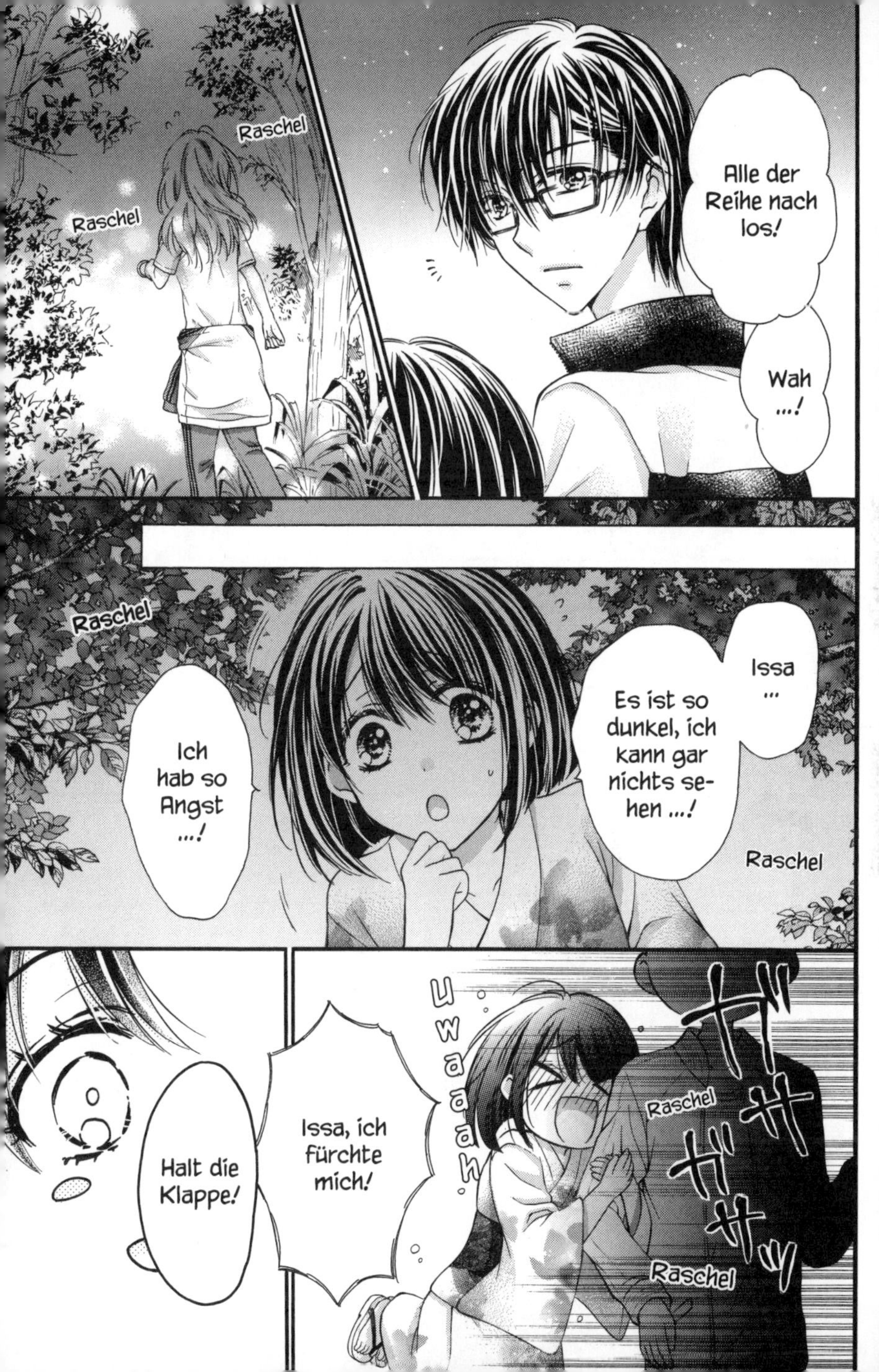
Alle der Reihe nach los!
Wah ...!
Raschel
Raschel
Issa ...
Es ist so dunkel, ich kann gar nichts sehen ...!
Ich hab so Angst ...!
Raschel
Raschel
Raschel
Raschel
Uwaaah
Issa, ich fürchte mich!
Halt die Klappe!

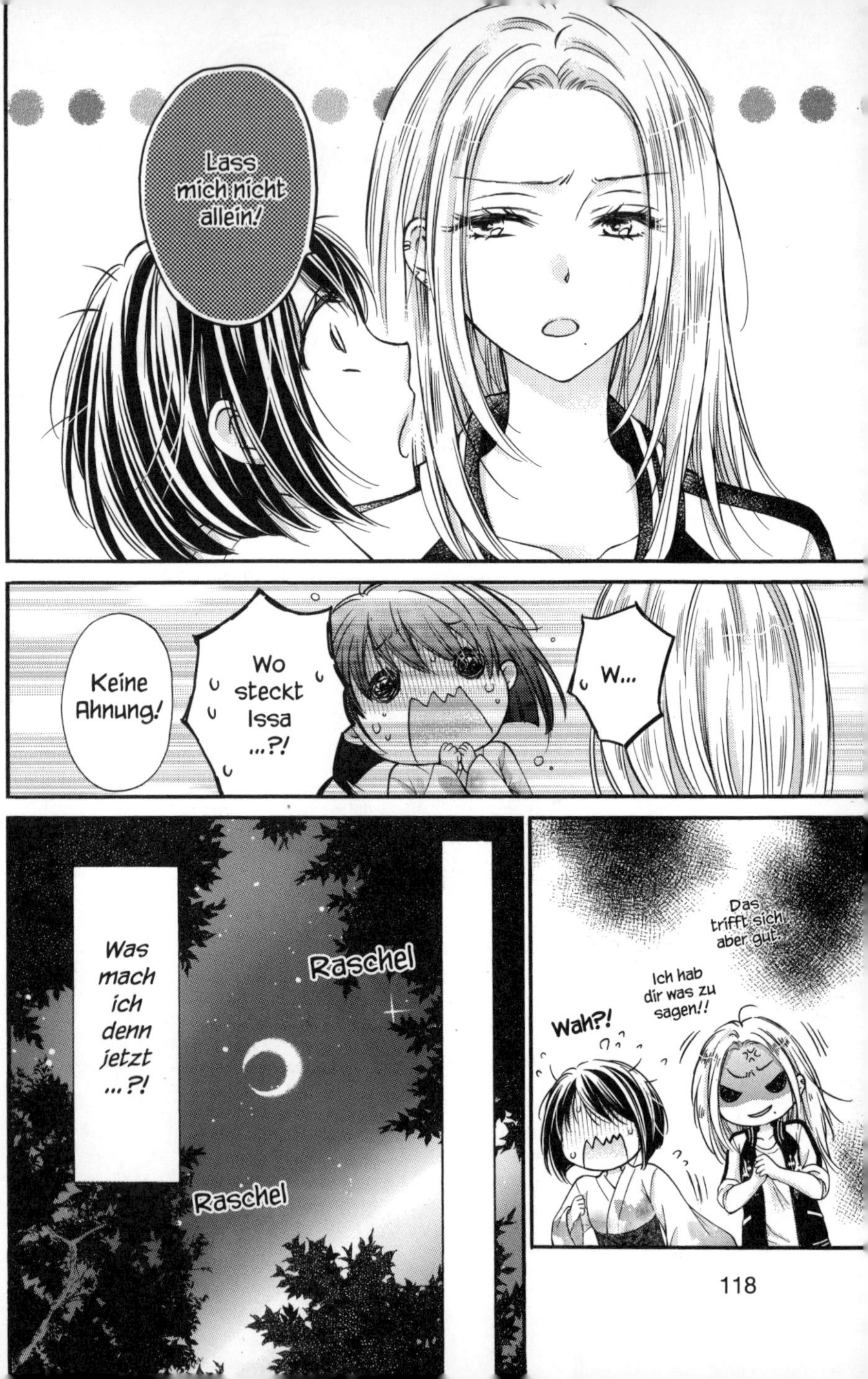

Lass mich nicht allein!

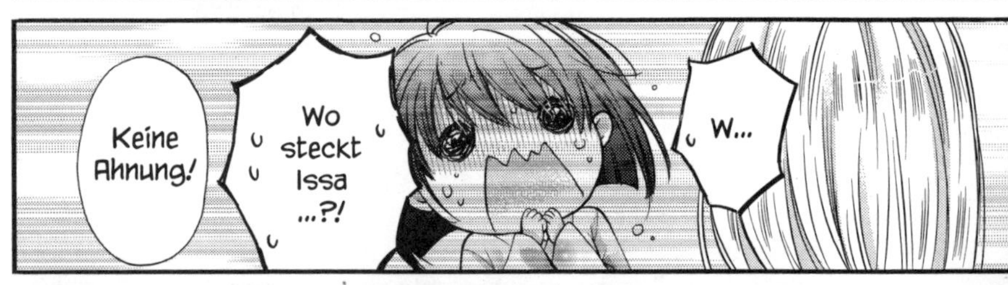

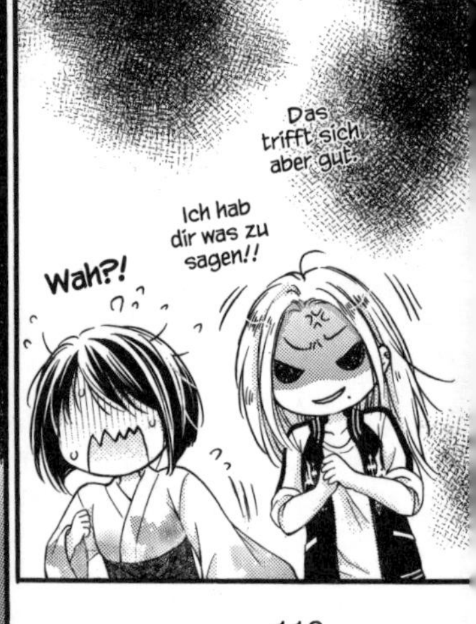

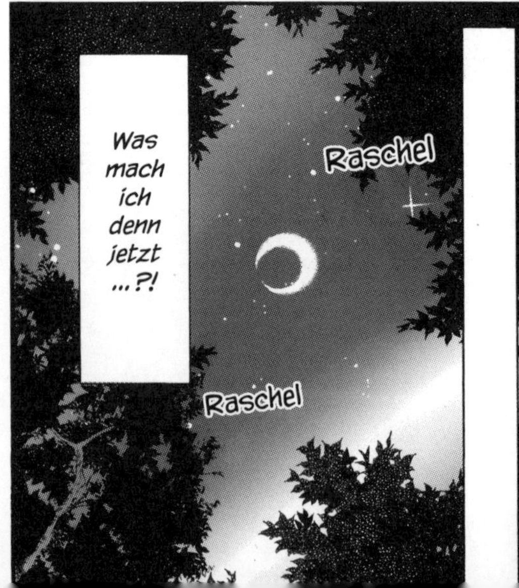

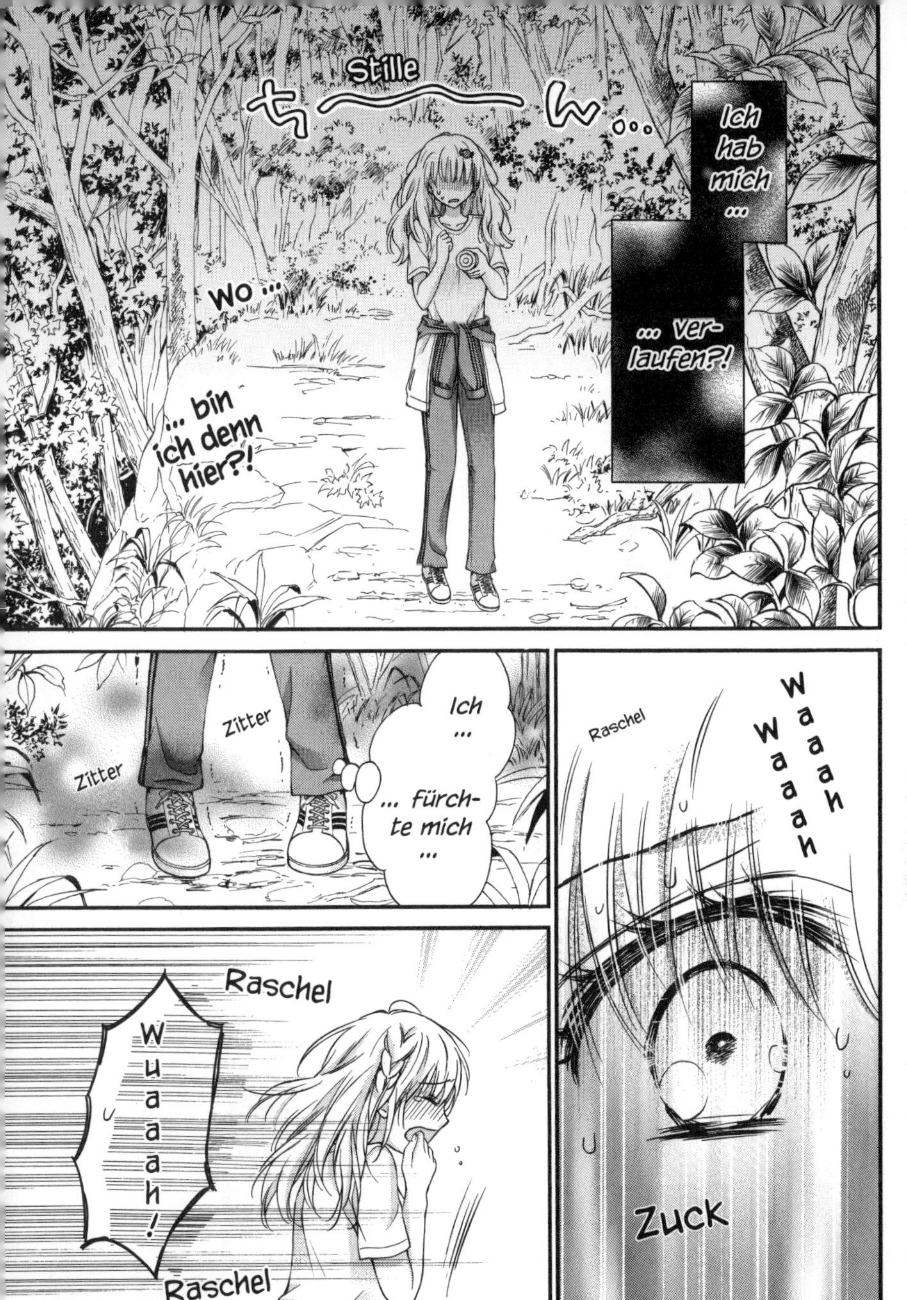
Stille
ち〜〜ん...
Ich hab mich ...
... verlaufen?!
Wo ...
... bin ich denn hier?!
Zitter
Zitter
Ich ...
... fürchte mich ...
Raschel
Waaaah Waaaah
Zuck
Raschel
Wuaaaah!
Raschel

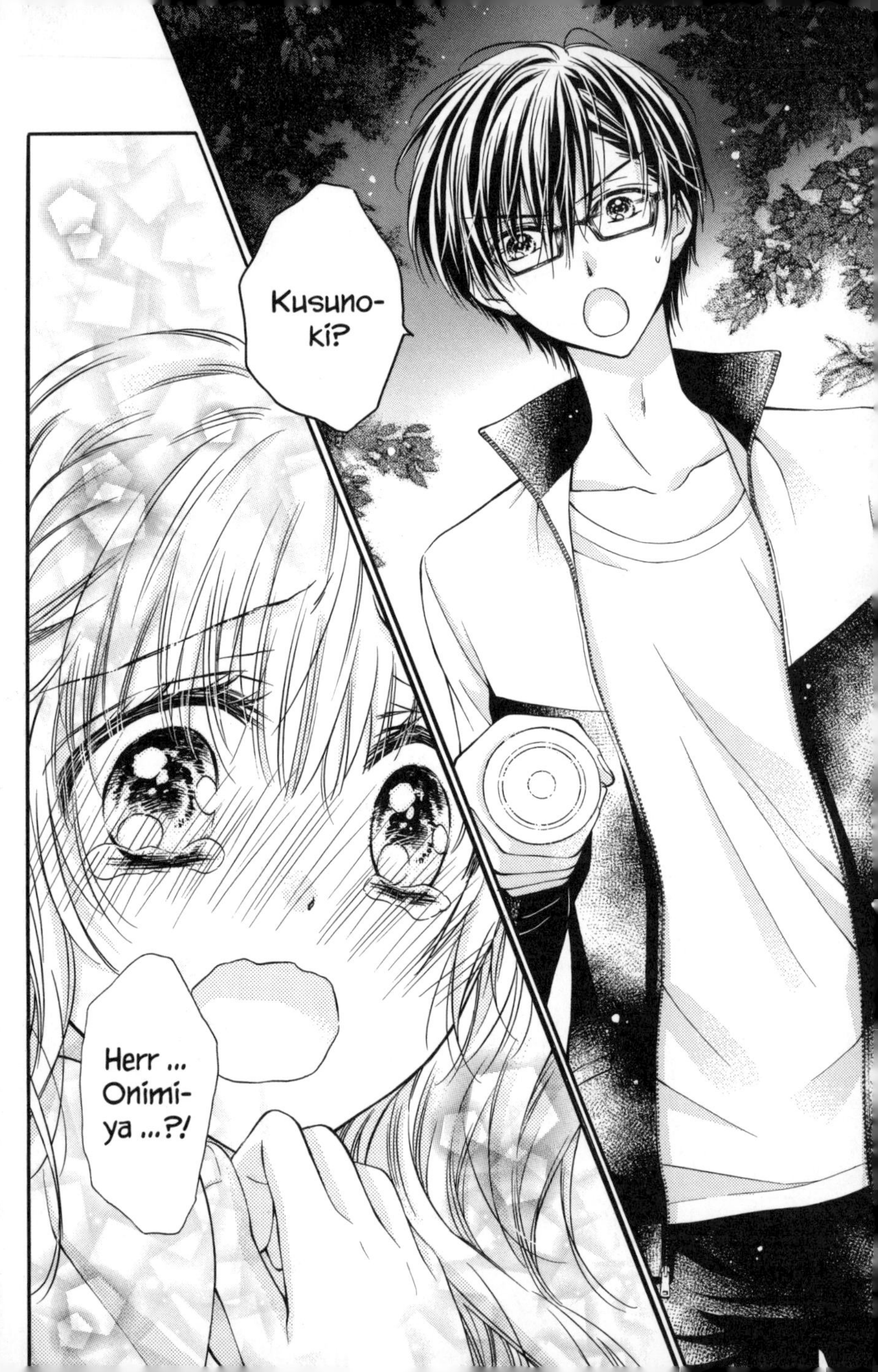
Kusuno-
ki?
Herr ...
Onimi-
ya ...?!

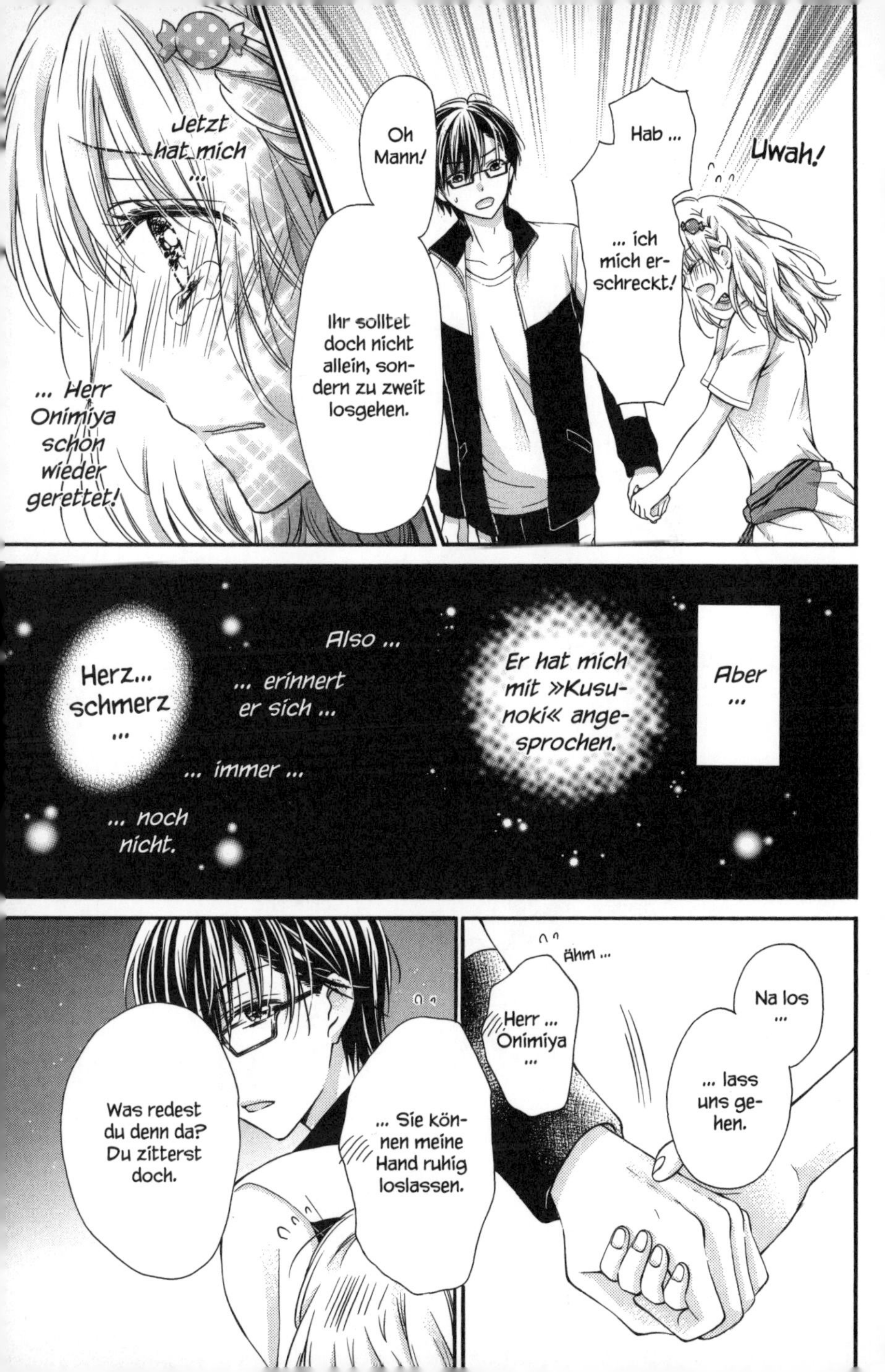

Uwah!
Hab ...
... ich mich erschreckt!
Oh Mann!
Ihr solltet doch nicht allein, sondern zu zweit losgehen.
Jetzt hat mich ...
... Herr Onimiya schon wieder gerettet!

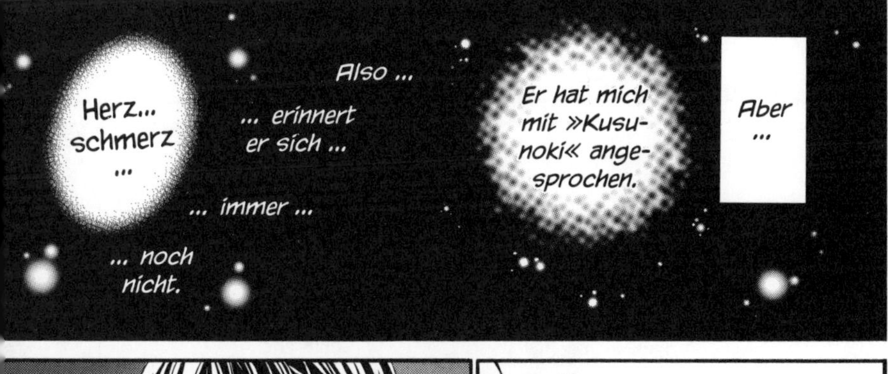

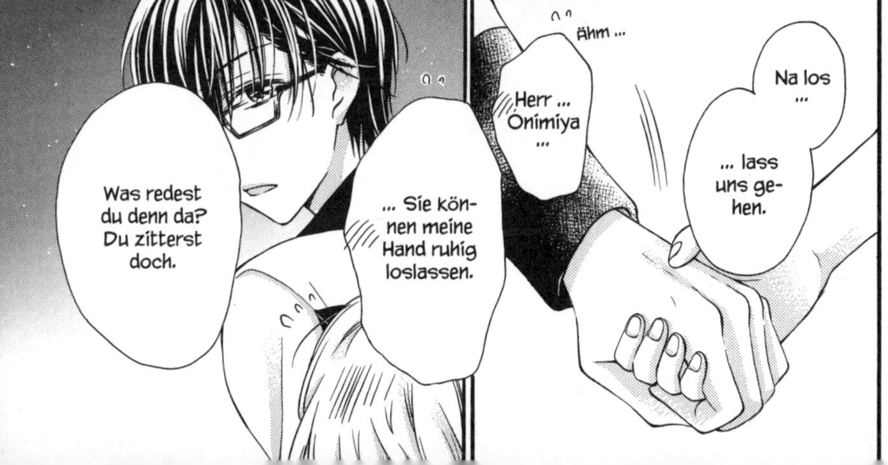

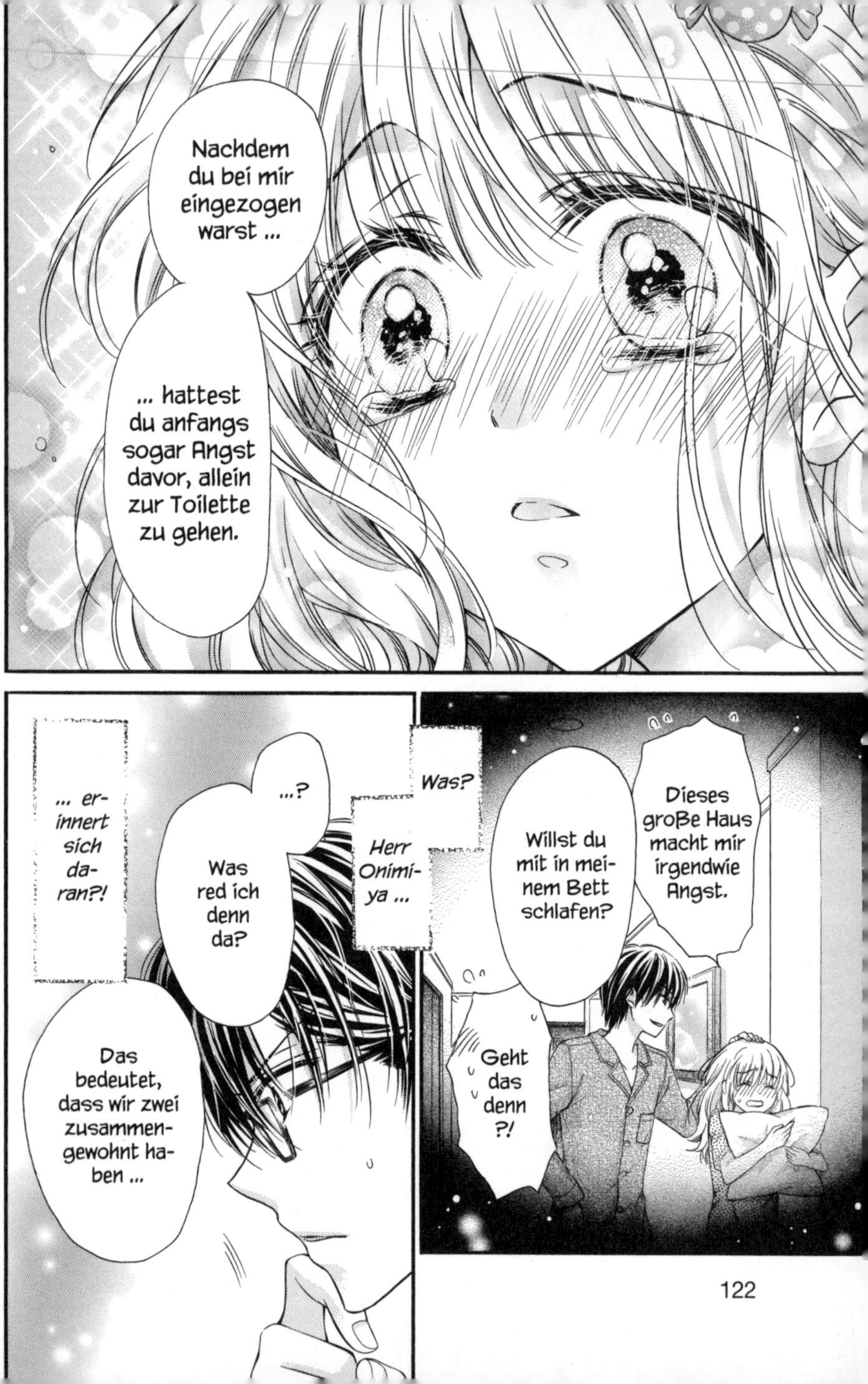

Nachdem du bei mir eingezogen warst ...

... hattest du anfangs sogar Angst davor, allein zur Toilette zu gehen.

Dieses große Haus macht mir irgendwie Angst.

Willst du mit in meinem Bett schlafen?

Geht das denn?!

Was?

Herr Onimiya ...

...?

Was red ich denn da?

... erinnert sich daran?!

Das bedeutet, dass wir zwei zusammengewohnt haben ...

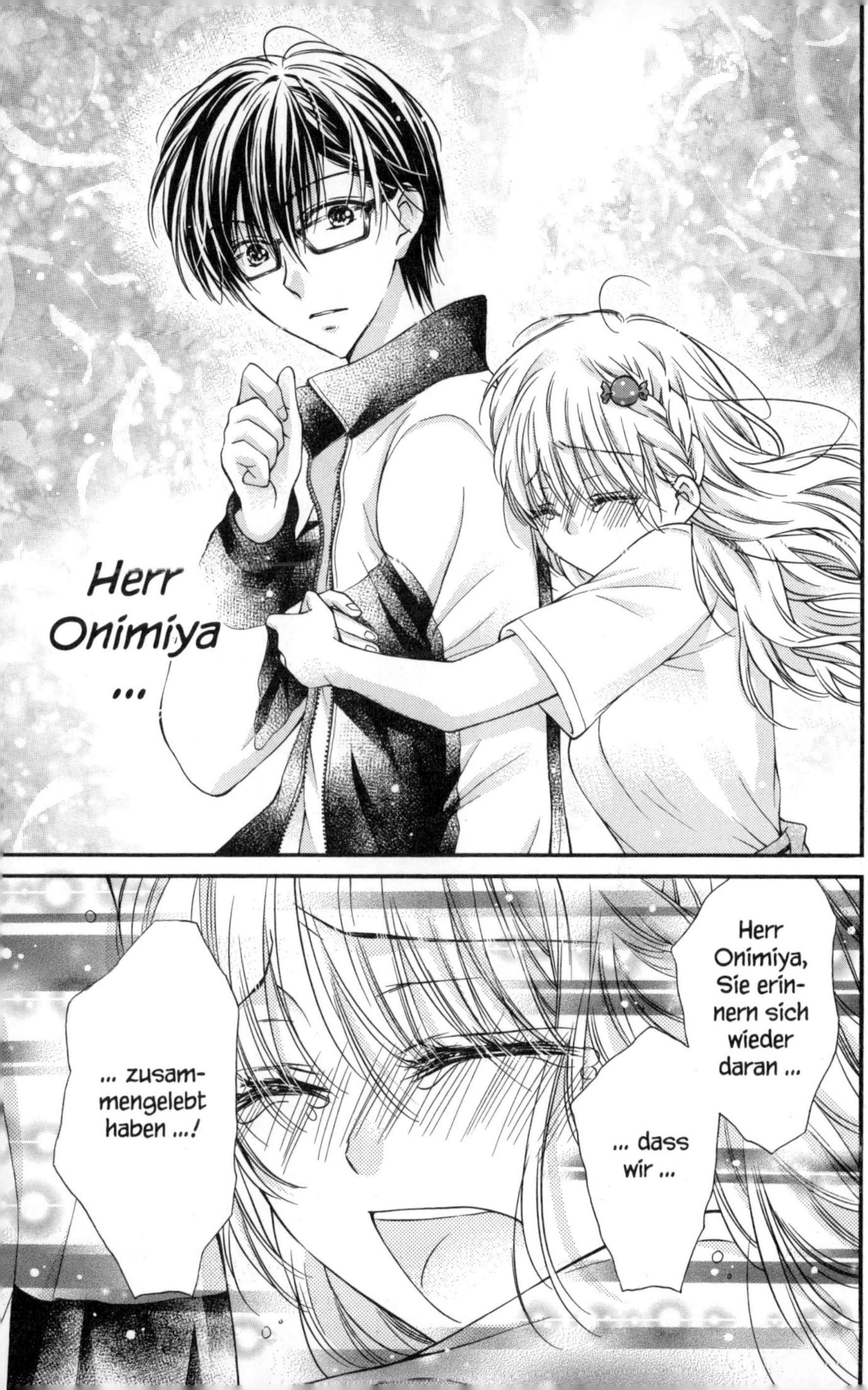

Herr Onimiya ...

Herr Onimiya, Sie erinnern sich wieder daran ...

... dass wir ...

... zusammengelebt haben ...!

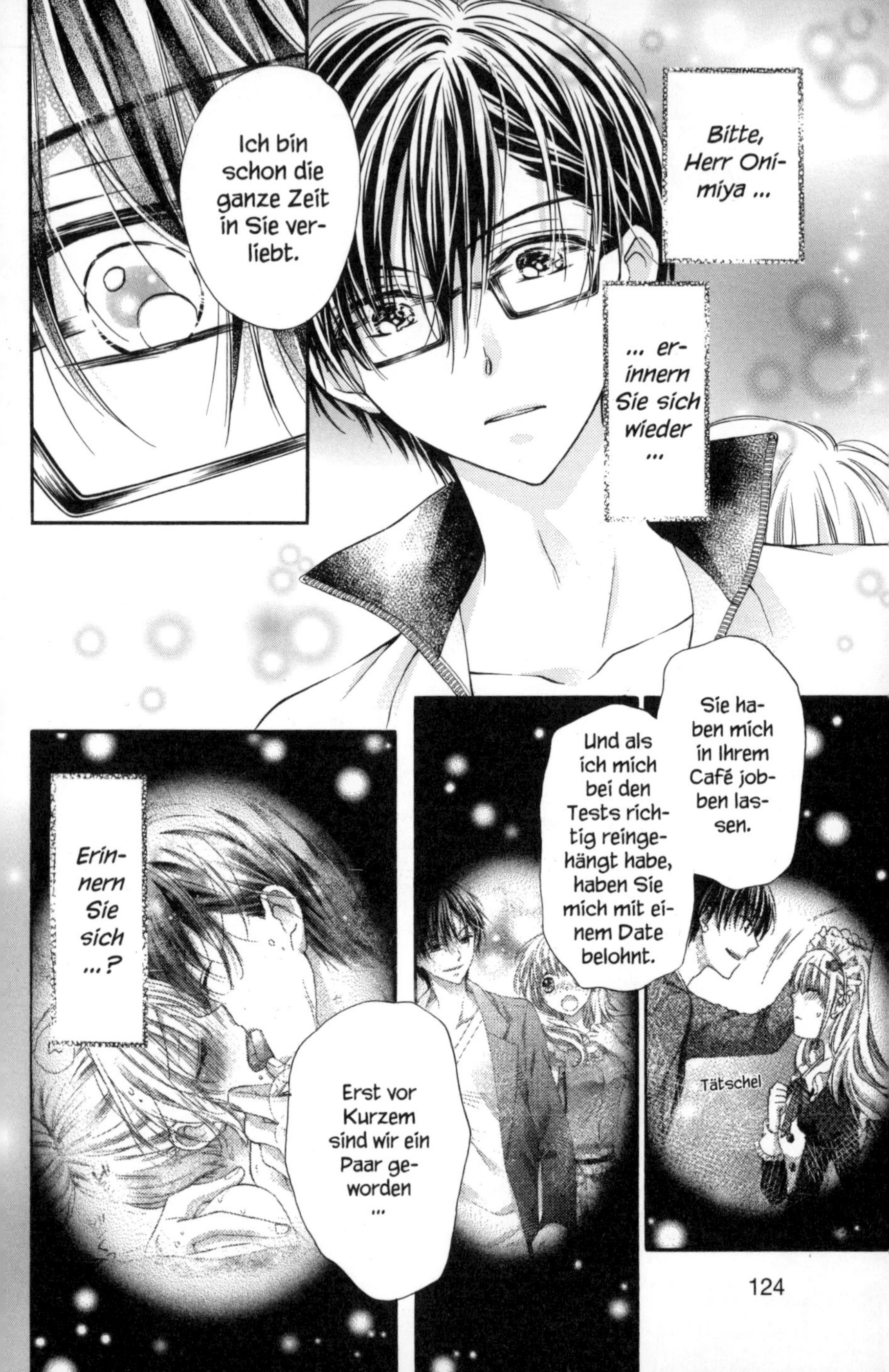
Bitte, Herr Oni-miya ...
... er-innern Sie sich wieder ...
Ich bin schon die ganze Zeit in Sie ver-liebt.
Sie ha-ben mich in Ihrem Café job-ben las-sen.
Tätschel
Und als ich mich bei den Tests rich-tig reinge-hängt habe, haben Sie mich mit ei-nem Date belohnt.
Erin-nern Sie sich ...?
Erst vor Kurzem sind wir ein Paar ge-worden ...

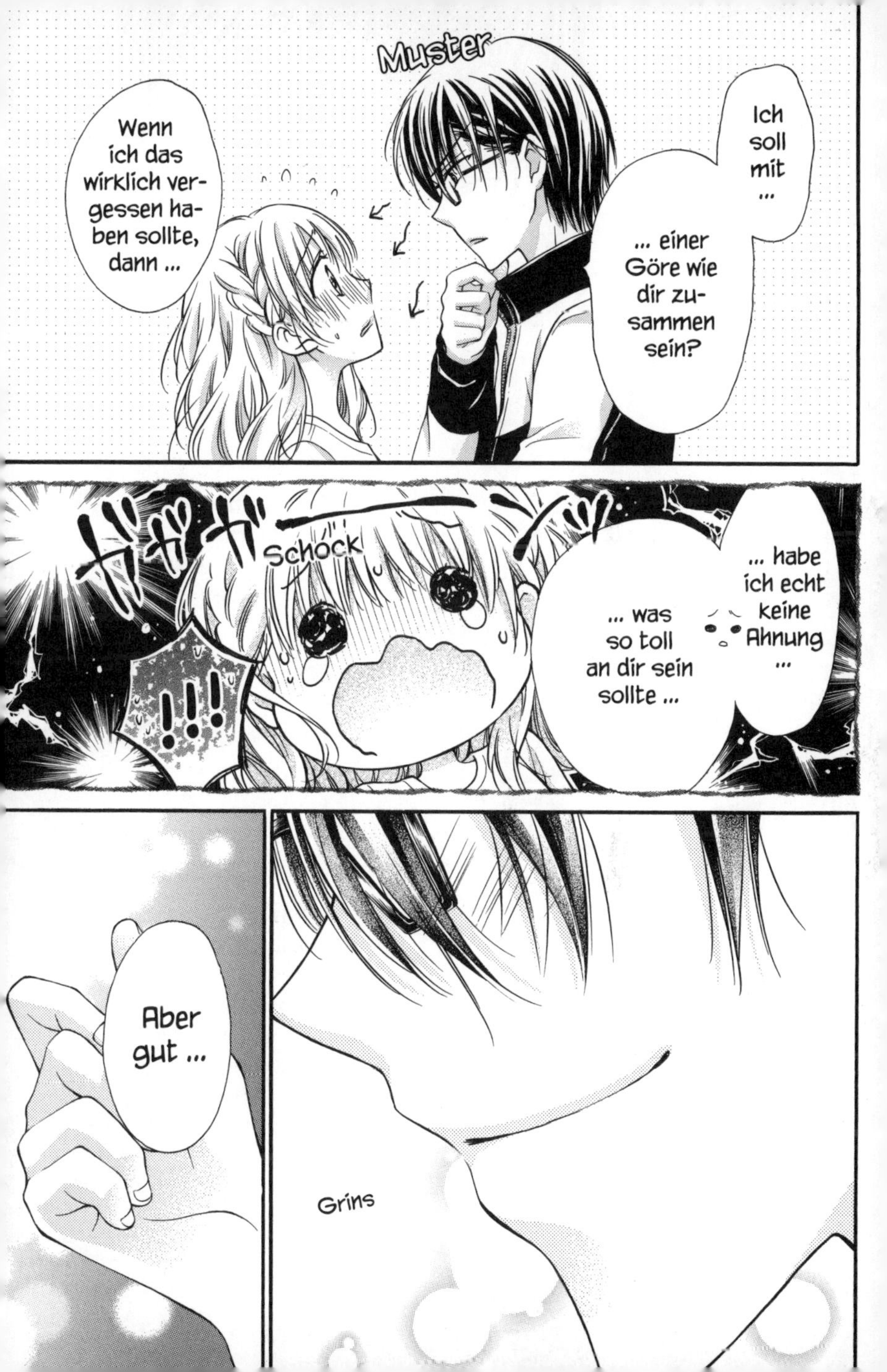

Muster

Ich soll mit ...

... einer Göre wie dir zusammen sein?

Wenn ich das wirklich vergessen haben sollte, dann ...

... habe ich echt keine Ahnung ...

... was so toll an dir sein sollte ...

Schock

!!!

Grins

Aber gut ...

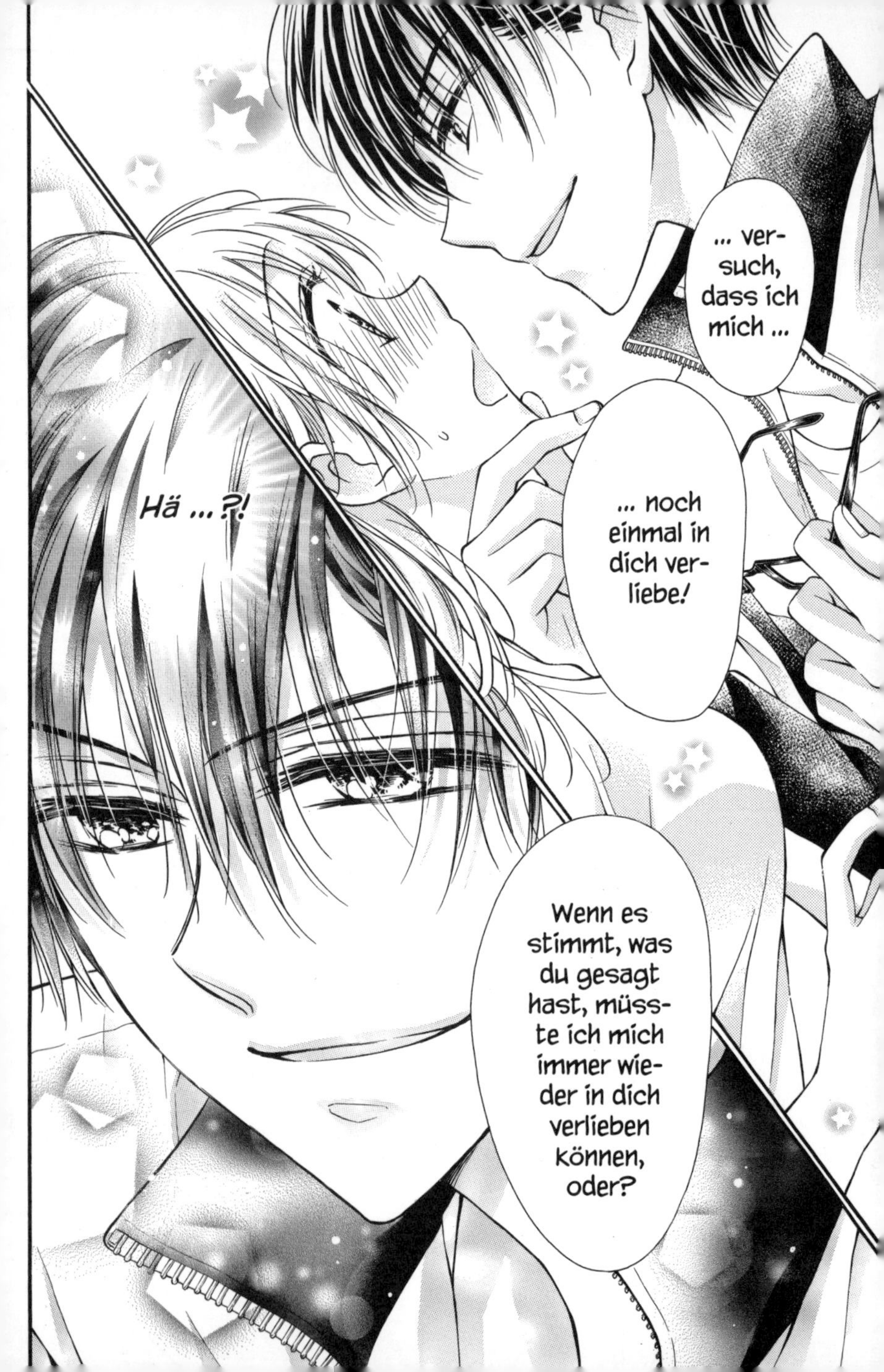
... ver-
such,
dass ich
mich ...
... noch
einmal in
dich ver-
liebe!
Hä ...?!
Wenn es
stimmt, was
du gesagt
hast, müss-
te ich mich
immer wie-
der in dich
verlieben
können,
oder?

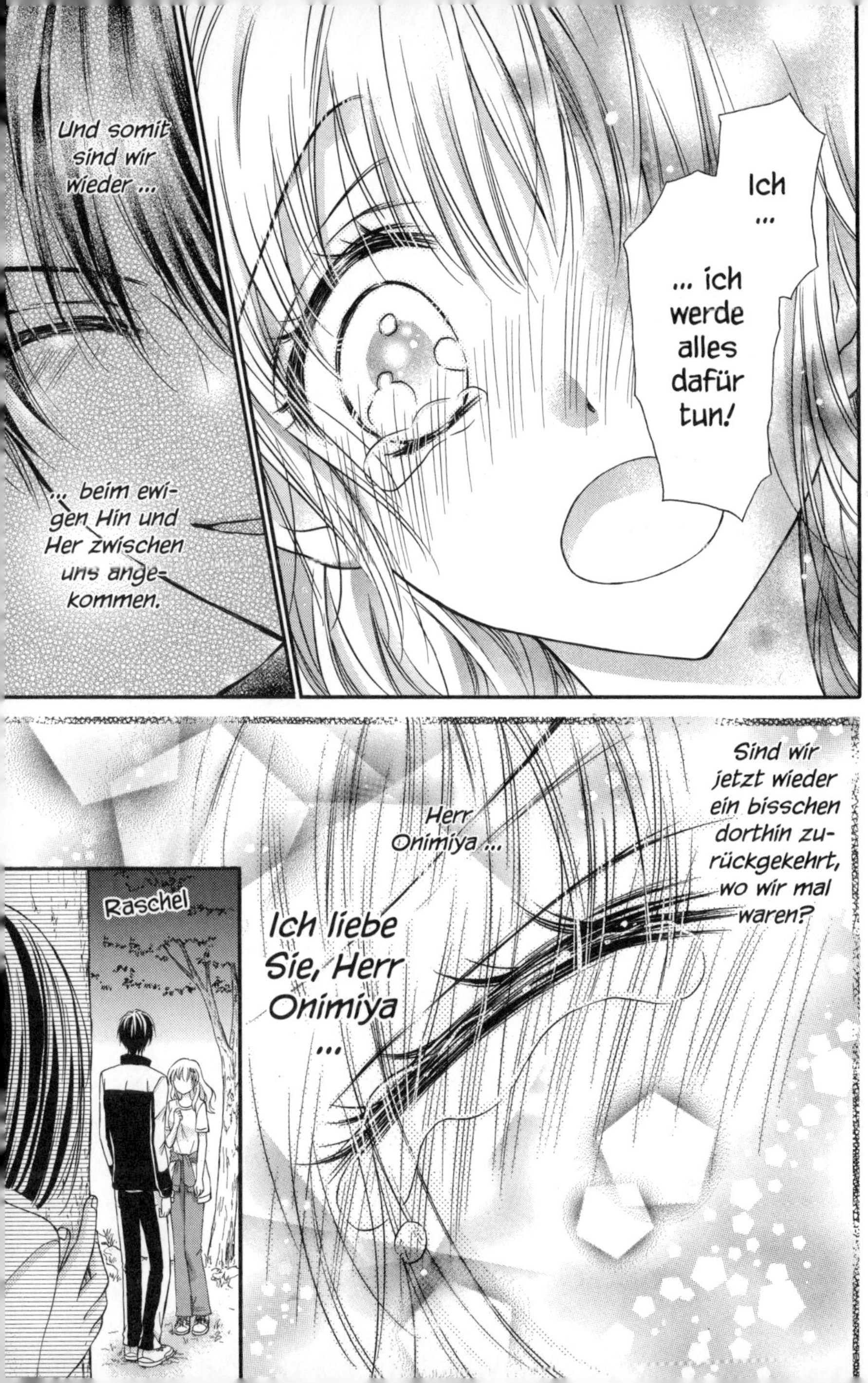

Ich ...

... ich werde alles dafür tun!

Und somit sind wir wieder ...

... beim ewigen Hin und Her zwischen uns angekommen.

Sind wir jetzt wieder ein bisschen dorthin zurückgekehrt, wo wir mal waren?

Herr Onimiya ...

Ich liebe Sie, Herr Onimiya ...

Raschel

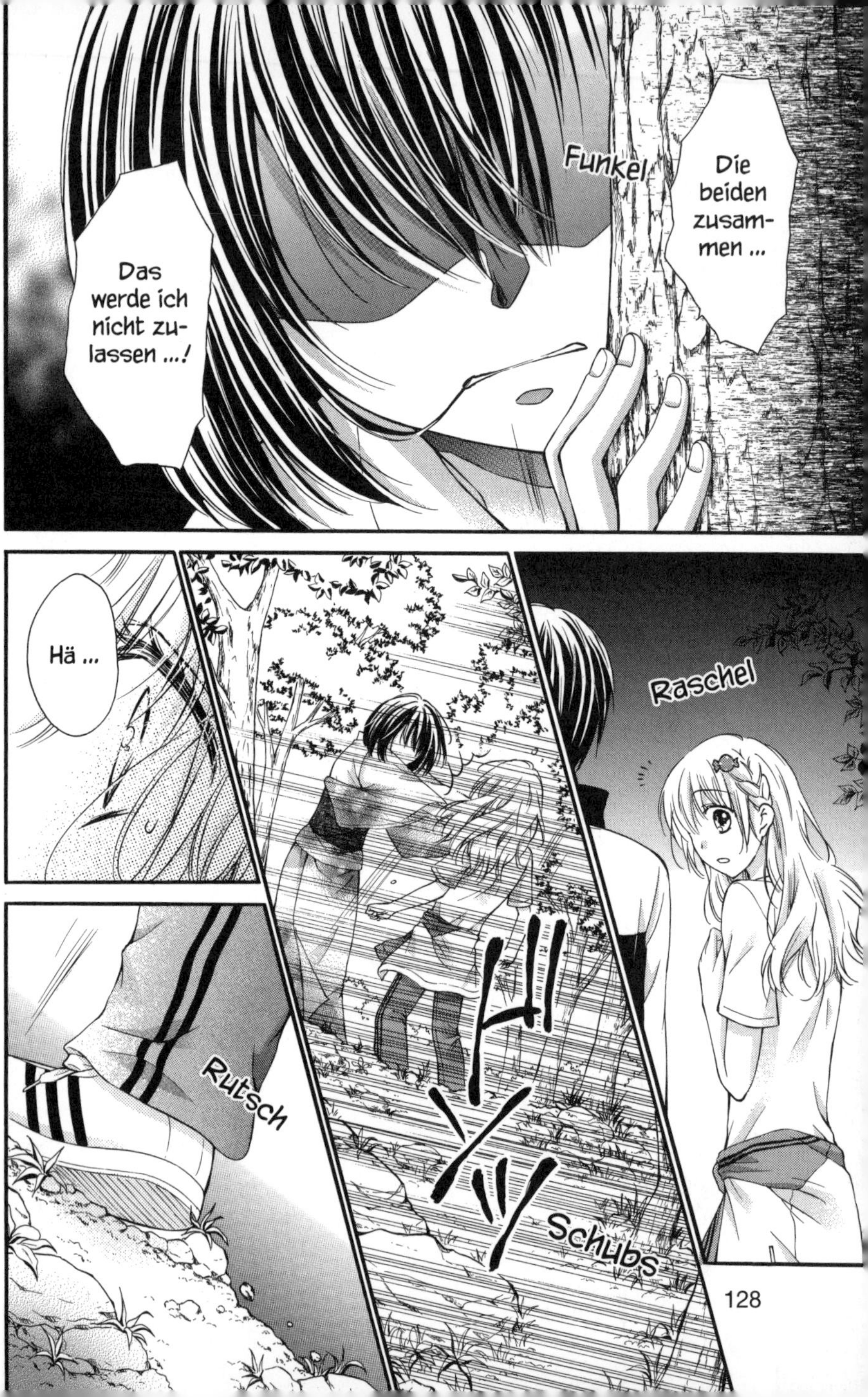

Die beiden zusammen ...
Funkel
Das werde ich nicht zulassen ...!
Raschel
Schubs
Hä ...
Rutsch

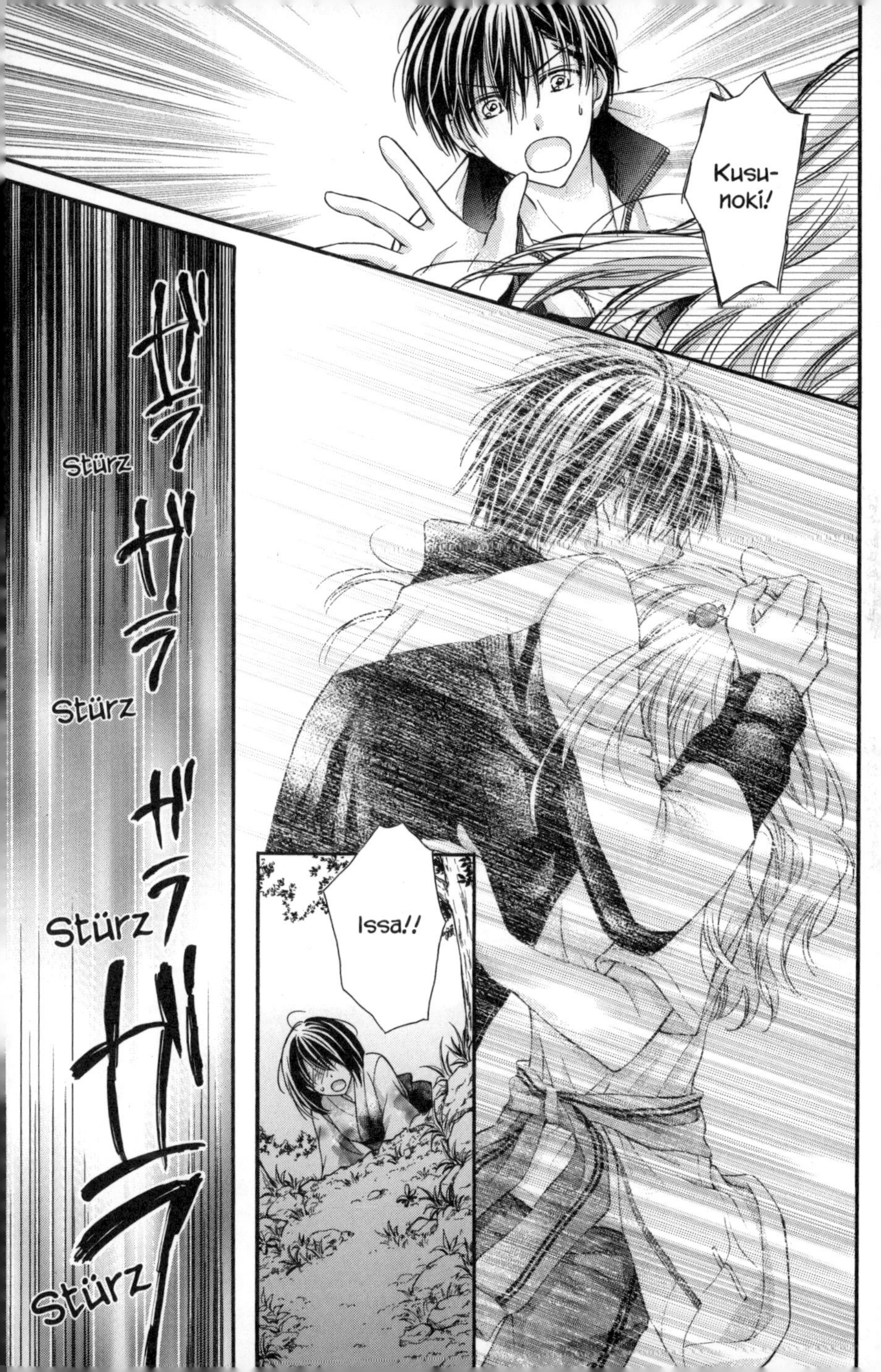
Kusu-
noki!
Issa!!
Stürz
Stürz
Stürz
Stürz

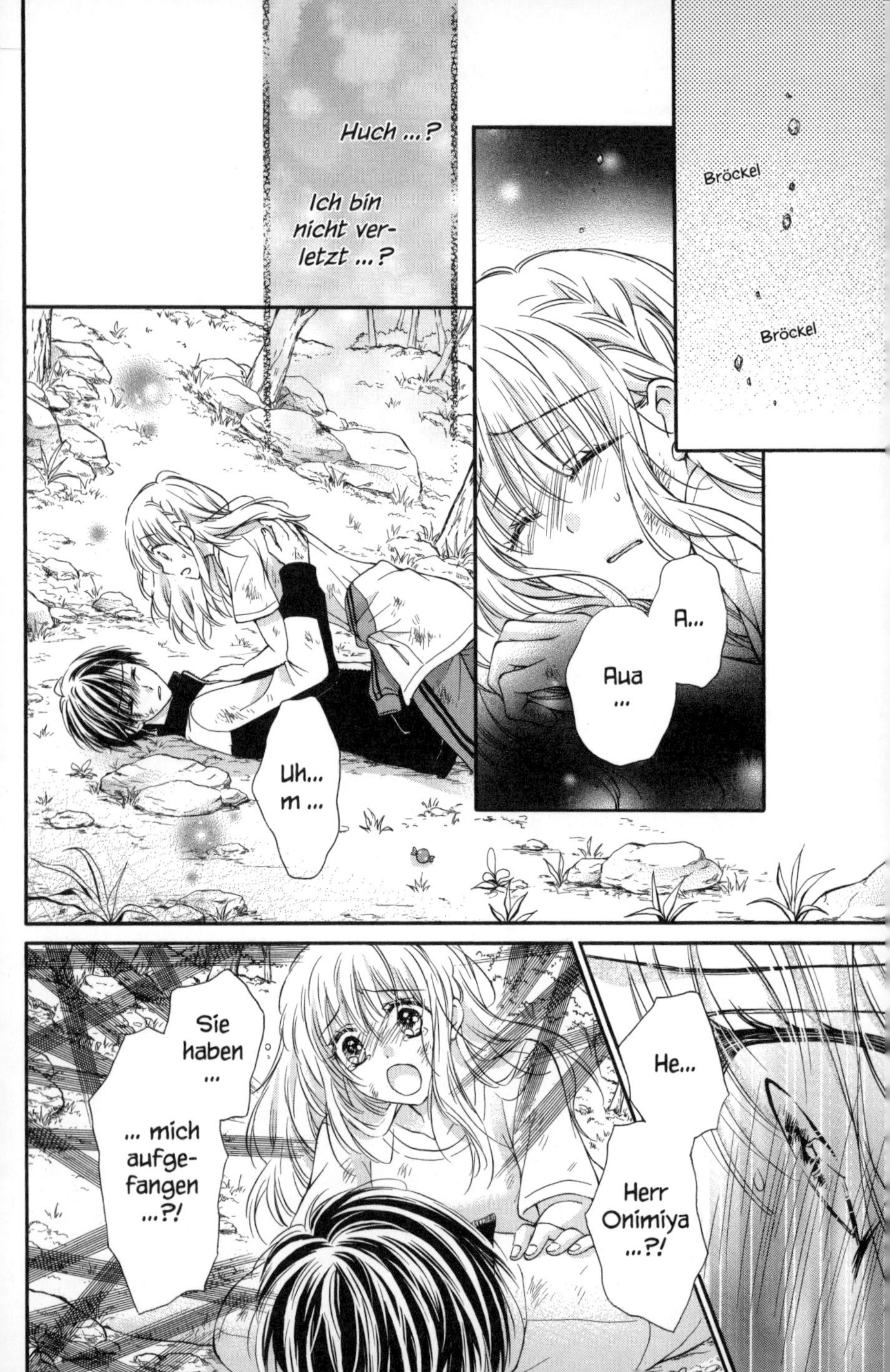
Bröckel
Bröckel
Huch ...?
Ich bin nicht ver-letzt ...?
A...
Aua ...
Uh... m ...
He...
Herr Onimiya ...?!
Sie haben ...
... mich aufge-fangen ...?!

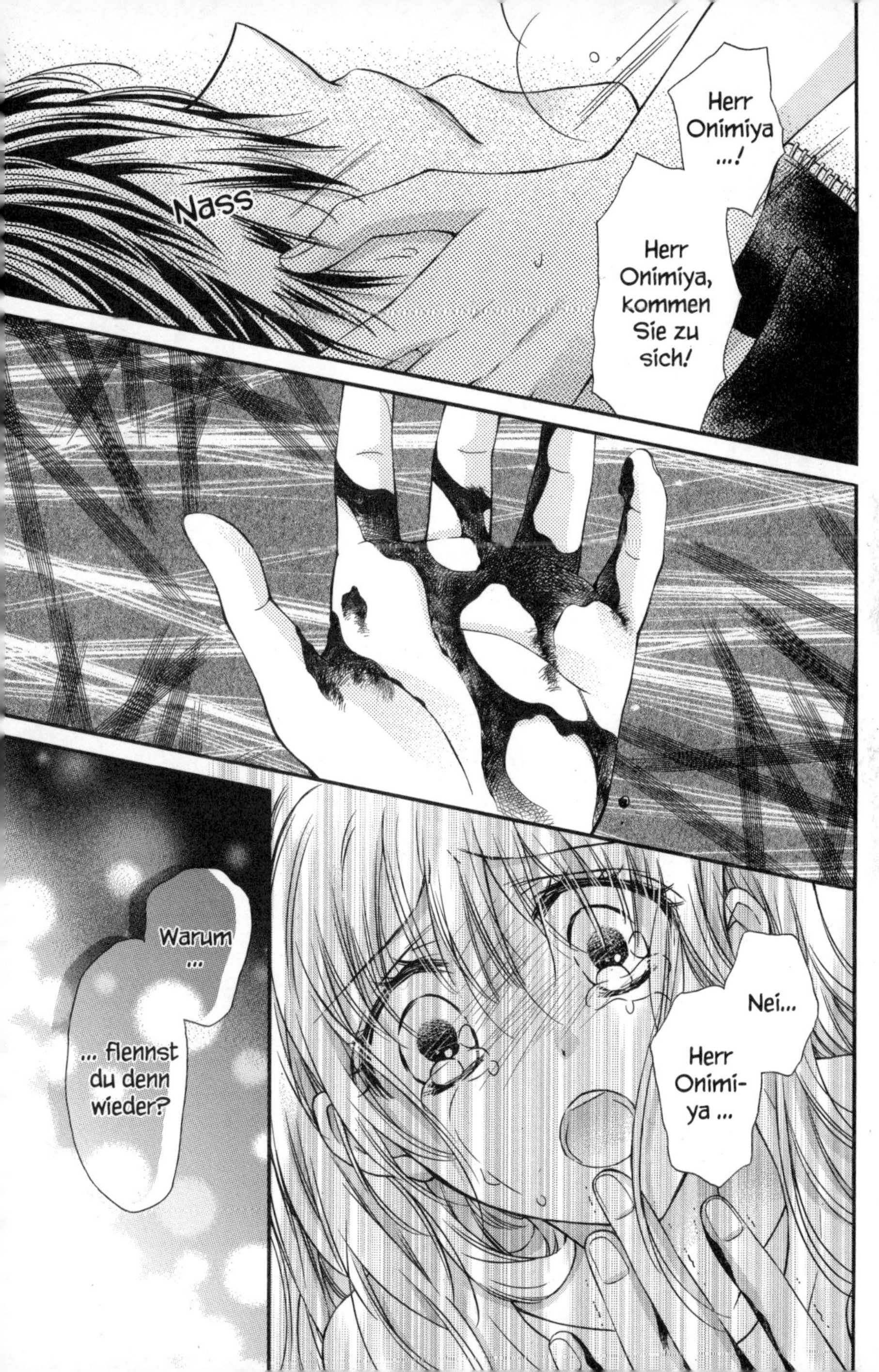
Herr Onimiya ...!
Nass
Herr Onimiya, kommen Sie zu sich!
Nei...
Herr Onimi-ya ...
Warum ...
... flennst du denn wieder?

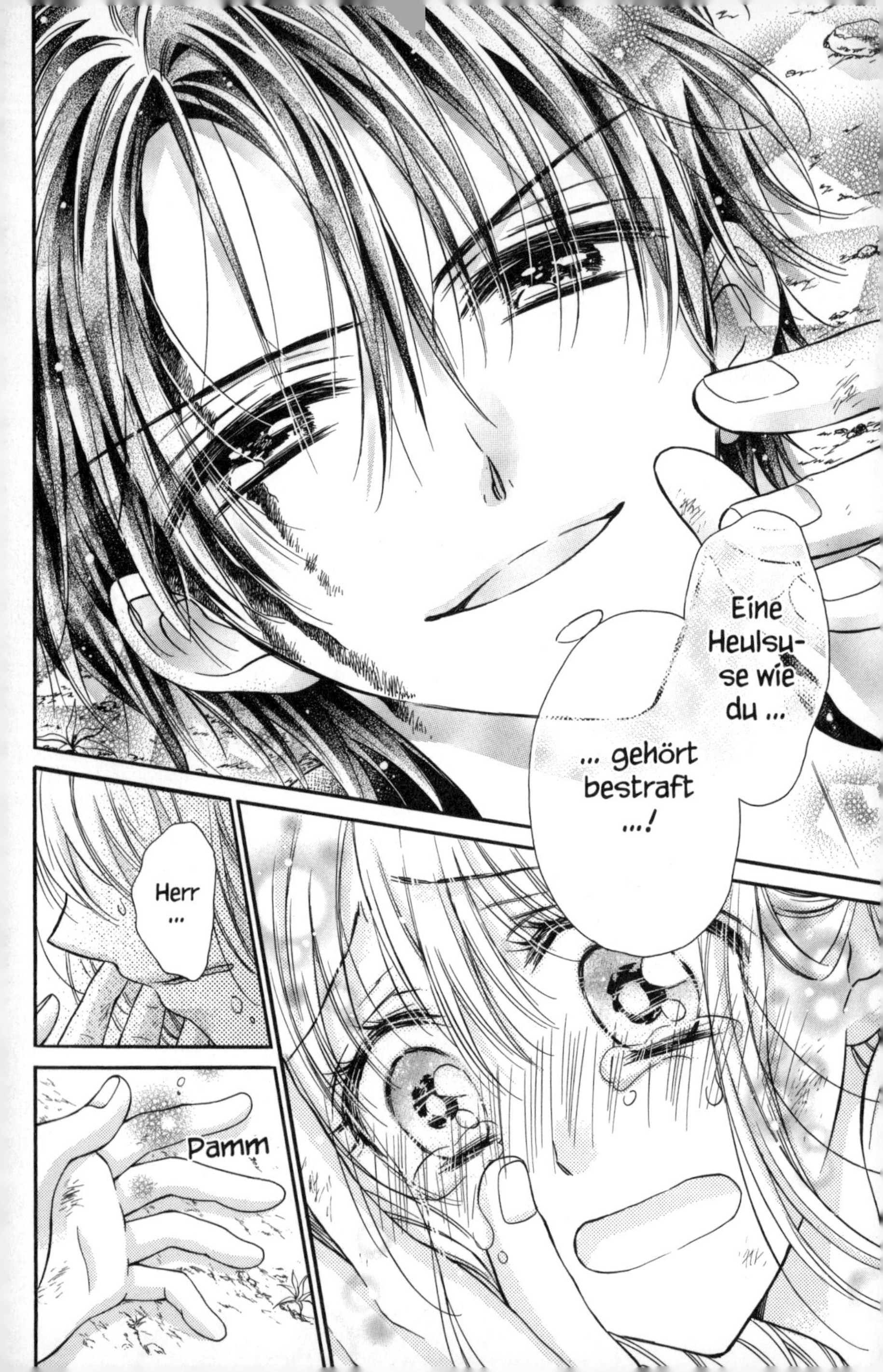
Eine Heulsu-se wie du ...
... gehört bestraft ...!
Herr ...
Pamm

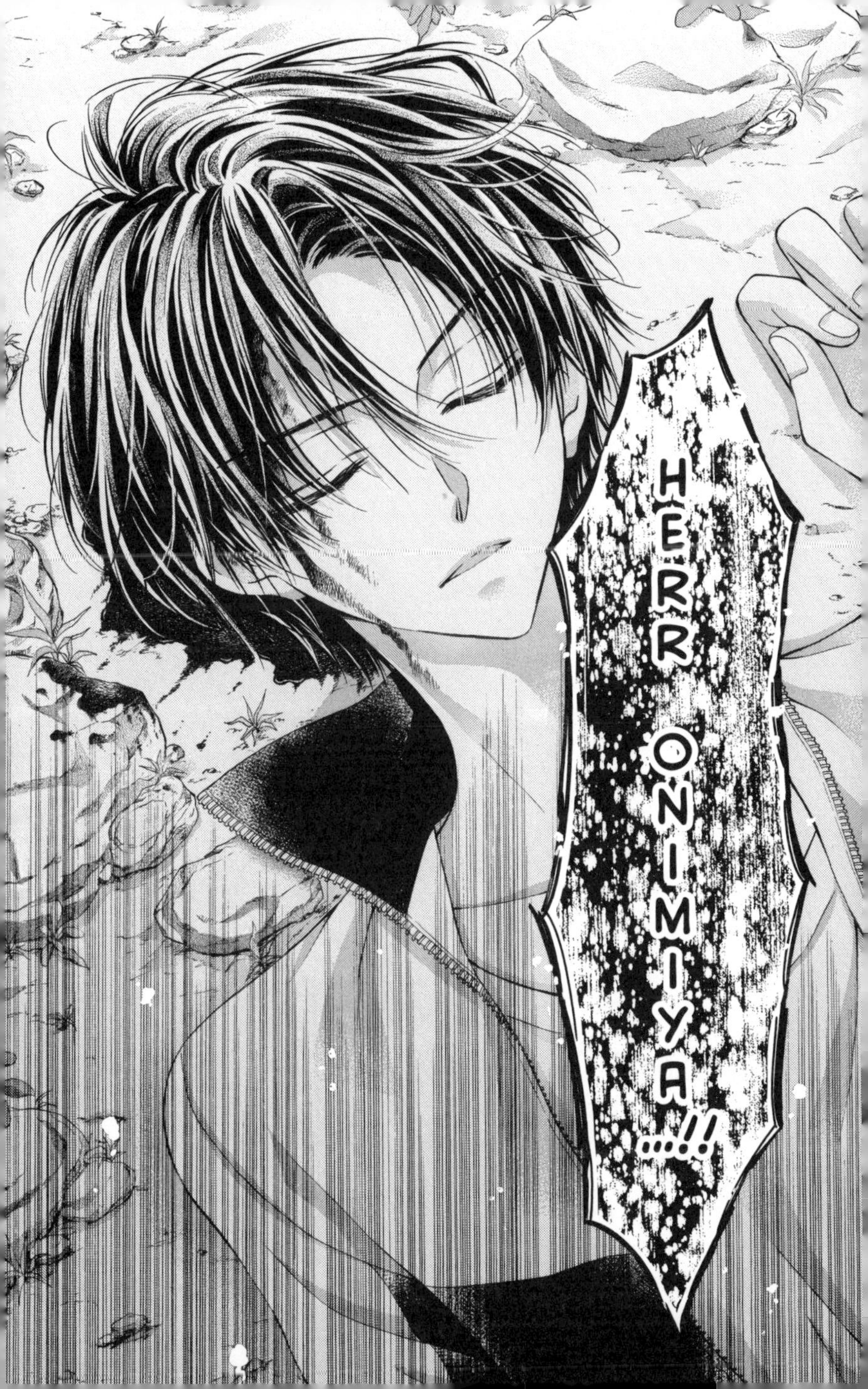
HERR ONIMIYA...!!

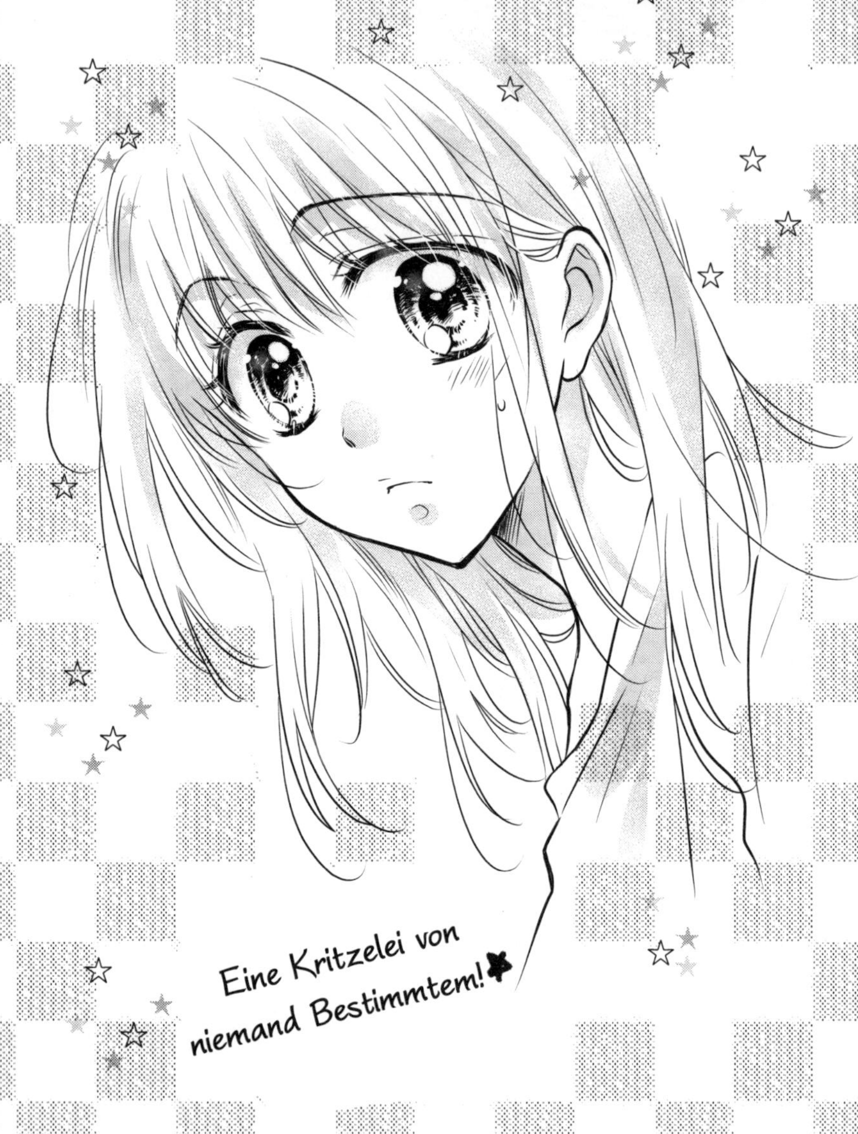
Eine Kritzelei von
niemand Bestimmtem!

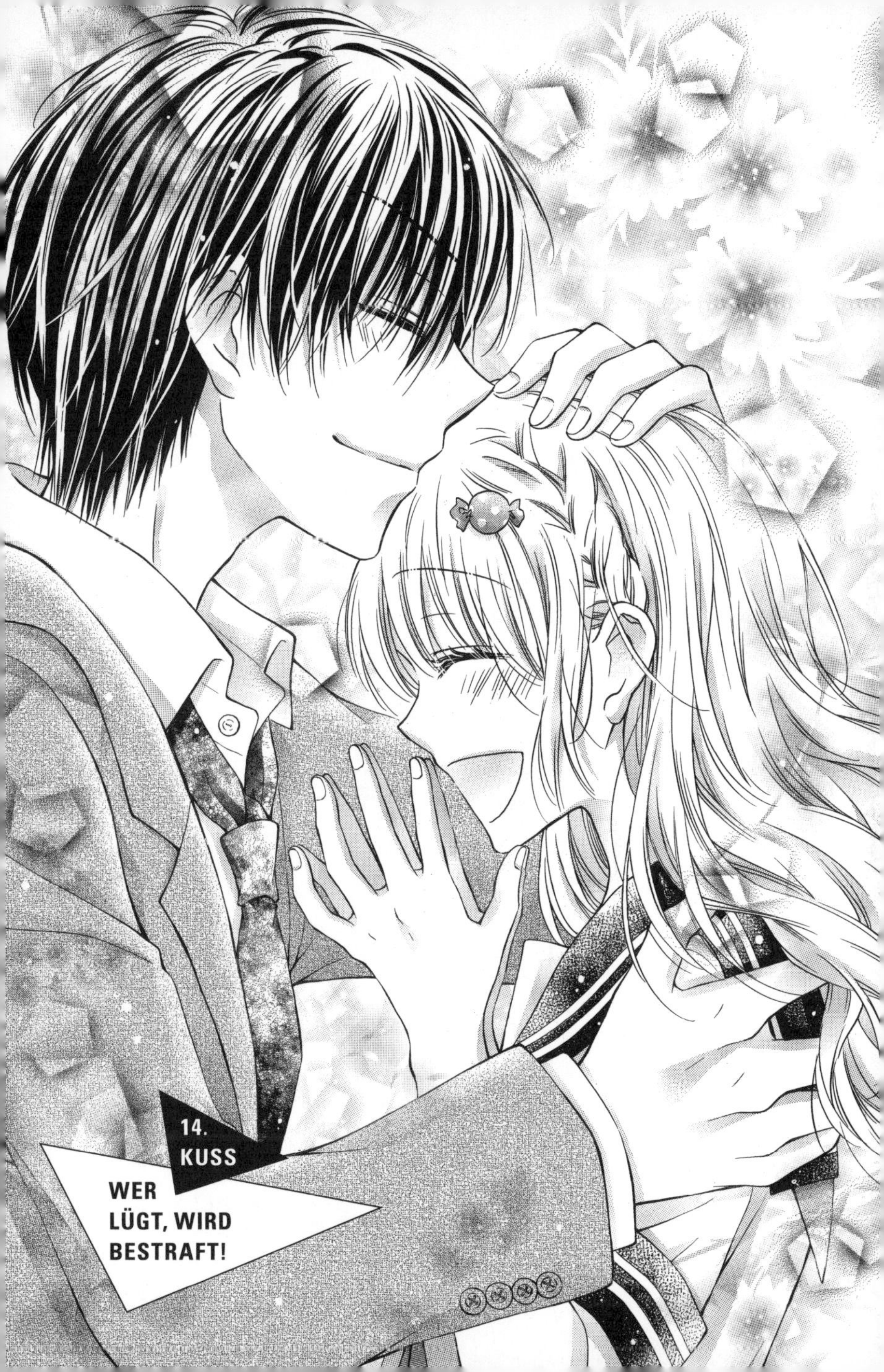
14.
KUSS
WER
LÜGT, WIRD
BESTRAFT!

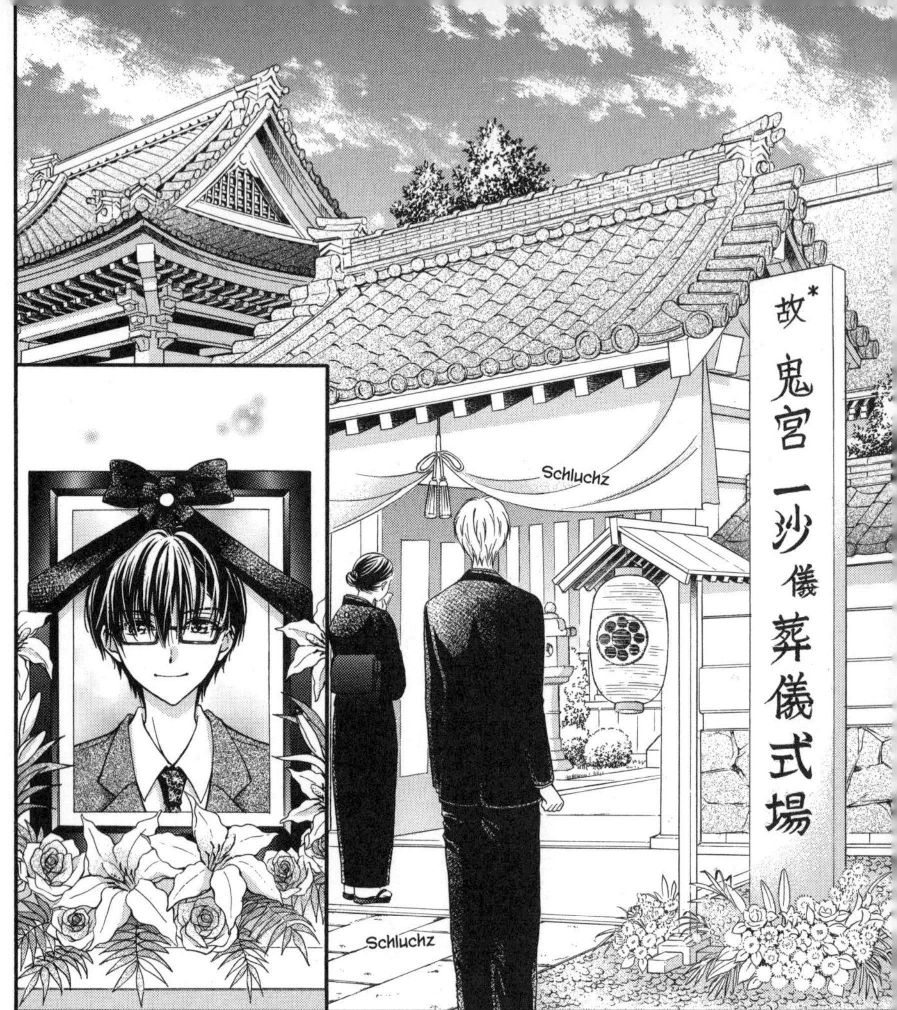

*Issa Onimiya (verstorben), Begräbniszeremonie

Deine teuflischen Küsse

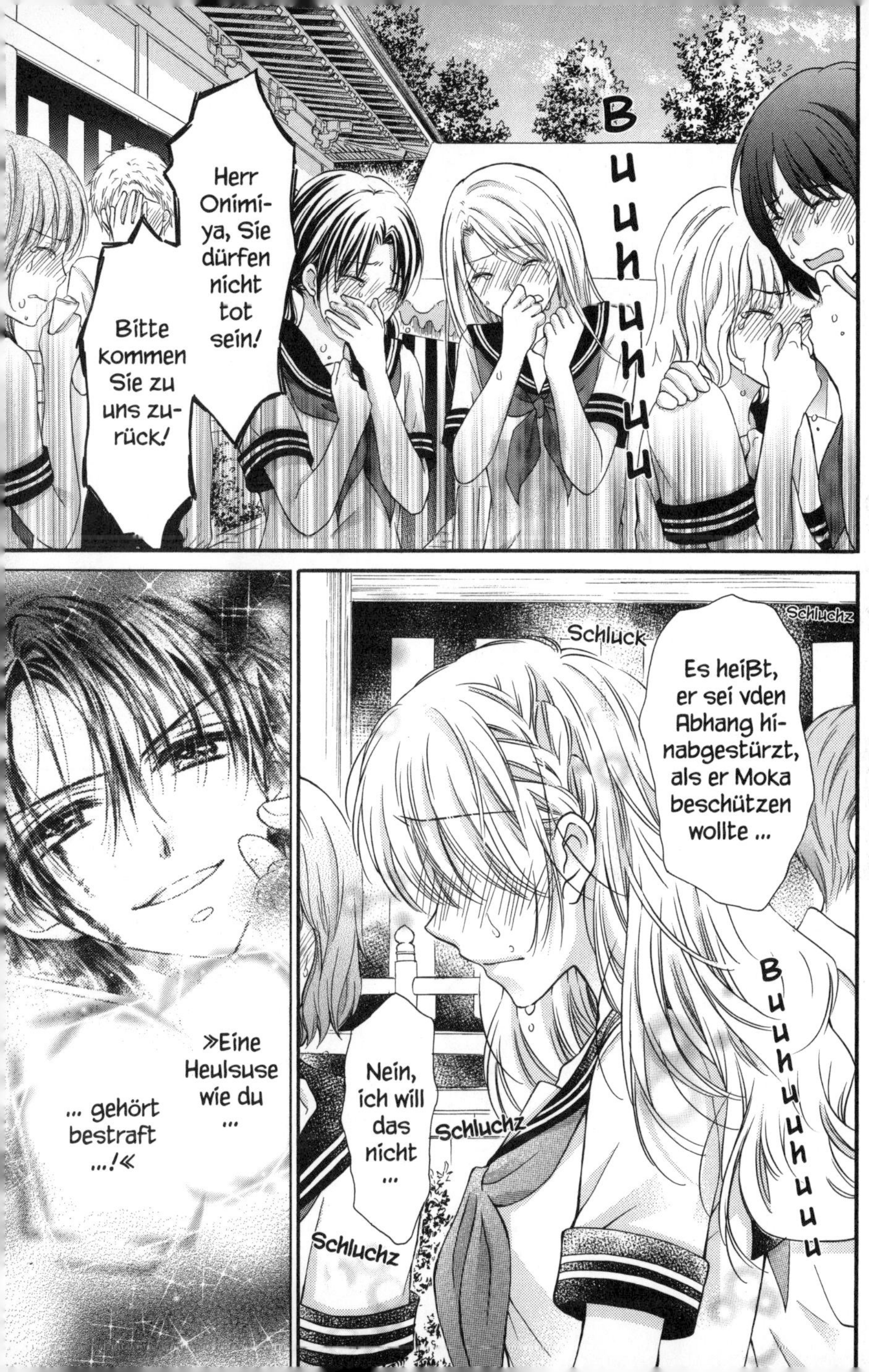

Buuhuhuu
Herr Onimiya, Sie dürfen nicht tot sein!
Bitte kommen Sie zu uns zurück!
Schluchz
Schluck
Es heißt, er sei vden Abhang hinabgestürzt, als er Moka beschützen wollte ...
Buuhuuhuuu
Nein, ich will das nicht ...
Schluchz
Schluchz
»Eine Heulsuse wie du ...
... gehört bestraft ...!«

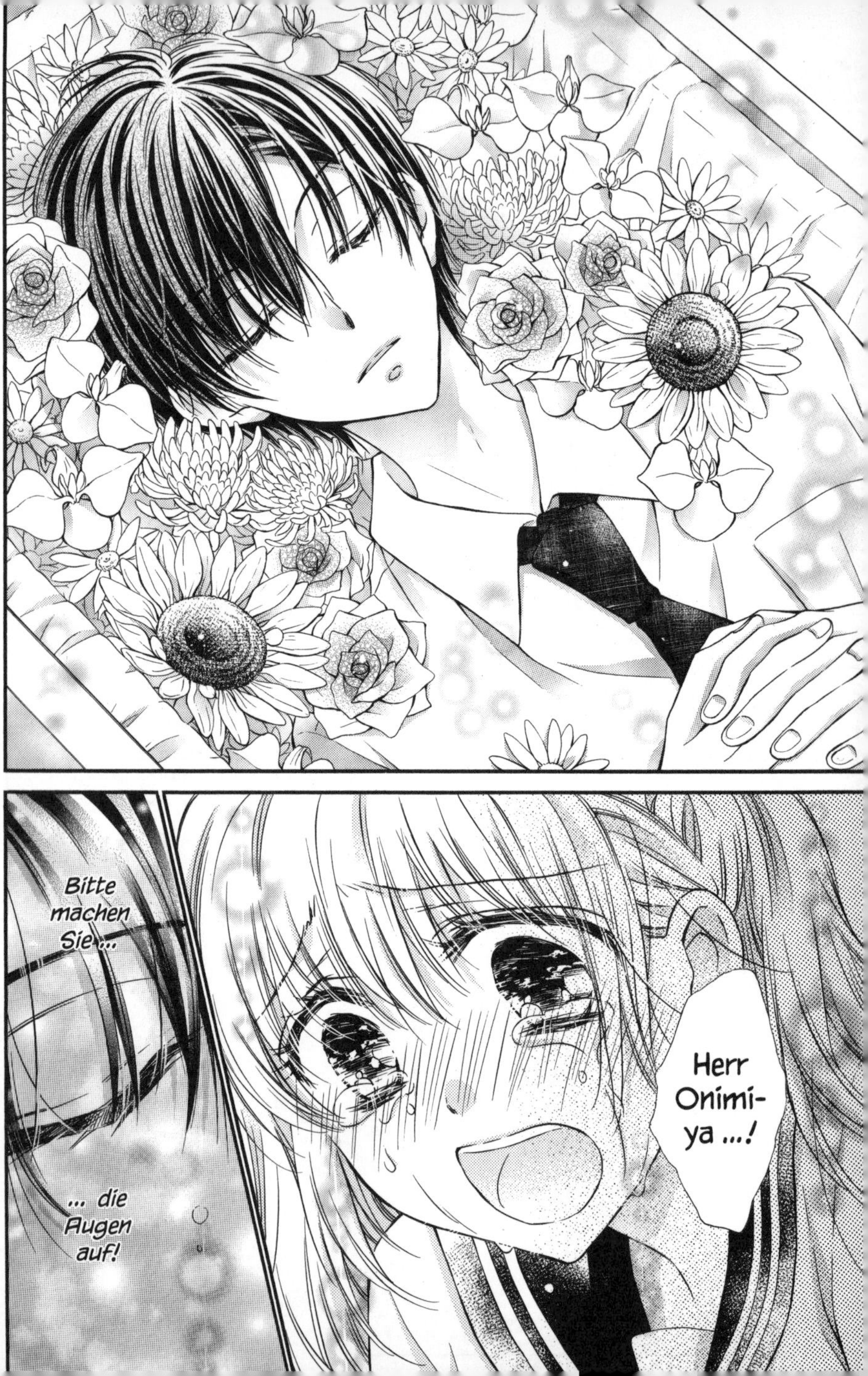

Herr Onimi-ya ...!

Bitte machen Sie ...

... die Augen auf!

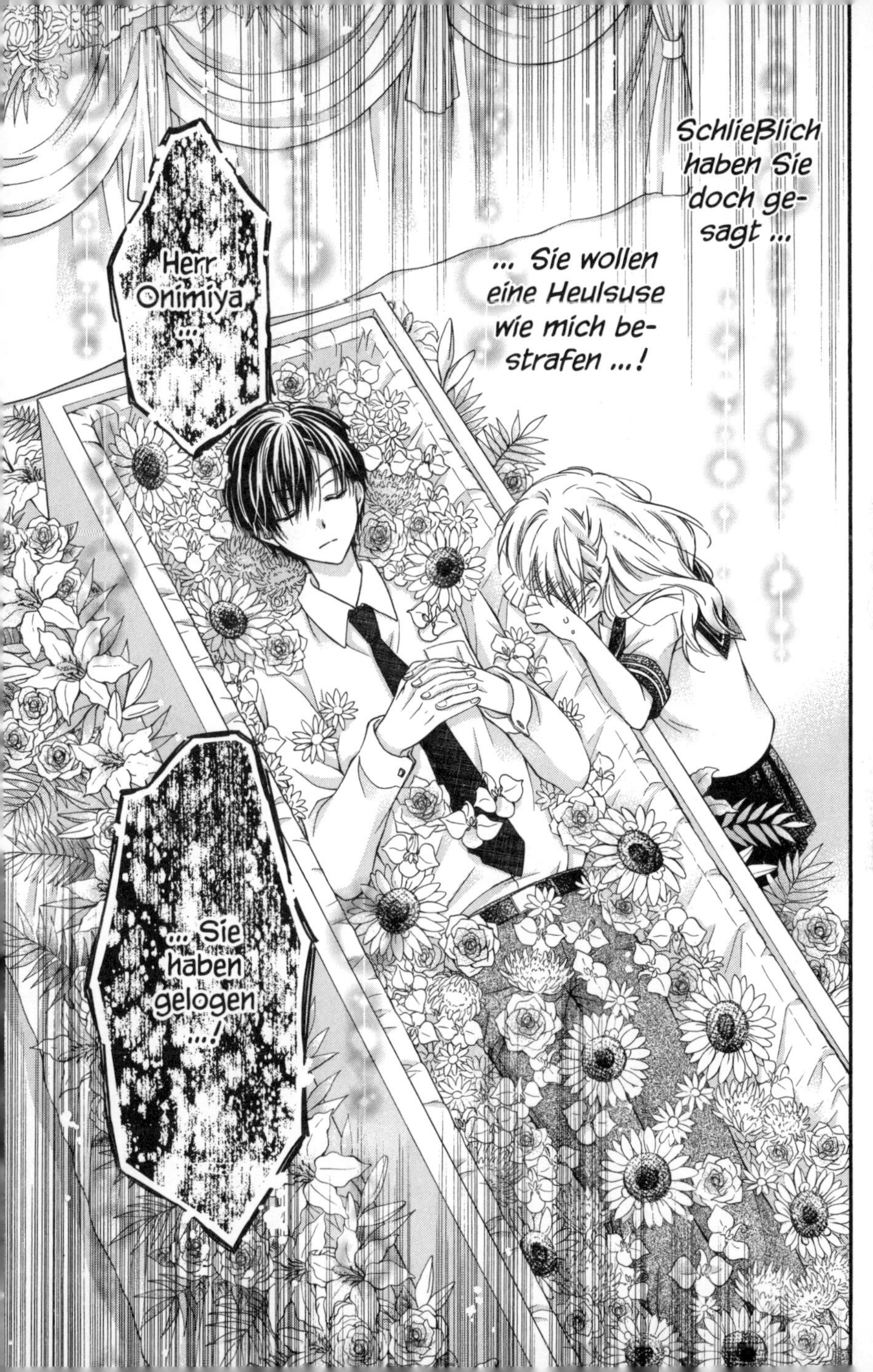
Schließlich haben Sie doch gesagt ...
... Sie wollen eine Heulsuse wie mich bestrafen ...!
Herr Onimiya ...
... Sie haben gelogen ...!

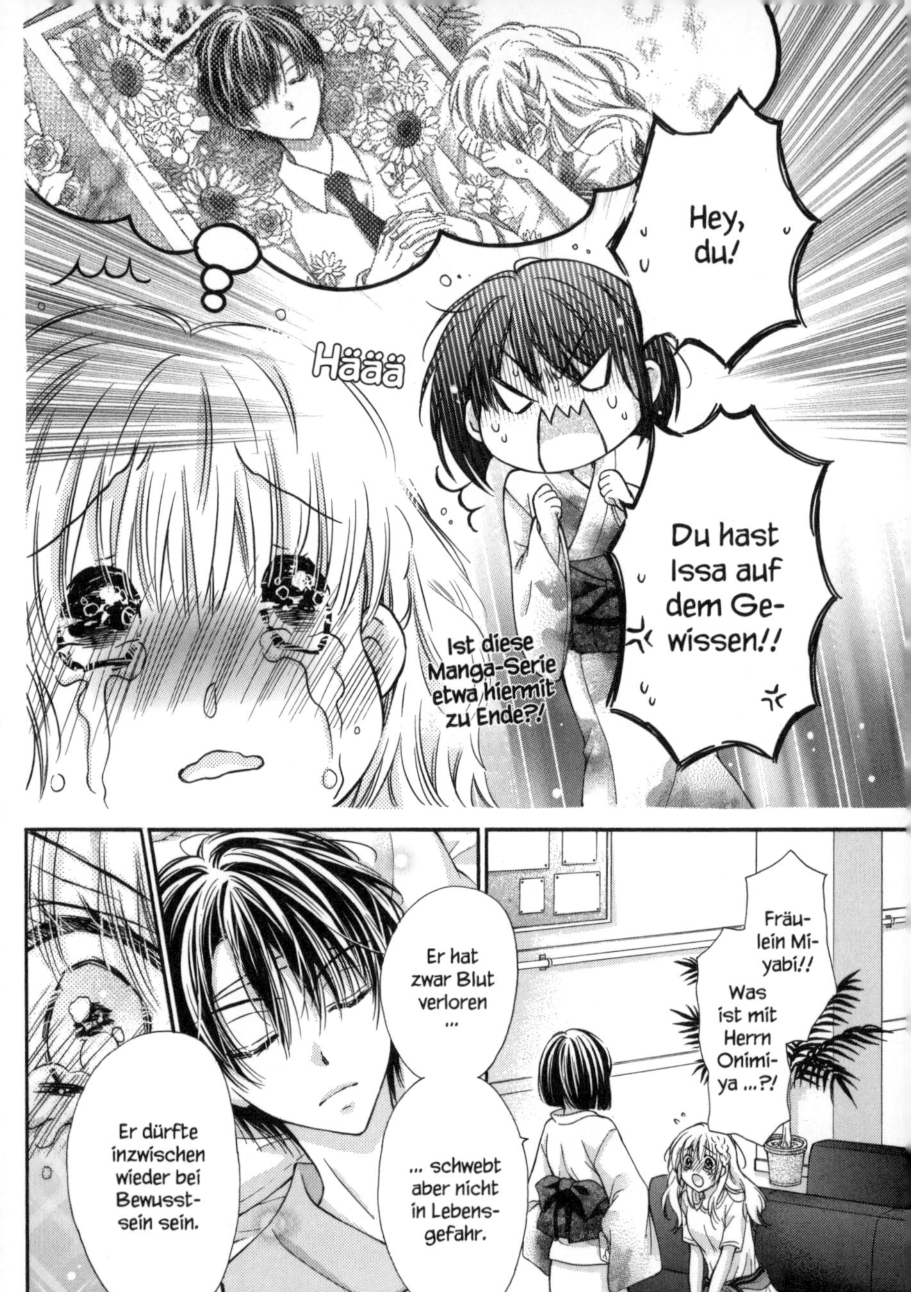
Hey, du!
Hääääh
Du hast Issa auf dem Gewissen!!
Ist diese Manga-Serie etwa hiermit zu Ende?!
Fräulein Miyabi!!
Was ist mit Herrn Onimiya ...?!
Er hat zwar Blut verloren ...
... schwebt aber nicht in Lebensgefahr.
Er dürfte inzwischen wieder bei Bewusstsein sein.

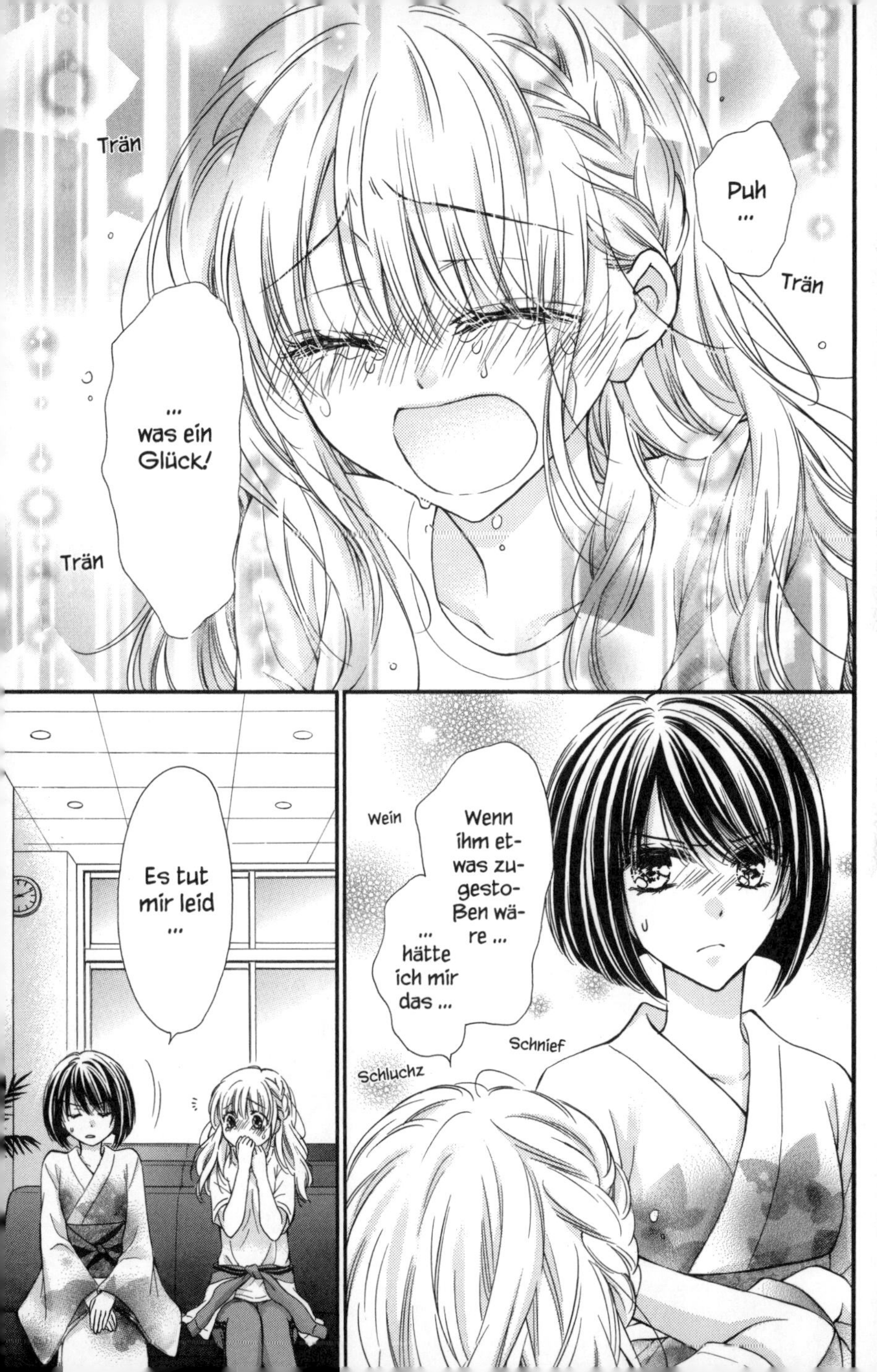
Puh …
Trän
… was ein Glück!
Trän
Trän
Wenn ihm et- was zu- gesto- ßen wä- re …
… hätte ich mir das …
Wein
Schnief
Schluchz
Es tut mir leid …

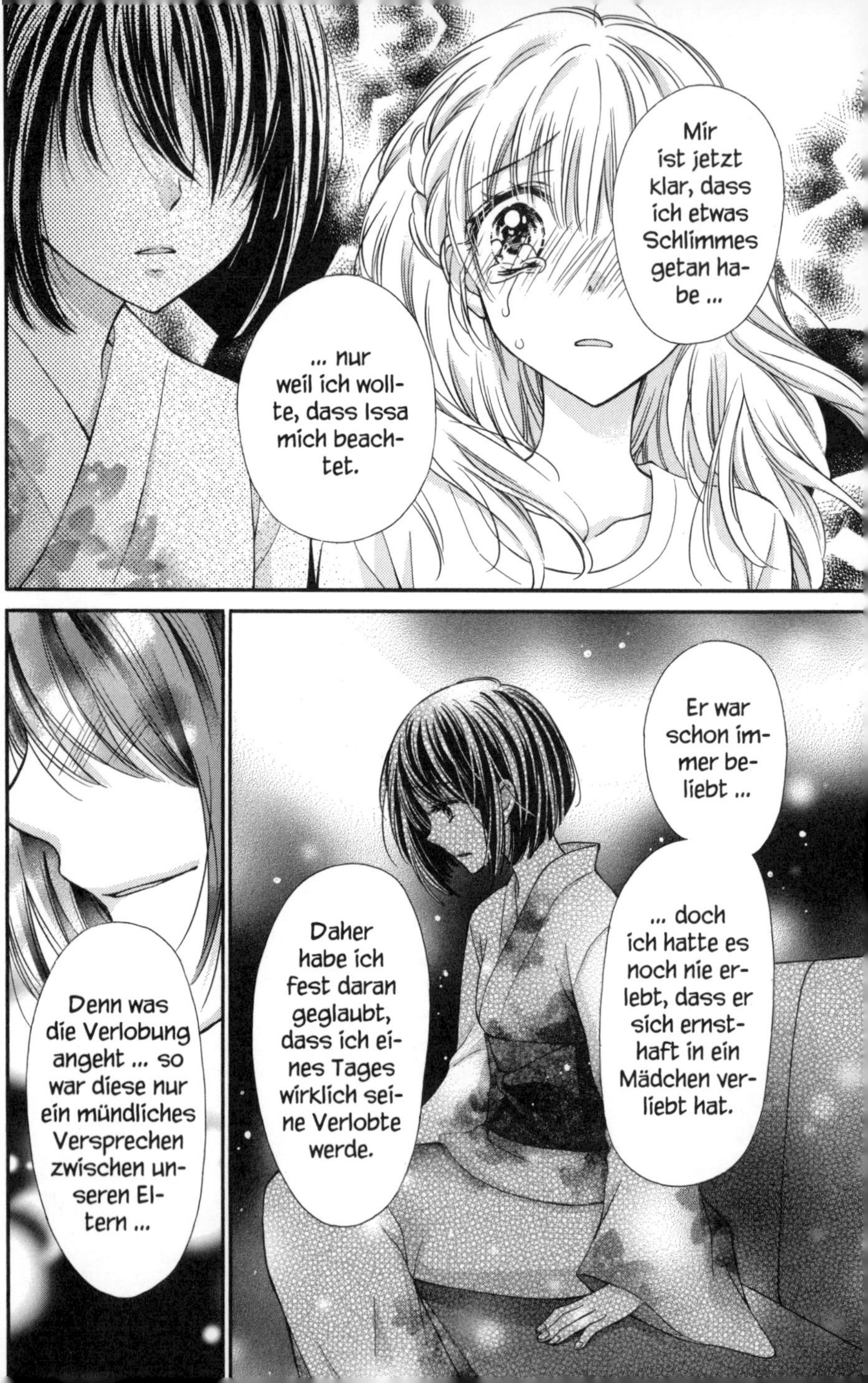

Mir ist jetzt klar, dass ich etwas Schlimmes getan habe ...

... nur weil ich wollte, dass Issa mich beachtet.

Er war schon immer beliebt ...

... doch ich hatte es noch nie erlebt, dass er sich ernsthaft in ein Mädchen verliebt hat.

Daher habe ich fest daran geglaubt, dass ich eines Tages wirklich seine Verlobte werde.

Denn was die Verlobung angeht ... so war diese nur ein mündliches Versprechen zwischen unseren Eltern ...

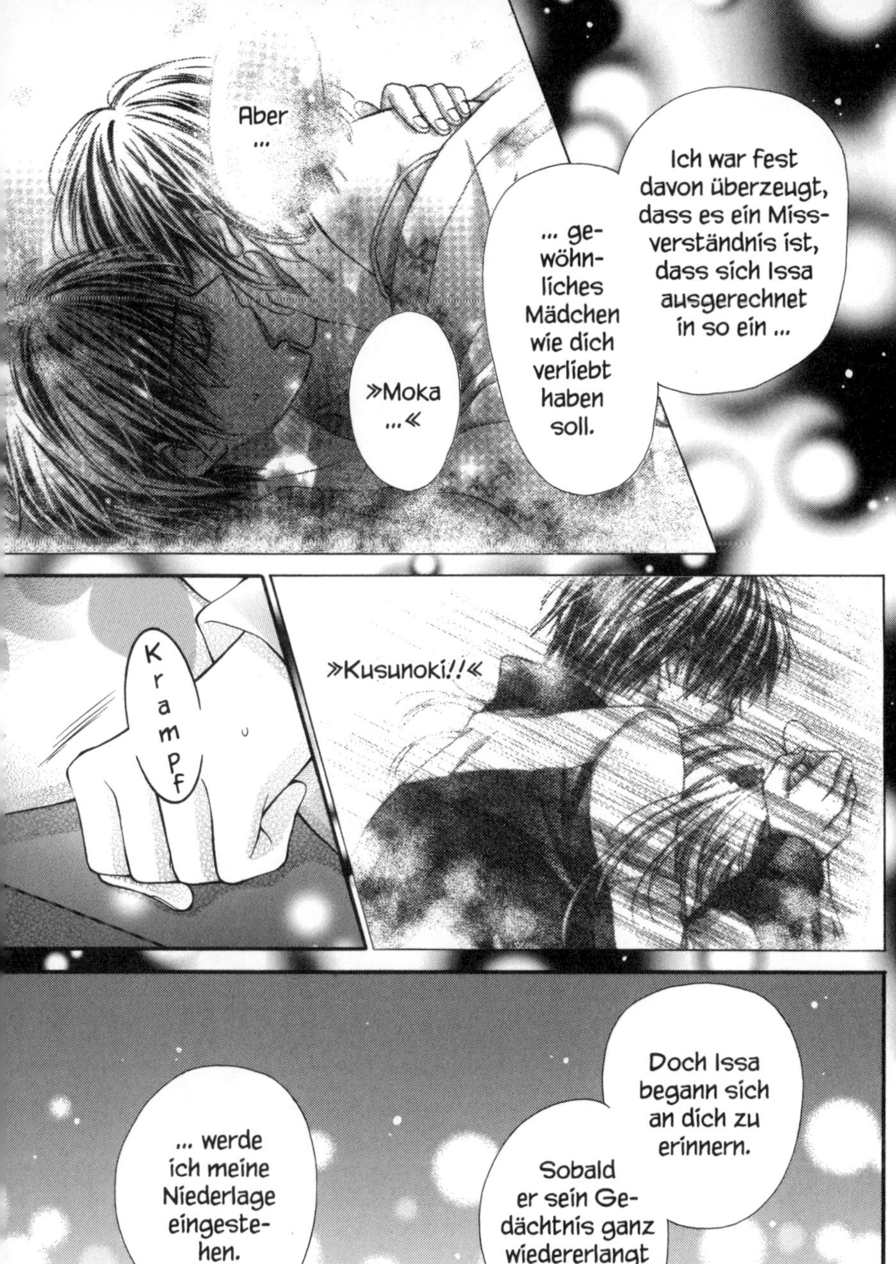
Ich war fest davon überzeugt, dass es ein Missverständnis ist, dass sich Issa ausgerechnet in so ein ...
... gewöhnliches Mädchen wie dich verliebt haben soll.
»Moka ...«
Aber ...
»Kusunoki!!«
Krampf
Doch Issa begann sich an dich zu erinnern.
Sobald er sein Gedächtnis ganz wiedererlangt hat ...
... werde ich meine Niederlage eingestehen.

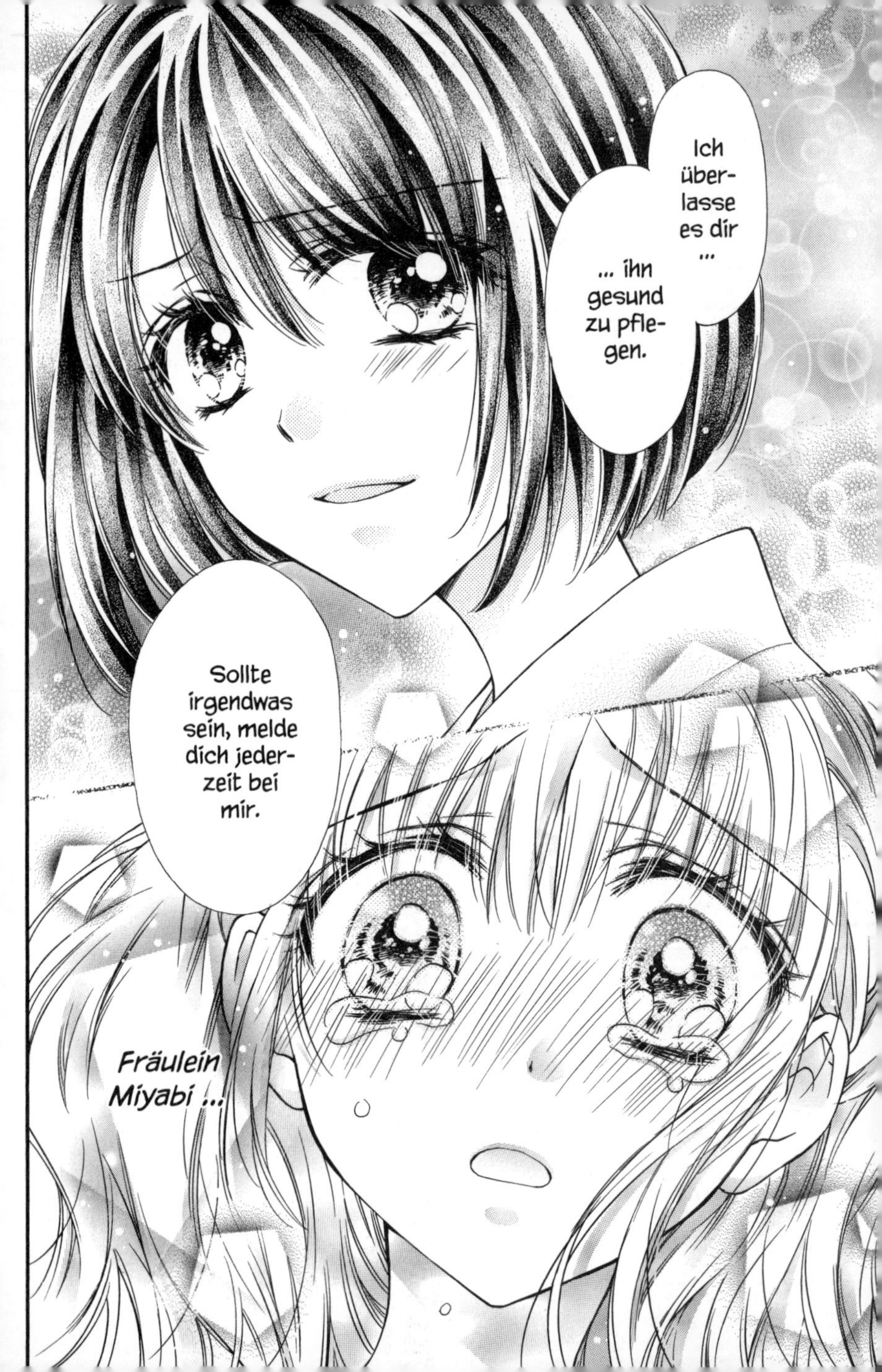
Ich überlasse es dir ...
... ihn gesund zu pflegen.
Sollte irgendwas sein, melde dich jederzeit bei mir.
Fräulein Miyabi ...

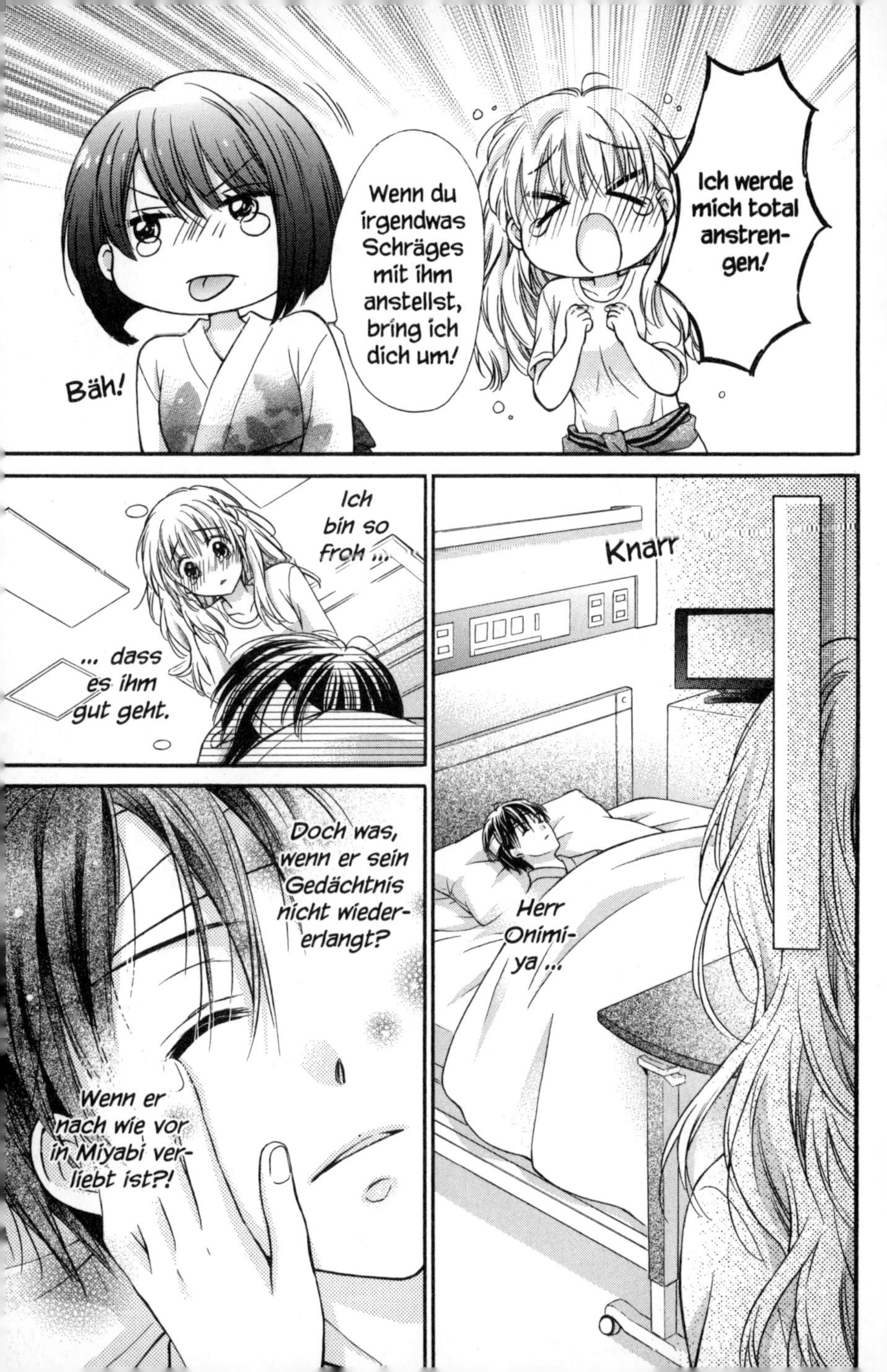

Wenn du irgendwas Schräges mit ihm anstellst, bring ich dich um!

Bäh!

Ich werde mich total anstren-gen!

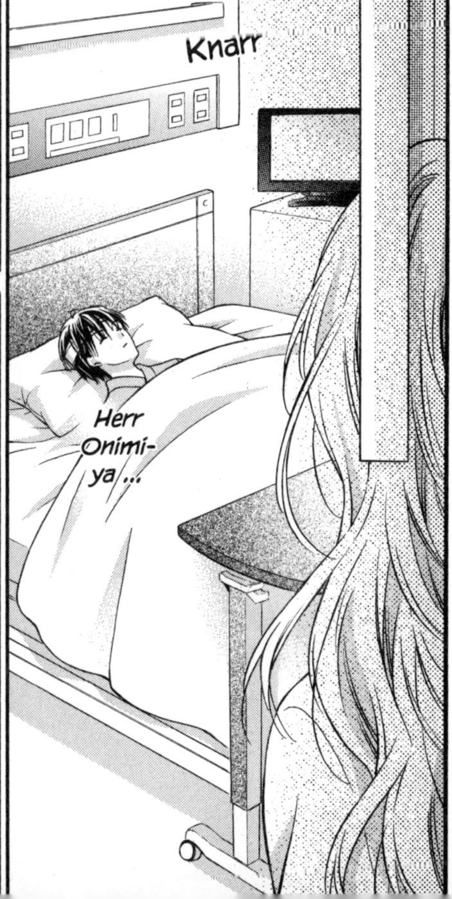

Ich bin so froh ...

... dass es ihm gut geht.

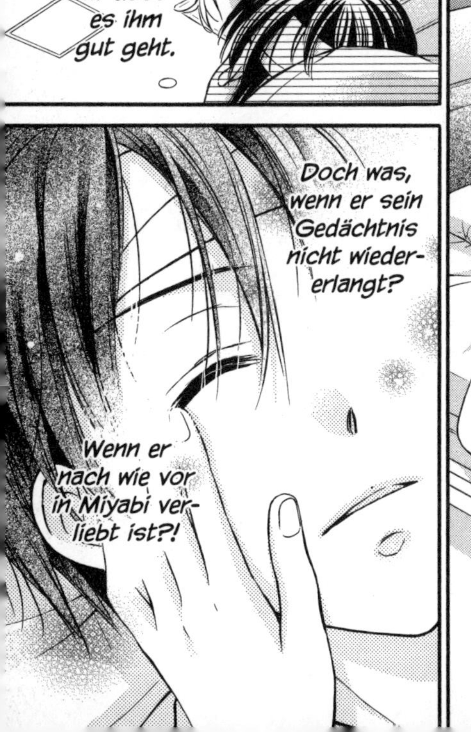

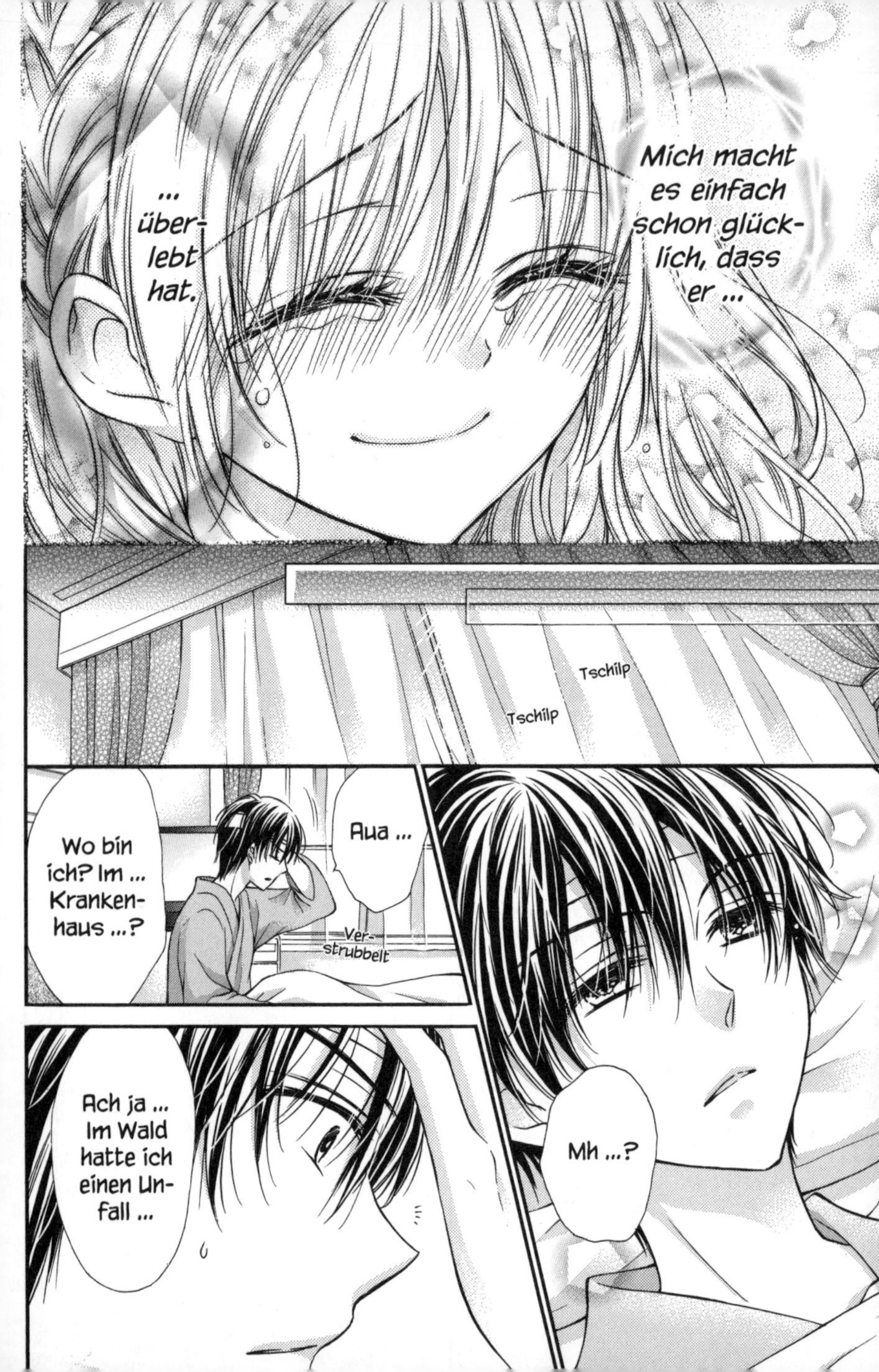
Mich macht es einfach schon glücklich, dass er ...
... überlebt hat.
Tschilp
Tschilp
Aua ...
Ver-strubbelt
Wo bin ich? Im ... Krankenhaus ...?
Mh ...?
Ach ja ... Im Wald hatte ich einen Unfall ...

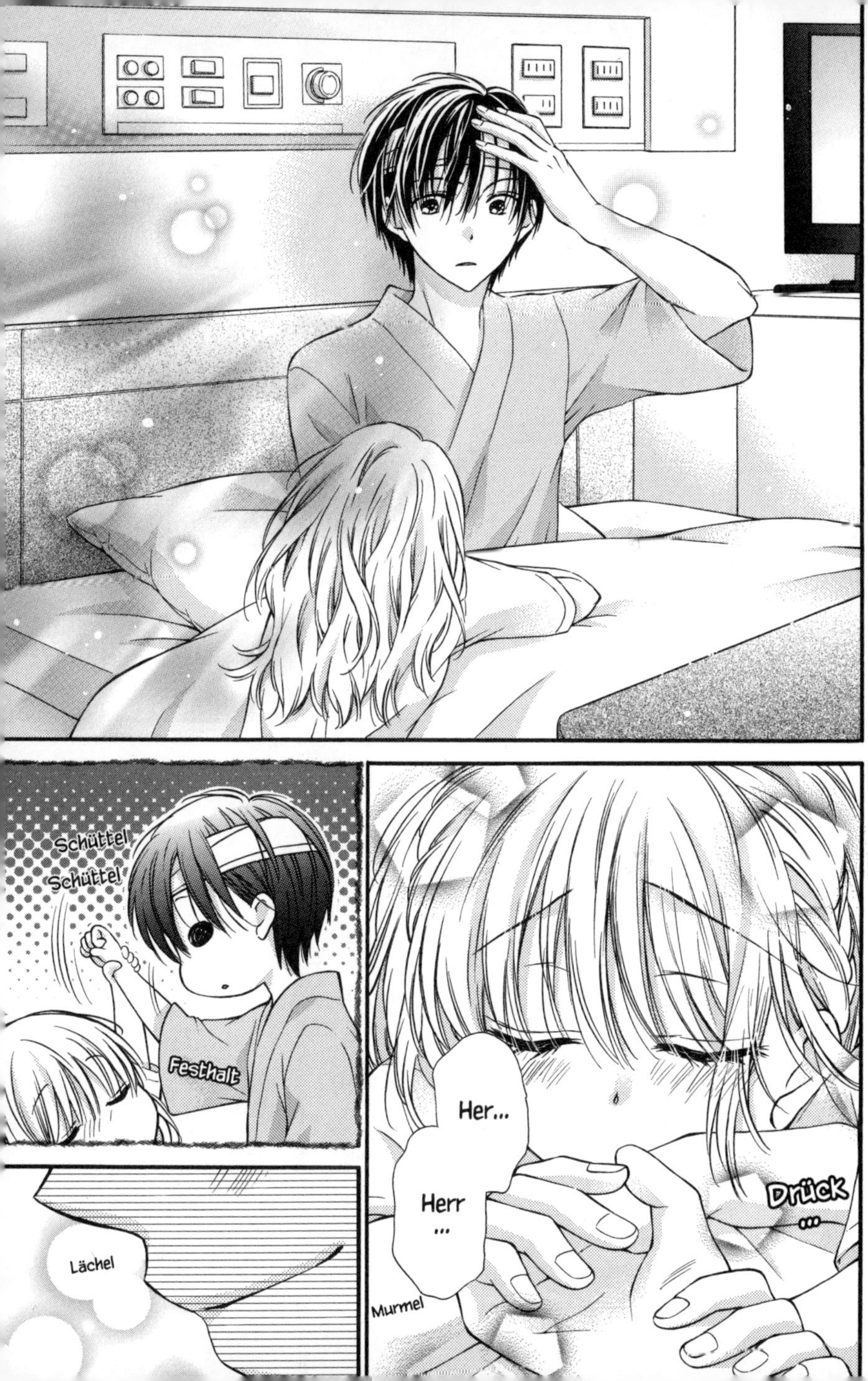

Her...
Herr
...
Drück
...
Murmel
Schüttel
Schüttel
Festhalt
Lächel

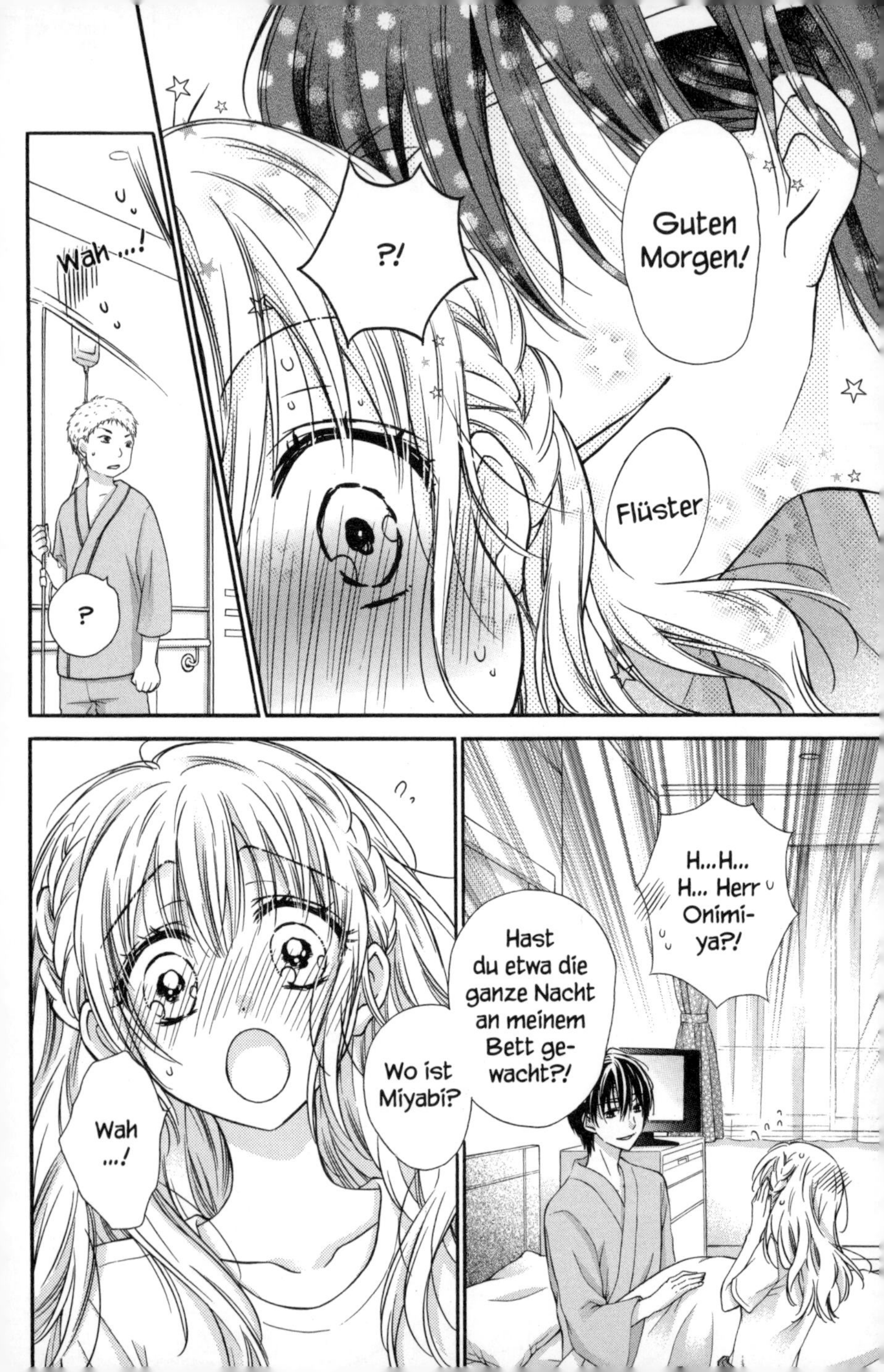
Guten Morgen!
Flüster
?!
Wah ...!
?
H...H... H... Herr Onimi-ya?!
Hast du etwa die ganze Nacht an meinem Bett ge-wacht?!
Wo ist Miyabi?
Wah ...!

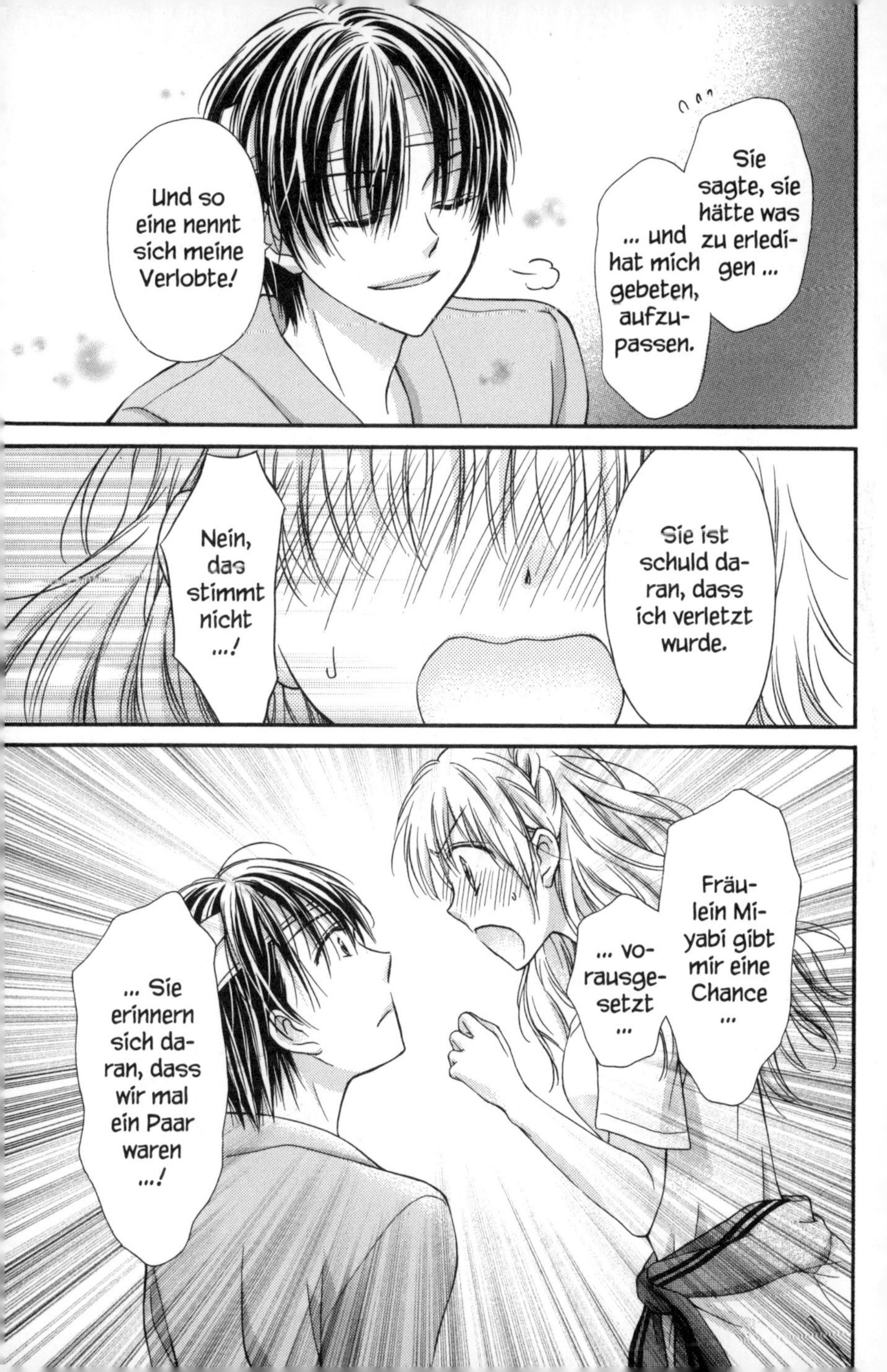

Sie sagte, sie hätte was zu erledigen ...

... und hat mich gebeten, aufzupassen.

Und so eine nennt sich meine Verlobte!

Sie ist schuld daran, dass ich verletzt wurde.

Nein, das stimmt nicht ...!

Fräulein Miyabi gibt mir eine Chance ...

... vorausgesetzt ...

... Sie erinnern sich daran, dass wir mal ein Paar waren ...!

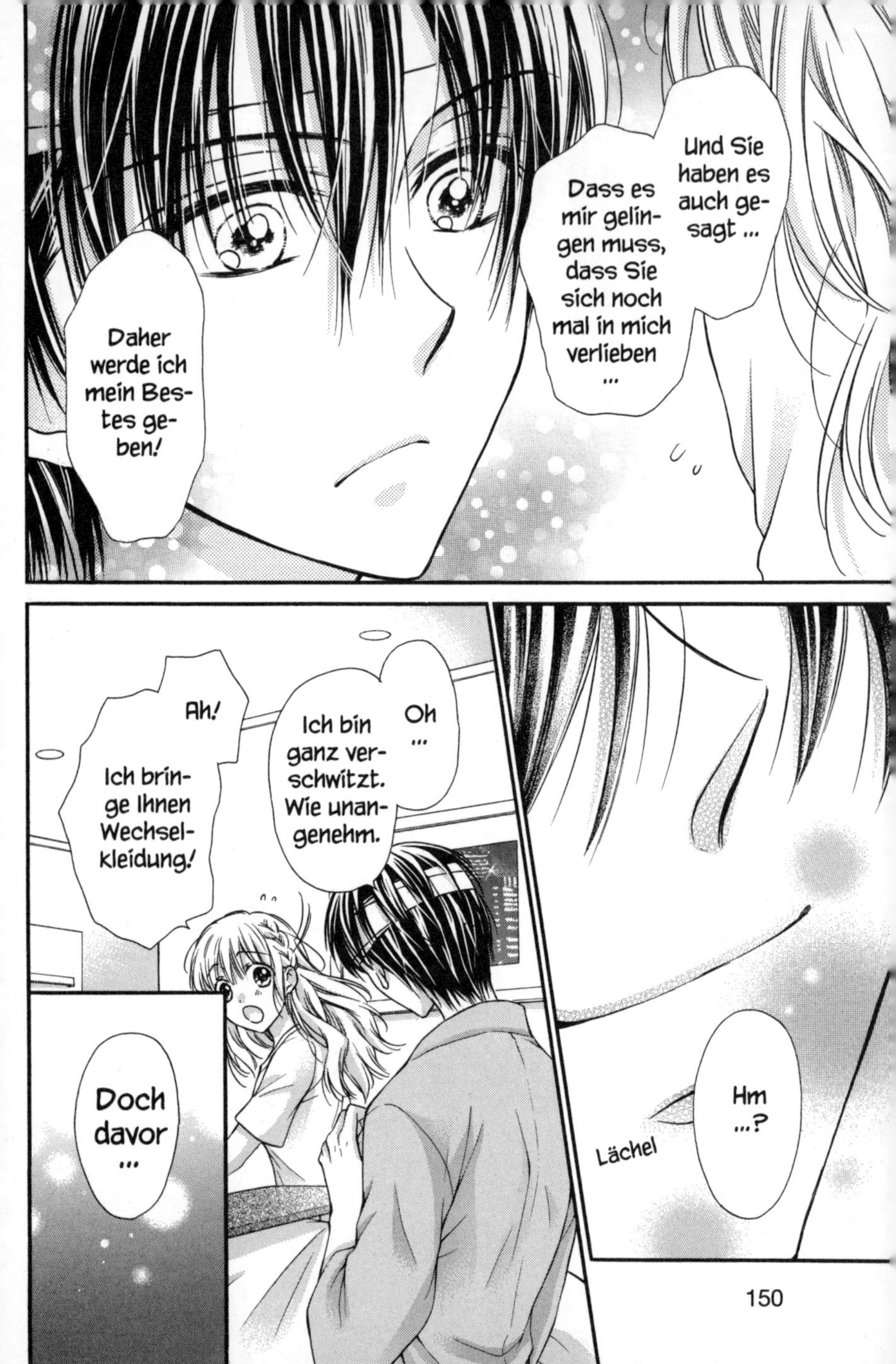
Und Sie haben es auch gesagt ...
Dass es mir gelingen muss, dass Sie sich noch mal in mich verlieben ...
Daher werde ich mein Bestes geben!
Oh ...
Ich bin ganz verschwitzt. Wie unangenehm.
Ah!
Ich bringe Ihnen Wechselkleidung!
Hm ...?
Lächel
Doch davor ...

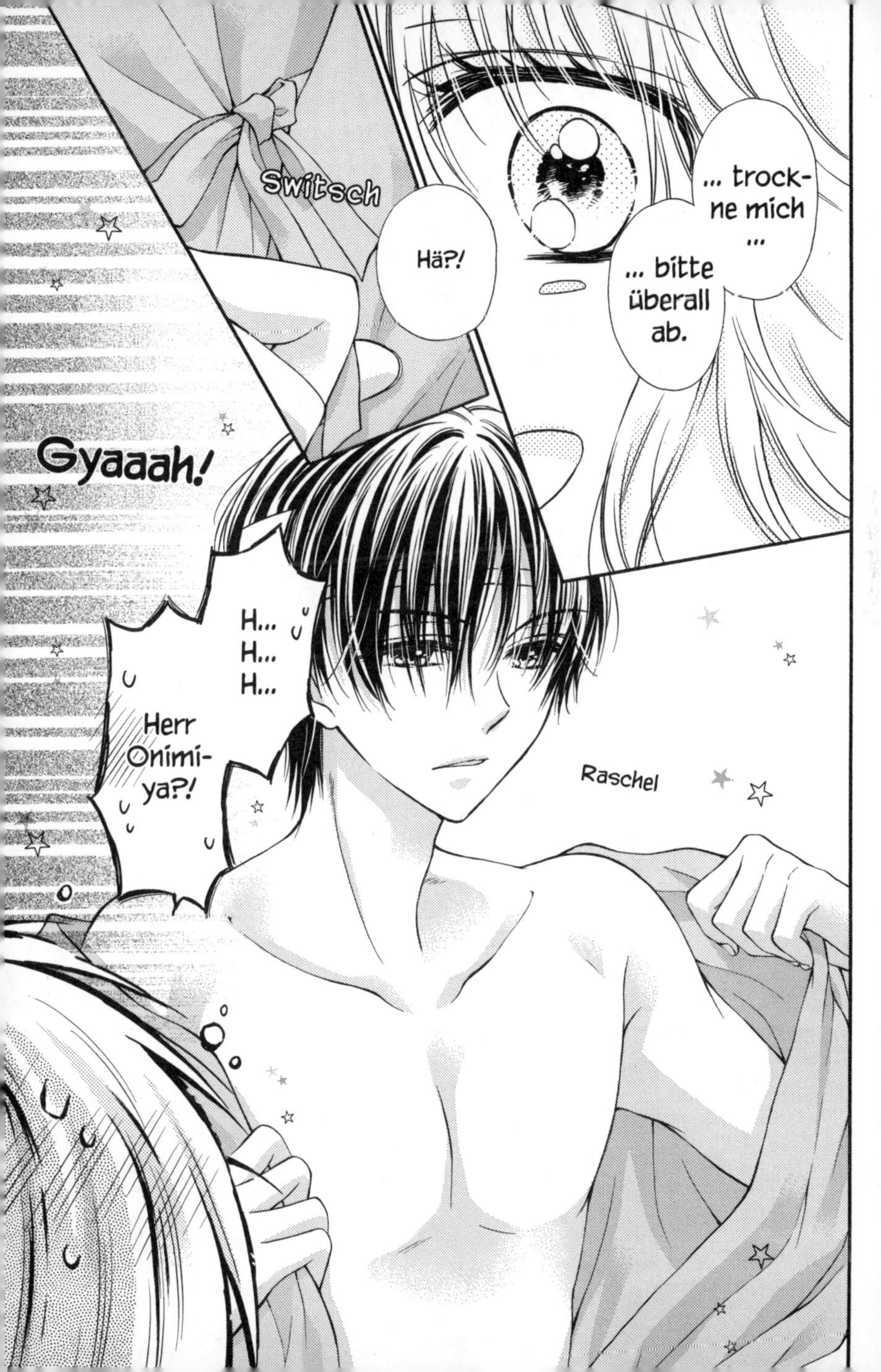
... trock-ne mich ...
... bitte überall ab.
Hä?!
Switsch
Gyaaah!
H... H... H... Herr Onimi-ya?!
Raschel

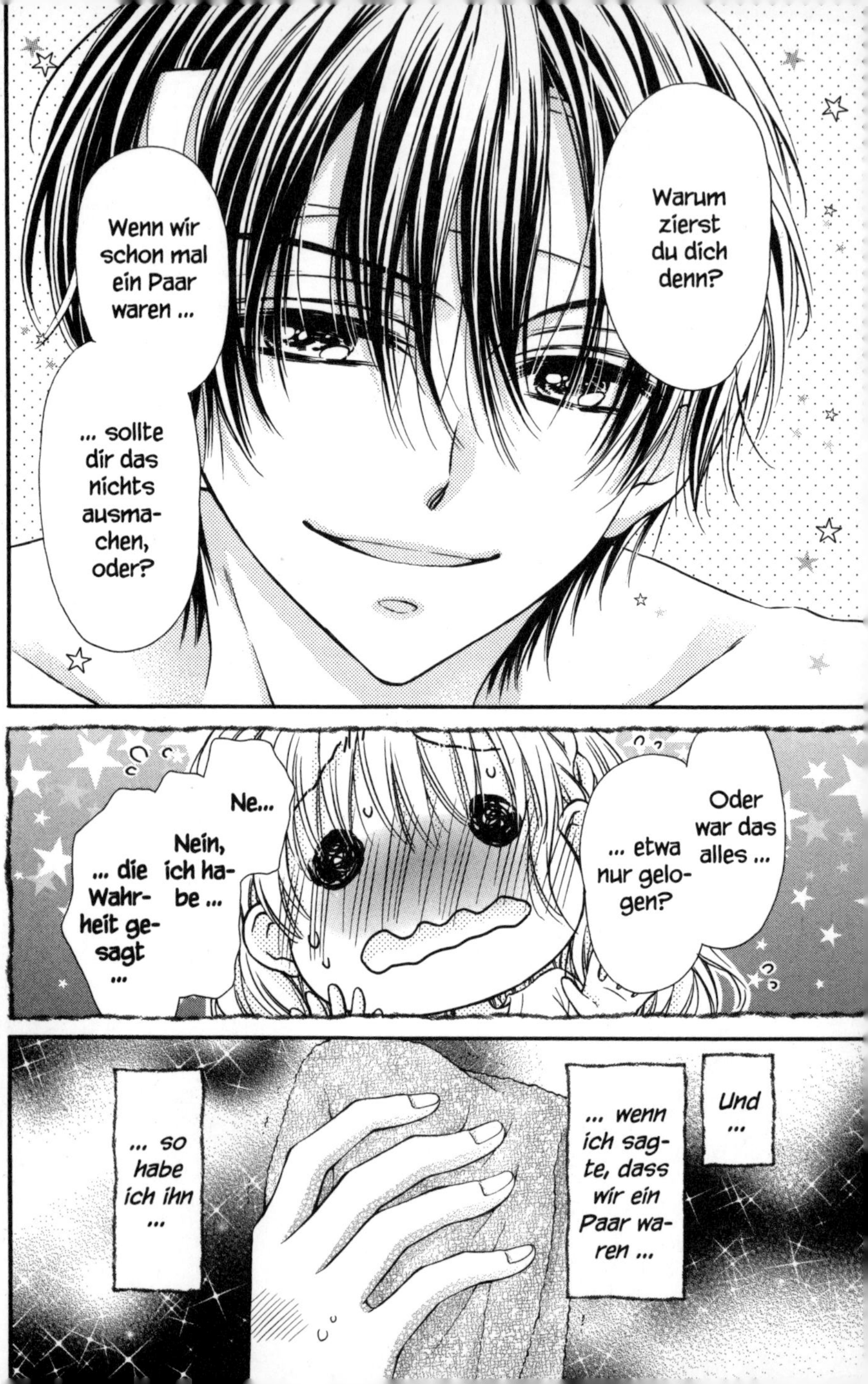

Warum zierst du dich denn?
Wenn wir schon mal ein Paar waren ...
... sollte dir das nichts ausmachen, oder?
Oder war das alles ...
... etwa nur gelogen?
Ne...
Nein, ich habe ...
... die Wahrheit gesagt ...

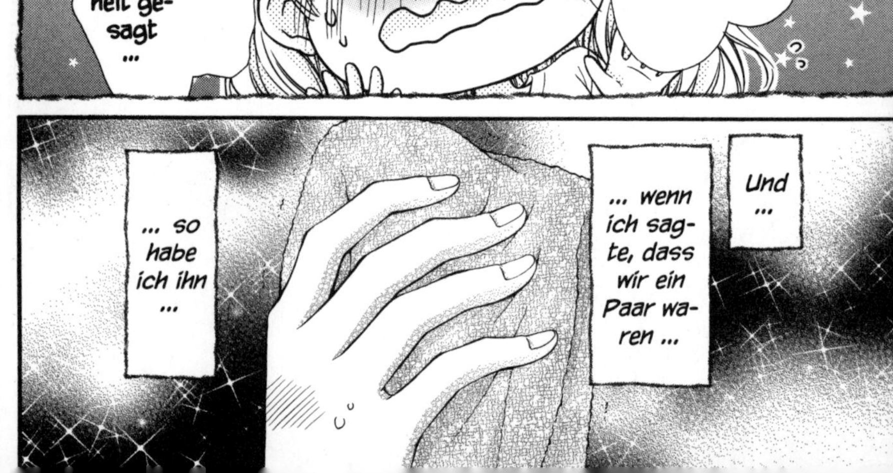

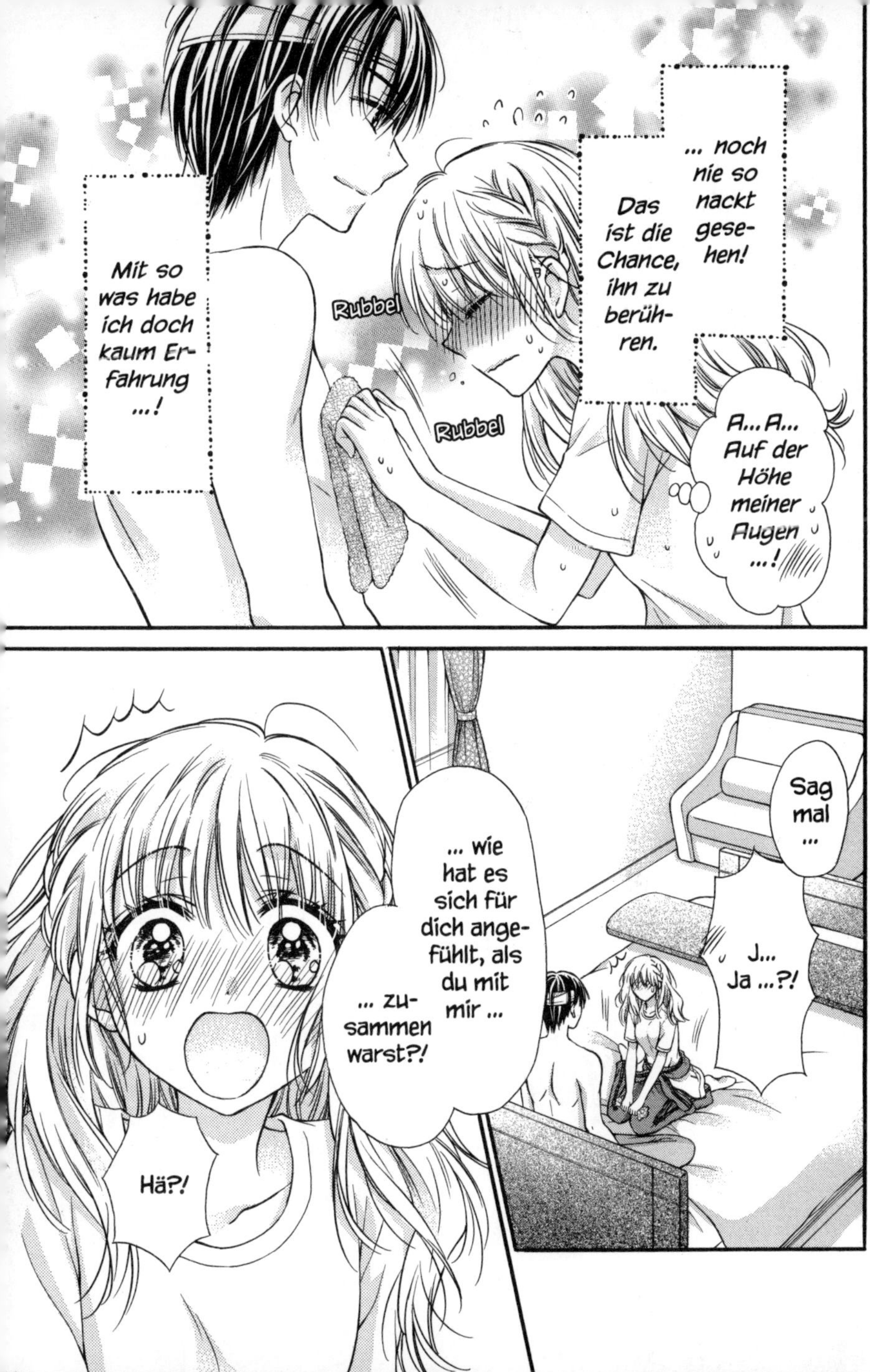

... noch nie so nackt gesehen!

Das ist die Chance, ihn zu berühren.

A... A... Auf der Höhe meiner Augen ...!

Rubbel

Rubbel

Mit so was habe ich doch kaum Erfahrung ...!

Sag mal ...

J... Ja ...?!

... wie hat es sich für dich angefühlt, als du mit mir ...

... zusammen warst?!

Hä?!

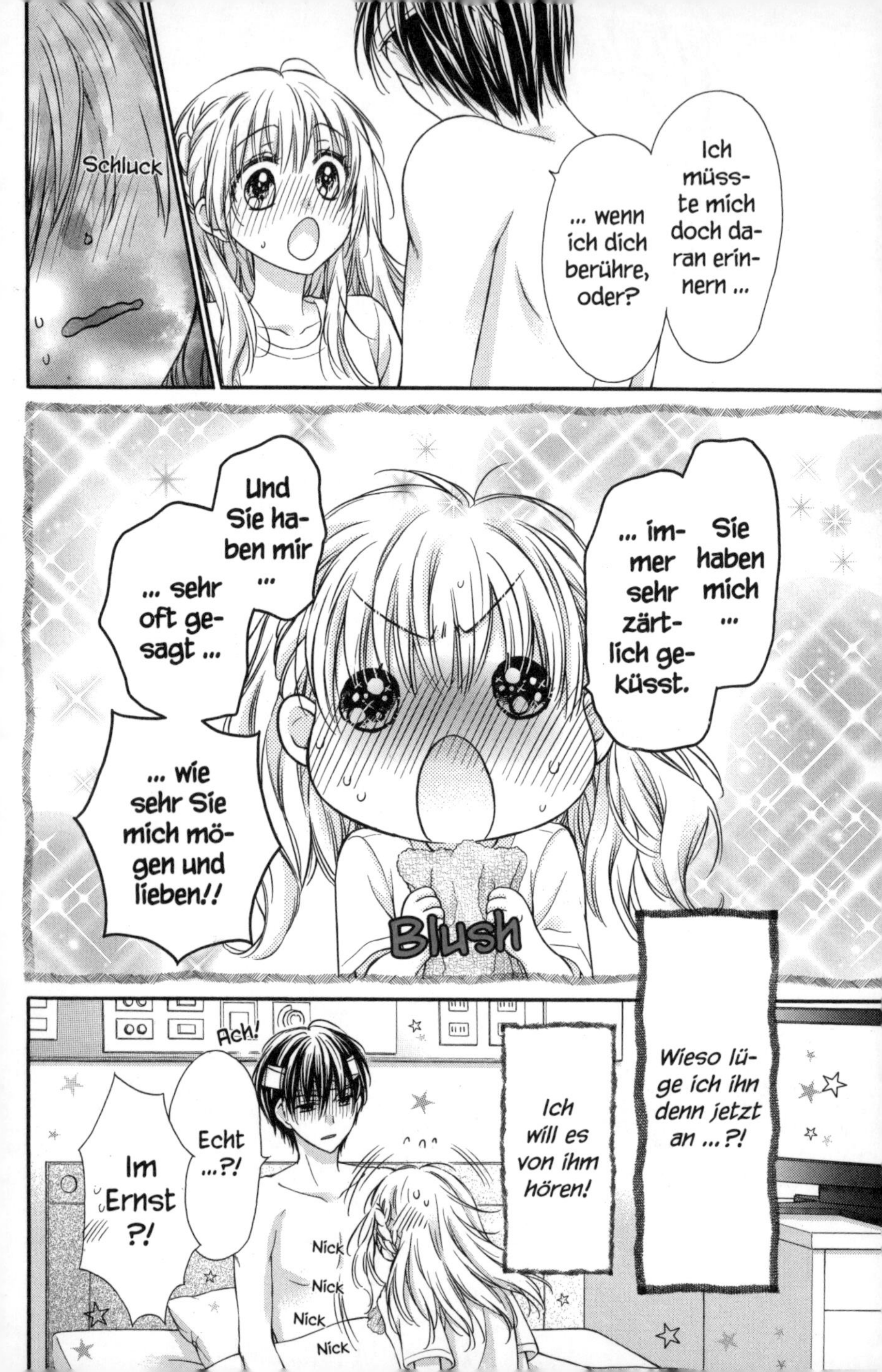
Schluck
Ich müsste mich doch daran erinnern ...
... wenn ich dich berühre, oder?
Sie haben mich ...
... immer sehr zärtlich geküsst.
Und Sie haben mir ...
... sehr oft gesagt ...
... wie sehr Sie mich mögen und lieben!!
Blush
Wieso lüge ich ihn denn jetzt an ...?!
Ich will es von ihm hören!
Ach!
Echt ...?!
Im Ernst ?!
Nick
Nick
Nick
Nick

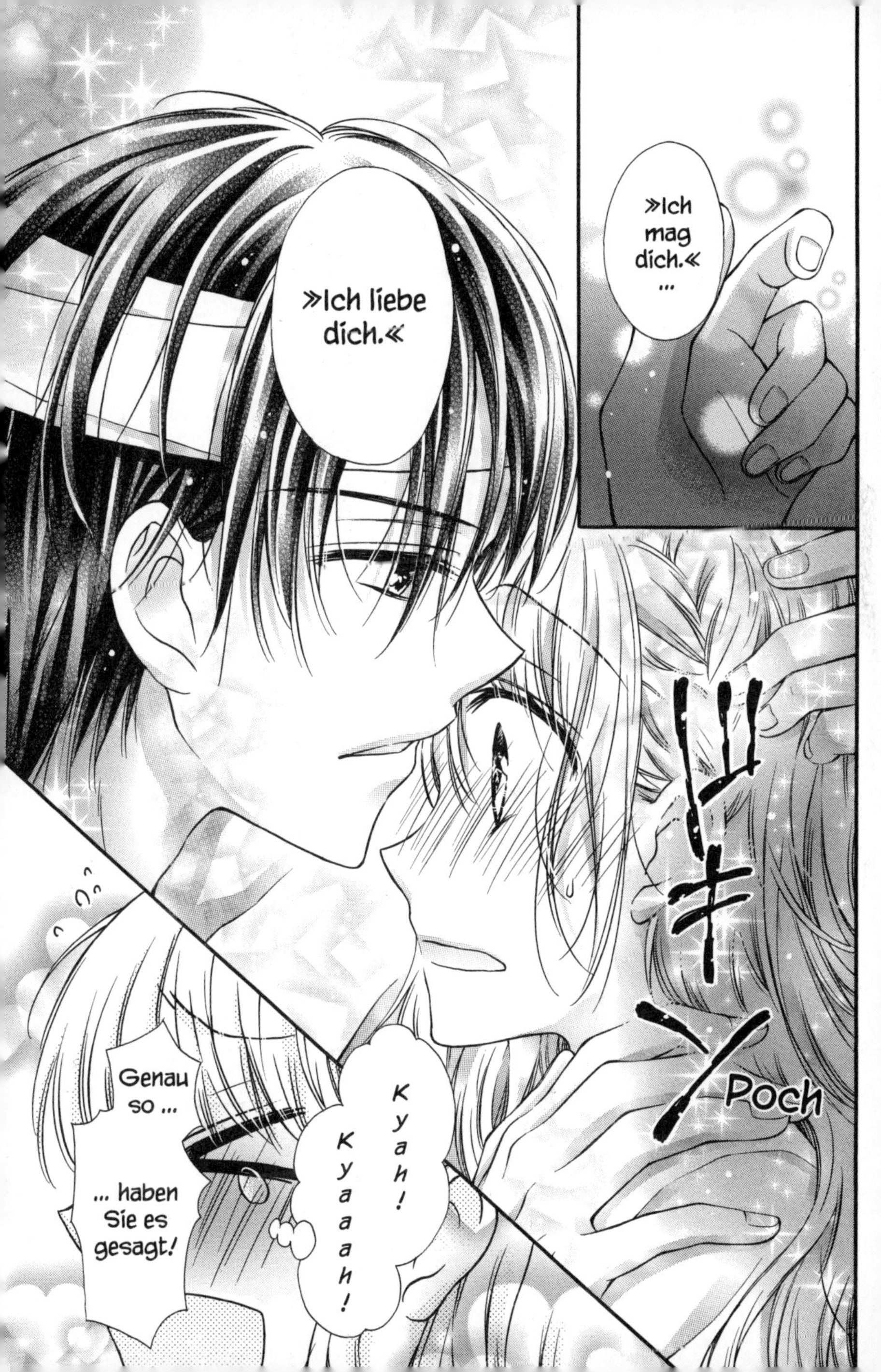
»Ich mag dich.« ...
»Ich liebe dich.«
Poch
Kyah! Kyaaah!
Genau so ...
... haben Sie es gesagt!

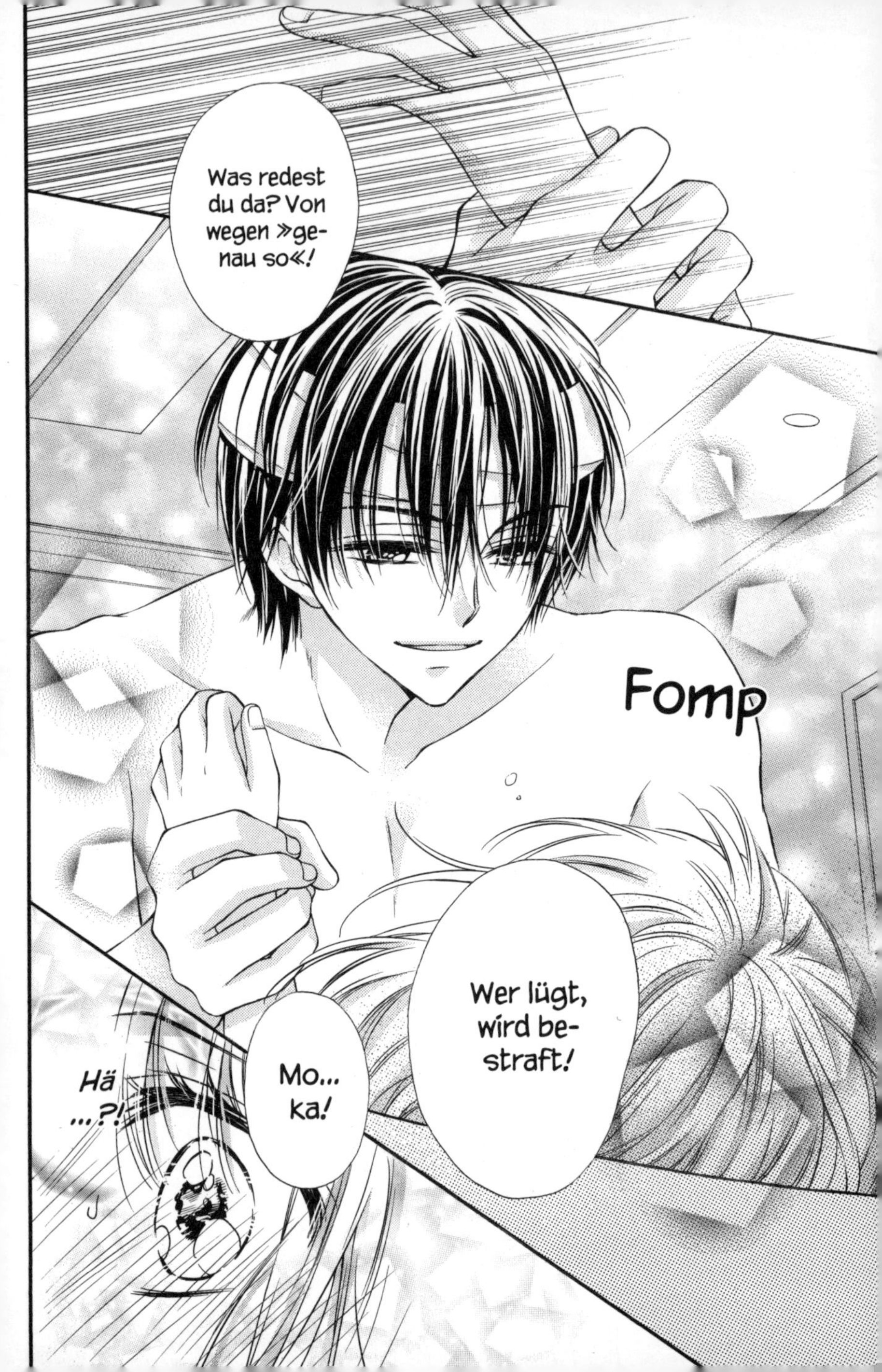
Was redest du da? Von wegen »genau so«!
Fomp
Wer lügt, wird bestraft!
Mo... ka!
Hä ...?!

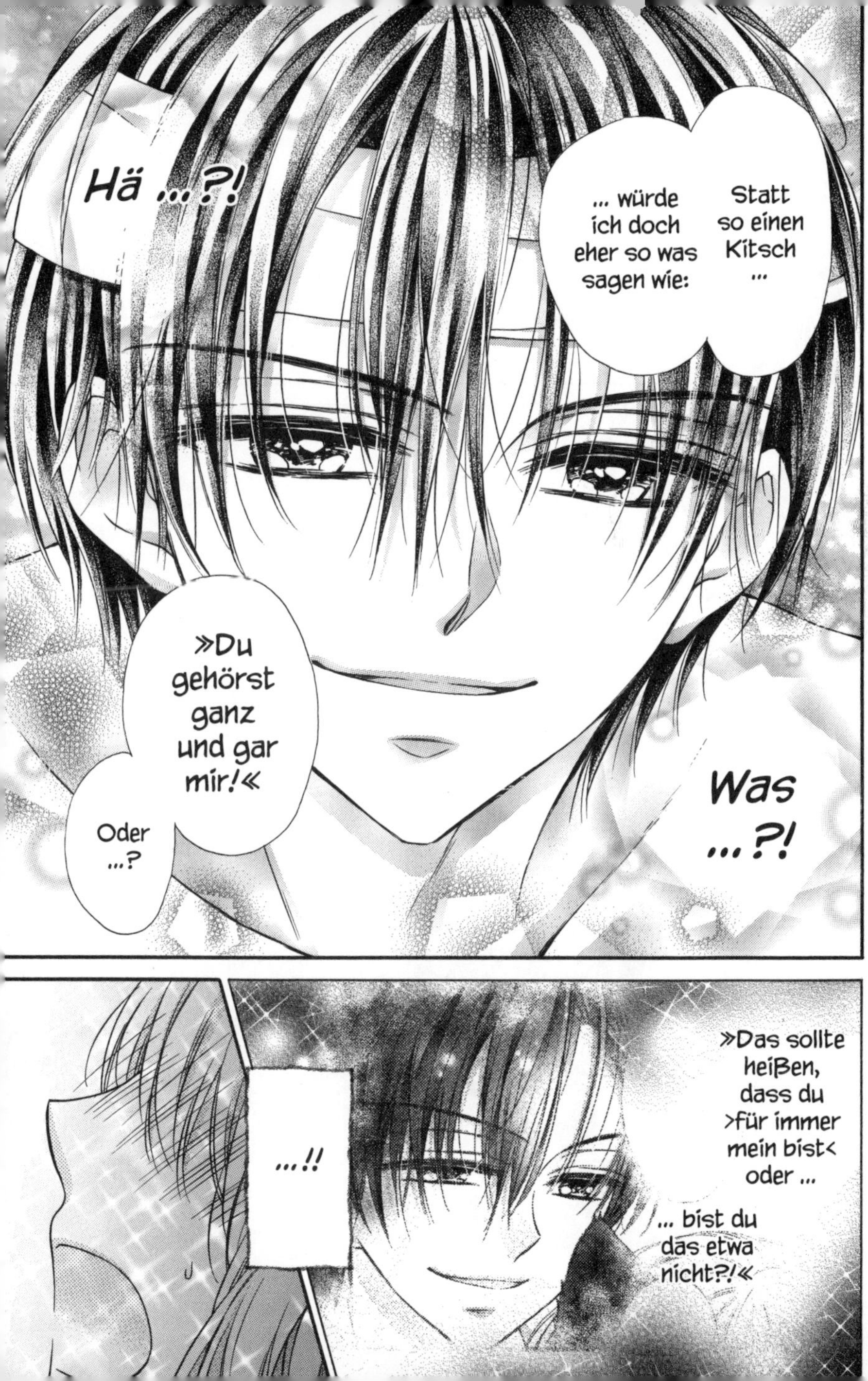

Statt so einen Kitsch ...
... würde ich doch eher so was sagen wie:
Hä ...?!
»Du gehörst ganz und gar mir!«
Oder ...?
Was ...?!

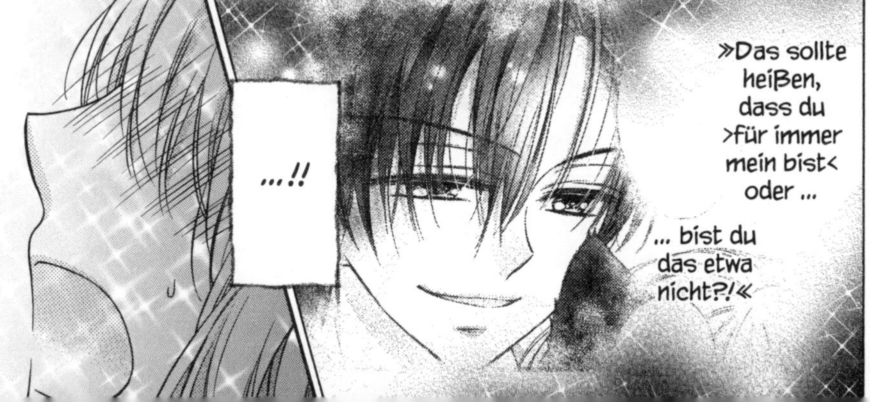
»Das sollte heißen, dass du >für immer mein bist< oder ...
... bist du das etwa nicht?!«
...!!

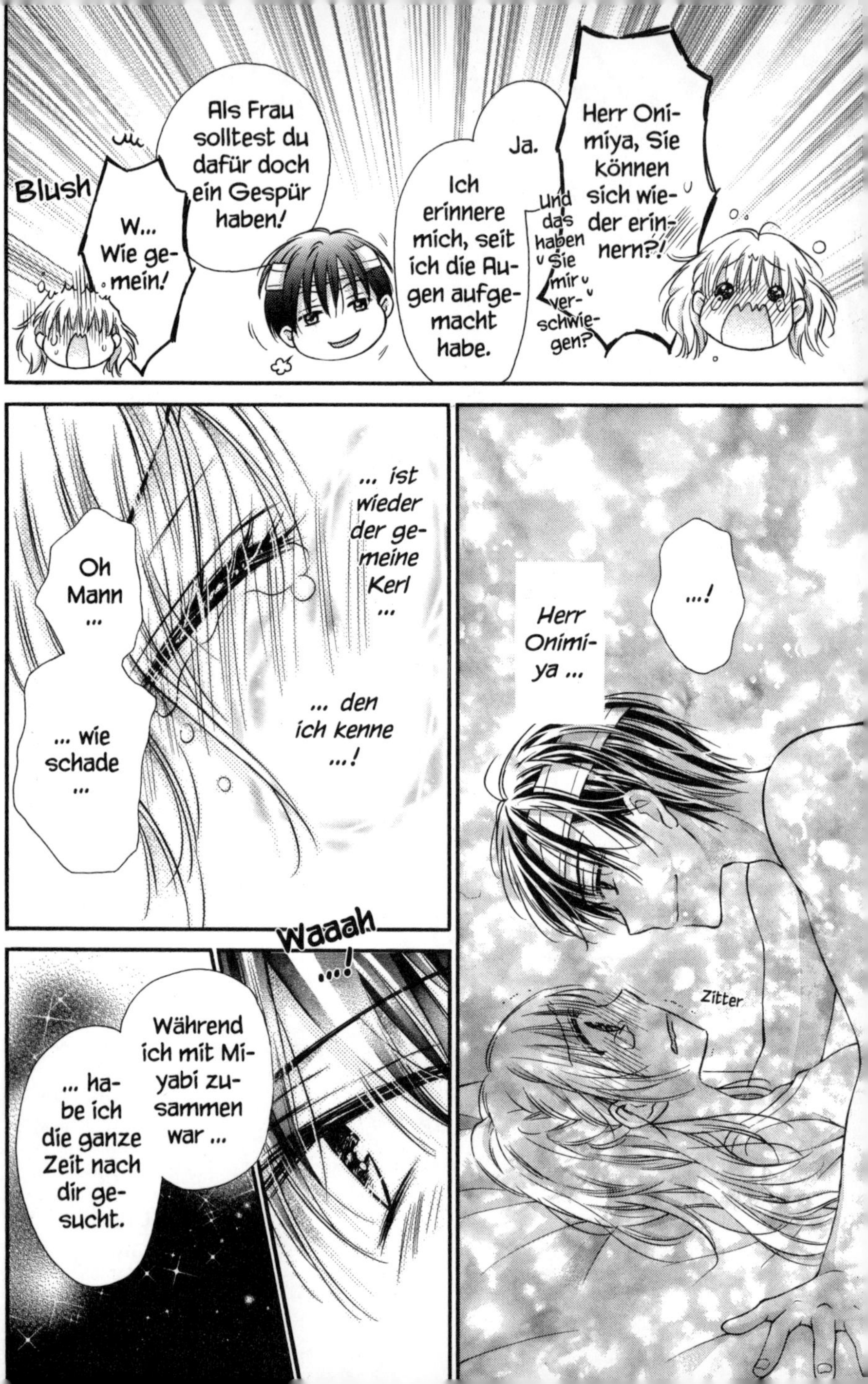

Herr Onimiya, Sie können sich wieder erinnern?!
Und das haben Sie mir verschwiegen?
Ja.
Ich erinnere mich, seit ich die Augen aufgemacht habe.
Als Frau solltest du dafür doch ein Gespür haben!
W... Wie gemein!
Blush

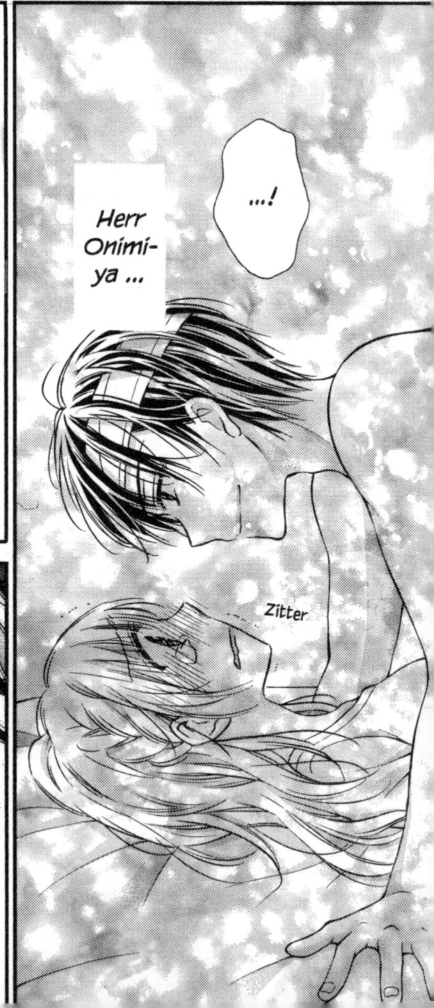

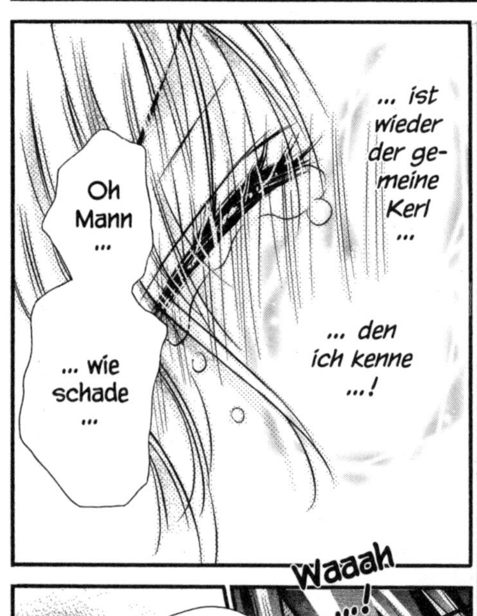

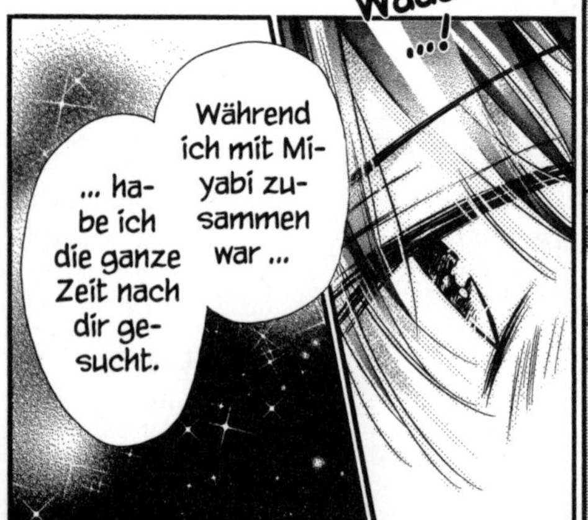

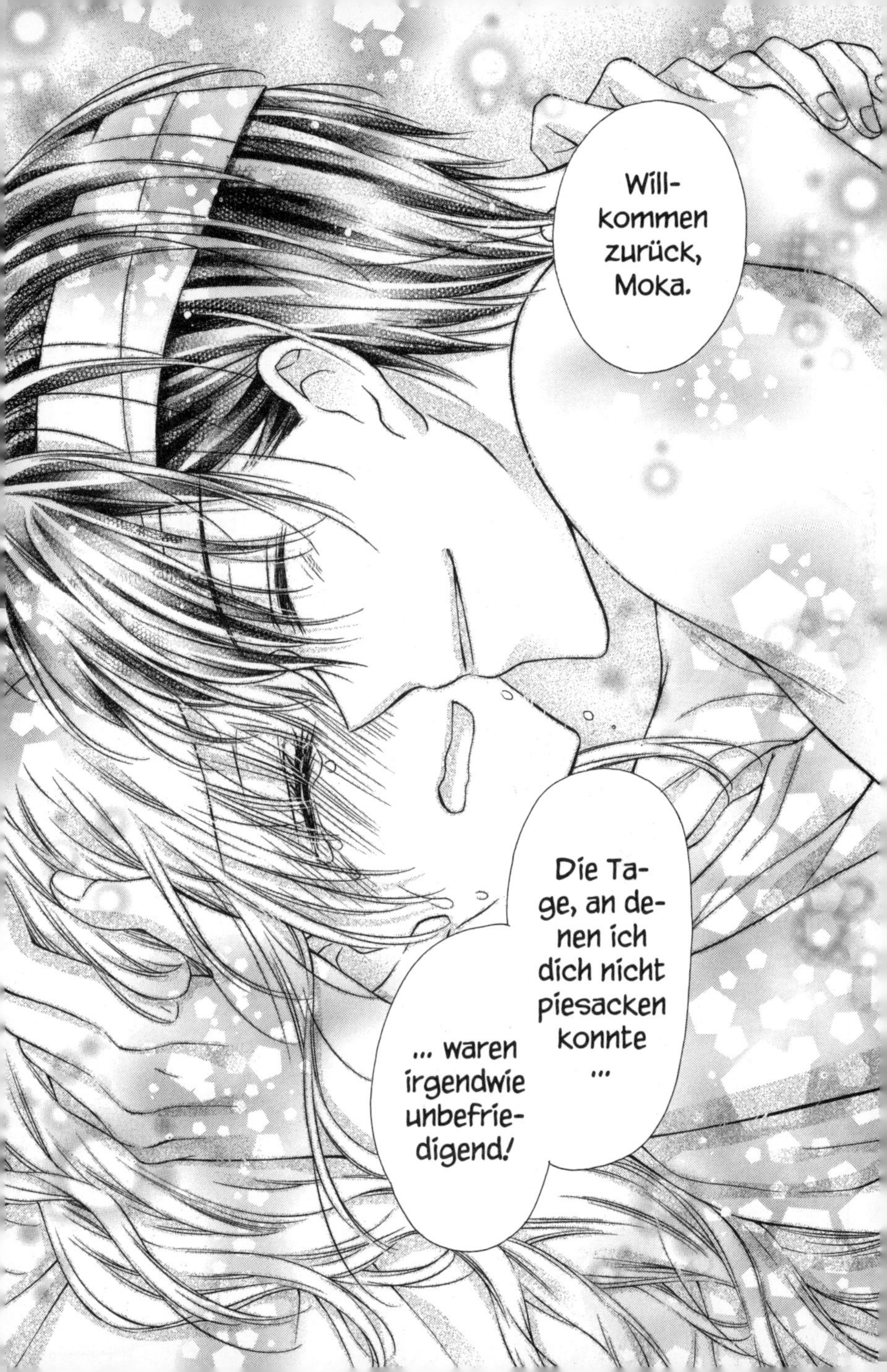
Will-
kommen
zurück,
Moka.
Die Ta-
ge, an de-
nen ich
dich nicht
piesacken
konnte
...
... waren
irgendwie
unbefrie-
digend!

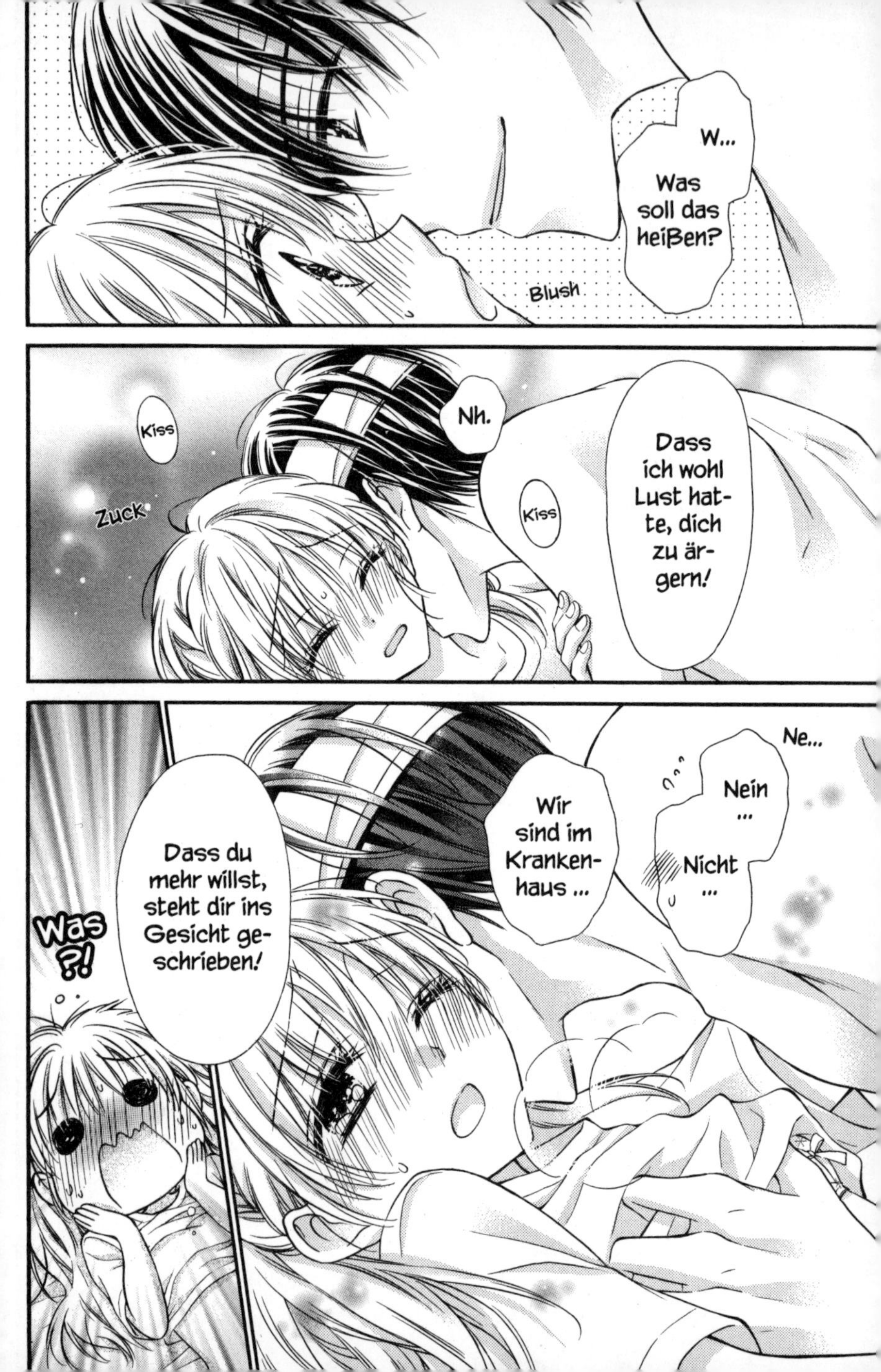
W...
Was soll das heißen?
Blush
Dass ich wohl Lust hat-te, dich zu är-gern!
Nh.
Kiss
Kiss
Zuck
Ne...
Nein ...
Nicht ...
Wir sind im Kranken-haus ...
Dass du mehr willst, steht dir ins Gesicht ge-schrieben!
Was?!

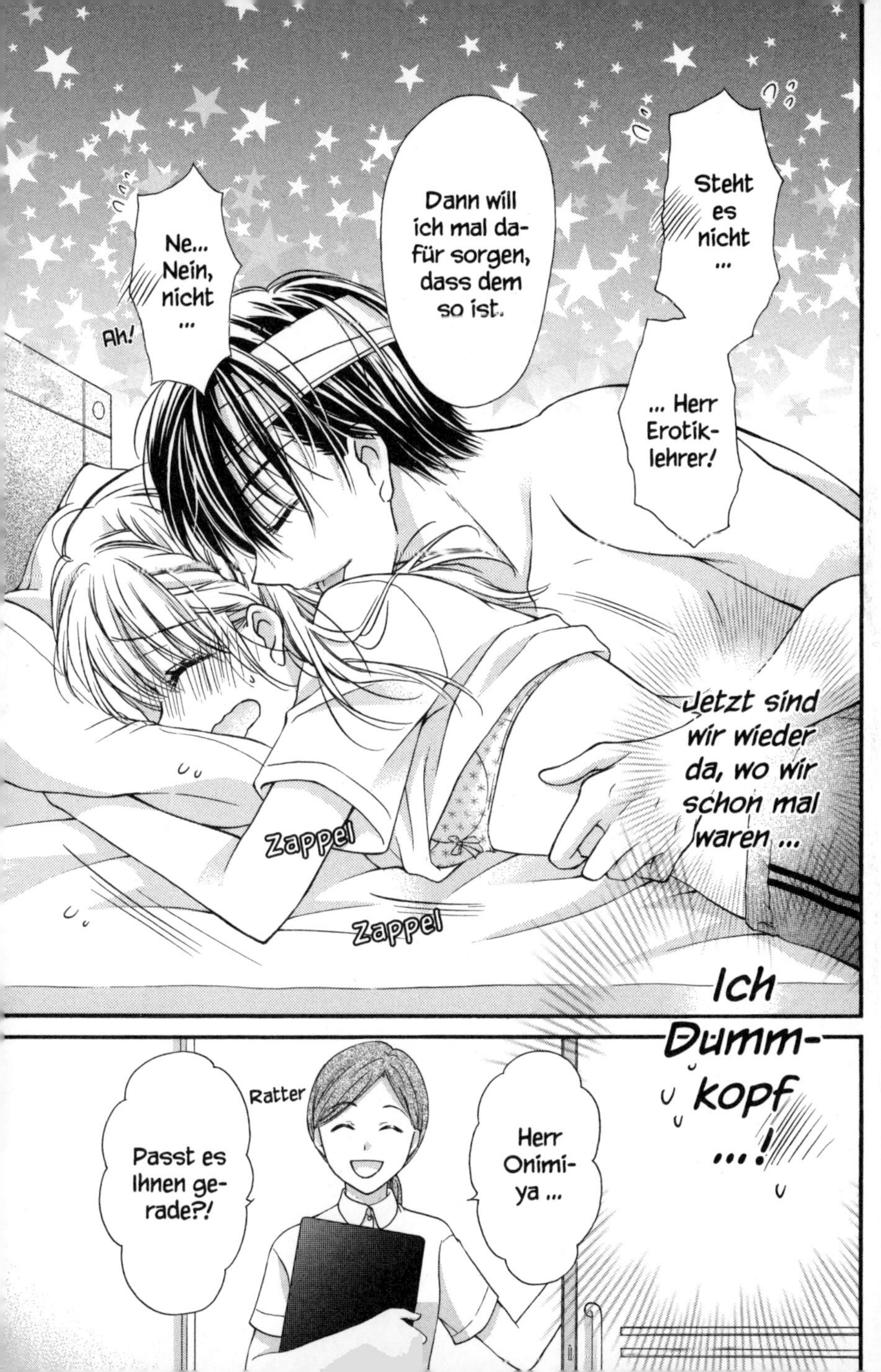
Steht es nicht ...
... Herr Erotiklehrer!
Dann will ich mal dafür sorgen, dass dem so ist.
Ne... Nein, nicht ...
Ah!
Jetzt sind wir wieder da, wo wir schon mal waren ...
Zappel
Zappel
Ich Dummkopf ...!
Herr Onimiya ...
Ratter
Passt es Ihnen gerade?!

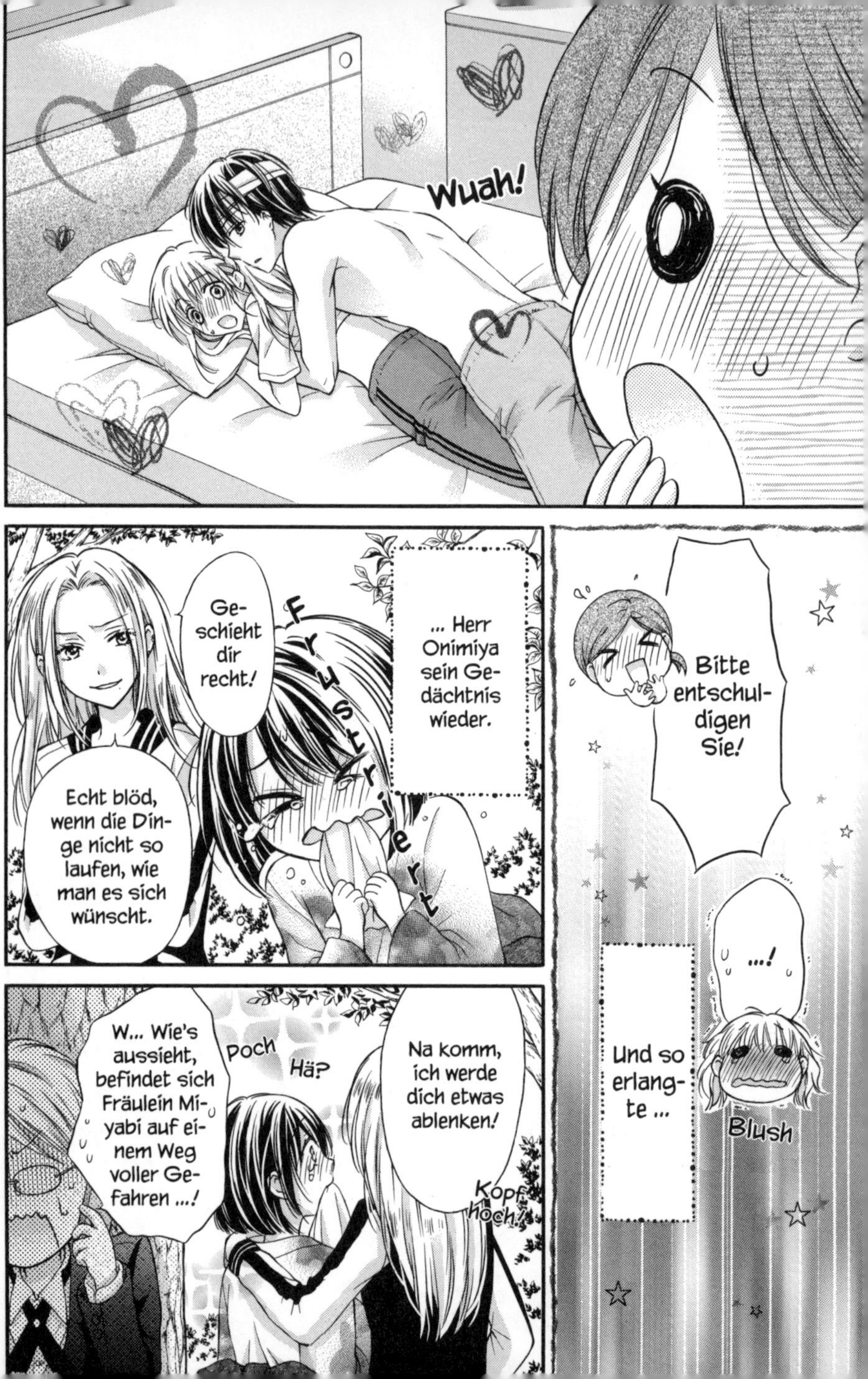

Wuah!

Bitte entschuldigen Sie!

...!

Blush

Und so erlangte ...

... Herr Onimiya sein Gedächtnis wieder.

Geschieht dir recht!

Frustriert

Echt blöd, wenn die Dinge nicht so laufen, wie man es sich wünscht.

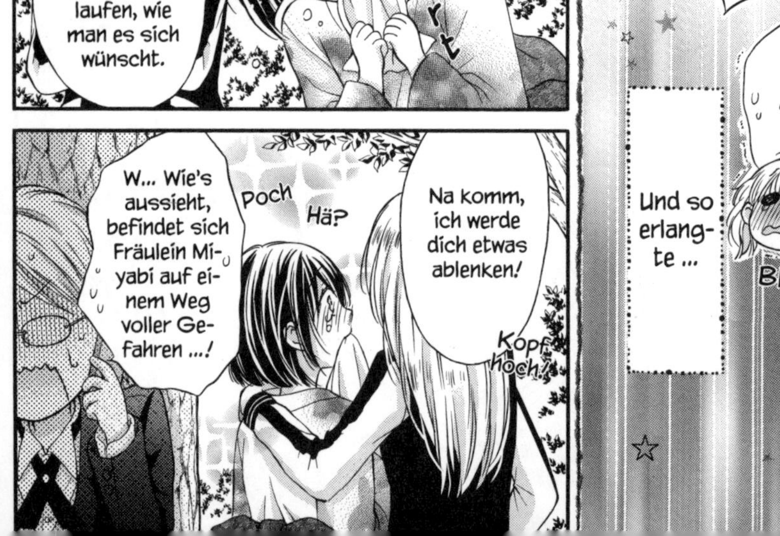

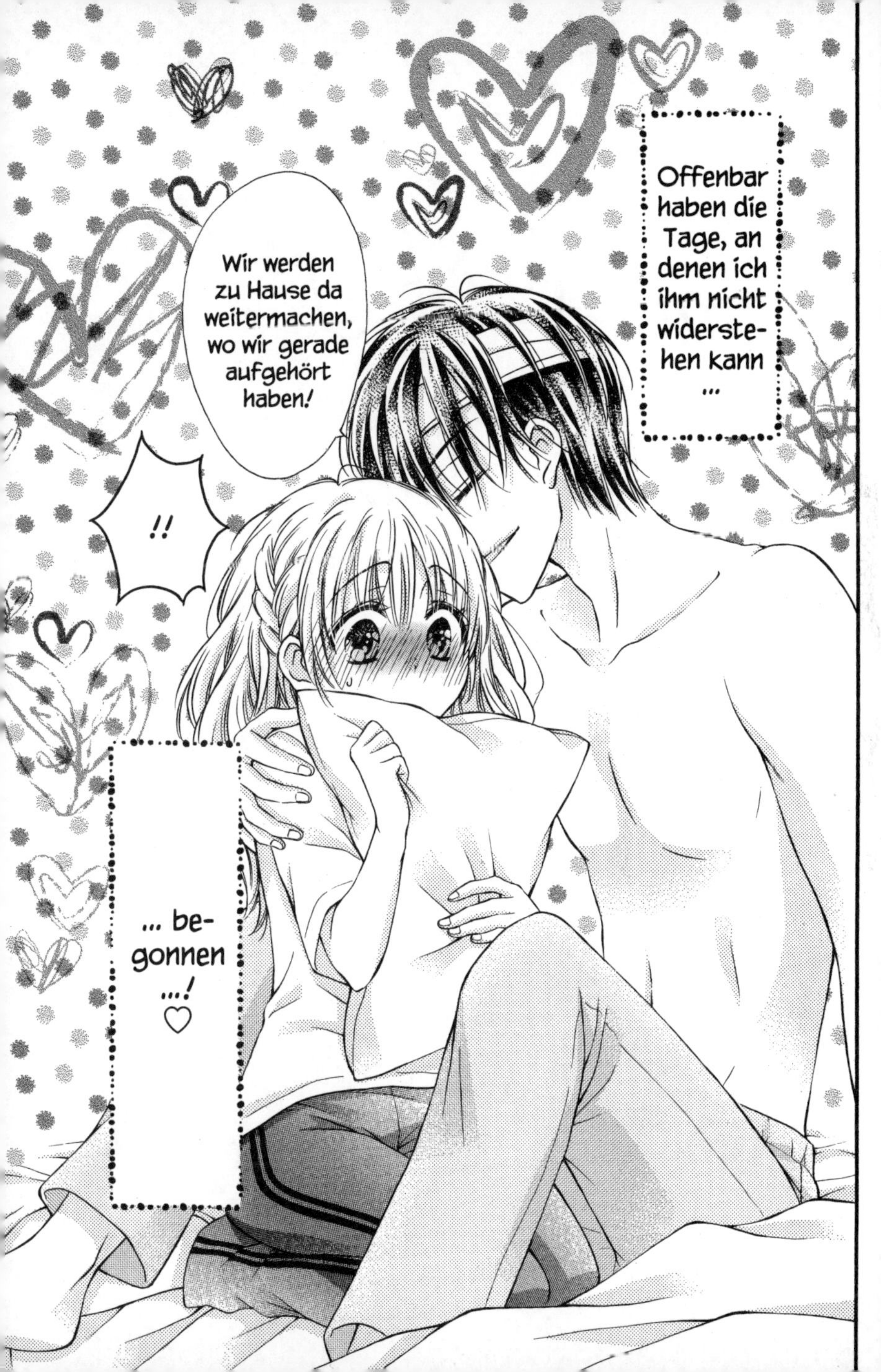
Offenbar haben die Tage, an denen ich ihm nicht widerstehen kann ...
Wir werden zu Hause da weitermachen, wo wir gerade aufgehört haben!
!!
... begonnen ...! ♡

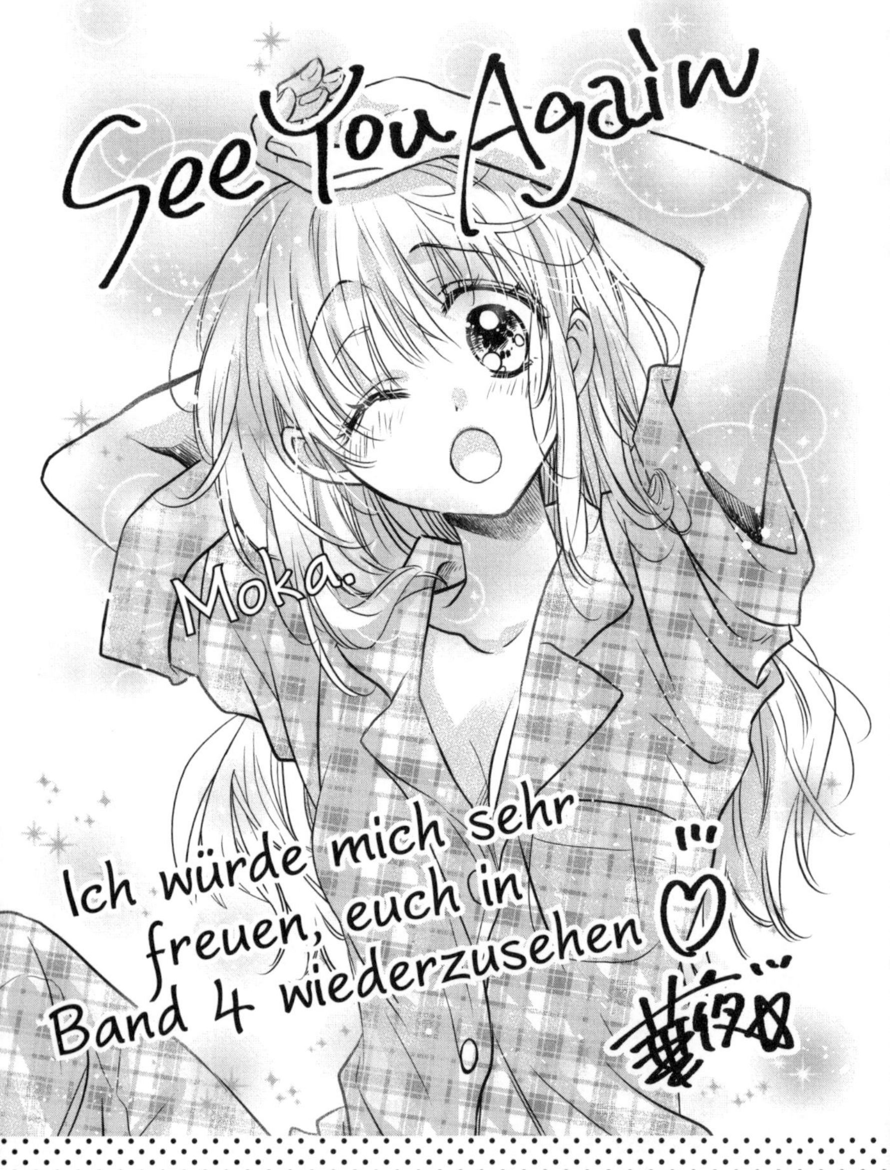
See You Again
Moka.
Ich würde mich sehr freuen, euch in Band 4 wiederzusehen ♡

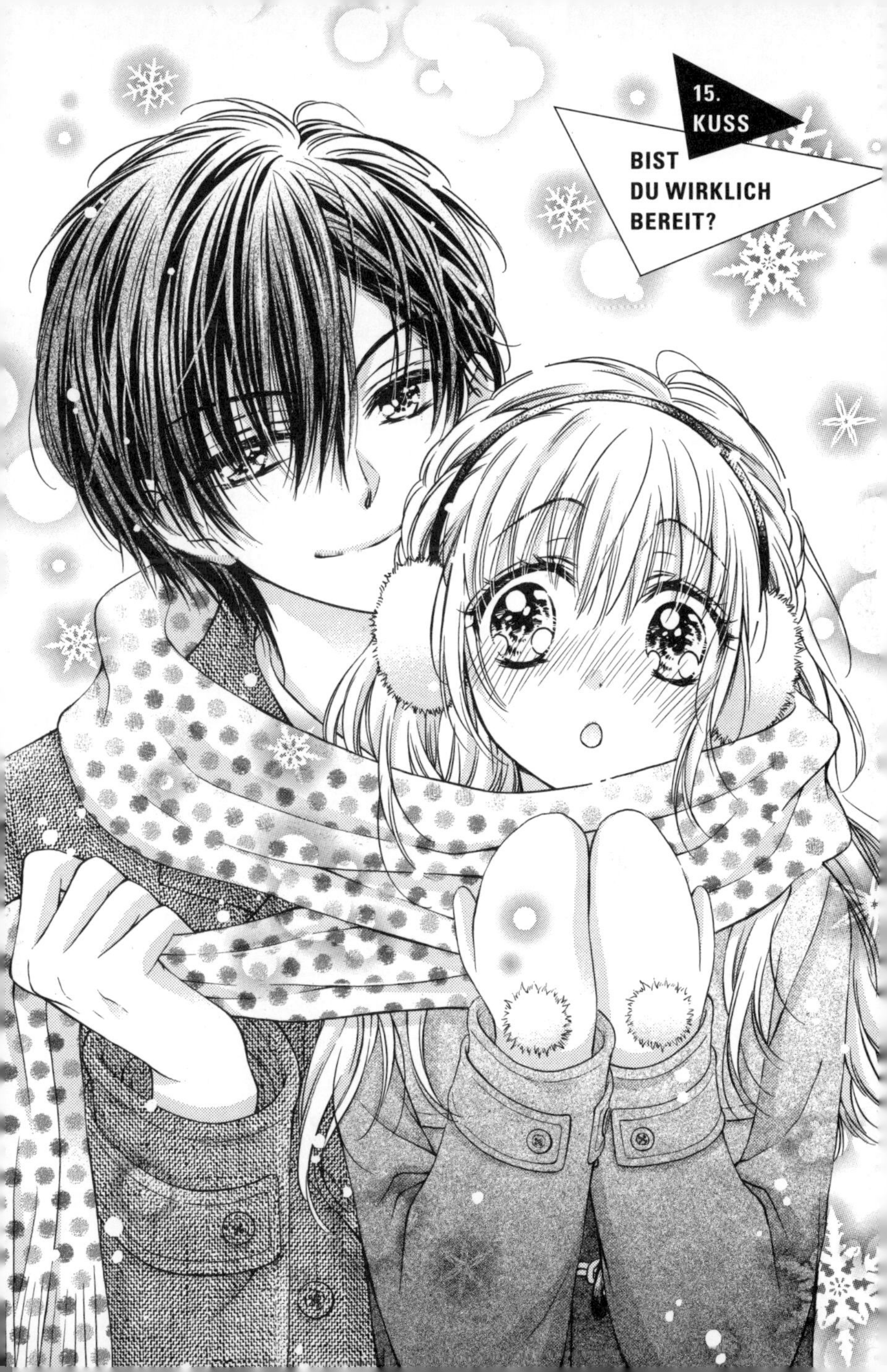
15.
KUSS
BIST
DU WIRKLICH
BEREIT?

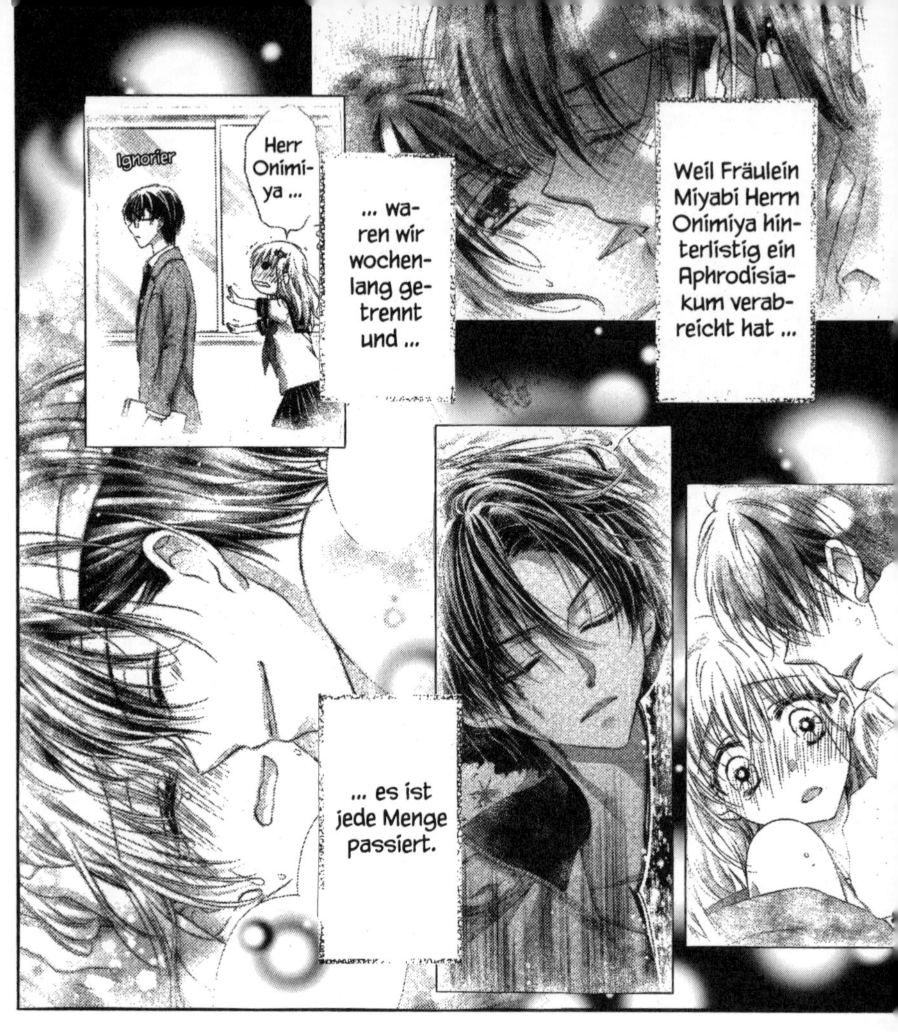

Deine teuflischen Küsse

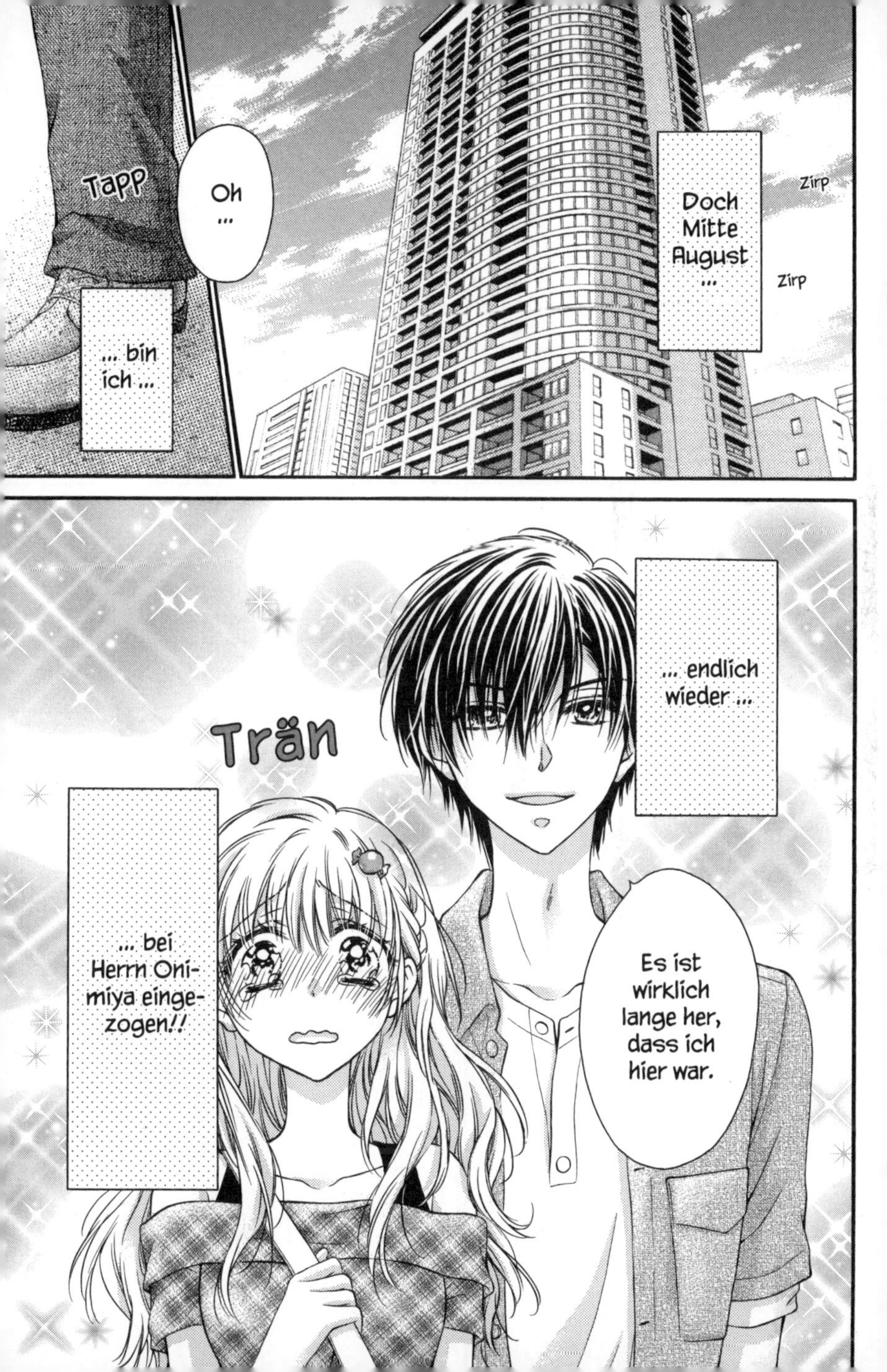

Zirp
Zirp
Doch Mitte August ...
Oh ...
Tapp
... bin ich ...
... endlich wieder ...
Es ist wirklich lange her, dass ich hier war.
Trän
... bei Herrn Onimiya eingezogen!!

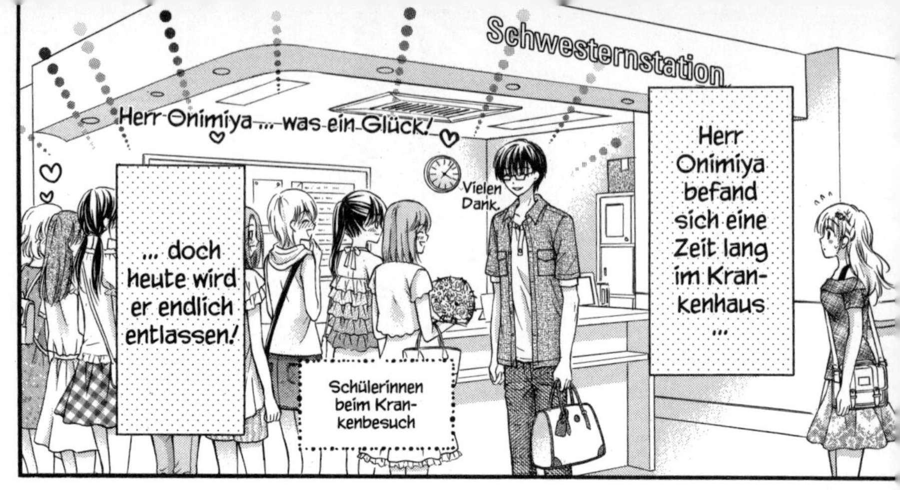

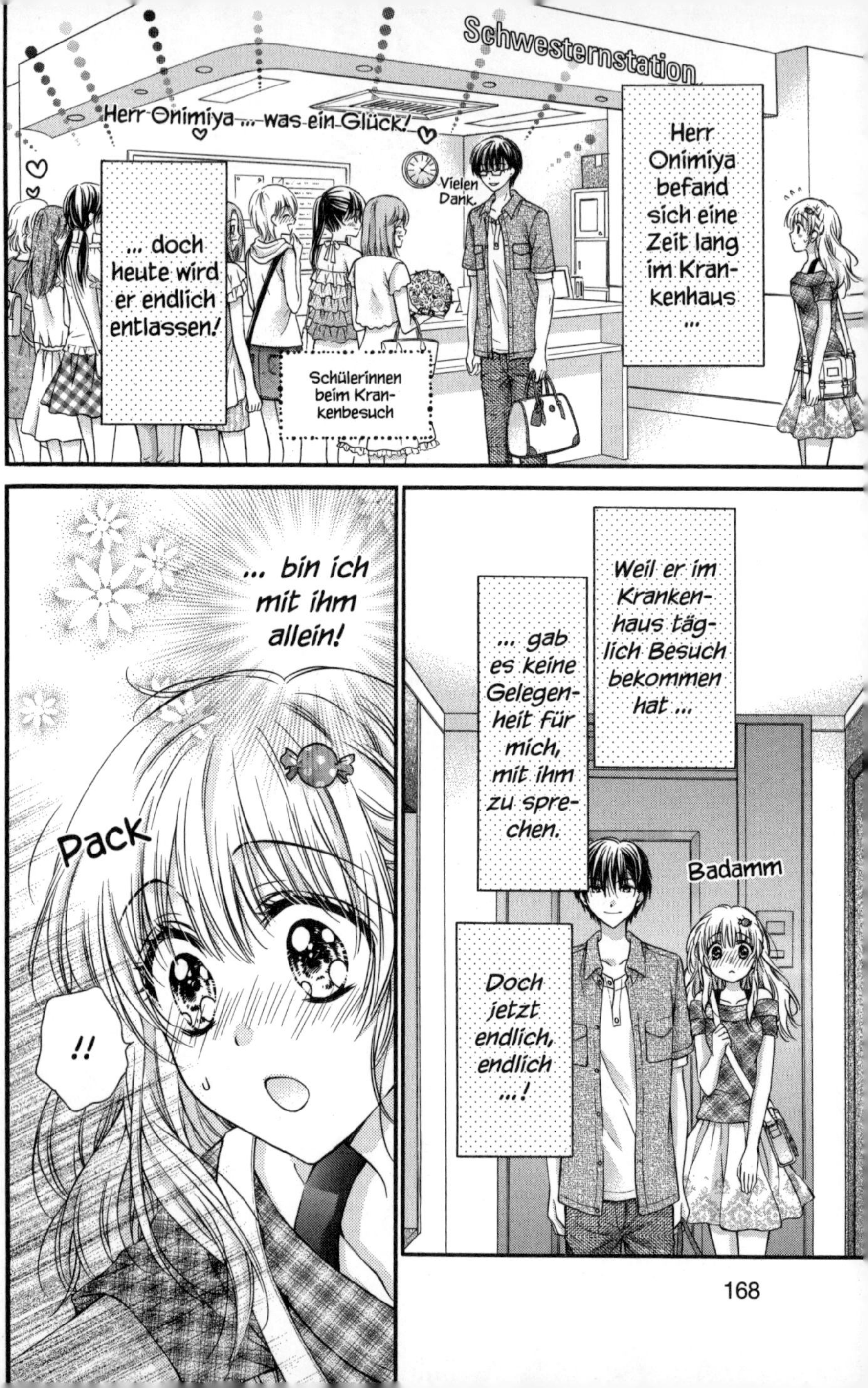

Weil er im Krankenhaus täglich Besuch bekommen hat ...

... gab es keine Gelegenheit für mich, mit ihm zu sprechen.

Badamm

Doch jetzt endlich, endlich ...!

... bin ich mit ihm allein!

Pack

!!

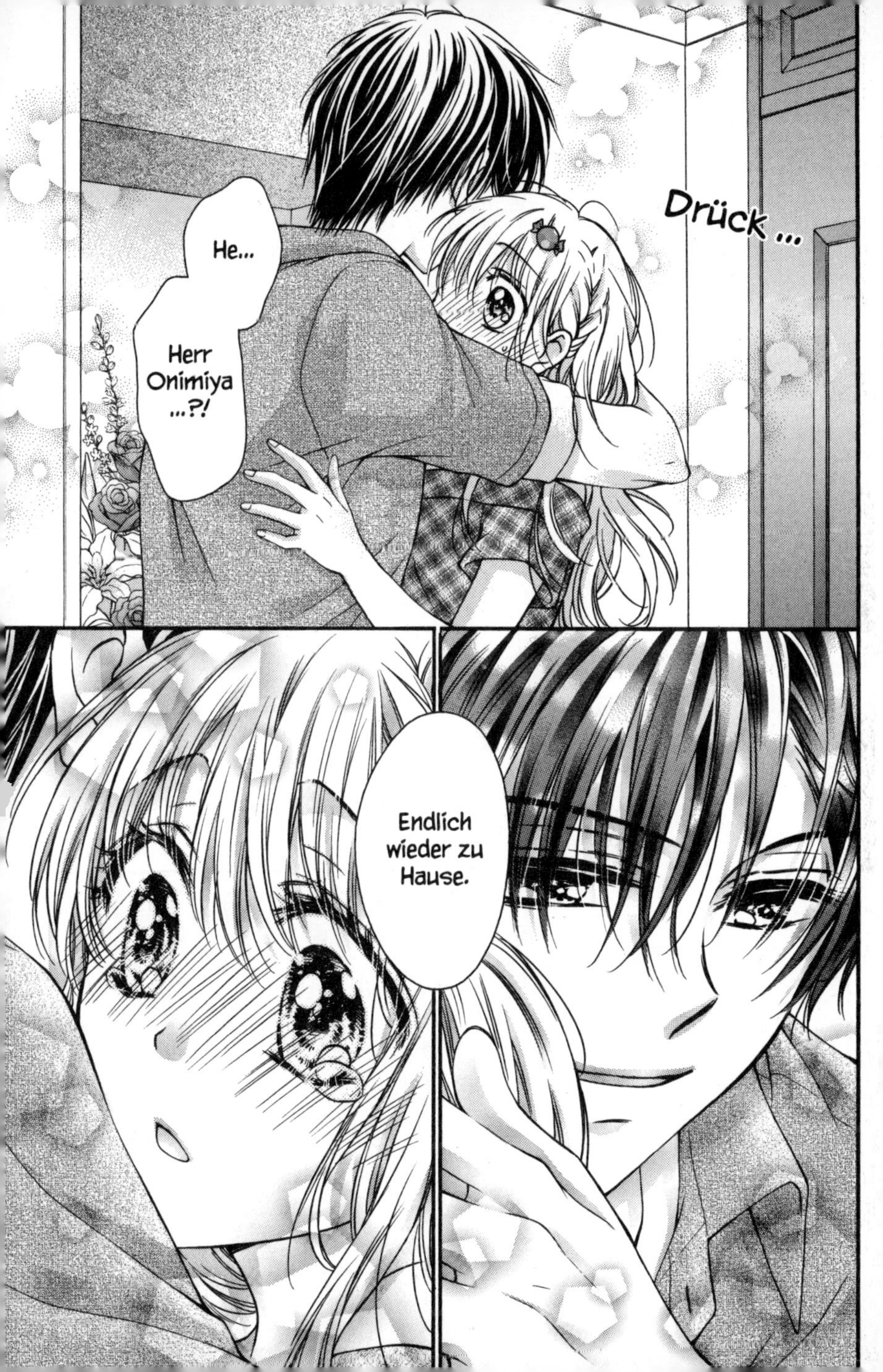
Drück ...
He...
Herr Onimiya ...?!
Endlich wieder zu Hause.

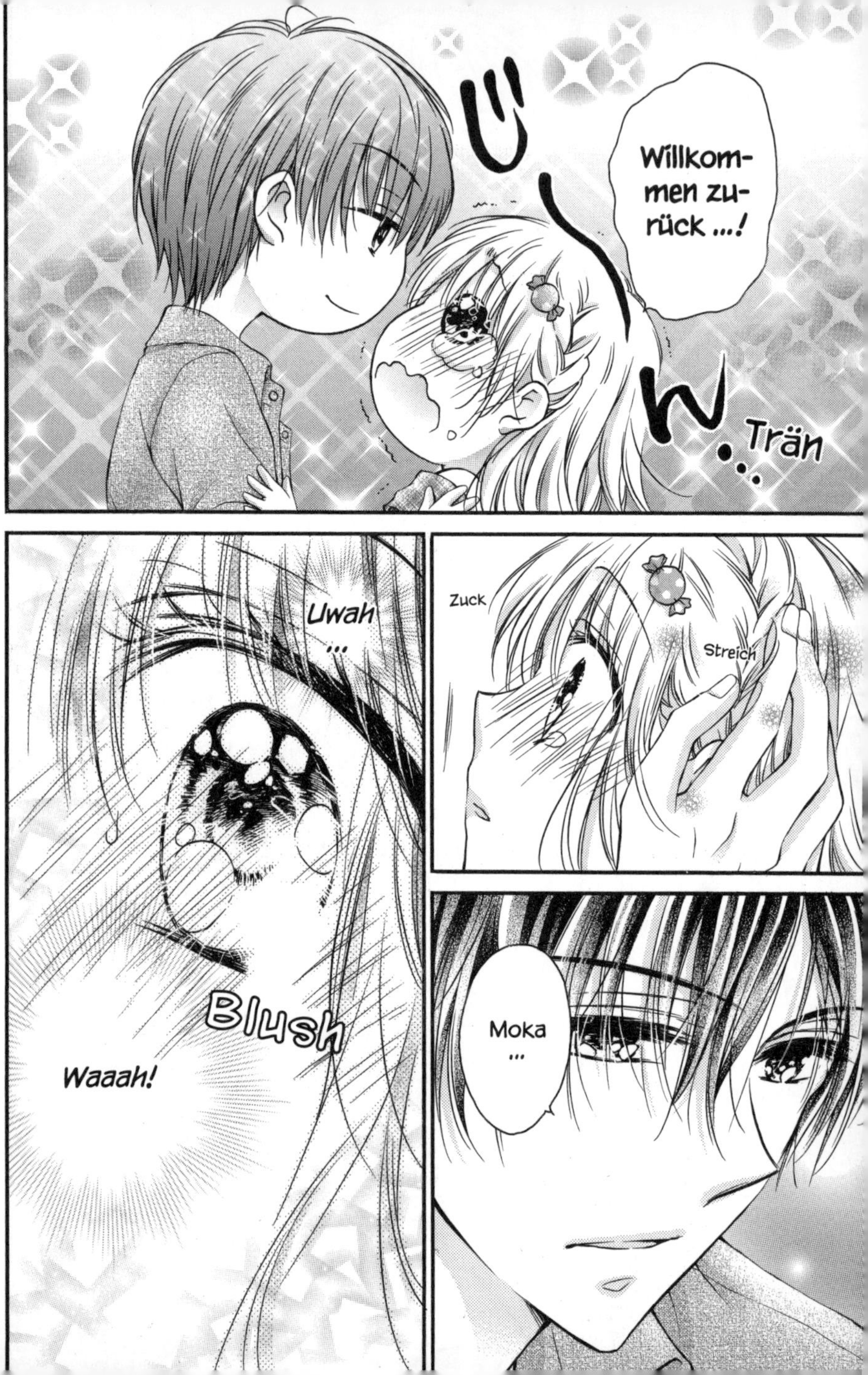

Willkommen zurück ...!
Trän ...
Zuck
Streich
Uwah ...
Blush
Waaah!
Moka ...

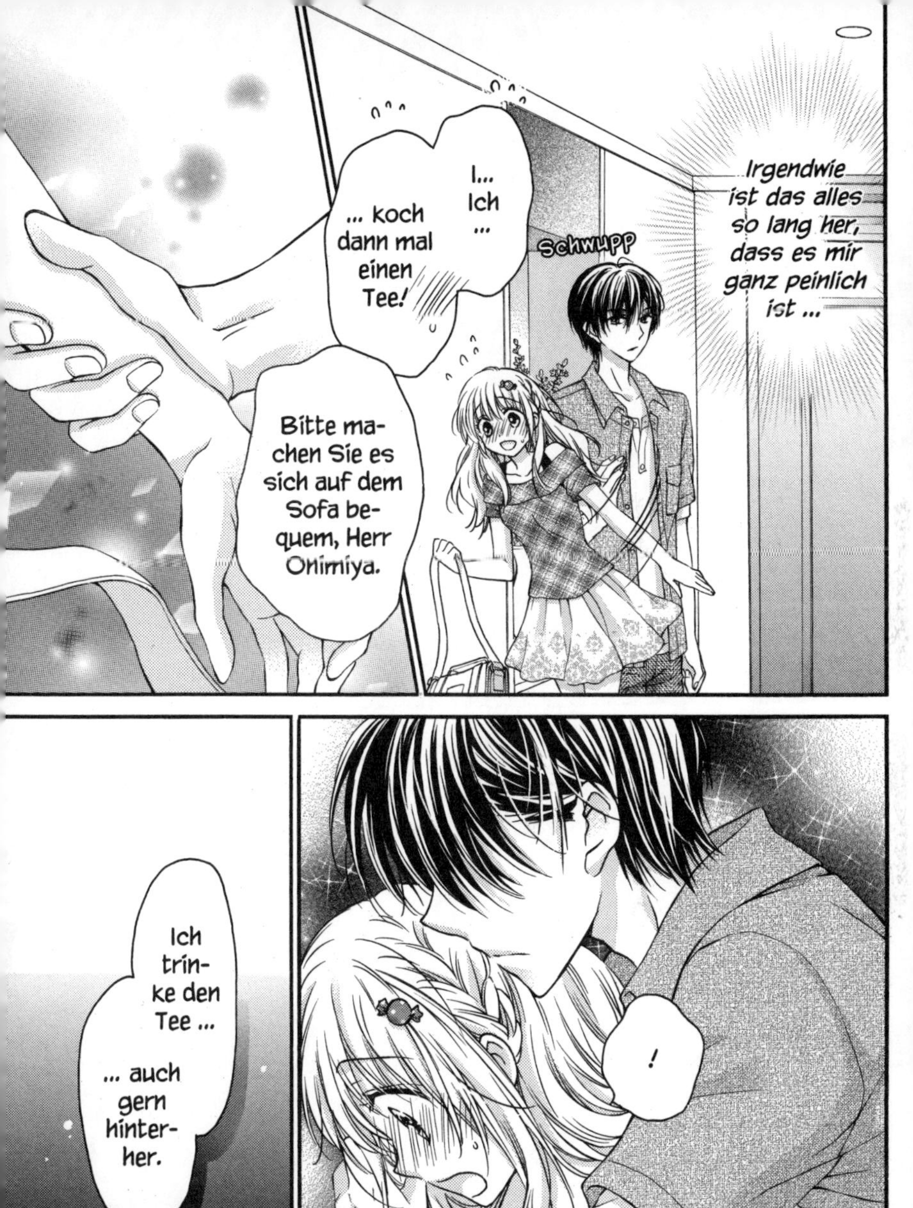
Irgendwie ist das alles so lang her, dass es mir ganz peinlich ist ...
Schwupp
I... Ich ...
... koch dann mal einen Tee!
Bitte machen Sie es sich auf dem Sofa bequem, Herr Onimiya.
!
Ich trinke den Tee ...
... auch gern hinterher.

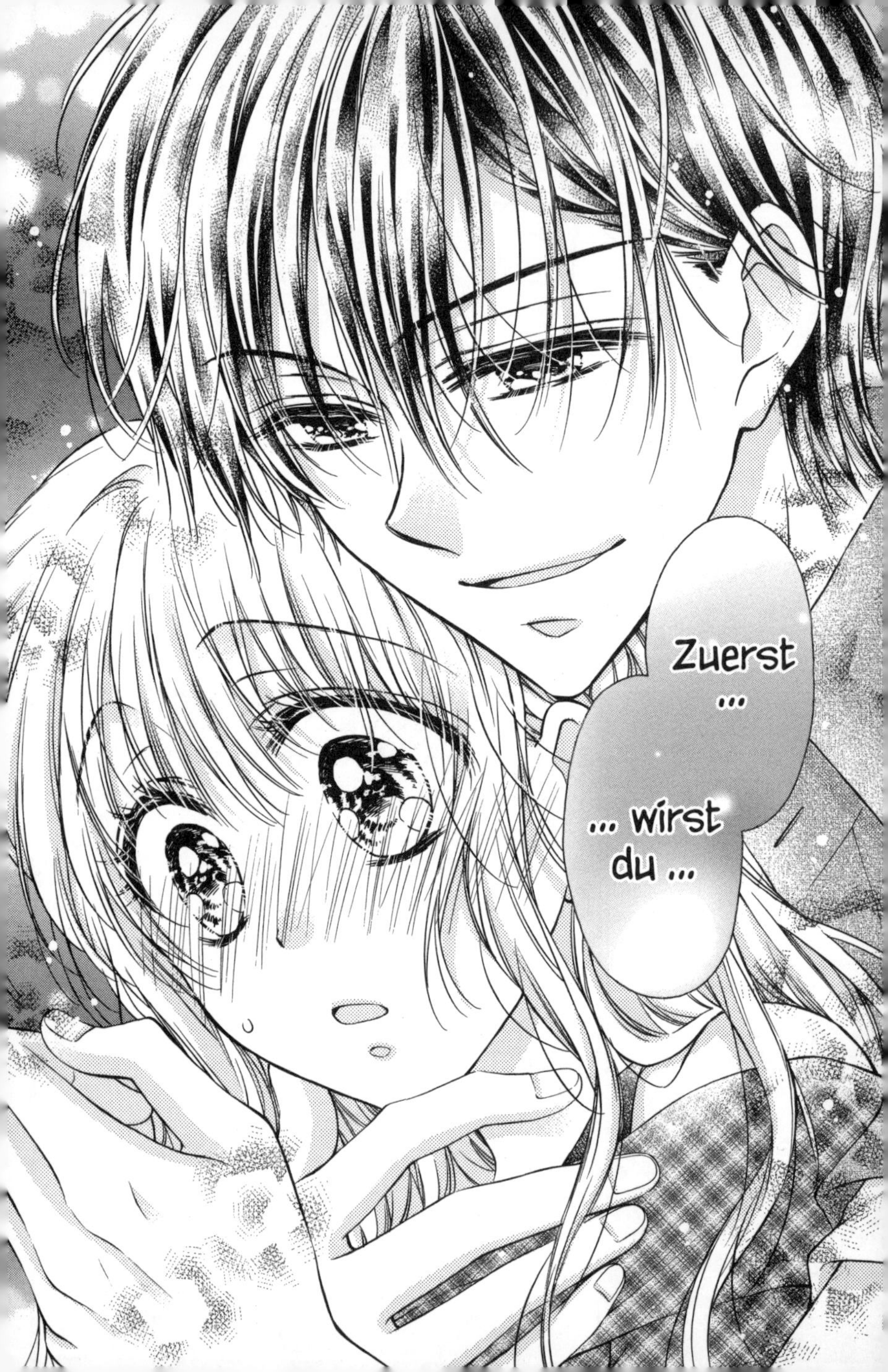
Zuerst ...
... wirst du ...

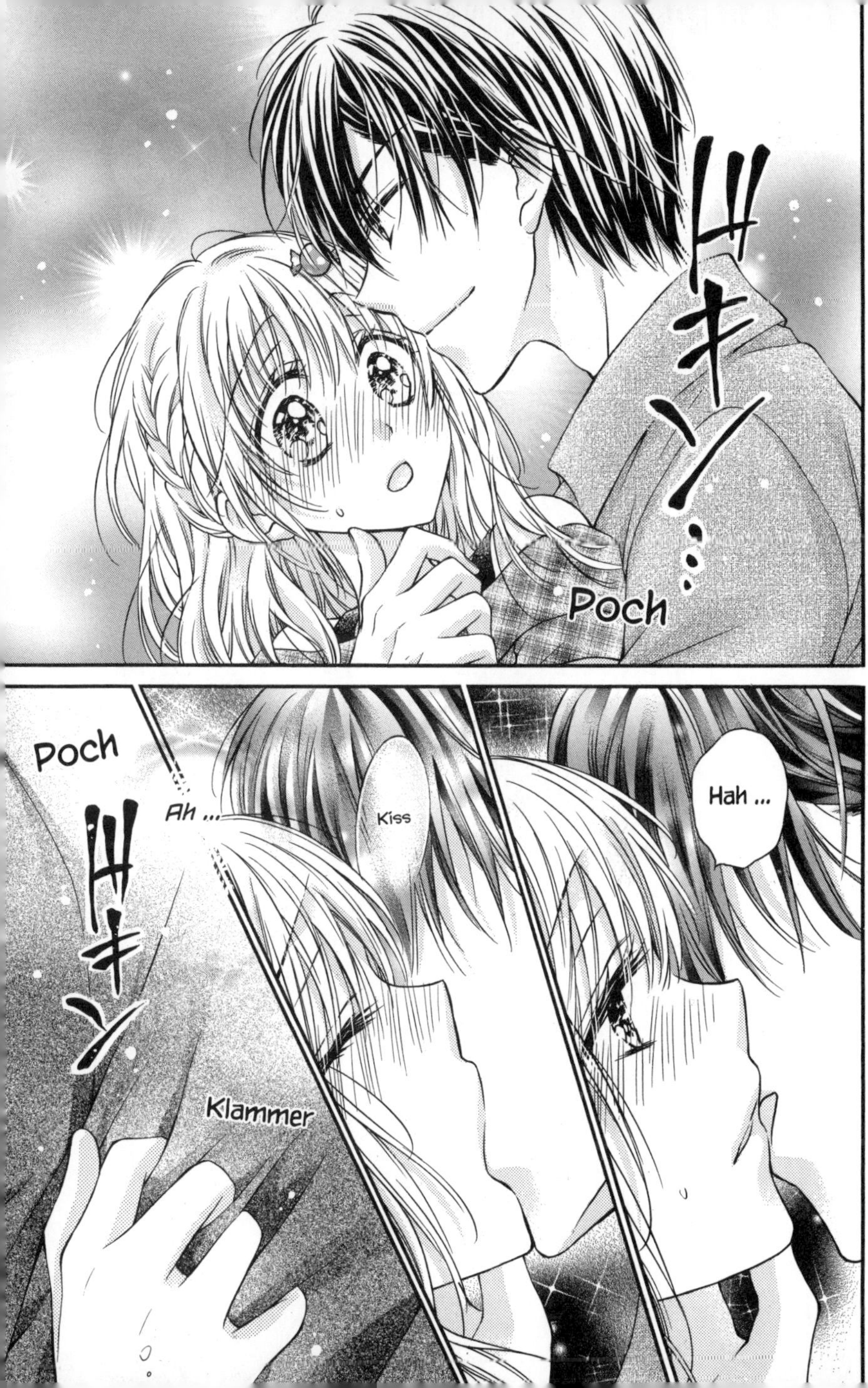

ドキン…

Poch

Hah ...

Kiss

Ah ...

Poch

ドキン

Klammer

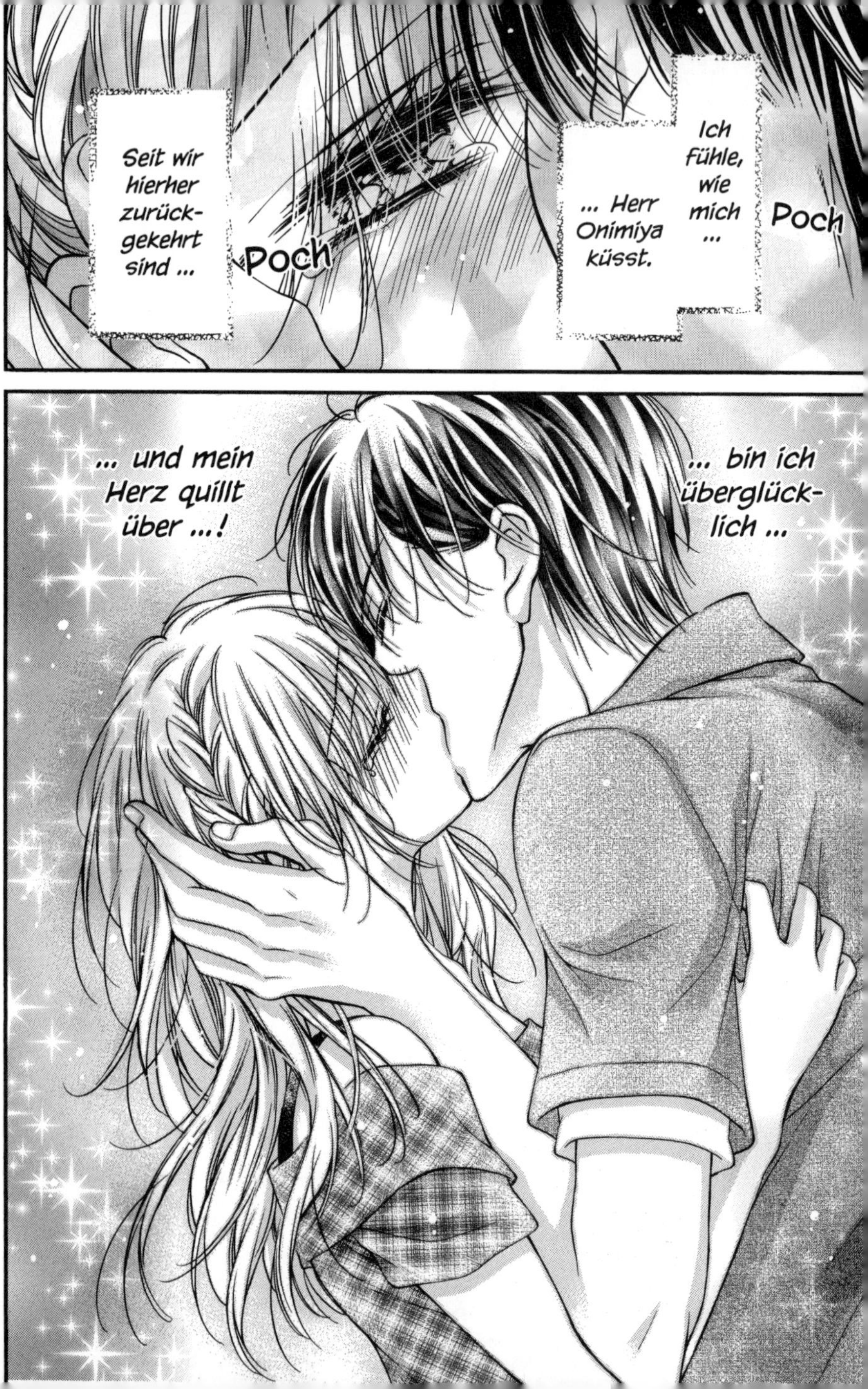

Ich fühle, wie mich ...
Poch
... Herr Onimiya küsst.
Poch
Seit wir hierher zurückgekehrt sind ...
... bin ich überglücklich ...
... und mein Herz quillt über ...!

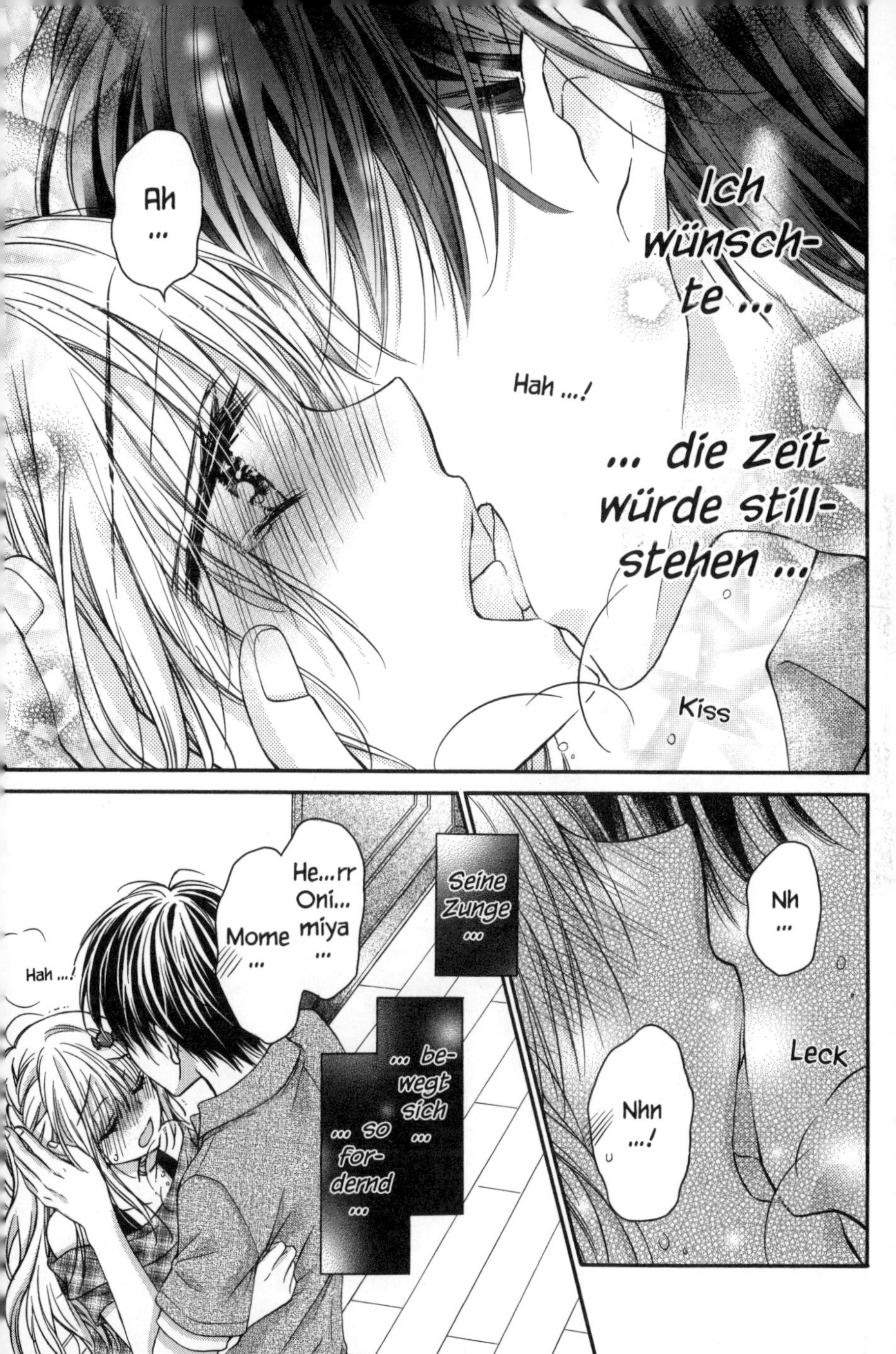
Ich wünschte ...
Ah ...
Hah ...!
... die Zeit würde stillstehen ...
Kiss
Nh ...
Seine Zunge ...
He...rr Oni... miya ...
Mome ...
Hah ...!
Leck
Nhn ...!
... bewegt sich ...
... so fordernd ...

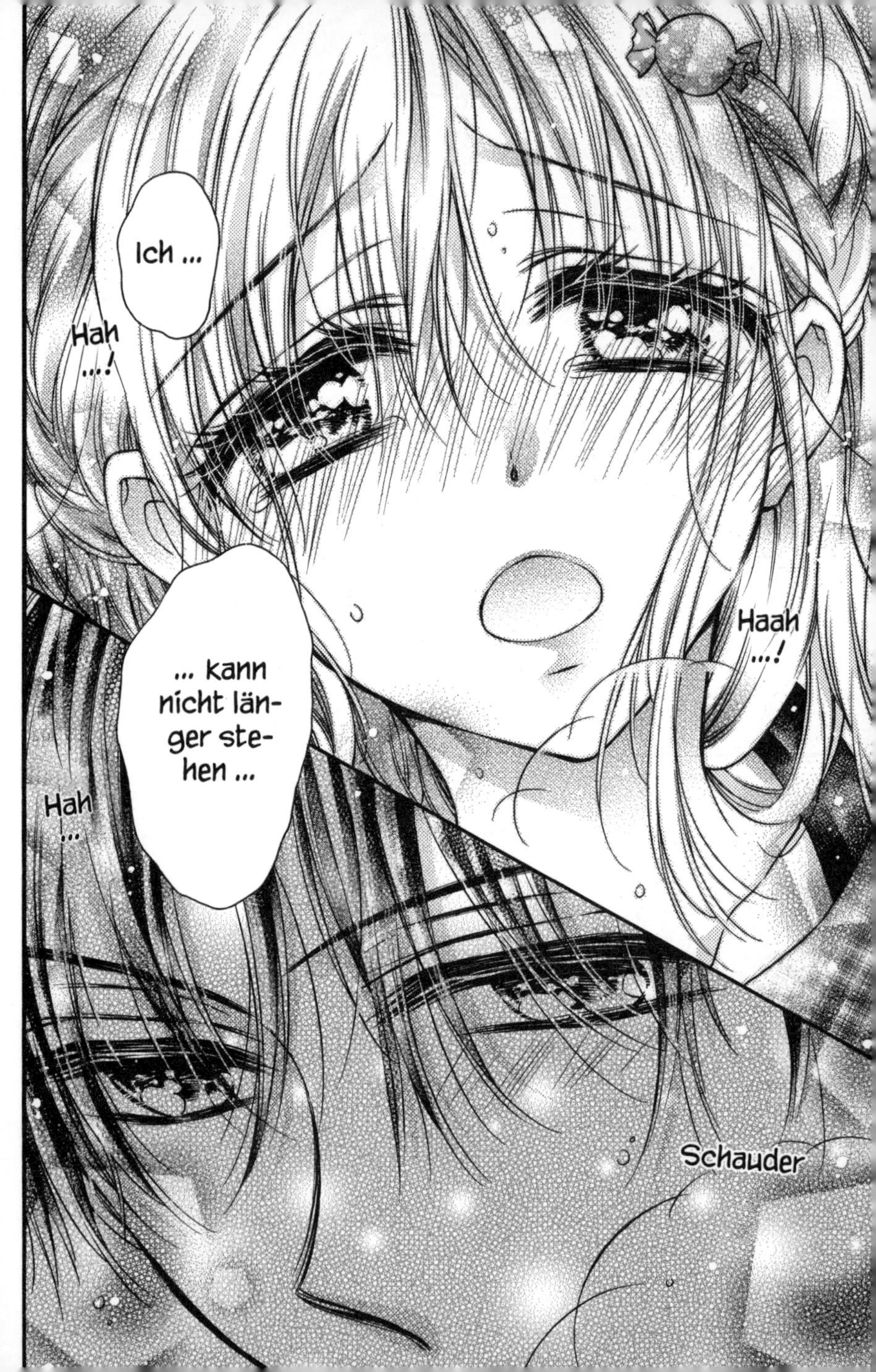
Ich ...
Hah ...!
... kann nicht län-ger ste-hen ...
Haah ...!
Hah ...
Schauder

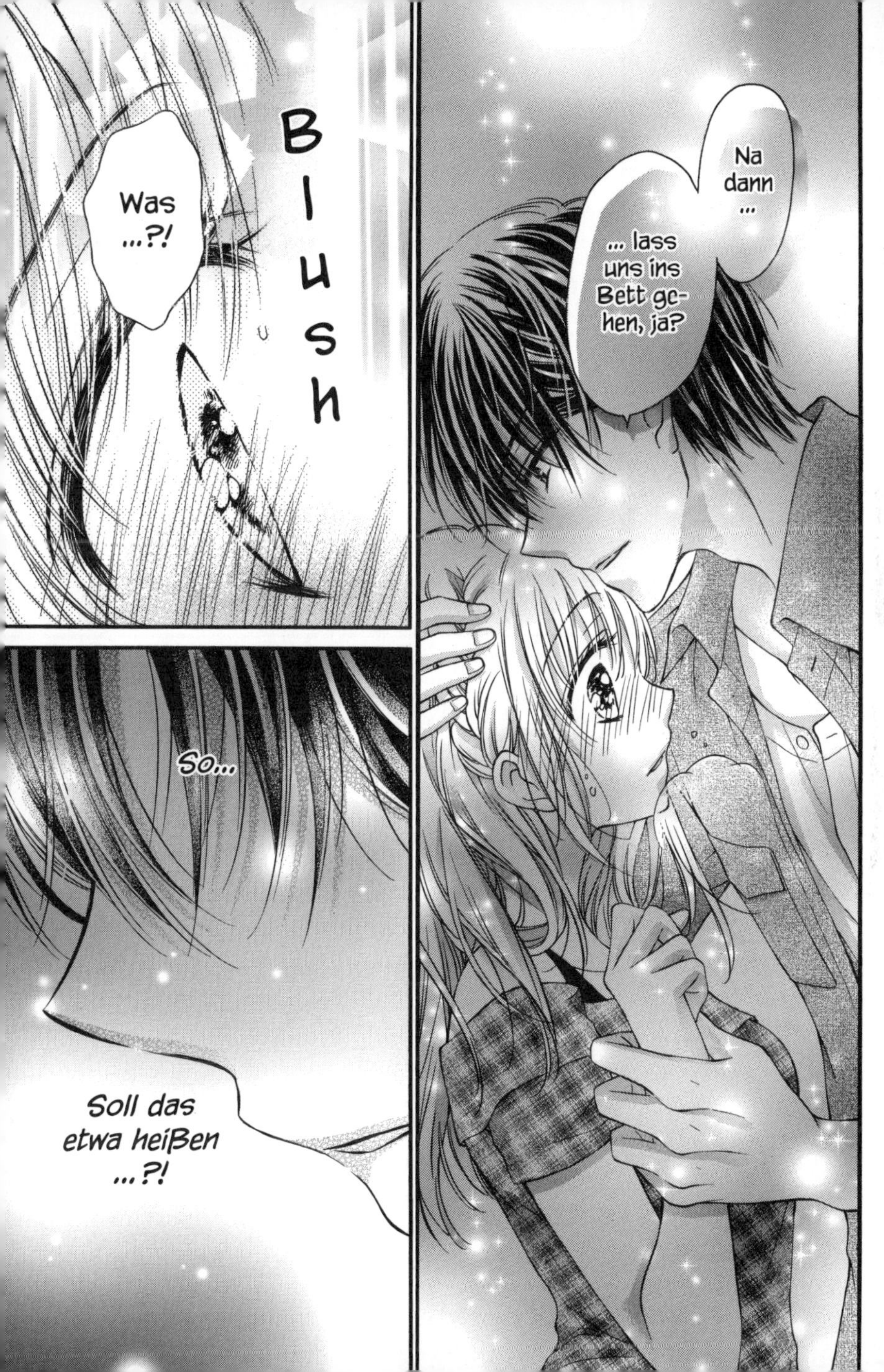

Na dann ...
... lass uns ins Bett ge- hen, ja?
Blush
Was ...?!
So...
Soll das etwa heißen ...?!

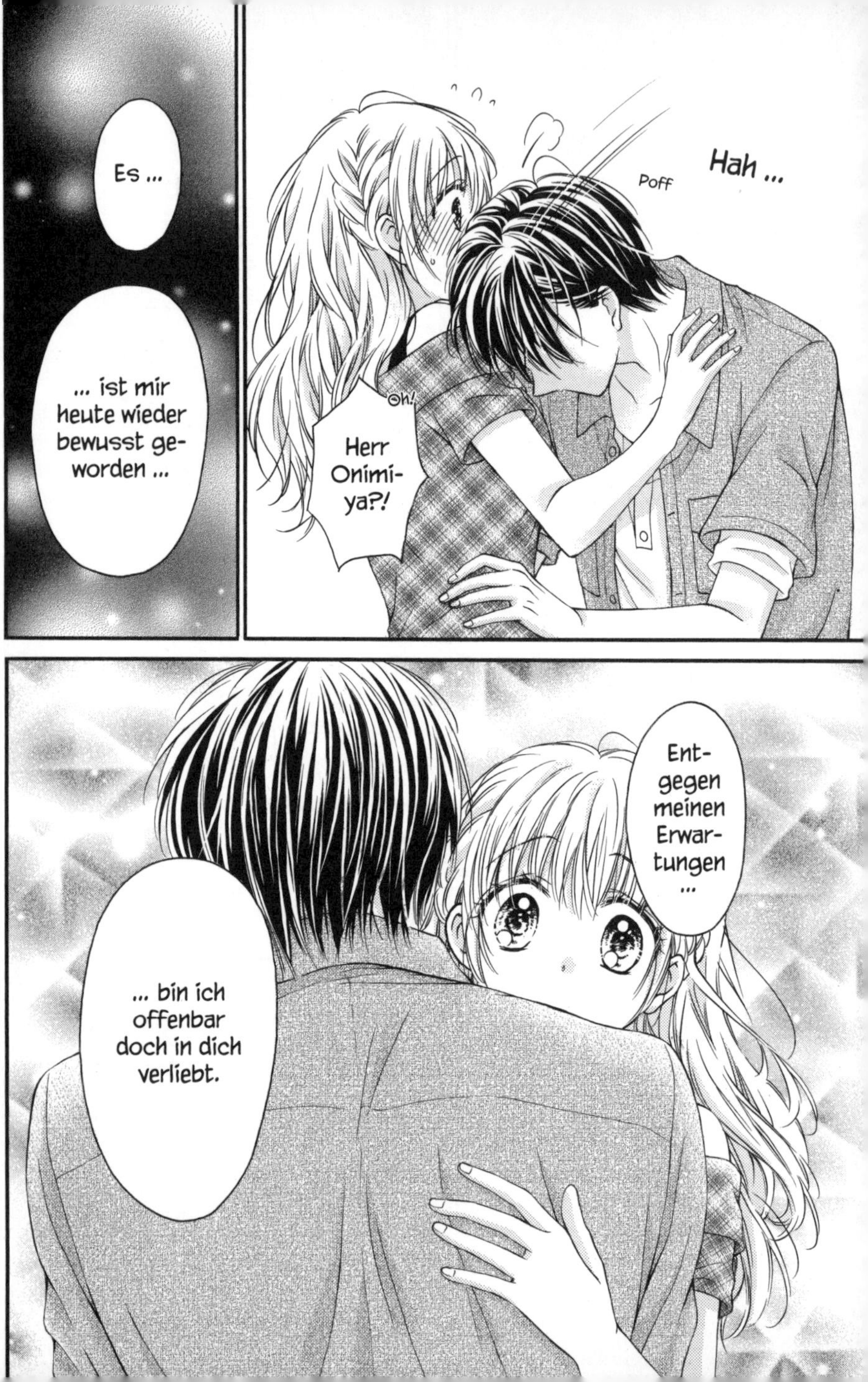

Hah ...

Poff

Oh!

Herr Onimiya?!

Es ...

... ist mir heute wieder bewusst geworden ...

Entgegen meinen Erwartungen ...

... bin ich offenbar doch in dich verliebt.

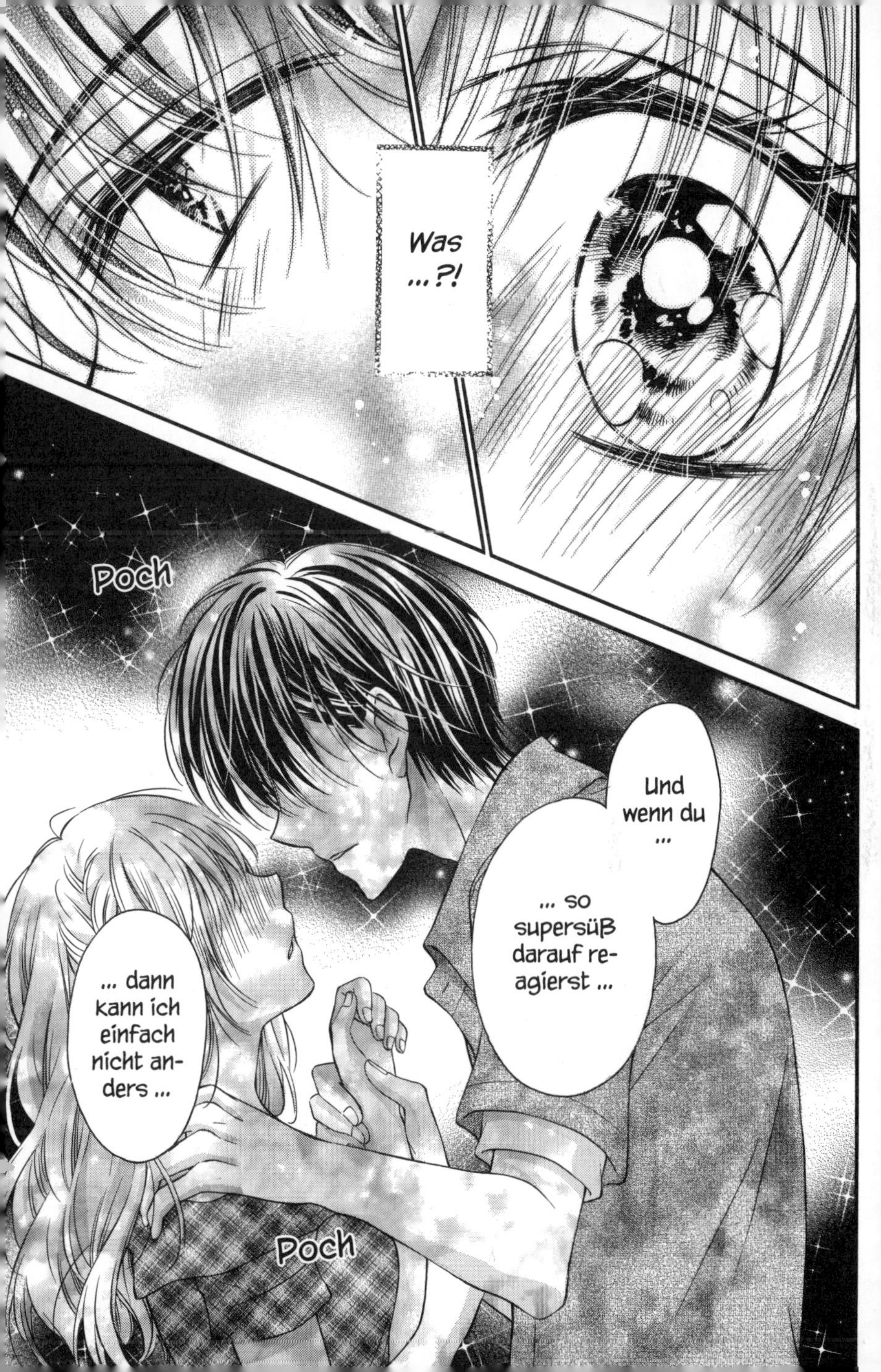
Was ...?!
Poch
Und wenn du ...
... so supersüß darauf reagierst ...
... dann kann ich einfach nicht anders ...
Poch

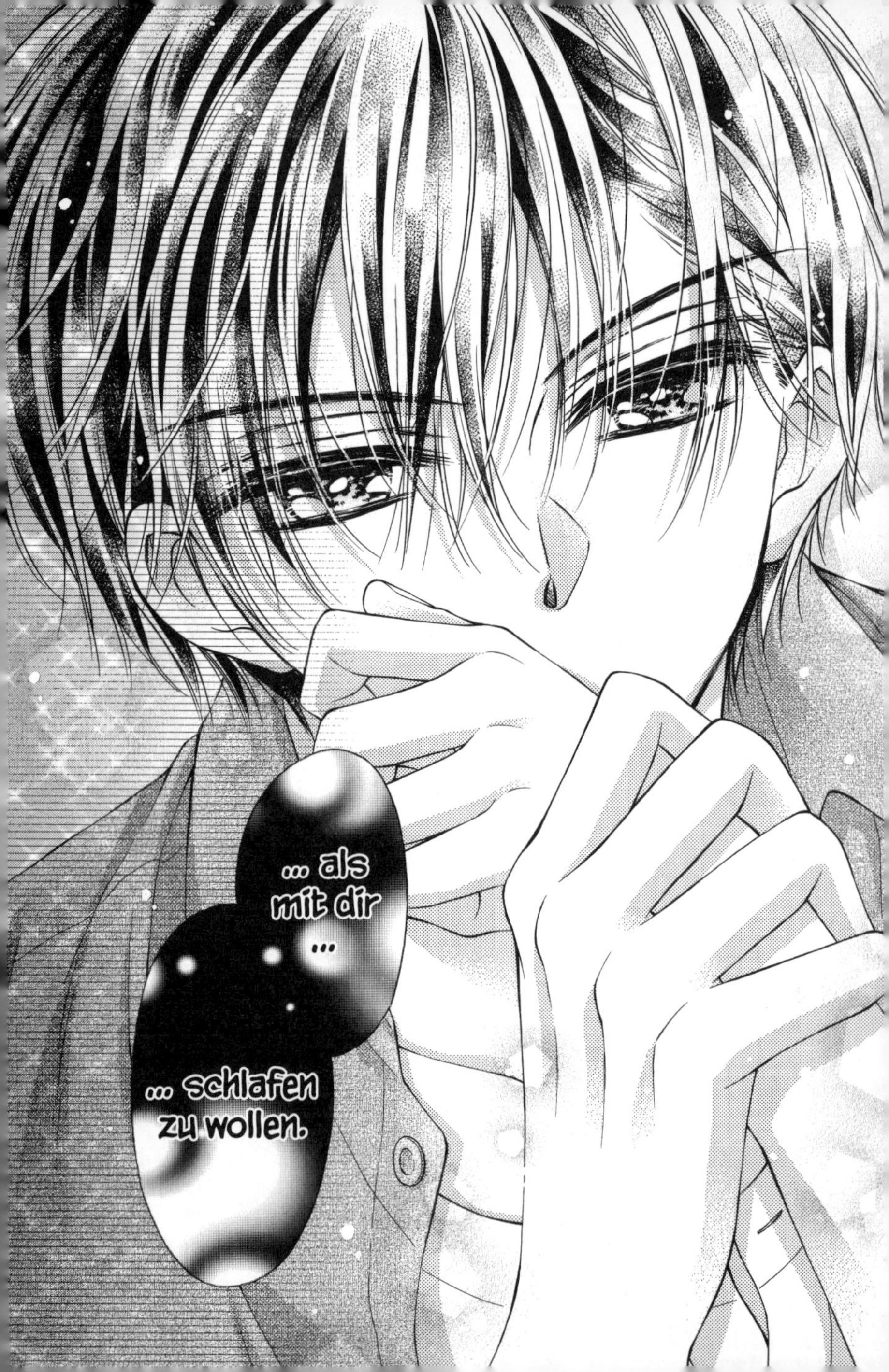
... als mit dir ...
... schlafen zu wollen.

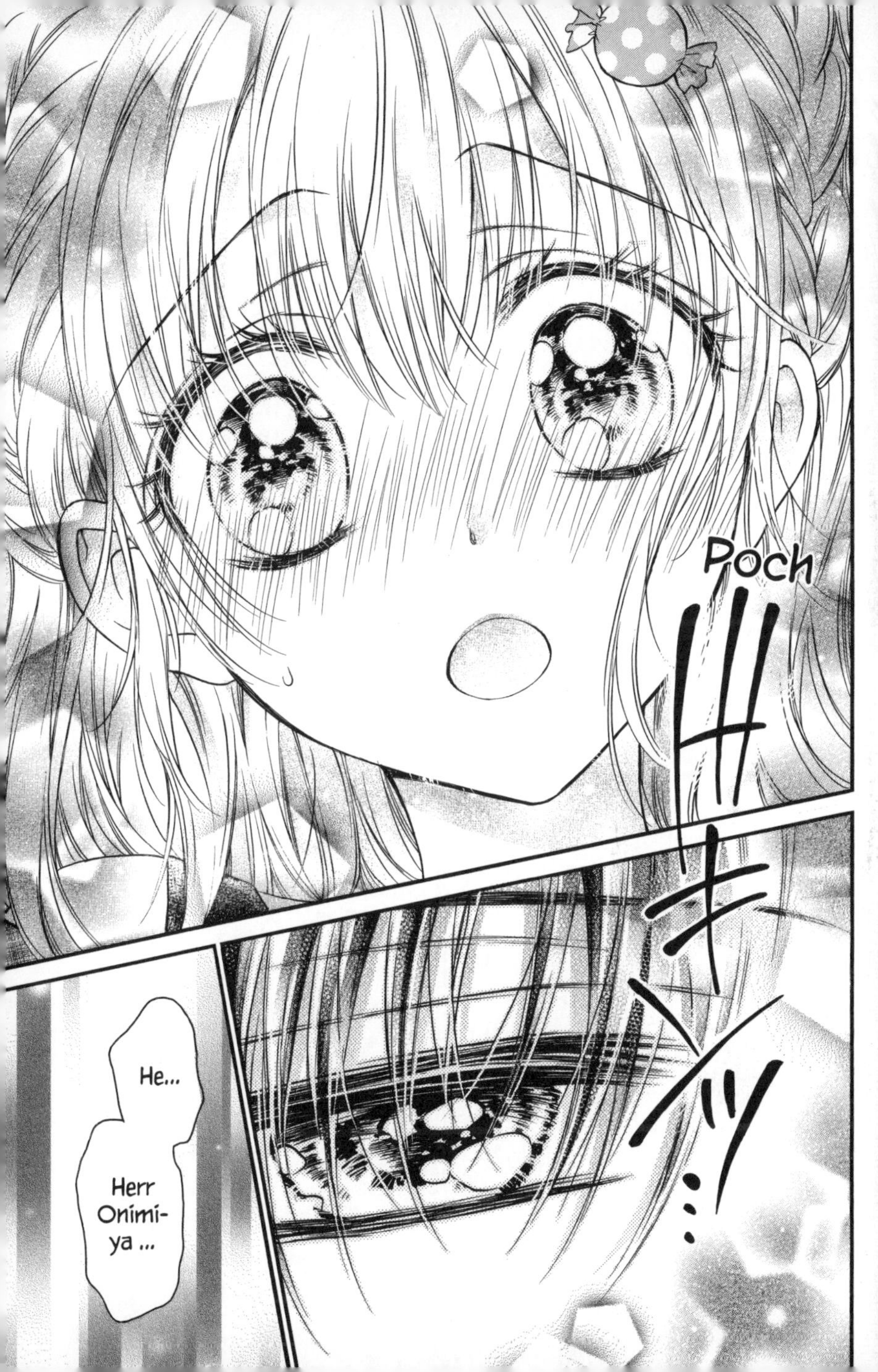
Poch
He...
Herr Onimi-ya ...

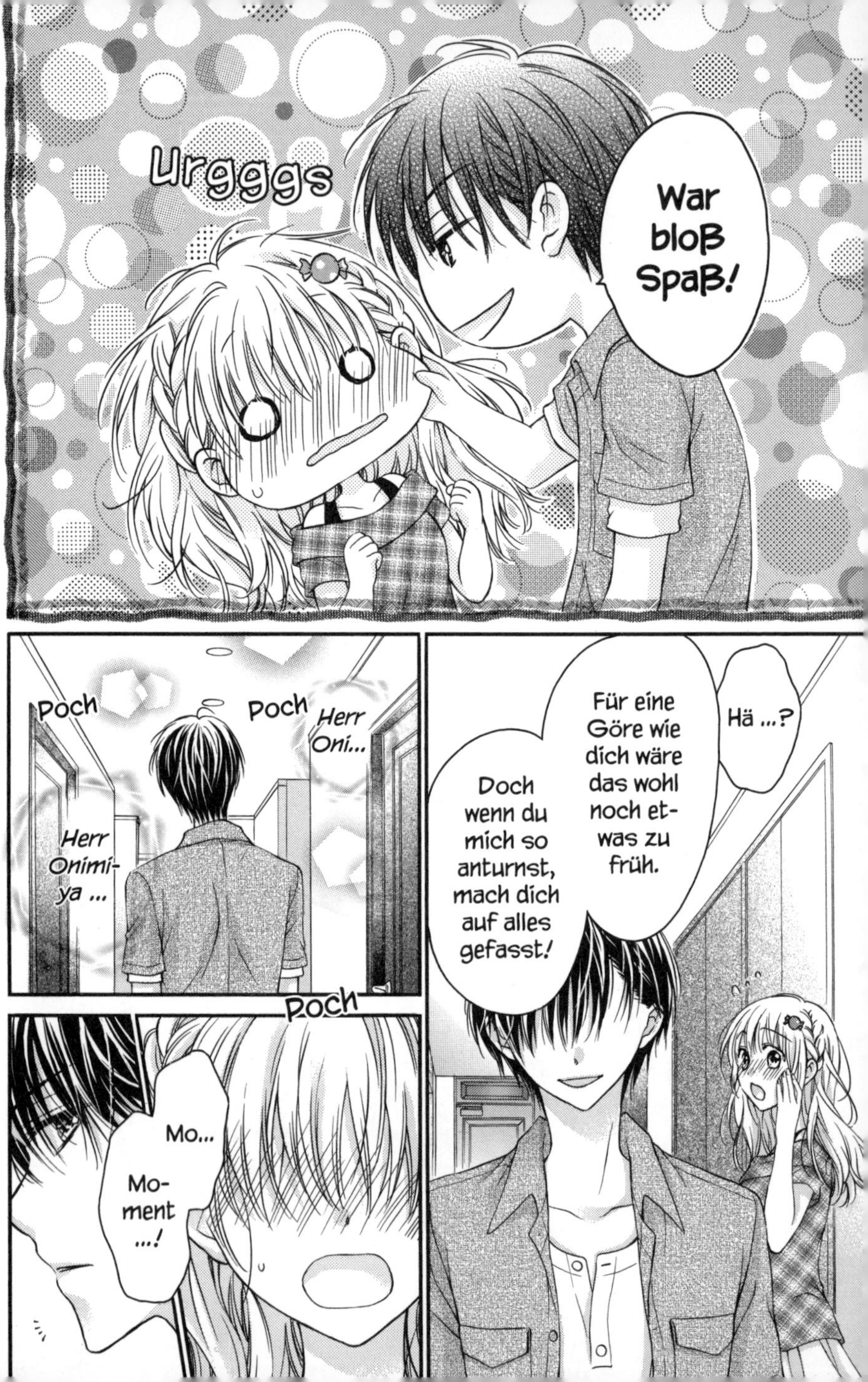

War bloß Spaß!

Urgggs

Hä ...?

Für eine Göre wie dich wäre das wohl noch etwas zu früh.

Doch wenn du mich so anturnst, mach dich auf alles gefasst!

Poch

Poch

Herr Oni...

Herr Onimiya ...

Poch

Mo...

Moment ...!

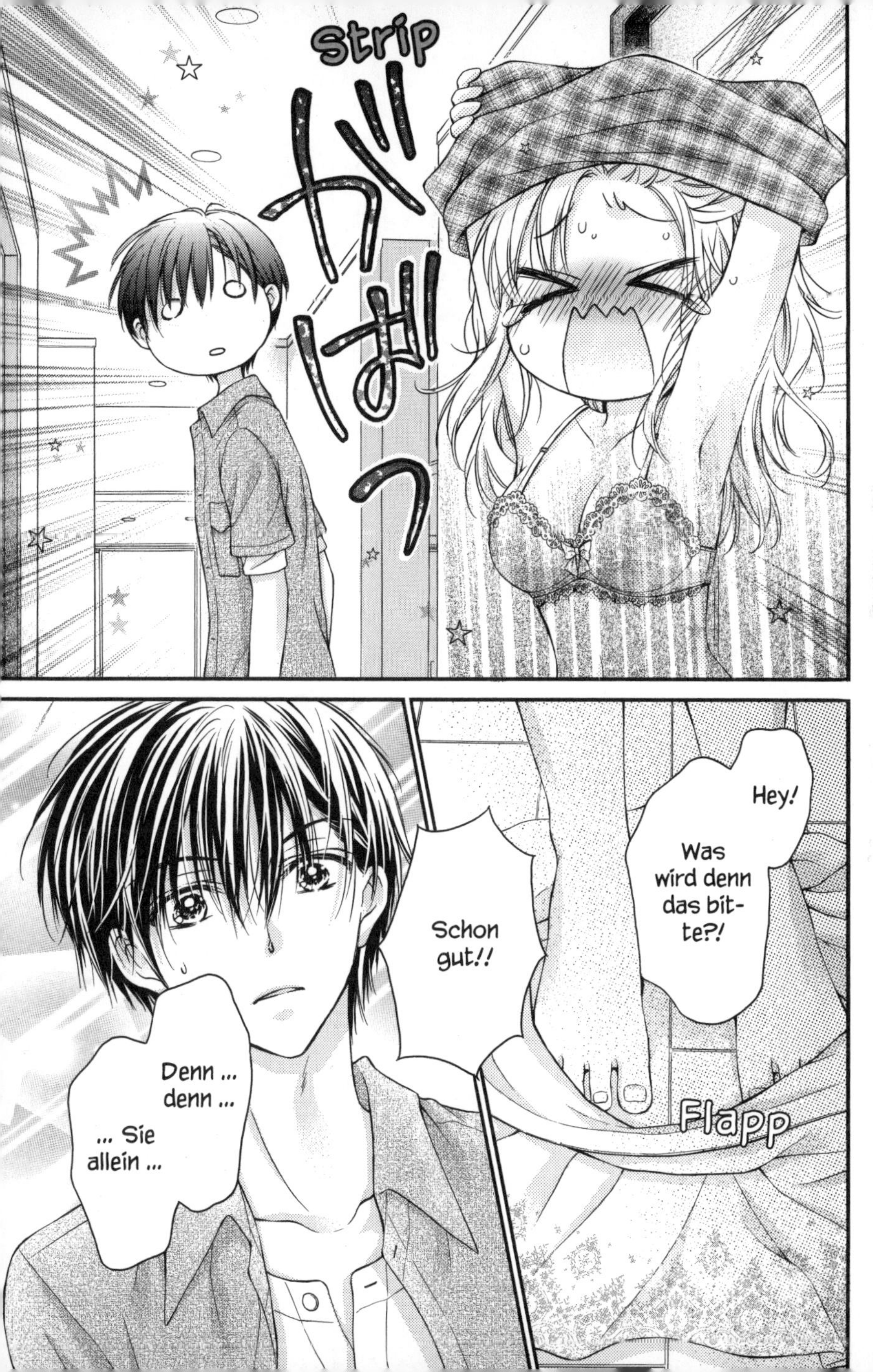

Strip
がばっ
Hey!
Was wird denn das bit-te?!
Schon gut!!
Flapp
Denn ... denn ...
... Sie allein ...

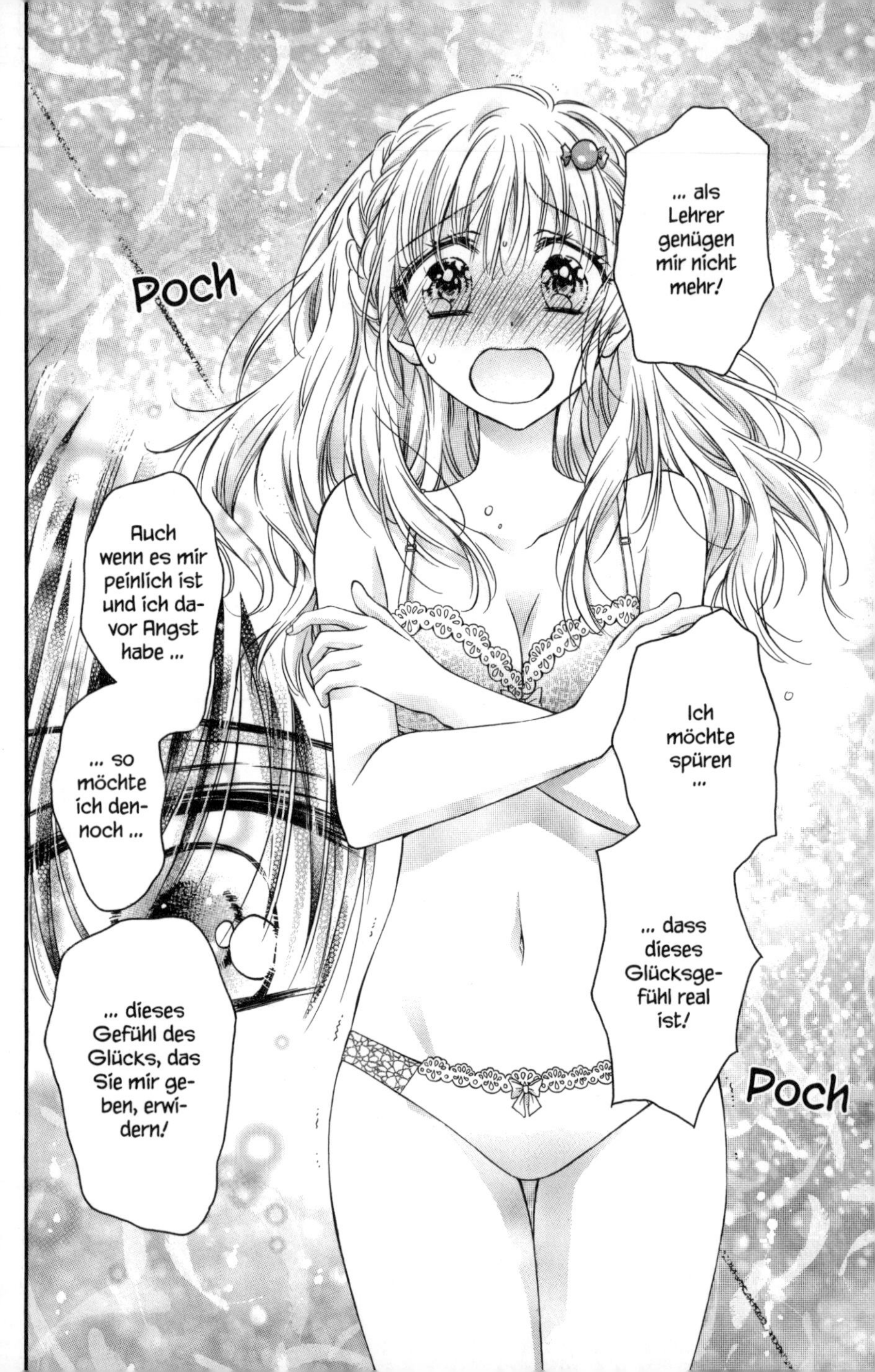
... als Lehrer genügen mir nicht mehr!
Poch
Ich möchte spüren ...
... dass dieses Glücksgefühl real ist!
Auch wenn es mir peinlich ist und ich davor Angst habe ...
... so möchte ich dennoch ...
... dieses Gefühl des Glücks, das Sie mir geben, erwidern!
Poch

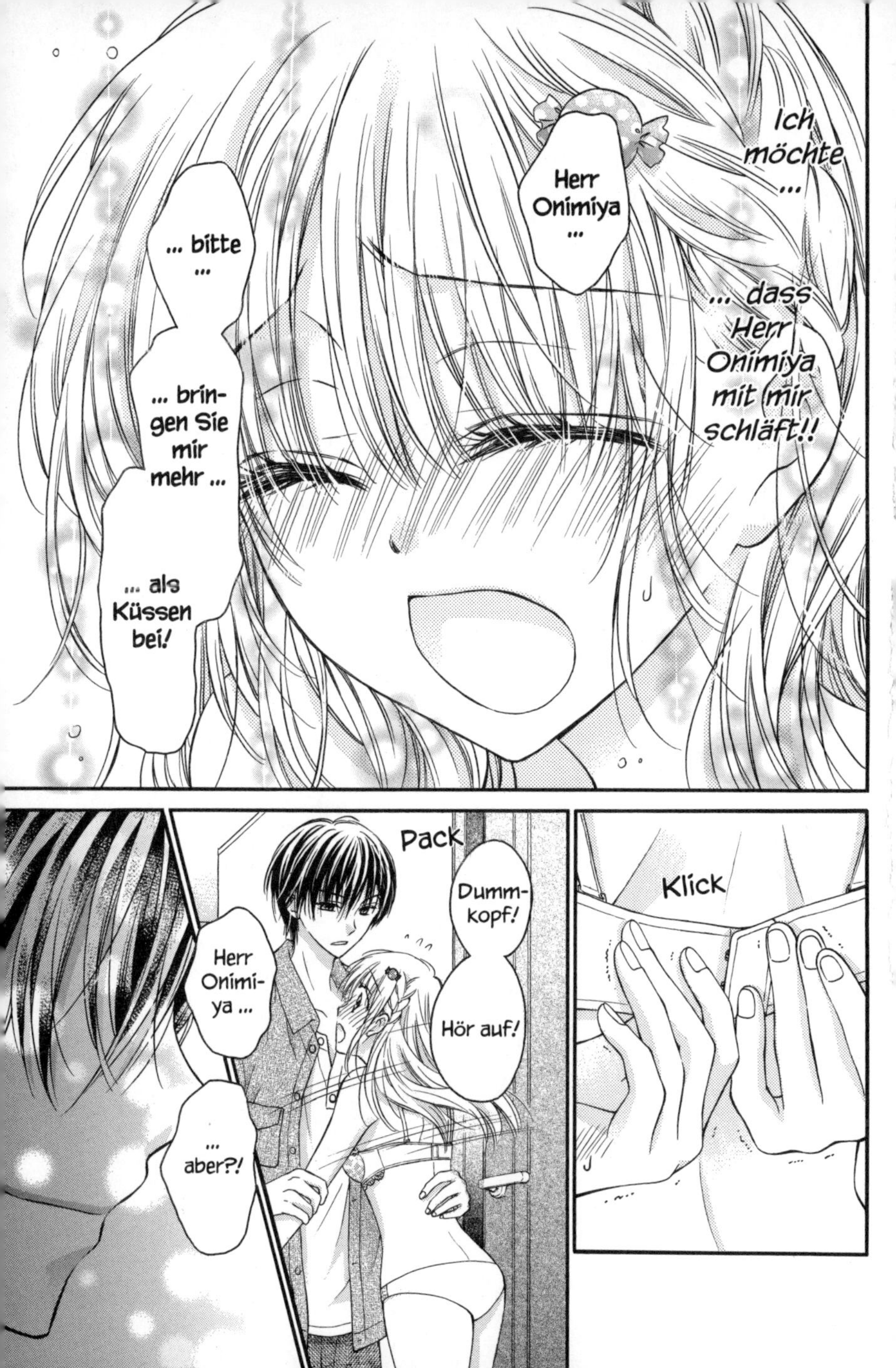
Ich möchte ...
... dass Herr Onimiya mit mir schläft!!
Herr Onimiya ...
... bitte ...
... brin-gen Sie mir mehr ...
... als Küssen bei!
Klick
Pack
Dumm-kopf!
Hör auf!
Herr Onimi-ya ...
... aber?!

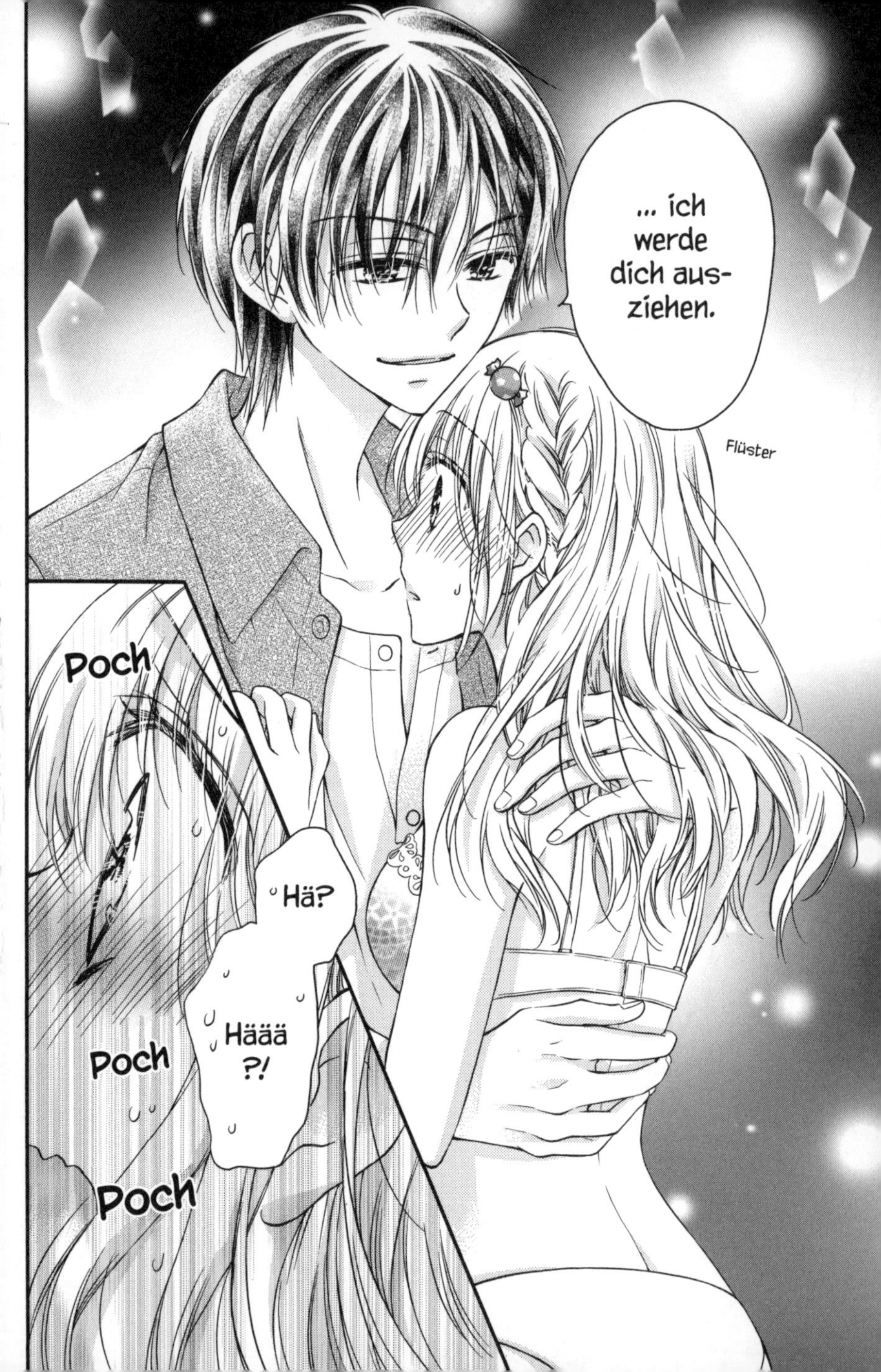
... ich werde dich aus-ziehen.
Flüster
Poch
Hä?
Poch
Häää ?!
Poch

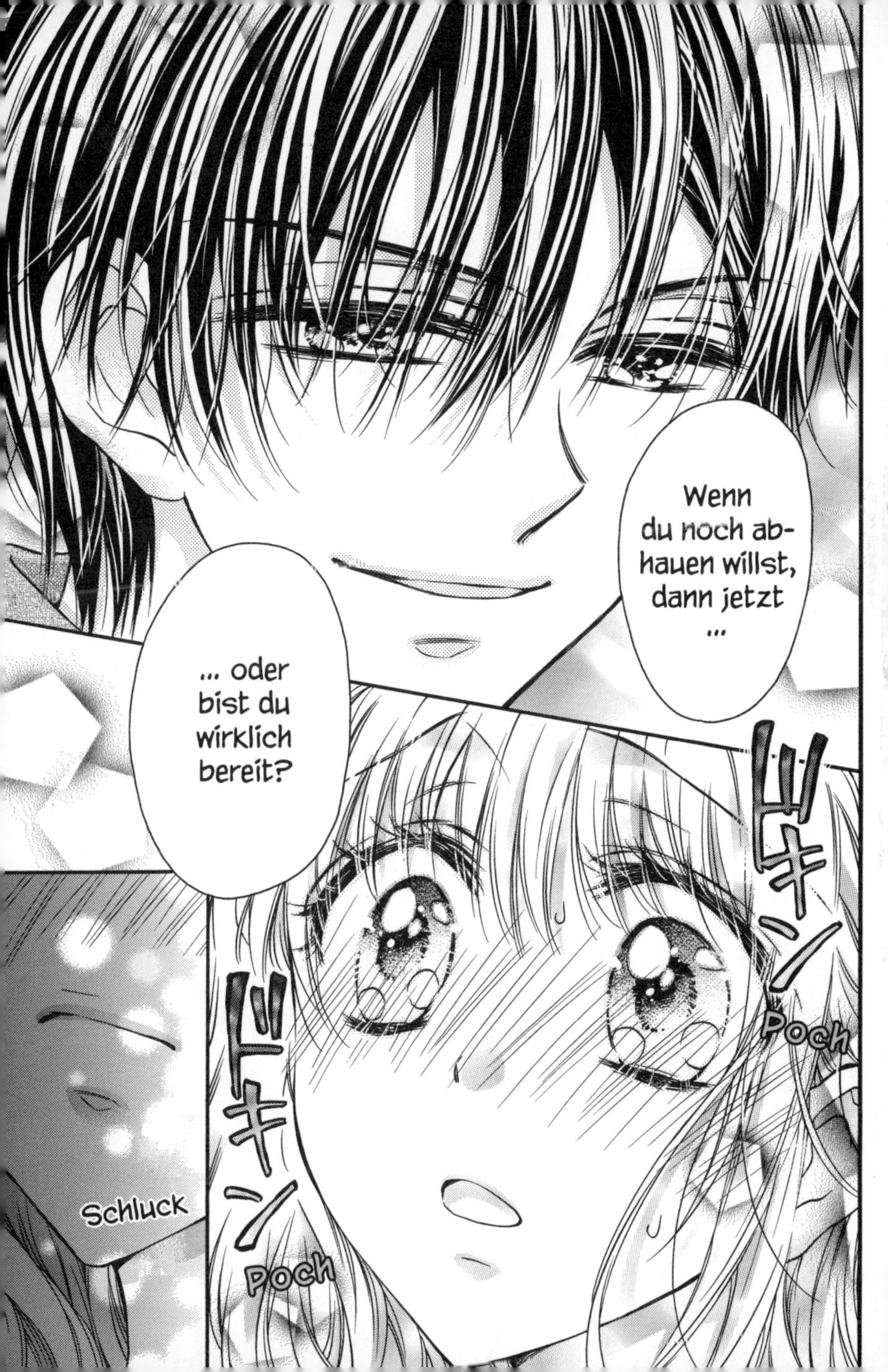
Wenn du noch abhauen willst, dann jetzt ...
... oder bist du wirklich bereit?
Poch
Poch
Schluck

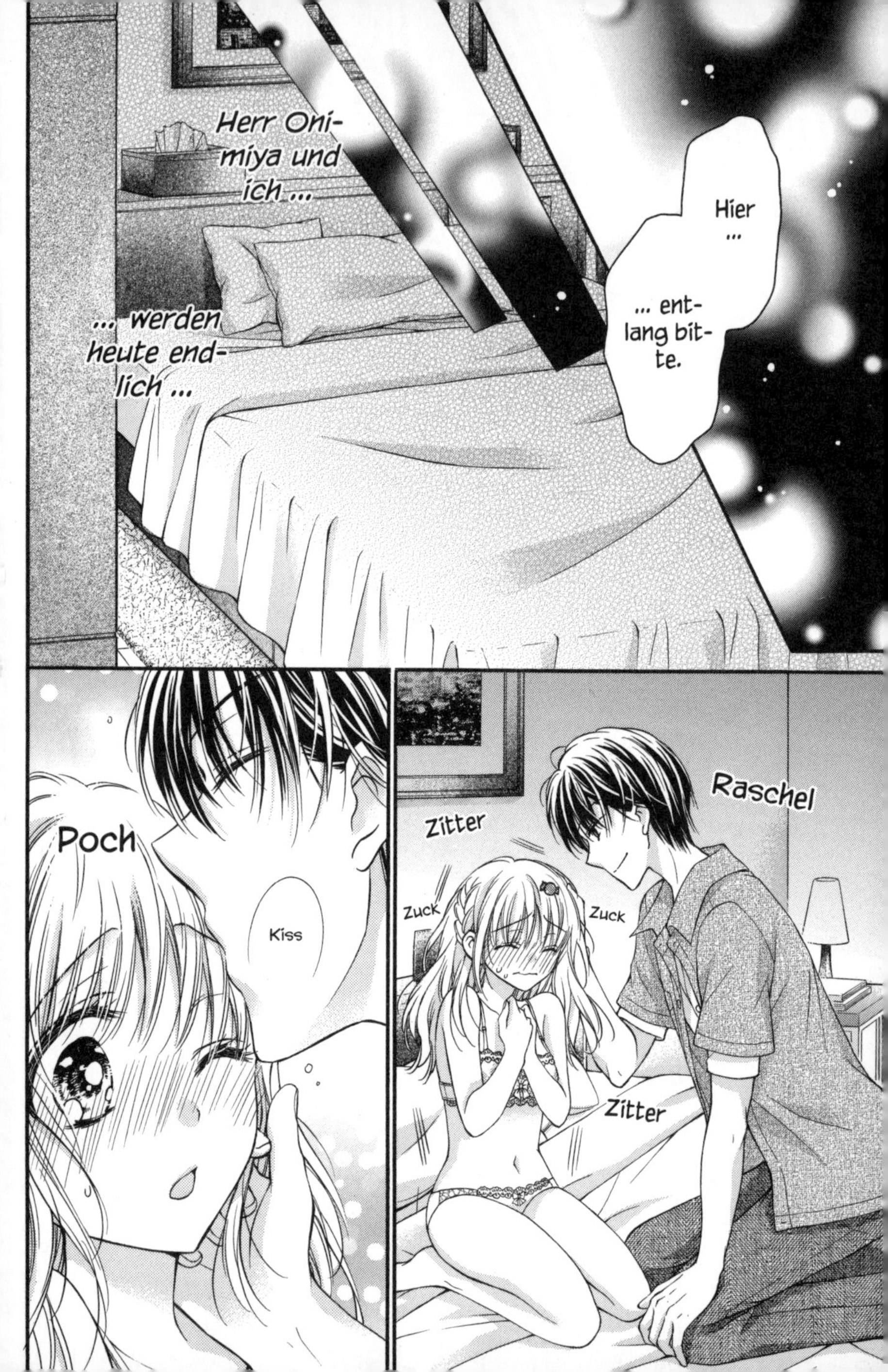
Hier ...
... entlang bitte.
Herr Onimiya und ich ...
... werden heute endlich ...
Raschel
Zitter
Zuck
Zuck
Zitter
Poch
Kiss

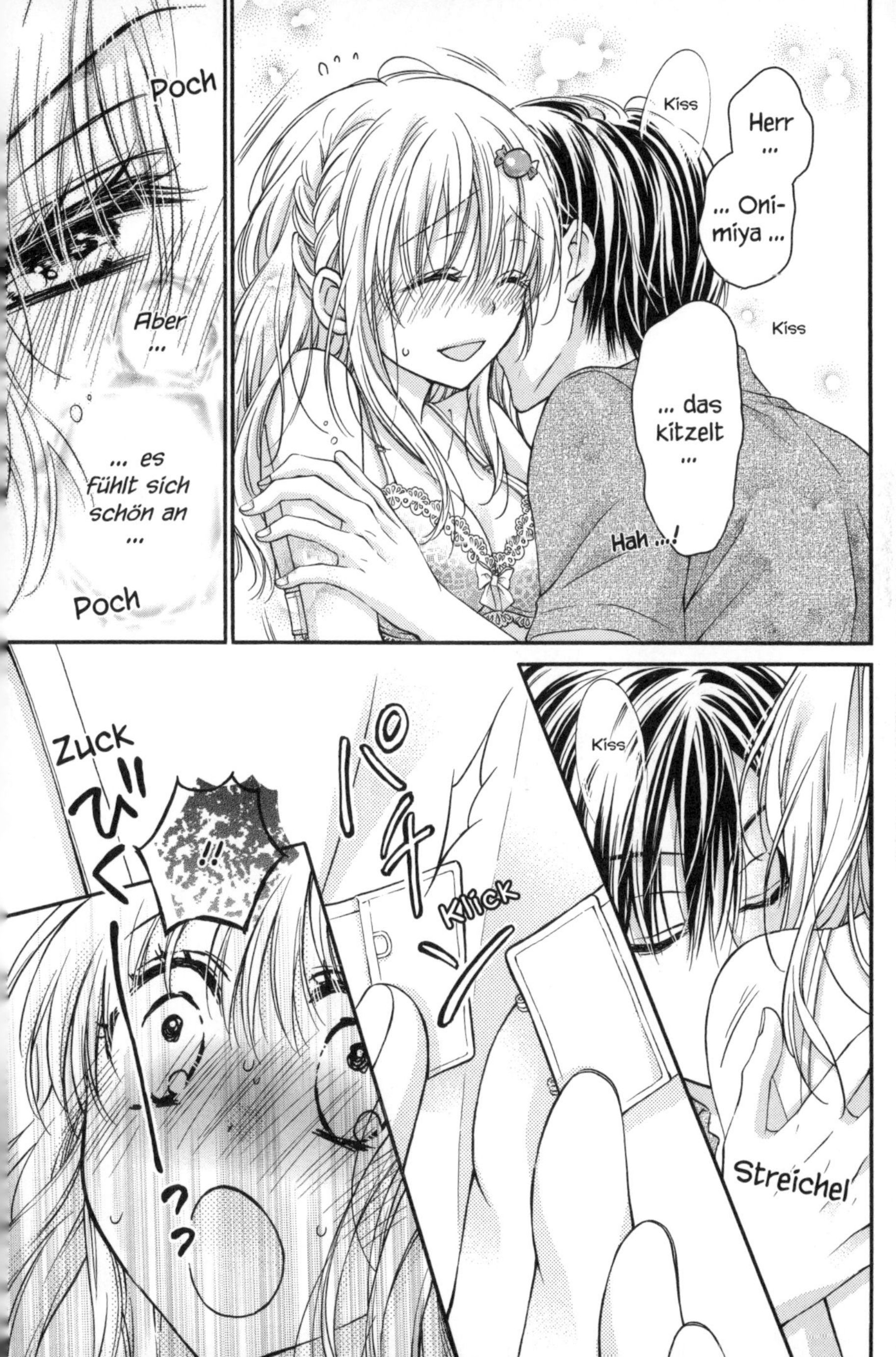

Kiss
Herr …
… Oni-miya …
Kiss
… das kitzelt …
Hah …!
Poch
Aber …
… es fühlt sich schön an …
Poch
Kiss
Streichel
Klick
!!
Zuck

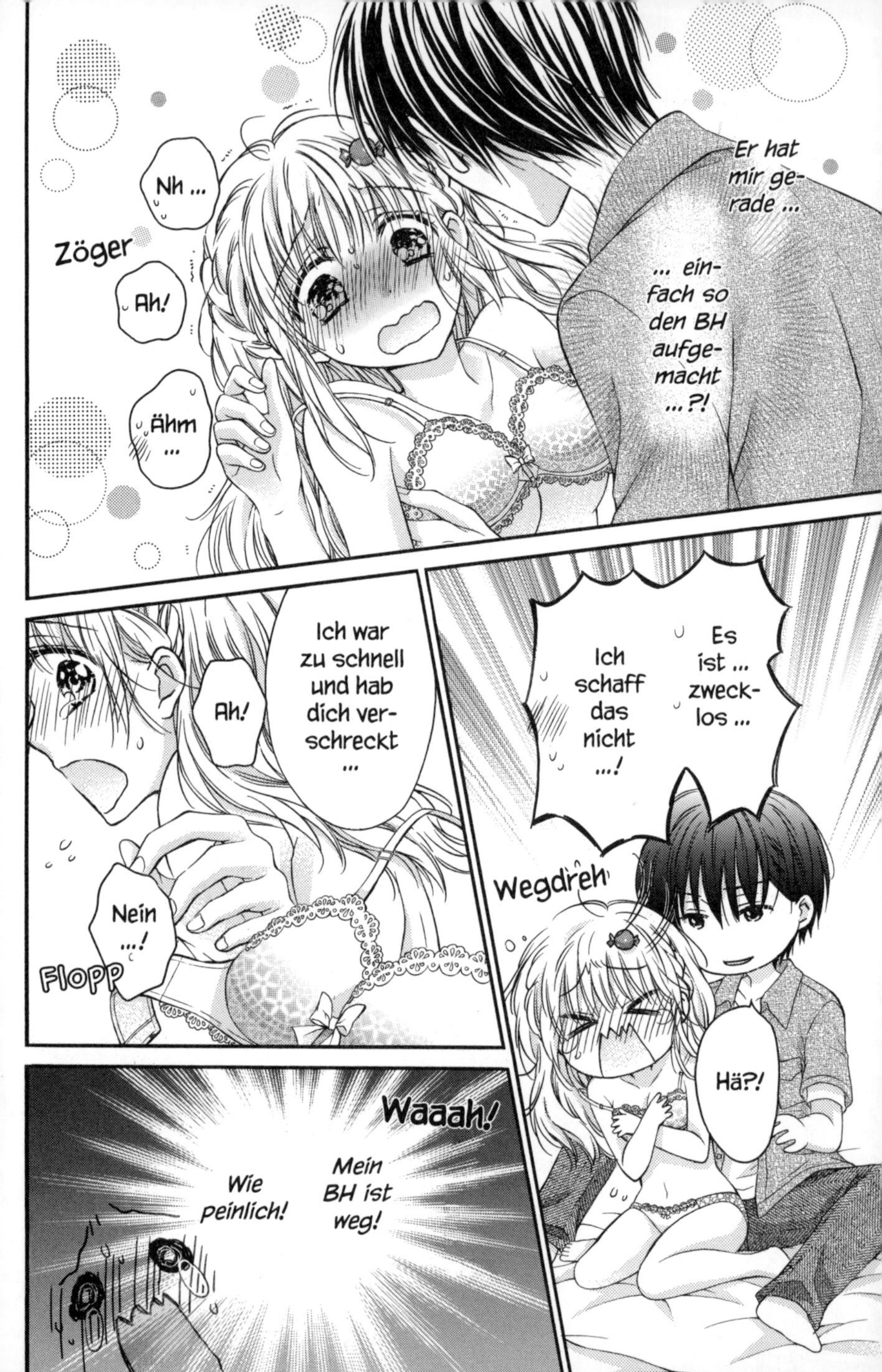
Er hat mir gerade ...
... einfach so den BH aufgemacht ...?!
Nh ...
Zöger
Ah!
Ähm ...
Es ist ... zwecklos ...
Ich schaff das nicht ...!
Ich war zu schnell und hab dich verschreckt ...
Ah!
Nein ...!
Flopp
Wegdreh
Hä?!
Waaah!
Mein BH ist weg!
Wie peinlich!

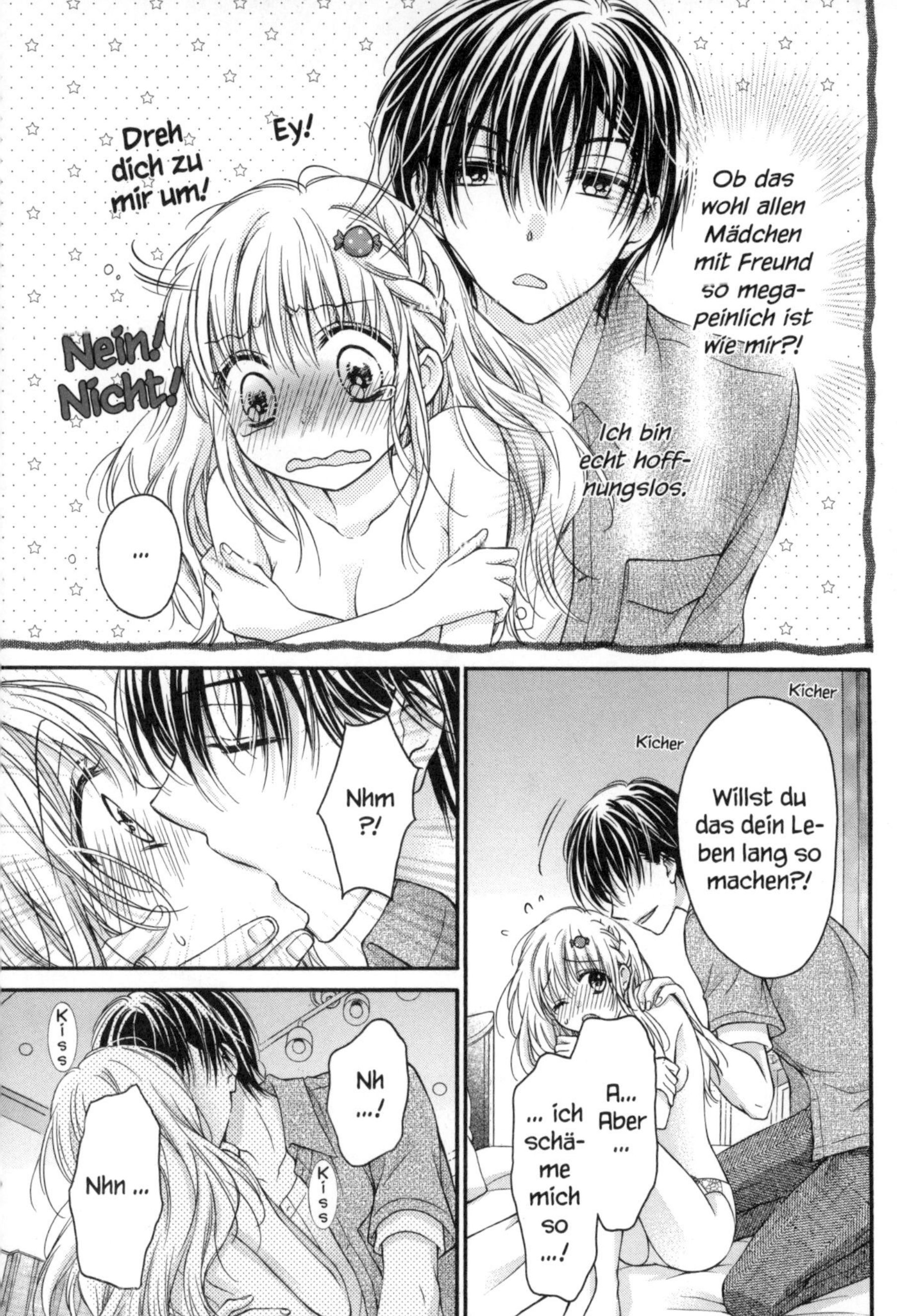
Ob das wohl allen Mädchen mit Freund so mega-peinlich ist wie mir?!
Ich bin echt hoff-nungslos.
Ey!
Dreh dich zu mir um!
Nein! Nicht!
...
Kicher
Kicher
Willst du das dein Le-ben lang so machen?!
A... Aber ...
... ich schä-me mich so ...!
Nhm ?!
Nh ...!
Kiss
Kiss
Nhn ...

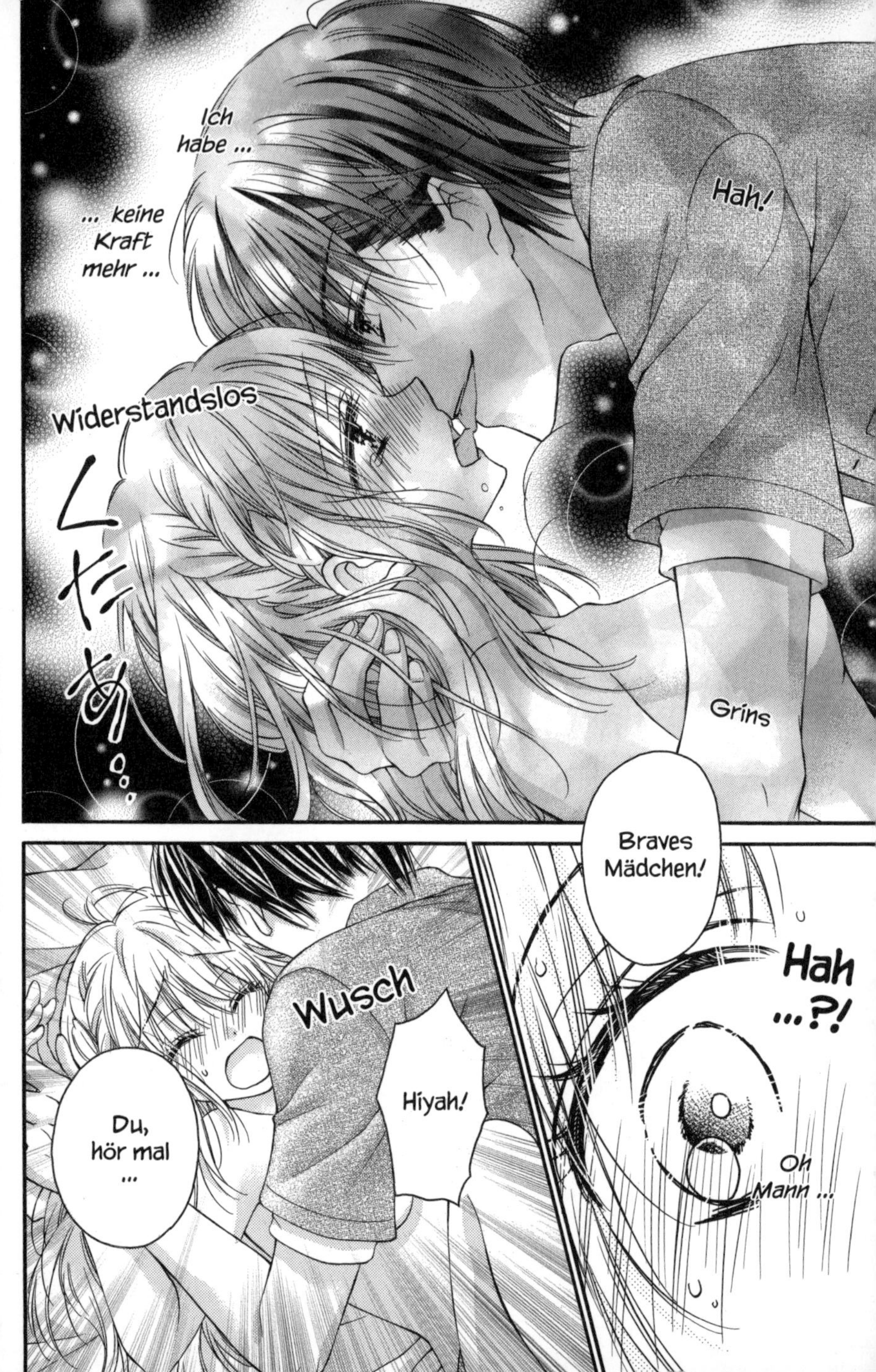
Hah!
Ich habe ...
... keine Kraft mehr ...
Widerstandslos
Grins
Braves Mädchen!
Hah ...?!
Oh Mann ...
Wusch
Hiyah!
Du, hör mal ...

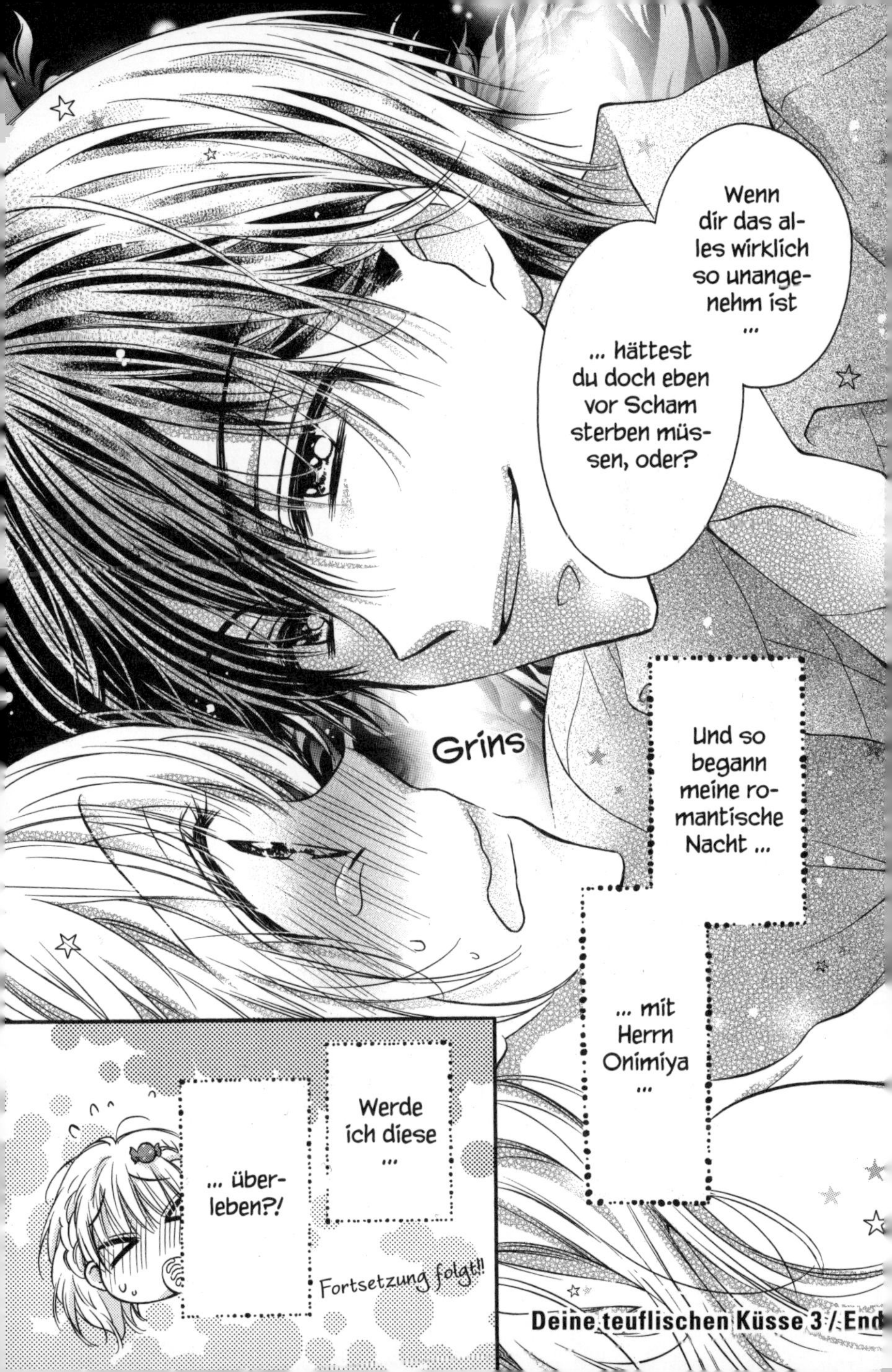
Wenn dir das alles wirklich so unangenehm ist ...
... hättest du doch eben vor Scham sterben müssen, oder?
Grins
Und so begann meine romantische Nacht ...
... mit Herrn Onimiya ...
Werde ich diese ...
... überleben?!
Fortsetzung folgt!!
Deine teuflischen Küsse 3 / End

Autorenkommentar

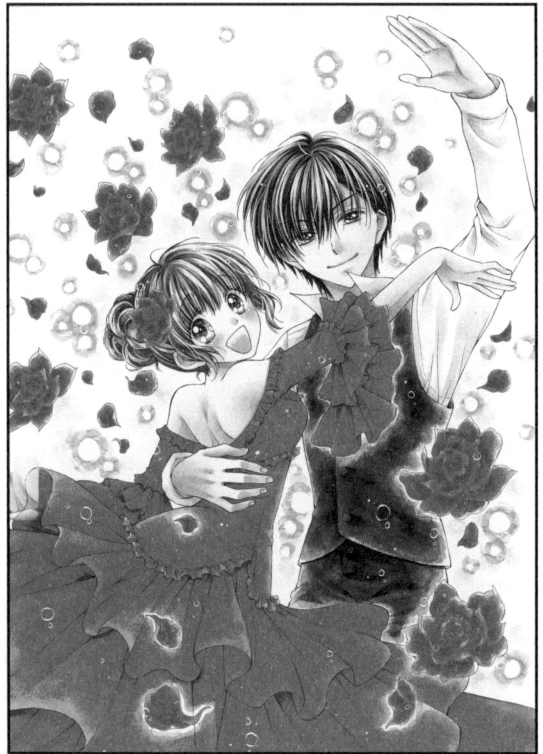

Dies ist Band 3 von *Deine teuflischen Küsse*! Darin taucht plötzlich Onimiyas Verlobte Miyabi auf, die ihn seit Kindertagen kennt. Ich freue mich, wenn ihr Spaß beim Lesen der turbulenten Ereignisse habt.

Was mich persönlich betrifft, so habe ich mir kürzlich die Haare geschnitten, die jetzt ungefähr so lang wie die von Miyabi sind. (*lach*) Das Haarewaschen geht jetzt ganz einfach!

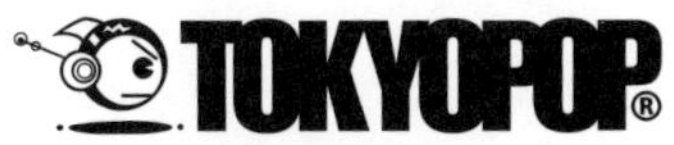

TOKYOPOP GmbH
Hamburg

TOKYOPOP
1. Auflage, 2018
Deutsche Ausgabe/German Edition

Aus dem Japanischen von Elke Benesch

ONIMIYA SENSEI NO KISS NIWA SAKARAENAI 3 by KAYORU

Original Japanese edition published by SHOGAKUKAN.
German translation rights arranged with SHOGAKUKAN through The Kashima Agency.

Redaktion: Lisa Duty
Lettering: Vibrant Publishing Studio
Herstellung: Nils Bornemann
Druck und buchbinderische Verarbeitung:
CPI–Clausen & Bosse GmbH, Leck
Printed in Germany

ISBN 978-3-8420-4226-1

www.tokyopop.de

Deine teuflischen Küsse

NACH DER SCHULE: LIEBE

Kayoru

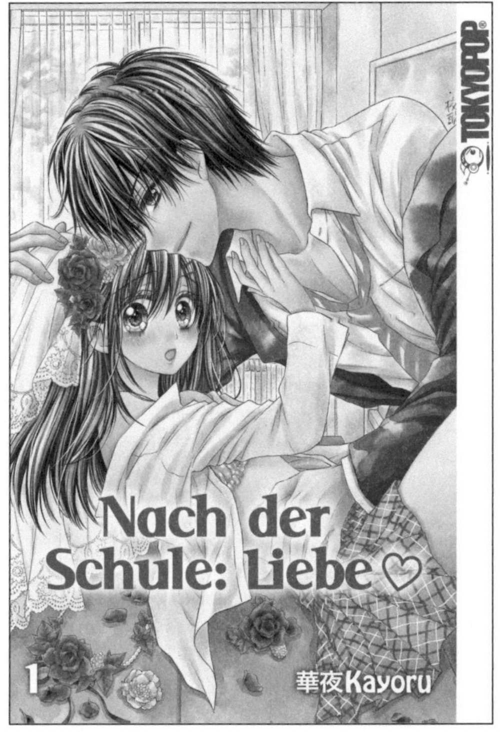

Erotische Highschool-Lovestory à la Kayoru!

Weil Schülerin Komachi ein nettes Äußeres hat, wird sie auf Wunsch der Eltern mit dem zuvorkommenden und gut aussehenden Schülerratspräsidenten Sakuya verlobt, für den sie schon so lange schwärmt. Überglücklich sieht sie dem gemeinsamen Zusammenleben entgegen, doch schon am ersten Abend zeigt Sakuya sein zweites Gesicht und macht mit ihr, was er will. So hatte sich Komachi das alles nicht vorgestellt ...

ZUSAMMEN MIT DIR

Kayoru

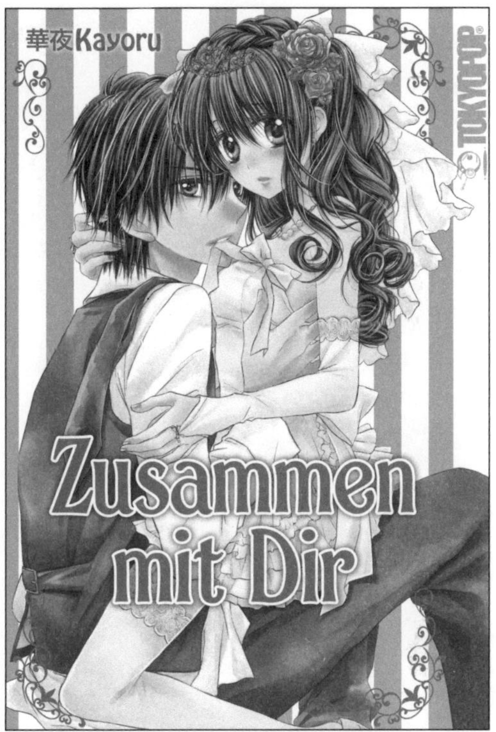

Zuckersüße Lovestorys à la Kayoru!

Als Kinder haben Wakaba und Sosuke einander versprochen, mit sechzehn zu heiraten. Doch im Laufe der Jahre haben sie sich voneinander entfernt und sind ihre eigenen Wege gegangen. Als kurz vor ihrem sechzehnten Geburtstag Sosukes Familie in finanzielle Not gerät, packt Wakaba die Gelegenheit beim Schopf und bietet Sosuke an, sie zu heiraten. Ist das die Erfüllung ihres Kindheitstraums ...?

ATEMLOSE LIEBE

Kanan Minami

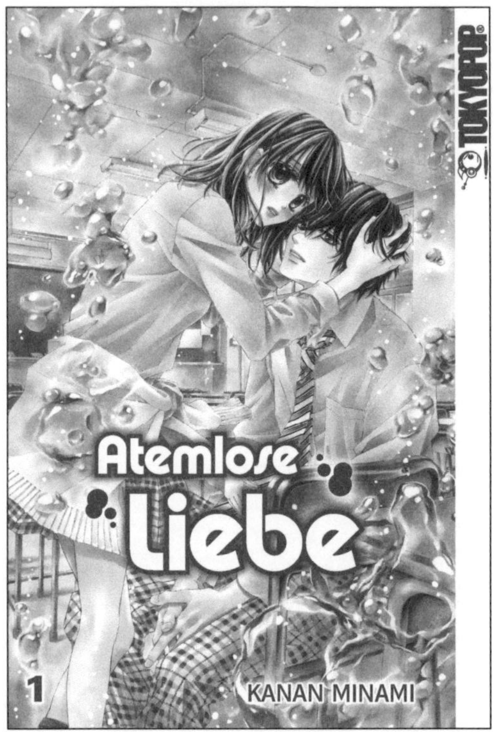

Endlich Highschool – endlich einen Freund?!

Yuka hat sich vorgenommen, auf der Highschool einen Freund zu finden. Dafür schließt sie sich den beliebten Mädchen an, obwohl sie mit ihnen im Grunde gar nichts anfangen kann. Sie verliebt sich auch prompt in den coolen Kentaro, doch der scheint gar kein Interesse an ihr zu haben. Trotzdem hilft er ihr immer wieder aus der Patsche ...

3, 2, 1 ... LIEBE!

Kanan Minami

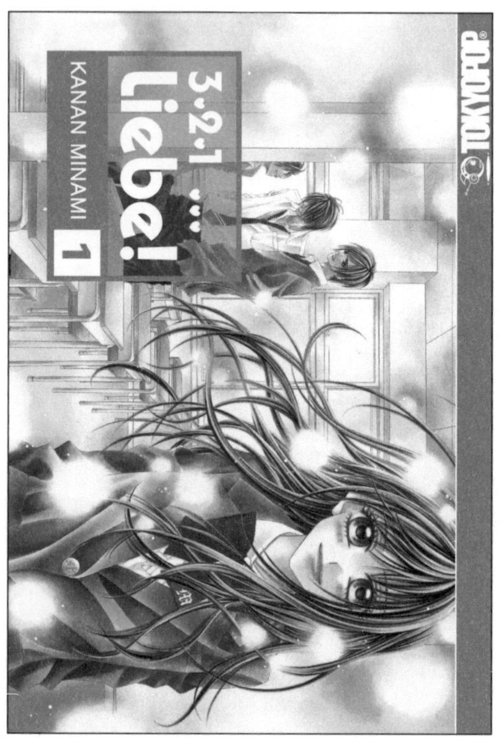

Der lange Weg zum Glück ...

Tsubaki ist blitzgescheit und ehrgeizig, wirkt mit ihren langen Zöpfen aber eher wie ein Landei. Als sie auf die Highschool kommt, entpuppt sich ihr Tischnachbar Kyota Tsubaki als der Klassenprimus, allerdings ist sein Verhalten alles andere als musterhaft. Doch so schnell lässt sich Tsubaki von seinen dummen Sprüchen nicht unterbuttern, auch nicht, als er sie unvermittelt küsst! Ist das etwa der Startschuss für eine große Liebe?

HONEY X HONEY DROPS 2IN1

Kanan Minami

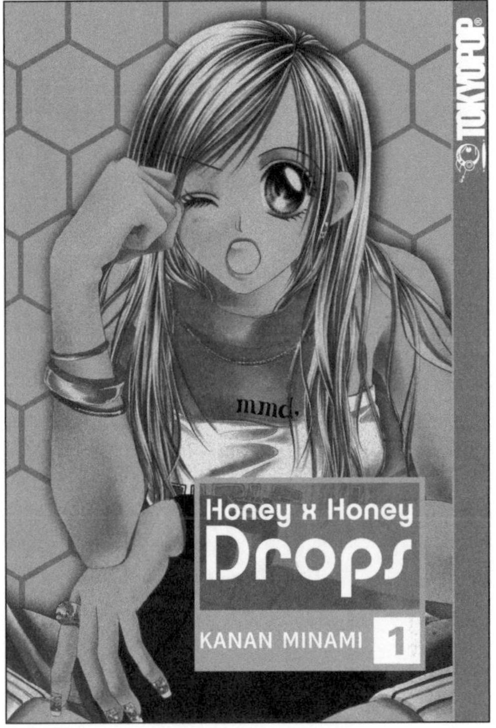

Zuckerbrot und ... Liebe!

Als Yuzuru während der Sommerferien jobbt, lernt sie den betuchten und nervigen Kai Renge kennen, der dieselbe Schule besucht wie sie. Kai ist Mitglied der Klasse für die reichen Schüler und macht Yuzuru kurzerhand zu seinem »Honey«! Deshalb muss sie ihm als Assistentin zur Seite stehen, im Gegenzug werden aber ihre Schulgebühren übernommen. Yuzuru will sich nicht in diese Rolle drängen lassen, doch der einzige Ausweg wäre, die Schule zu verlassen ...

UND WENN ICH DICH LIEBEN WÜRDE?

Yuki Shiraishi

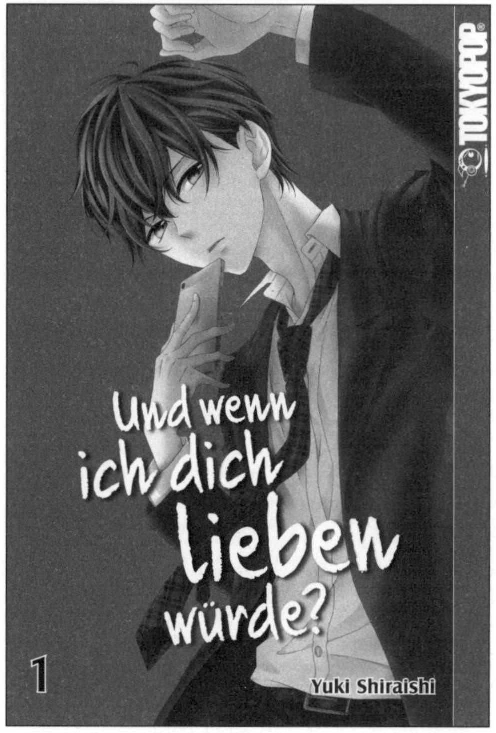

Ich will dein Herz erobern!

Soshi ist sehr beliebt bei den Mädchen, hat jedoch nur Augen für seinen Mitschüler Minato, obwohl dieser ein Kerl ist! Zumindest glaubt Soshi das. Schon bald findet er aber heraus, dass Minato in Wahrheit ein Mädchen ist, das als Junge verkleidet versucht, seinem Schwarm möglichst nah zu sein. Als Soshi das erfährt, beschließt er, alles zu geben, um Minatos Herz zu erobern!

LION AND BRIDE

Mika Sakurano

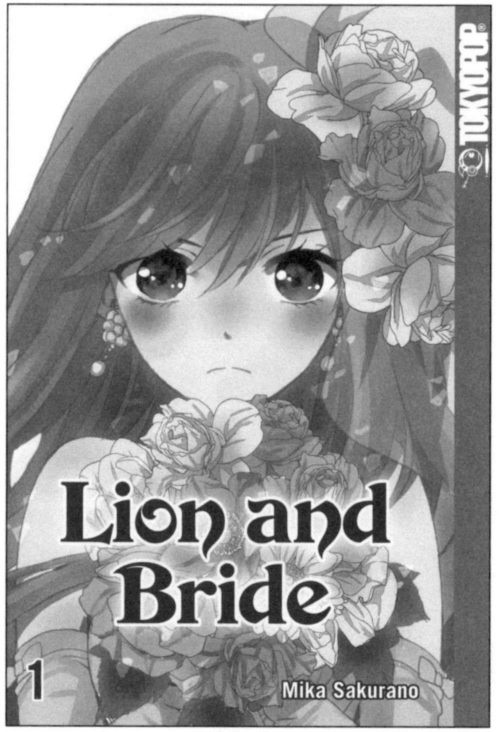

Schülerin, Ehefrau ... Mutter?!

Yua und ihr Lehrer Ryota sind unsterblich ineinander verliebt. Da die beiden schon länger von einer gemeinsamen Familie träumen, geben sie sich schließlich das Jawort und ziehen zusammen. Doch schon am ersten Tag als frischgebackenes Ehepaar gesteht Ryota seiner Frau, dass er einen Sohn hat. Und der ist ausgerechnet ein Klassenkamerad von Yua ...

VON FÜNF BIS NEUN

Miki Aihara

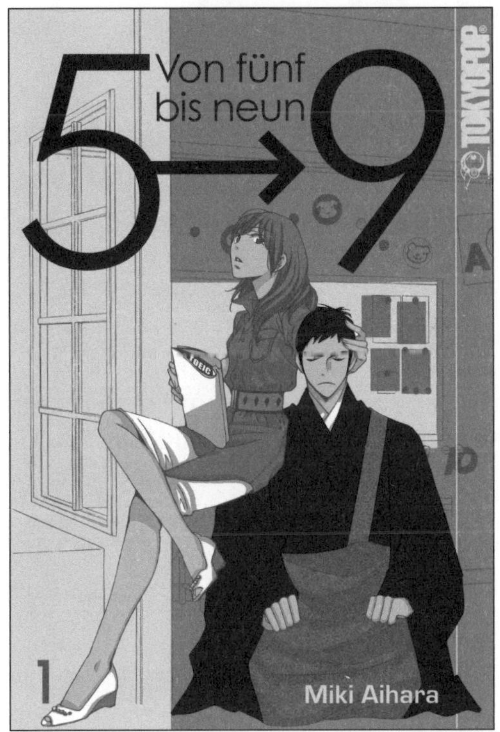

Eine Midlife-Crisis stoppt keine Frau!

Sprachlehrerin Junko träumt davon, ins Ausland zu gehen und dort zu arbeiten. Als ihr Geburtstag naht und sie fürchtet, mit 27 ganz ohne Partner dazustehen, verbringt sie kurz entschlossen eine Nacht mit dem buddhistischen Mönch Hoshikawa im Love Hotel. Ein Leben an der Seite eines Mönchs kommt für sie aber absolut nicht infrage. Doch als Junko ihre Wohnung verliert und sich keine neue leisten kann, zieht sie notgedrungen in Hoshikawas Tempel. Der hofft aber auf eine Hochzeit ...

STOPP!

**Dies ist die letzte Seite des Buches!
Du willst dir doch nicht den Spaß verderben
und das Ende zuerst lesen, oder?**

Um die Geschichte unverfälscht und originalgetreu mitverfolgen zu können, musst du es wie die Japaner machen und von rechts nach links lesen. Deshalb schnell das Buch umdrehen und loslegen!

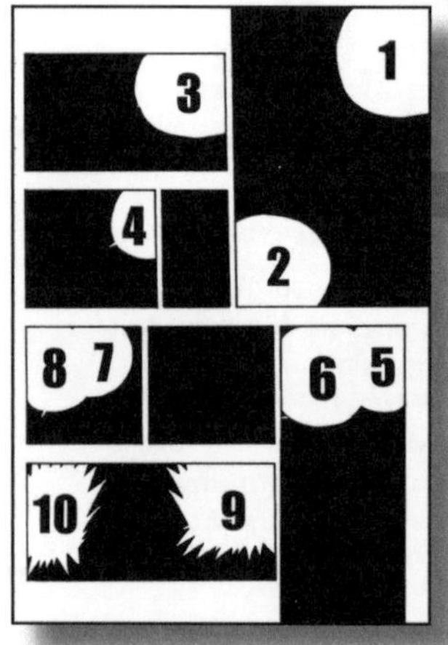

So geht's:

Wenn dies das erste Mal sein sollte, dass du einen Manga in den Händen hältst, kann dir die Grafik helfen, dich zurechtzufinden: Fang einfach oben rechts an zu lesen und arbeite dich nach unten links vor. Viel Spaß dabei wünscht dir TOKYOPOP®!